KNAUR

ANDREAS
GÖSSLING

GEISTER
SCHREIN

Ein Thriller
über die Macht der Liebe,
der Literatur und
der Geister der Vergangenheit

KNAUR

Besuchen Sie uns im Internet:
www.knaur.de

Aus Verantwortung für die Umwelt hat sich die Verlagsgruppe Droemer Knaur zu einer nachhaltigen Buchproduktion verpflichtet. Der bewusste Umgang mit unseren Ressourcen, der Schutz unseres Klimas und der Natur gehören zu unseren obersten Unternehmenszielen. Gemeinsam mit unseren Partnern und Lieferanten setzen wir uns für eine klimaneutrale Buchproduktion ein, die den Erwerb von Klimazertifikaten zur Kompensation des CO_2-Ausstoßes einschließt. Weitere Informationen finden Sie unter: www.klimaneutralerverlag.de

MIX
Papier aus verantwortungsvollen Quellen
FSC® C014496

Originalausgabe November 2022
Knaur Taschenbuch

Ein Imprint der Verlagsgruppe
Droemer Knaur GmbH & Co. KG, München

Ein Projekt der AVA International GmbH
Autoren- und Verlagsagentur
www.ava-international.de
Redaktion: Regine Weisbrod
Covergestaltung: semper smile, München
Coverabbildung: Collage von semper smile
unter Verwendung von Motiven von Shutterstock.com
Satz: Adobe InDesign im Verlag
Druck und Bindung: GGP Media GmbH, Pößneck
ISBN 978-3-426-52779-5

2 4 5 3 1

Was ist wahr, was Wahn, was Fantasie?
Warum reimt sich Wut auf Blut?
Aus welchem Stoff ist Wirklichkeit?
Wen liebst du, wenn du liebst?

Alex Blumfeld: *Nachtlos*

PROLOG

Am frühen Nachmittag des 22. Februar 2017 steht Polizeimajor Wannakit am Fenster seines Büros im Hauptquartier der *Royal Thai Police* in Bangkok. Von hier aus hat er freien Blick auf den weltberühmten Erawan-Schrein mit der vergoldeten Statue des vierköpfigen Hindugottes Brahma, der wie immer von unzähligen Touristen belagert wird.

Die Sorge des Tourismusministers, sagt sich Wannakit, war offenbar unbegründet. Nicht einmal der Bombenanschlag im vorletzten Sommer, bei dem zwanzig Opfer zu beklagen waren, hat den Strom der Gläubigen und Schaulustigen stoppen können. Kaum hatten die Behörden den Schrein freigegeben, nahm das bunte Treiben wieder seinen Lauf.

Jahr für Jahr ziehen die spirituellen Stätten in Bangkok und ganz Thailand Abermillionen Menschen aus aller Welt an. Und trotzdem lassen sich die Autoritäten immer wieder von der Sorge leiten, der Tourismus, die wichtigste Einnahmequelle des Landes, könne durch gewisse hässliche Zwischenfälle Schaden nehmen.

Zum Beispiel durch den mutmaßlichen Mord, den der Polizeimajor gerade auf dem Tisch hat. Mit der Weisung, die Akte umgehend zu schließen.

Ein Mord im Luxushotel *Dusit Thani,* das von König Bhumibol höchstpersönlich eingeweiht worden ist? Ausgeschlossen. »Schaffen Sie das aus der Welt, Major.« Wannakit hat die schnarrende Stimme seines Vorgesetzten noch im Ohr.

»Zu Befehl, Herr General.« Er straffte sich, machte auf dem Absatz kehrt und marschierte zu seinem Schreibtisch zurück.

Der Abschlussbericht, den er sich in den zurückliegenden Stunden abgerungen hat, liegt ausgedruckt auf seinem Notebook.

Als Student hat Jirapong Wannakit kurzzeitig davon geträumt, sein Leben der Literatur zu widmen. Zwanzig Jahre ist das her, und dass es ein Traum bleiben würde, war schon damals klar. Schließlich stammt er aus einer Polizistenfamilie. Etwas anderes, als in die Fußstapfen seines Vaters und seines Großvaters zu treten, kam nie ernsthaft in Betracht.

Doch zumindest, sagt sich Wannakit, hat er die Gelegenheit bekommen, sechs kostbare Semester Literatur zu studieren. Und den einen oder anderen Kunstgriff hat er sich von den Meistern der literarischen Beschwörung abgeschaut.

In einem polizeilichen Abschlussbericht darf er natürlich nicht mit tiefgründigen Metaphern und stilistischen Extravaganzen glänzen. Doch dank seiner literarischen Schulung kann er zumindest seine Zweifel an der Weisheit seiner Vorgesetzten durchschimmern lassen, ohne Kopf und Kragen zu riskieren.

Obwohl … Wannakit fährt sich sinnend über die Stirn. Wenn er seinen Posten einbüßte, könnte er sich womöglich wieder der Literatur zuwenden. Vor allem den deutschen und englischen Romantikern, die haben es ihm wegen ihres Gespürs für übernatürliche Kräfte angetan …

Aber nein, das kommt leider nicht infrage. Wenn er entlassen würde, wäre seine Familie entehrt. Vierköpfiger Brahma, bewahre! Die Geister seiner Ahnen würden ihn verfolgen, bis er die Schande wieder getilgt hätte.

Mit einem Seufzer nimmt der Major hinter seinem Schreibtisch Platz und liest das heikle Schriftstück noch einmal durch.

ABSCHLUSSBERICHT zum Tod des MANITHO LUANG

Am frühen Morgen des 17. Februar 2017 stürzte der Geschäftsmann MANITHO LUANG (41 geworden), wohnhaft in Ruaeng, Ubon Ratchathani, vom Balkon seiner Suite im 12. Stock des Dusit-Thani-Hotels im Lumpini-Viertel. Der Geschädigte erlitt schwerste Hirn-Schädel-Verletzungen; die um 04:32 Uhr eingetroffene Notärztin konnte nur noch den Tod feststellen.
Bei der Leichenschau wurden Griff-, Tritt- und Hiebspuren am Körper des Geschädigten festgestellt, die diesem kurz vor Eintritt des Todes zugefügt worden sein müssen. Die kriminaltechnische Untersuchung der Suite des MANITHO LUANG erbrachte Hinweise auf eine unbekannte Person, die sich zum Geschehenszeitpunkt mutmaßlich in der Suite und auf dem zugehörigen Balkon aufgehalten hat. Aufgrund der Spurenlage scheint es plausibel, dass MANITHO LUANG vor seinem tödlichen Sturz von der besagten unbekannten Person körperlich attackiert worden sein könnte.
Der Geschädigte war als Vertriebsleiter bei der bekannten Geisterschrein-Manufaktur seines Halbbruders SANTI LUANG in Ruaeng, Ubon Ratchathani, beschäftigt. Nach Aussage seines Halbbruders war MANITHO LUANG ein erfahrener Muay-Thai-Kämpfer, der mehrmals wöchentlich in einem Sportclub trainiert habe. Die Befragung des SANTI LUANG erbrachte zudem Hinweise auf eine gewisse psychische Labilität des Verstorbenen.
Nach Prüfung aller Umstände sind die erfahrenen Autoritäten der Leitungsebene der Royal Thai Police zu dem Schluss gelangt, dass sich MANITHO LUANG in suizidaler Absicht vom Balkon seiner Suite gestürzt hat. Die mutmaßlich zum Geschehenszeitpunkt anwesende unbekannte Person kann demnach den Tod des MANITHO LUANG nicht verursacht haben.

Die Ermittlungen zur Identität der fraglichen Person wurden weisungsgemäß eingestellt; das asservierte Material – DNA-Spuren und Fingerabdrücke – wurde nicht weiter untersucht.
Bangkok, den 22.2.2017
Gez. Major Jirapong Wannakit
Royal Thai Police, Abteilung Verbrechensbekämpfung

Wannakit nimmt den bereitliegenden Füller – ein original *Majestic* von 1935, das gleiche Modell, mit dem angeblich Thomas Mann geschrieben hat –, schraubt die perlgrün schimmernde Kappe ab und setzt seine Unterschrift unter das Dokument.

DREI

Stimmen in der Nacht, Grete Reiter schreckt hoch. Wo ist sie? Das Zimmer dunkel, im Fenster grell und tosend die Stadt.

Bangkok. Sie ist im Hotel, wird ihr klar, im *Dusit Thani* am Lumpini-Park.

Der Wecker auf dem Nachttisch zeigt 04:24 Uhr. Durch die offene Balkontür weht heiße Luft herein. Dazu Fetzen eines erregten Wortwechsels.

Aber das hier ist nicht ihr Zimmer. Alles zu weit weg, die Wand, das Fenster, die Stadt. Ihr Zimmer ist viel kleiner. Und viel weiter unten im Hotelturm.

Sie ist bei Miko, eigentlich Manitho Luang, in seiner Suite, zwölfter Stock. Nackt und kompakt steht er auf dem Balkon, ein dunkler Schemen, gerahmt von der offenen Tür.

Gestern Abend noch ein Fremder, geht es Grete durch den Kopf. Und jetzt? Sie hat sich noch nie auf den ersten Blick in jemanden verliebt. Bis sie *ihn* gesehen hat, vorgestern Mittag in der Lobby.

Sie hatten Mango Daiquiri aus seiner Zimmerbar. Und dann atemberaubenden Sex. Er hat seine Finger in ihren Rücken gekrallt, und seine Lippen, seine Zunge spürt sie noch immer an den unglaublichsten Stellen. Aber es war viel mehr als der Sex. Seine Stimme, sein Lächeln, seine smaragdgrünen Augen.

Von Miko hat sie geträumt, jetzt ist sie hellwach. Mit wem redet er um halb fünf Uhr früh? Am Telefon, dachte sie erst, aber sie hört ja auch die Stimme des anderen. Ein heiseres Flüstern.

Wo kommt der plötzlich her? Von diesem anderen sieht sie nicht mal einen Schatten. Er muss weiter links auf dem Balkon stehen, vor der geschlossenen Jalousie.

Miko klingt erregt. Beschwörend redet er auf den anderen ein. Grete versteht kein Wort, die beiden sprechen Thailändisch. Und dann schlägt der Mann zu. Grete sieht nur seine abnorm große Faust, die von links ins Bild schießt und Miko seitlich am Kopf trifft.

Er sackt zusammen, der andere fängt ihn auf. Und dann, wie im Stroboskoplicht, bei jedem Herzschlag ein anderes überbelichtetes Bild: Miko von zwei kräftigen Armen emporgehievt … Miko über der Brüstung, sein Kopf haltlos baumelnd … Miko kopfüber fliegend … dann nur noch seine Beine von den Knien abwärts … und dann – Grete will die Fäuste auf die Ohren pressen, aber sie kann sich nicht rühren – tief unten der Aufprall. Ein dumpfes Klatschen.

Starr sitzt sie im Bett. Hämmern in der Brust, Gedankenfetzen im Kopf: Kontakt mit Einheimischen strikt untersagt, Order von ganz oben … Aber egal, sie hat gestern sowieso beschlossen zu kündigen. PR-Juniormanagerin bei *Superbo,* dem »deutschen Zara«, das hat sie sich anders vorgestellt. Trotzdem darf niemand erfahren, wo sie in dieser Nacht war. Wo sie immer noch ist …

Grete gleitet aus dem Bett, auf der dem Balkon abgewandten Seite. Sie zittert, in ihrem Kopf echot der Aufprall von Mikos Körper auf dem Asphalt. Im Halbdunkel, am Boden kauernd, zieht sie ihre Sachen über. Slip, Kleid, die roten Slipper in der Hand, mehr hatte sie nicht dabei.

So einen Sturz kann man nicht überleben … Der Satz löst nichts in ihr aus, außer noch mehr Zittern. Schock, denkt sie.

Sie muss von hier verschwinden, sofort. Sie hat Horrorstorys über Bangkoks Gefängnisse gehört. Seit das Militär die Macht ergriffen hat, landen dort auch Ausländer, aus nichtigem Anlass. Wenn sie hier von der Polizei entdeckt wird, ist ihre nächste Unterkunft eine überfüllte Gemeinschaftszelle, mit einer Fäkalrinne in der Mitte, über der die Gefangenen rittlings kauern.

Grete zwingt sich, gleichmäßig zu atmen. Aus und ein. Wie kommt sie hier unbemerkt raus? Wo ist eigentlich der andere Mann? Noch auf dem Balkon? Der Schattenmann …

Sie weiß es nicht, und sie kann ja nicht eben mal nachsehen. Wenn er noch da ist und sie bemerkt, bringt er auch sie um. Die Augenzeugin. Die dabei war, als der Mann ermordet wurde, der sie tiefer berührt hat als jeder andere zuvor.

Nicht heulen, Grete. Reiß dich zusammen …

Auf nackten Füßen schleicht sie durchs vordere Zimmer zur Tür, zieht sie lautlos auf, huscht hinaus.

Der Hotelflur liegt verlassen im Nachtlicht, ein Tunnel in Gold- und Rottönen. Grete folgt den Schildern zum Notausgang, schwindlig, ihr Herz rast. Unter den bloßen Fußsohlen fühlt sich der Teppichboden flauschig an, mit harten, kratzigen Stellen dazwischen.

Uralter Dreck, denkt sie, vielleicht getrocknetes Blut. In dem schattierenden Hell- und Dunkelrot fällt das nicht auf. Außer, du rennst hier auf nackten Füßen entlang.

Doch erst vor der Tür zum Treppenhaus lässt sie die Slipper zu Boden fallen, schlüpft hastig hinein. Das grüne Etuikleid klebt ihr am Körper, schweißnass. Wie rhythmisches Stampfen dröhnt ihr der Puls in den Ohren, doch da ist niemand. Weder im Flur noch im Treppenhaus, als sie die Tür aufzieht und auf den glitzernden Steinstufen abwärts eilt.

Ihre Absätze klacken auf Granit. Also die Slipper wieder aus und weitergerannt, Treppe um Treppe hinab mit wackligen Knien. Auf jedem Stockwerk eine Plattform, an den Feuertüren rot und riesengroß die Etagennummern: *10 – 9 – 8* … Der Countdown, bis er dich kriegt.

Blödes Zeug, er hat dich nicht bemerkt. Niemand verfolgt dich, Grete, du bist in Sicherheit.

Doch ihr Körper sieht das anders. Ihr Herz hämmert, Schweiß tropft ihr aus den Haaren.

Plötzlich polternde Schritte über ihr, passend zu den Schaufelhänden des Schattenmanns vom Balkon. Ihr bleibt fast das Herz stehen. Sie zwingt sich, weiterzugehen, weiterzuatmen, eins und zwei, aus und ein …

Bei jedem Stockwerk unterdrückt sie den Impuls, durch die Tür in den Hotelflur zu stürmen. Sie muss es in die dritte Etage schaffen, aber vorher muss sie den Schattenmann irgendwie abschütteln. Mikos Mörder … Nicht daran denken, nicht jetzt!

Auf der Plattform zum sechsten Stock hat sie eine Eingebung. Neben jeder Etagentür ist eine schmalere Tür, und die hier steht eine Handbreit offen. Dahinter Regale, voll mit Putzmitteln in Eimern und Kartons. Grete lässt die Eisentür mit der roten Sechs auf- und zuknallen und verdrückt sich in die Kammer daneben.

Stockdunkel ist es hier drin, und es riecht nach Chemie und abgestandener Luft. Aber sie zwingt sich, die Tür zuzuziehen. Ihr ist so schwindlig, dass sie sich hinkauern muss. Sie hält den Atem an und lauscht.

Keine Minute später stürmt ihr Verfolger durch die Etagentür neben ihr in den Hotelflur. Grete zählt lautlos bis zehn, schiebt die Kammertür einen winzigen Spalt weit auf und späht hinaus.

Niemand zu sehen. Sie rappelt sich auf und rennt weiter die Treppe hinab. Im dritten Stock stoppt sie erneut, fährt sich mit der Hand durchs verschwitzte Haar und setzt ein Lächeln auf.

Schließlich ist das hier das *Land of Smile*. Wahrscheinlich hatte auch der Schattenmann das landesübliche Lächeln im Gesicht, als er Miko vom Balkon warf …

Grete öffnet die schwere Feuertür und tritt in den Flur. Ihr Zimmer ist die 321, ziemlich weit vorne bei den Lifts. Sie eilt den Gang entlang, fischt die Schlüsselkarte aus dem Kleid und hält sie vor den Scanner.

Erst als die Zimmertür hinter ihr ins Schloss gefallen ist, lässt sie den Schrei heraus. Und presst sich im nächsten Moment die Faust auf den Mund.

Still, Grete, du darfst kein Aufsehen erregen. Du weißt von nichts. Du warst die ganze Nacht in deinem Zimmer. Du kanntest den Toten gar nicht.

Was der Wahrheit sogar ziemlich nahekommt, jedenfalls nach landläufigen Begriffen. Sie haben nicht mal eine ganze Nacht zusammen verbracht. Unglaublich, wie dicht gefüllt diese paar Stunden waren. Mit Liebe, Lachen, Tanz sogar und unfassbar offenen Gesprächen. Alles zwischen Miko und ihr war intensiver, als sie es je zuvor erlebt hat. Wie ein ganzes, pralles Leben, gepresst in einen kurzen Traum.

Und trotzdem … Was weiß sie wirklich von ihm? Vor zwei Tagen, als sie im Hotel ankamen, die komplette PR-Truppe aus dem Superbo-Headquarter in München, stand er in der Lobby neben einer Säule. Selber säulengleich. Der Schnitt seiner Augen mandelförmig, die Farbe ein intensives, fast surreales Grün. Dazu schwarzer Anzug, weißes Hemd, wie mehr oder weniger alle asiatischen Männer in der Lobby. Er gehört zum Hotel, dachte Grete, aber ganz falsch.

Sie hat sein Lächeln kennengelernt, seine ausdrucksvolle Stimme, seinen leidenschaftlichen Körper. Aber sonst? Er besitzt eine »Manufaktur für Geisterschreine«, in denen ein mächtiger Geist verehrt wird, genannt *Tai Thong Klom*.

Ergibt das irgendeinen Sinn? In Thailand anscheinend schon. Tai Thong Klom ist »der Geist einer schwangeren Frau, die bei Geburtskomplikationen verstorben ist und rachsüchtig umherschweift, wenn sie nicht durch Opfer besänftigt wird«, hat Miko ihr erklärt. Doch jetzt kommt ihr seine Story ziemlich aus der Luft gegriffen vor. Buchstäblich: seine Geistergeschichte.

Im dämmrigen Zimmer tastet sie sich zum Fenster hinüber, öffnet leise die Balkontür. Feuchtheiße Luft klatscht ihr ins Gesicht. Dazu Jaulen von Polizeisirenen, zuckendes Blaulicht unten auf dem Parkplatz. Sie tritt hinaus, späht über die Brüstung. Und prallt zurück.

Der Plastiksarg hat die Farbe nasser Kreide. Eben wird er aufgeklappt, ein kompakter Körper angehoben, in eine weiße Plane gehüllt. Das Tuch verrutscht, als die beiden Uniformierten den Körper in den Sarg legen. Grete stopft sich die Faust zwischen die Zähne. Lässt sich hinter der Brüstung zu Boden fallen und erstickt den Schrei in ihrem Mund.

Mikos linke Gesichtshälfte ist zerschmettert, ein blutiger Brei. Die andere Kopfseite ist makellos. Der markante Wangenknochen. Das Auge starrt zu ihr herauf, mandelförmig und so leuchtend grün, wie – laut Miko – die Augen von Tai Thong Klom waren, als der Geist noch eine lebendige schwangere Frau war.

Grete lässt sich auf ihr unberührtes Bett fallen. Die Decke ist so straff gespannt, dass man kaum mit der flachen Hand darunterkommt. Aber die Decke braucht sie sowieso nicht. Sie schwitzt wie verrückt, atmet viel zu schnell. Ihr Herz hämmert, dass es fast wehtut.

Der Mann mit den Schaufelhänden, wo kam der so plötzlich her? Sie kann nicht klar denken. Aber du musst, Grete, reiß dich zusammen!

Also der Reihe nach … Um halb vier war sie noch wach. Oder nicht wirklich wach, doch als sie ihr Glas auf dem Nachttisch abstellte, fiel ihr Blick auf den Radiowecker: *03:33* … Für die meisten nur eine Schnapszahl, doch Grete musste an ihre Mutter Hannah denken. »3-3-3, die Dämonenzahl«, hörte sie Hannah murmeln. »Ein Drittel der himmlischen Geister schloss sich dem Aufstand an und wurde mit Satan verbannt …«

Nicht wirklich, Hannah, dachte Grete im Wegdämmern. In den Geschichten ihrer Mutter, einer erfolglosen Fantasy-Schriftstellerin, ist alles in Netze aus dunklen Bedeutungen eingesponnen. Nichts ist einfach das, was es zu sein scheint. Zahlen, Namen, *»Kon-*

stellationen«, alles ist irgendwie tiefgründig, doppelbödig, schicksalhaft. Dabei ist Hannah die Nüchternheit in Person, wenn sie nicht gerade eine ihrer märchenhaften Storys schreibt. Für Grete ein Rätsel, über das sie sich schon als Kind den Kopf zerbrochen hat.

Sie liegt auf ihrem Bett, im dämmrigen Hotelzimmer. Allmählich beruhigt sich ihr Herz. Das *Dusit Thani* ist ein Luxusschuppen, fünf Sterne, im vornehmen Lumpini-Viertel. Dass hier ein Mord passiert sein soll, kommt ihr mit einem Mal wenig wahrscheinlich vor. Hat sie alles nur geträumt? Im Halbschlaf ausgesponnen, wie Hannah in ihren Geschichten bizarre Geschehnisse verknüpft, unbekümmert um Logik und Wahrscheinlichkeit?

Sie sieht ihre Mutter vor sich, wie sie eine ihrer Geschichten vorliest, in denen es von Zauberern, magischen Spiegeln, sprechenden Tieren nur so wimmelt. Eigentlich müsste Hannah wallende Rüschenkleider tragen, Haare bis zum Gürtel, Ketten, Armbänder, Ringe in verschwenderischer Fülle, doch niemand kleidet sich nüchterner als sie. Leggins, Longshirt, Ballerinas, dazu die weißblonde Pagenfrisur. Sie sieht mehr wie eine Ballettlehrerin aus, hochgewachsen, streng und kühl. Es spielt aber keine Rolle, denn wenn sie überhaupt einmal zu einer Lesung eingeladen wird, bleiben die Zuhörerstühle überwiegend leer. Ihre Erfolglosigkeit als Autorin ist so kolossal, als wäre sie von einer der Hexen aus ihren eigenen Texten verflucht …

Grete schüttelt den Kopf bei dem Gedanken an Hannah, doch im nächsten Moment fährt sie hoch. Sie darf sich jetzt nicht ausruhen! Was sie gesehen hat, ist wirklich passiert. Sie muss verschwinden, bevor die Polizei hier aufmarschiert und das Areal abriegelt. »Keiner verlässt das Hotel.« So läuft das doch üblicherweise: »Der Täter muss noch irgendwo hier im Haus sein.« Wenn jemand gesehen hat, wie sie Mikos Suite betreten oder verlassen hat, ist sie geliefert.

Sie setzt sich aufrecht hin, sieht sich im Zimmer um. Ihr Koffer in der Ecke neben dem Schrank. Sie wird ihre Siebensachen hineinwerfen und verschwinden. Sandalen, Sneakers, Stilettos, vom Zimmerservice säuberlich aufgereiht.

Grete rappelt sich auf, schaltet überall Licht ein. Aus dem Schranksafe holt sie ihr Smartphone, bucht einen Flug nach München über Frankfurt am Main, Abflug 07:53 Uhr ab Bangkok International Airport. Das kann sie gerade noch schaffen, falls das Taxi nicht in einem der berüchtigten Staus auf dem Highway zum Flughafen steckenbleibt. Aber um fünf Uhr früh hält sich sogar hier das Verkehrschaos in Grenzen.

Sie zerrt den Koffer aus der Nische, wirft ihn aufs Bett, klappt ihn auf. Dann steht sie vor dem offenen Schrank, und anstatt ihre Sachen herauszunehmen, sieht sie wieder Miko vor sich. Wie er in der offenen Balkontür stand, als sie erwachte. Neben ihm der Schattenmann, vom Bett aus unsichtbar.

Miko muss ihn hereingelassen haben, nachdem ich eingeschlafen war. Also kannte er den Mann? Was war so wichtig, dass sie es nachts um vier besprechen mussten? Und worüber sind sie dann in Streit geraten?

Ihr fällt ein, was er ihr gestern Abend über sein Geschäft erzählt hat. Da lagen sie auf seinem Kingsize-Bett, nackt und erhitzt nach ihrem ersten Liebesakt. »Sie sind hinter mir her, verstehst du, Grete?« Sie streichelte seine glatte Haut über den gewölbten Brustmuskeln und hörte mehr auf die Melodie als auf den Sinn seiner Worte. »Die gehen über Leichen«, fuhr er fort. »Weil sie mein Business haben wollen.«

Seinen Handel mit Geisterhäuschen, Grete lächelte amüsiert. Er sieht süß aus, dachte sie, wenn er sich so ins Zeug legt, damit ich ihn ernst nehme. Als Geschäftsmann und nicht nur als Lover.

Aber er hat nicht übertrieben, ganz offensichtlich nicht. *Er ist tot.* Sie lässt den Satz, seine ungeheuerliche Bedeutung, noch immer nicht an sich heran. Obwohl unten auf dem Parkplatz Sirenen jaulen, Funkgeräte knarzen.

Los jetzt, Grete. Sie stürzt zu ihren aufgereihten Schuhen. Und erstarrt in der Bewegung: Wo sind die Slipper?

Hektisch sieht sie sich im Zimmer um. Das darf nicht wahr sein, sie hat die verdammten Dinger irgendwo liegen gelassen. Nein, nicht irgendwo ... Die müssen noch in der Putzkammer sein!

Was jetzt? Soll sie zurück und die Schuhe holen? Nicht, dass ihr Herz an den Tretern hängen würde. Aber würden die nicht den Verdacht der Polizei auf sie lenken?

Natürlich, genau das werden sie tun: wie zwei spitze rote Pfeile auf dich zeigen, Grete – die Frau, die zur Tatzeit mit dem Opfer zusammen war und sich anschließend davongeschlichen hat.

Sie drückt sich die Faust vor den Mund, um nicht erneut aufzuschreien.

Denk nach, befiehlt sich Grete, die Schuhe beweisen gar nichts. Irgendwer kann sie verloren haben, und irgendwer vom Hotelservice kann sie in die Kammer gestellt haben.

Ist das plausibel? Sie kann sich nicht konzentrieren. Bilder von Miko zucken ihr durch den Kopf, wie er sie küsst, mit ihr tanzt, wie sie ihn tritt, wie er vom Balkon stürzt ...

Wie auch immer, sie geht nicht noch mal da hoch, um die Schuhe zu holen. Ausgeschlossen. Schon bei dem Gedanken, dass der Schattenmann mit den abartig großen Händen irgendwo da draußen auf sie wartet, wird ihr übel vor Angst. Aber in einem thailändischen Gefängnis zu landen wäre genauso grauenvoll.

Sie muss weg von hier, zurück nach Deutschland, so schnell wie möglich. Bevor die Polizei herausfindet, dass sie jemals bei Miko im Zimmer war. Und dann auch noch zur Tatzeit.

Grete nimmt eine Tüte aus dem Koffer, kauert sich vor den aufgereihten Schuhen hin und verstaut sie in dem Beutel. In Gedanken ist sie bei den haarsträubenden Geschichten, die sie von Kollegen bei Superbo gehört hat.

Seit der populäre thailändische König Bhumibol gestorben ist, sind die regierenden Generäle noch nervöser als zuvor. Vor ein paar Wochen erst sangen leitende Mitarbeiter eines anderen multinationalen Unternehmens in einer Karaoke-Bar in Bangkoks Rotlichtbezirk einen thailändischen Gassenhauer nach. Dann stellte sich heraus, dass es ein Schmählied gegen das Königshaus im Allgemeinen und den neuen »König Bauchfrei« im Besonderen war.

Das Video mit den betrunkenen Führungskräften, die halbnackte Tänzerinnen im Arm halten, ist auf YouTube immer noch zu bewundern. Die thailändische Niederlassung des betreffenden Unternehmens dagegen wurde geschlossen und von der Regierung beschlagnahmt.

Um ein ähnliches Desaster für Superbo auszuschließen, wurden Grete und ihre Kolleginnen und Kollegen hier im Hotel praktisch eingesperrt. Mit sporadischem Gruppen-Freigang unter Aufsicht grimmig blickender Local Guides. Für gestern Abend war ein Vier-Gang-Schiffsdinner auf dem Chao Phraya River anberaumt. Grete liebt Thailand und ganz besonders Bangkok, bei früheren Aufenthalten hat sie halbe Tage auf dem stets von Booten wimmelnden Fluss verbracht. Aber für organisierte Vergnügungen wie das Schiffsdinner hat sie nichts übrig. Nach zwei Tagen im Konferenzraum brauchte sie nicht auch noch die überfüllte Enge des Bordrestaurants. Und dazu dieselben Gesichter wie den ganzen Tag schon.

Sie schützte Kopfschmerzen vor und blieb im Hotel. Sie war sauer auf Superbo und auf sich selbst, weil sie sich für ein mittelfettes Gehalt hatte kaufen lassen. PR-Juniormanagerin, noch in der Probezeit. Was hast du geglaubt, Grete, wofür sie dich bezahlen? Dafür, dass du der Öffentlichkeit unbequeme Wahrheiten verkündest? Über Produktionsbedingungen, Unfall- und Umweltschutz in den Produktionsstätten von Superbo in Südostasien und Mittelamerika? Nein, so naiv war sie nicht. Aber sie dachte, man würde ihnen zumindest halbwegs reinen Wein einschenken. Nach dem Motto: »Das sind unsere Baustellen, aber wir arbeiten dran. Und jetzt lasst uns zusammen überlegen, wie wir das so kommunizieren, dass es ethisch okay ist, uns aber auch nicht schadet.« Schließlich steht Superbo für fair und nachhaltig produzierte Mode.

Offiziell sollte ihnen bei dem Meeting »die Wertschöpfungskette des Unternehmens Schritt für Schritt erklärt werden«. Tatsächlich handelt es sich um einen Crashkurs, und der Lehrstoff ist deutlich weniger komplex: Die Kommunikationsfachkräfte von Superbo werden auf Sprachregelungen zu »sensiblen Aspekten« eingeschworen. Die Formulierungen wurden von Hausjuristen und Werbetextern erarbeitet und auf der Vorstandsebene abgesegnet. In den Kongressräumen auf dem Hotelgelände bekommen die PR-Kräfte Wohlfühlsätze eingebimst, die sie nachsprechen müssen wie Schauspielschüler …

Plötzlich Schritte auf dem Flur. Grete schreckt zusammen, angespannt lauscht sie in Richtung Tür. Gott sei Dank, nur der Zimmerservice. Die fangen hier im Morgengrauen an, in den Vorratskammern herumzukramen. Vielleicht stöbert gerade jetzt auch jemand in der Kammer im Treppenhaus und findet ihre Slipper?

Eilends packt sie die restlichen Schuhe ein und verstaut den Beutel im Koffer. Sie rafft Blusen, Röcke, Wäsche aus dem Schrank, wirft alles in die zweite Kofferhälfte. Sie eilt ins Bad, um auch hier rasch zusammenzupacken, da erblickt sie sich im Spiegel.

O Gott, sie sieht aus wie ein Gespenst. Nein, schlimmer, wie eine irre Mörderin auf der Flucht. Die kastanienbraunen Haare wirr, die hellblauen Augen aufgerissen, das Gesicht schweißglänzend und schreckverzerrt. So kann sie unmöglich unten an der Rezeption aufkreuzen.

Sie zieht sich das Kleid über den Kopf und stellt die Dusche an. Kühles Wasser prasselt ihr auf Kopf und Körper. Nur ein paar

Minuten später ist sie reisefertig, im hellgrünen Leinenkostüm, der Koffer verschlossen neben ihr. Eine Hand hat sie schon auf der Klinke, da hört sie draußen im Flur leises Klirren von Glas.

Immer noch der Zimmerservice, sagt sich Grete. Sie füllen die Minibar in den Zimmern nach, die gestern frei geworden sind. Kein Grund zur Panik. Aber aus irgendeinem Grund beunruhigt sie das Klirren, die feinen Härchen in ihrem Nacken stellen sich auf.

Was soll das jetzt, Grete? Du musst los! Wie gelähmt steht sie an der Tür und lauscht nach draußen. Und dann fällt es ihr ein. Das darf einfach nicht wahr sein …

Sie hat nicht nur ihre Slipper in der Putzkammer vergessen. Viel schlimmer sind ihre Spuren in Mikos Suite. Das Glas, aus dem sie getrunken hat. Türklinken und was sonst noch alles, das sie berührt hat. Haare und Hautschuppen in seinem Bett …

Wieso fällt ihr das jetzt erst ein? Vorhin in Mikos Suite hätte sie keine Zeit gehabt, irgendwelche Spuren zu verwischen. Aber dass sie gar nicht auf die Idee kam, fühlt sich an wie ein Tiefschlag – wie einer der »Wirkungstreffer« mit Faust oder Fuß, die Miko ihr letzte Nacht gezeigt hat.

Was ist nur los mit dir, Grete? Erneut bricht ihr der Schweiß aus. Sie hasst das Gefühl, überfordert zu sein. Falsch zu reagieren, weil man nicht – oder zu spät – kapiert hat, was wirklich gespielt wird. Hannahs Geraune von Zauber und Schicksal kam ihr schon mit zwölf, dreizehn wie Flucht vor Logik und Fakten vor.

Aber jetzt ist es zu spät. Um die Slipper aus der Kammer zu holen und um deine Spuren in Mikos Suite zu beseitigen. Wenn du noch länger wartest, schnappt die Falle zu.

Sie setzt ein krampfhaftes Lächeln auf, öffnet die Tür und marschiert mit ihrem Rollkoffer am Putzkommando vorbei in Richtung Lift.

05:05 Uhr. Die Lobby ist dämmrig und bis auf ein paar schläfrige Hotelbedienstete menschenleer. Keine Kollegen von Superbo, die sich über ihren Abgang die Mäuler zerreißen könnten. Und glücklicherweise auch keine Polizisten.

Den breit gebauten, dunkelhäutigen Asiaten im schwarzen Anzug, der an einer Säule lehnt, beachtet Grete kaum. Erst als sie an ihm vorbei zur Rezeption geht, fallen ihr seine abnorm großen Hände auf.

Sie zuckt zusammen, zwingt sich, gleichmäßig weiterzugehen. Ihre Hand zittert nur ein wenig, als sie die Schlüsselkarte auf den Marmortresen legt. Bezahlen muss sie nichts, die Firma kommt für alles auf, einschließlich Minibar.

Wieder hört sie leises Klirren, diesmal in ihrem Kopf. Miko, wie er sein Glas hebt, sanft gegen ihres stößt, den Kopf zurückwirft, die letzten Tropfen in seine Kehle rinnen lässt. Sein golden schimmernder Körper neben ihr auf dem Bett. Sein Lachen, das in ihr nachhallt wie ein Gong …

Der Angestellte hinter dem Tresen sieht sie lächelnd an. »Gute Reise, Frau Reiter.« Dem Tonfall nach hat er es schon ein paarmal wiederholt. Grete nickt und lächelt gleichfalls.

Als sie durch die Drehtür nach draußen geht, spürt sie den Blick des bulligen Mannes neben der Säule wie zwei glühende Pfeile in ihrem Rücken.

Sie unterdrückt den Drang, sich zu ihm umzudrehen, und geht auf das vorderste Taxi in der Schlange zu. »*Suvarnabhumi International Airport.*« Ungeduldig sieht sie zu, wie der Fahrer ihren Koffer verstaut. Sie ist so nervös, dass sie schreien könnte. Bevor er ihr die Tür öffnen kann, ist sie schon hinten eingestiegen und legt den Sicherheitsgurt an.

Sie hat das Gefühl, dass der Mann mit den viel zu großen Händen ihr gefolgt ist und sie von den Schatten unter dem Vordach aus beobachtet. Doch sie vermeidet es weiterhin, nach ihm zu sehen.

Wenn du weißt, wie er aussieht, muss er dich töten. Ein Satz wie aus einem Krimi. Nie hätte Grete gedacht, dass sie selbst einmal in so eine romanhafte Szene geraten könnte. Ihr Leben lang war sie der Typ, der anderen beim Leben zusah.

Dröhnend und klappernd fährt das betagte Taxi los. Der Fahrer, ein älterer Asiat mit Gebetsfleck auf der Stirn, mustert sie im Rückspiegel. Grete umklammert ihre Handtasche und starrt durch die Seitenscheibe nach draußen. Zum Glück sind die Straßen noch nicht hoffnungslos verstopft.

Bei Superbo hat Grete nicht zuletzt deshalb angeheuert, weil sie hoffte, über kurz oder lang in die thailändische Niederlassung wechseln zu können. Noch gestern Abend, bei ihrem einsamen Dinner im Hotelrestaurant, überlegte sie, wie sie es hinbekommen könnte, ihren Job zu kündigen und trotzdem in Bangkok zu bleiben. Doch wie sollte das gehen? Ihr Bankkonto ist chronisch ausgezehrt. Um als Europäerin hier schnell mal einen Job zu finden, müsste sie schon einer der guten Feen aus Hannahs Märchen über den Weg laufen.

Aber selbst der tollste Job würde ihr nichts mehr helfen: Sie ist auf der Flucht. Bevor die Polizisten herausgefunden haben, mit wem Manitho Luang seine letzte Nacht verbracht hat, muss sie zurück in Deutschland sein. Vage formt sich in ihrem Kopf ein Plan: Sie muss unsichtbar werden, für den Mann mit den Schaufelhänden und für die Polizei.

Der Fahrer fädelt sich in den Verkehr auf der Stadtautobahn ein und gibt Gas. Zwischen bizarr geformten Wolkenkratzern wälzen sich die Blechkolonnen in Richtung Westen. Bei diesem Tempo brauchen sie bestimmt noch eine Dreiviertelstunde bis zum Flughafen, denkt Grete und dreht sich unruhig um. Keine Polizei zu sehen, doch der enge, dröhnende Toyota fühlt sich auf einmal wie eine rollende Zelle an.

Sie dreht sich wieder nach vorne, erneut starrt der Fahrer sie im Rückspiegel an. Sieht er argwöhnisch aus? Beunruhigt, weil sie nach Verfolgern Ausschau hält?

Im nächsten Moment hat sie den Fahrer vergessen. In Gedanken ist sie wieder im *Dusit Thani,* gestern Abend. Nachdem sie ihr Dinner eingenommen hatte, schweifte sie durch die pompöse Lobby und die tropische Pool- und Gartenlandschaft des Hotels. Mangobäume und Elefantenstatuen. Grete war aufgebracht und enttäuscht.

Sie fühlte sich in die Irre geführt und als Bullshit-Multiplikatorin missbraucht. Ihr Entschluss, Superbo zu verlassen, stand fest. Eine halbe Stunde lang marschierte sie zwischen beleuchteten Wasserfällen und vergoldeten Minitempeln umher. Hauptsächlich, um Frust abzubauen, aber nicht nur. Unauffällig hielt sie Ausschau nach dem Mann, an den sie immer wieder denken musste, seit sie ihn bei ihrer Ankunft in der Lobby gesehen hatte.

Ungefähr ihr Alter, maximal Anfang vierzig. Schlank, muskulös, eher hellhäutig für einen Thai. Vielleicht Eurasier, vermutete Grete, das würde auch seine Körpergröße erklären. Und seine ungewöhnlichen Augen. Mandelschnitt und Smaragdgrün.

Nach einem Drink in der Bar und einer weiteren vergeblichen Runde durch den Garten ging sie zu den Aufzügen, um in ihr Zimmer zurückzukehren. Sie stieg in den leeren Lift und hielt ihre Schlüsselkarte an den Scanner unter dem Tastenfeld. Gerade als die Tür zugleiten wollte, stieg noch jemand ein. *Er.* Der Mann mit den Smaragdaugen.

Er legte seine Karte auf den Scanner und drückte auf die 12. Die verspiegelte Kabine war plötzlich voll von ihm und seinen Doppelgängern. Grete wusste gar nicht, wohin mit sich selbst. Er lächelte sie an, fragend, herausfordernd vielleicht. Grete lächelte zurück, während die Lifttür sich schloss und die Kabine aufwärts fuhr.

Ihr Herzschlag hatte sich abrupt beschleunigt. Schweigend starrten sie einander an. Er sieht perfekt aus, dachte sie. Attraktiv, aber nicht hübsch. Männlich, aber nicht zu sehr. Muskulös, aber nicht aufgepumpt. Großgewachsen für einen Asiaten, aber nur eine Handbreit größer als sie.

Der Aufzug hielt, die Tür ging auf, zwölfte Etage. Grete hatte vergessen, auf den Knopf für ihr eigenes Stockwerk zu drücken. Fehlleistung oder Schicksal? Sie stieg mit ihm aus, ohne groß nachzudenken. Und ohne ihn aus dem Blick zu lassen.

Er fasste sie am Arm und zog sie den Gang hinab. Sein Griff war fest, beinahe, als würde sie abgeführt. Sie sah ihn an, immer noch ohne ein Wort. Plötzlich kam er ihr nervös vor. Weshalb? Sie dachte nicht darüber nach. Ihr war heiß, trotz der gnadenlosen Aircondition.

Sein Zimmer lag fast am Ende des Flurs. Er gehört nicht zum Hotel, wurde ihr klar. Dann dachte sie gar nichts mehr. Sah ihn nur beschwörend an.

Als könnte er Gedanken erraten, kickte er hinter ihnen die Tür ins Schloss, immer noch ohne ein Wort. Eine Suite mit Salon und riesigem Balkon zum Innenhof. Er schubste sie aufs Bett und tat so, als würde er ihr das Kleid herunterreißen, gab aber acht, dass er nichts kaputtmachte. Und ihr nicht wehtat dabei. Dazu starrte er sie mit seinen leuchtend grünen Augen unaufhörlich an.

Mit einer Hand hielt er sie fest, als wäre sie seine Beute, die sich sonst wieder davonmachen würde. Mit der anderen fetzte er sich das Jackett und die restliche Kleidung herunter. Jemand klopfte gegen die Tür, wie zur Steigerung der Spannung bestellt, und er zuckte zusammen. Aber Grete hielt seine Hand fest, die ihren Arm festhielt, und das Klopfen hörte auf. Oder wurde übertönt vom Tosen in Gretes Ohren und überall sonst.

Sie ist besonders empfindsam an besonderen Stellen, und sie hatte so lange davon geträumt, dass endlich einer käme, der von sich aus wüsste, was er mit ihr machen sollte. Wo sie berühren, wann leidenschaftlich und wann zärtlich sein. Wenn sie es erst erklären, ihn wortreich einführen müsste, wäre der Zauber kaputt. Wie schon so oft zuvor.

Später lagen sie schweißnass auf seinem Bett, und Grete dachte: Er ist wirklich perfekt. Und du hast sowieso den falschen Beruf. Weil du tief in deinem Innern glaubst, dass alles, worauf es wirklich ankommt, wortlos abläuft. Nicht ausgesprochen, nicht einmal gedacht werden kann. Weil es keine Sprache dafür gibt. Nur Bilder und Gefühle, ineinander verschlungen wie zwei Körper bei der Liebe.

Wie er hieß, erfuhr sie erst, als sie jeder einen Mango Daiquiri aus seiner Zimmerbar in der Hand hielten. Manitho Luang, aber alle nennen ihn Miko. Grete fühlte sich wie verzaubert von seinem Lächeln, seiner Stimme, seiner schieren Präsenz.

Zusammen mit seinem jüngeren Bruder Santi leite er die Manufaktur für Geisterschreine im Nordosten Thailands, erzählte er ihr. Dreihundert Arbeiterinnen und Arbeiter in einer großen Halle östlich der Provinzhauptstadt Ubon Ratchathani. Ihr Dorf heißt Ruaeng und liegt nicht weit vom Ufer des Mekong, der Grenze zu Laos und Vietnam.

»Jeder in Thailand kennt unser Dorf zumindest dem Namen nach«, erzählte Miko. »Bei uns steht der jahrhundertealte Schrein von Tai Thong Klom, dem mächtigen Geist einer schwangeren Frau, die bei der Geburt ihres Sohnes verstorben ist. Damit ihr Geist nicht rastlos und rachedurstig umherschweift, muss sie durch Opfer besänftigt werden. So verwandelt sich ihre Rachsucht in Fruchtbarkeit. Die Hüterinnen des Geisterschreins praktizieren seit Jahrhunderten Liebeszauber und -rituale. Aus dem ganzen Land kommen junge Paare zu uns, um ihre Liebeskraft zu stärken. Schon mein Urgroßvater hatte die exklusive Erlaubnis, die Schreine von Tai Thong Klom und Nachbildungen der Dämonin herzustellen und in ganz Thailand zu verkaufen. Seit unser Vater letztes Jahr gestorben ist, wird das Familienunternehmen von Santi und mir geführt. Wir sind so unterschiedlich, wie Brüder nur sein können. Wir sehen uns auch kein bisschen ähnlich. Aber wir verstehen uns gut. Familie eben.«

Er lächelte sie an. Grete war fasziniert, auch wenn sie sein Geschäft nicht richtig ernst nehmen konnte. Es fühlte sich ein bisschen so an, als hätte ihre Mutter beschlossen, einen Handel mit Zauberer- und Hexenpuppen zu eröffnen. Der Unterschied war allerdings, dass die Geisterpüppchen und ihre Behausungen, die in Mikos Manufaktur entstanden, reißenden Absatz fanden. Und dass die Leute hierzulande tatsächlich an die Macht der Geister glaubten.

Unvermittelt wandte sich Miko ab und lauschte in Richtung Tür. Für einen Moment sah er angespannt aus, dann kehrte sein Lächeln zurück.

»Unser Geschäft geht gut, aber gerade deshalb haben wir Probleme«, sagte er in seinem sorgfältigen Schulenglisch. »Jemand versucht, unser Unternehmen an sich zu reißen. Unsere Exklusivrechte, unseren Namen. Sie setzen Santi und mich unter Druck, aber wir lassen uns nicht einschüchtern. Wohl deshalb sind in letzter Zeit ein paar seltsame Dinge passiert. Wir haben Vertriebsleiter für den Norden, den Osten, die Mitte und den Westen des Landes. Ich halte viermal im Jahr mit ihnen hier im Hotel eine Besprechung ab. Aber diesmal sind nur zwei von ihnen gekommen. Unser Vertriebsleiter Nord ist spurlos verschwunden. Sein Kollege für den Westen hatte einen Autounfall und liegt schwer verletzt im Krankenhaus. Und mein Bruder ist mit den Nerven runter«, fügte er hinzu. »Dreimal hat es in den letzten sechs Wochen bei ihm gebrannt. Zuerst das Gartenhaus, dann ein Schuppen. Letzte Woche dann ist der Geisterschrein direkt vor seinem Wohnhaus in Flammen aufgegangen. Kannst du dir das vorstellen?«

Grete sah ihn erschrocken an. Doch bevor sie etwas erwidern konnte, verwickelte Miko sie in eine leidenschaftliche Umarmung.

Wieso hatten sie keinen Vertreter für den Süden des Landes? Sie kam nicht dazu, ihn zu fragen. Er mixte für sie beide frische Drinks und stellte Musik an. Bird Thongchai, ein unglaublich schmalziger Thai-Sänger, schluchzte aus Mikos Smartphone, gefolgt vom kaum weniger kitschigen James Bay mit seiner Schnulze »*Us*«. Eng umschlungen tanzten sie durch seine Suite, nackt, glücklich und beschwipst.

Später in der Nacht zeigte er ihr, wie er selbst einen Angreifer durch Thaiboxschläge und -tritte abgewehrt habe, erst vor wenigen Tagen hier in Bangkok. Er spielte es mit ihr nach. Sie war der Angreifer, und er feuerte sie an, so fest zuzuschlagen und zu treten, dass ihre Fingerknöchel wehtaten und er blaue Flecken an den Unterarmen bekam.

Und jetzt ist er tot, zuckt es ihr durch den Kopf. Ihre Griff- und Kickspuren sind auf seiner Haut, und während die Polizei wahrscheinlich längst ihre Spuren in Mikos Zimmer sichert, ist Grete immer noch in der Stadt. Wenn sie am Flughafen ankommt, warten vielleicht schon Uniformierte mit einem Haftbefehl auf sie …

Grete muss heftig schlucken. Wieder spürt sie die Augen des Fahrers im Rückspiegel auf sich. Der Süden Thailands ist überwiegend muslimisch, fällt ihr ein. Vielleicht hat … hatte … Miko deshalb keinen Vertriebsleiter für den Süden des Landes. Als ob das jetzt eine Rolle spielen würde!

Mustafa Soundso steht auf dem Plastikschild, das an einer Schnur unter dem Rückspiegel baumelt. Grete registriert es mechanisch. Sein Gebetsfleck ist wie ein »drittes Auge«, geht es ihr durch den Kopf, an das er als Muslim aber bestimmt nicht glaubt. Anders als Buddhisten, Hindus, Geistergläubige aller Art …

Sie lehnt sich zurück, versinkt wieder im Strom ihrer Gedanken. Auch ihre Mutter glaubt an »Erleuchtung«, allerdings nur bei ihren Fantasy-Geschichten. Sascha Krashkov, ihr Ehemann, zieht Hannah mit ihrem »Erleuchtungsglauben« immer wieder liebevoll auf. Sascha ist Gretes Stiefvater, seit sie elf war. Von Beruf Autohändler, An- und Verkauf von Luxuskarossen, auch wenn er offiziell kein eigenes Gewerbe mehr hat. Er glaube höchstens an *Be*leuchtung, am besten Xenon, spöttelt er gerne, und – als Deutschrusse mit sibirischem Urgroßvater – an Erleuchtung durch Schnaps.

Ein leicht hysterisches Kichern dringt aus Gretes Kehle. Der Fahrer mustert sie freundlich, im selben Moment jaulen hinter ihnen Polizeisirenen auf. Grete zuckt zusammen und fährt herum. Reflexhaft rutscht sie nach unten und zieht den Kopf ein. Ein Polizeiauto und zwei Motorräder mit Blaulicht rasen auf der Standspur an ihnen vorbei.

Grete taucht wieder hoch. Der Fahrer fixiert sie im Spiegel, seine Augen jetzt vor Argwohn verengt. Sie zieht eine komische Grimasse, »was bin ich nur für ein nervöses Huhn«, doch sein nachdenklicher Blick lässt sie nicht mehr los, bis sie endlich am Flughafen sind.

Im Aussteigen sieht sich Grete verstohlen um. Taxis, Rikschas, Privatautos aller Preis- und Altersklassen drängeln sich vor der Glasfassade. Kofferträger bieten ihre Dienste an, Taschendiebe schlendern mit Tigerlächeln umher. Ganze Großfamilien quellen aus Kleinbussen, beladen sich mit Unmengen an Koffern und Taschen und stürmen auf eine der unablässig auf- und zugleitenden Automatiktüren zu. Doch Polizisten sind nicht zu sehen. Zumindest keine in Uniform.

Kurz überlegt sie noch, den Fahrer durch ein großzügiges Trinkgeld auf ihre Seite zu bringen. Doch sie belässt es bei der üblichen Aufrundung. Was könnte er der Polizei schon erzählen: dass sie nervös war?

Wenn sie mich verdächtigen, denkt Grete, dann wegen der Spuren, die sie in Mikos Suite und an seinem Körper gefunden haben. Entweder ich schaffe es rechtzeitig, in Deutschland unsichtbar zu werden, oder … Kein Oder, beschließt sie und hastet mit ihrem Rollkoffer zum Check-in.

06:24 Uhr. Vor genau zwei Stunden fuhr sie aus dem Schlaf und sah, wie Miko starb.

Das Boarding zieht sich endlos hin, und Grete auf ihrem Fenstersitz kämpft gegen Angstattacken. Direktflug nach Frankfurt, ein Dreamliner, das dauert eben, redet sie auf sich ein. Kein Grund, die Nerven zu verlieren.

Sie schließt die Augen, versucht das Geplapper der Reisenden, die kreischenden Kleinkinder, die Stöße gegen ihre Rückenlehne zu ignorieren. Die füllige Frau neben ihr, eine Deutsche um die dreißig, kramt in ihrer XXL-Handtasche, aus der Knistergeräusche und ein intensiver Geruch nach Schokolade aufsteigen.

»Wollen Sie auch?« Sie stößt Grete mit dem Ellbogen an. »Einen Schokoriegel?«

Die Augen aufzumachen war ein Fehler. Gretes Blick fällt auf zwei Asiaten in schwarzen Anzügen, die sich den Gang entlang auf sie zuschieben. Zivilpolizisten? Auftragskiller? Ihr Puls beginnt zu rasen.

»Oder lieber was mit Nuss?« Die Frau wühlt in ihrer Tasche.

Grete schüttelt den Kopf. »Danke, nein. Ich will nur schlafen.«

Noch werden die Männer durch eine Gruppe westlicher Rucksacktouristen aufgehalten, die ihre Siebensachen umständlich in den Gepäckfächern verstauen. Beide starren Grete an, dann schauen sie genauso auffällig weg.

Der Schweiß bricht ihr aus. Der Flieger ist die perfekte Falle. Wenn das wirklich Polizisten sind, die sie festnehmen wollen, hat sie keine Chance.

Doch als der Gang endlich frei ist, gehen die beiden Asiaten an ihr vorbei, ohne sie zu beachten. Unruhig dreht sich Grete nach links, um zu sehen, wohin sie sich setzen. Mittlerer Block, zwei Reihen hinter ihr. Sie dreht sich wieder nach vorn. Ihr Blick fällt auf einen bulligen Thai Ende zwanzig, mit Goldkettchen und Lederjacke, der auf der anderen Gangseite thront, die Arme vor der Brust verschränkt.

Das Blut sackt ihr aus dem Kopf. Hat der nicht abnorm große Hände? Gretes Herz hämmert. Sie fixiert den Bulligen, bis er den Kopf dreht und sie unwillig ansieht.

Ganz ruhig, Grete. Der Schattenmann auf dem Balkon hatte größere Pranken, oder nicht? Und die beiden Anzugtypen da hinten sind bestimmt auch nicht hinter dir her. Wären sie von der Polizei, hätten sie dich einfach geschnappt und aus dem Flugzeug gezerrt. Und wenn der Schattenmann sie ausgesandt hätte, die Augenzeugin zum Schweigen zu bringen, wärst du nicht mehr am Leben.

Also entspann dich, Grete. Du bist ihnen allen entwischt.

Ihre Paranoia kippt in Euphorie um. Plötzlich muss sie lachen. Sie presst die Lippen zusammen, doch ein kurzes Prusten schafft es nach draußen. Die junge Deutsche neben ihr vergisst zu kauen und sieht sie verwundert an.

Die kriegen mich nie, denkt Grete. Die können von Glück sagen, dass ich nicht wirklich eine irre Killerin bin. Ich würde ihnen allen eine lange Nase drehen.

Hochgefühl erfüllt sie wie Gas, das in einen Ballon strömt. Doch auch das hält nicht lange an. Zwei Minuten später ist ihr zum Heulen zumute. Die ganze emotionale Achterbahn, wird ihr klar, hat nur einen Zweck: sie von der schrecklichen Wahrheit abzulenken.

Sogar Paranoia und Panik sind leichter zu ertragen als der Gedanke: *Miko ist tot.*

Sie verkriecht sich in ihrem Sitz, wischt sich über die Augen. Wie kann er tot sein? Sie hat ihn doch gerade noch umarmt! Wieso ist sie wieder allein? Sie haben sich doch eben erst gefunden! Aber auch das fühlt sich irgendwie schief an. Als würden sie und Miko sich schon lange kennen.

Endlich ist der Flieger startklar. Der kolossale Vogel rast über die Piste und hebt ab, für Grete sonst immer ein Moment des Hochgefühls. Doch diesmal nimmt sie es kaum wahr.

Kurz darauf wird das Frühstück serviert, sie pickt nur ein paar Happen von dem Plastikteller. In Gedanken ist sie bei Miko.

Unglaublich, wie viel sie einander anvertraut haben. In so kurzer Zeit.

Miko wurde vor zehn Jahren Witwer, gerade mal elf Monate nach der Hochzeit. Seine Frau Nuengthida verstarb aufgrund einer Schwangerschaftskomplikation, zusammen mit dem ungeborenen Kind. »Es war keine Liebesheirat«, erzählte er. »Unsere Familien hatten schon vor langer Zeit entschieden, dass wir heiraten sollten. Aber Nuengthida und ich haben uns gut verstanden. Und ich war stolz darauf, Vater zu werden. Vielleicht hätte das Kind meine Augen geerbt«, fügte er schwermütig hinzu. Nicht alle in seiner Familie seien grünäugig, bei Weitem nicht. Doch so selten, wie manche glaubten, sei diese Augenfarbe bei Asiaten auch wieder nicht.

»Vor allem bei Westasiaten«, ergänzte Grete. Da konnte sie mitreden: Ihr Stiefvater, Deutschrusse mit sibirischen Vorfahren, hat eine Bärenstatur und schmal geschnittene grüne Augen.

Auch sie gab so viel von sich selbst preis, dass es ihr im Nachhinein kaum glaublich erscheint. Als Miko nach ihrer Familie fragte, erzählte sie als Erstes von ihrem Stiefvater. Mit seinen grünen Augen und der halb asiatischen Herkunft bildete Alexander »Sascha« Krashkov irgendwie eine Brücke zwischen ihr und Miko.

Dabei war sie schon elf, als Sascha bei ihnen einzog. Bis dahin hatte Hannah sie allein erzogen und sie beide mehr schlecht als recht durchgebracht. Mit mau bezahlten Lektoraten für all die

Verlage, die ihre eigenen Manuskripte nicht veröffentlichen wollten.

Sascha war laut und ungehobelt, dann wieder überraschend gefühlvoll. Er aß zu viel, trank zu viel, qualmte »wie ein alter Diesel«, schwitzend und schnaufend. In seiner Gegenwart wirkte jeder andere blass und verhuscht, jedes Zimmer zu klein. Hannah sah neben ihm wie eine Strichzeichnung aus.

Die kleine Grete wollte ihn unbedingt wieder aus ihrer Welt vertreiben. Doch Sascha hatte sie bald schon um den Finger gewickelt.

Das alles hat sie Miko erzählt? Aber wann denn? Nachdem sie sich zum zweiten Mal geliebt hatten? Während sie tanzten? Als er ihr Muay-Thai-Techniken vorführte? Fast schon unheimlich, geht es ihr durch den Kopf.

Die junge Deutsche neben Grete stemmt sich aus ihrem Sessel, die ganze Sitzreihe wackelt. Das Pärchen auf den beiden anderen Sitzen steht gleichfalls auf, um sie durchzulassen. Grete schaut ihnen geistesabwesend zu, versinkt wieder in Gedanken.

Auch von ihrem Ex-Ehemann hat sie Miko natürlich erzählt, allerdings nur kurz und nebenher. Florian Reiter, seinen Nachnamen trägt sie immer noch, obwohl sie seit zwei Jahren geschieden sind. Ein freier Journalist, dessen ewiges Bangen um Aufträge und Einkünfte Grete seit ihrer Kindheit vertraut war. Erst im Nachhinein war ihr klar geworden, dass sie Flori während ihrer Ehe genauso ermutigt und getröstet hatte, wie sie das schon als kleines Mädchen bei ihrer Mutter gemacht hatte.

Flori verließ sie, kurz nachdem er eine Festanstellung bei der *Münchner Morgenpost* ergattert hatte. Er hatte immer behauptet, dass er »lieber arm und frei als gesichert und gefangen« sei, und Grete hatte nie widersprochen, es aber auch nie so ganz geglaubt. Irgendwie war ihre Trennung folgerichtig, denn in der Rolle der Tröstenden und Ermutigenden wurde sie nicht mehr gebraucht.

Sie blieb in der gemeinsamen Mietwohnung in München-Laim. Eine schlichte Wohngegend, graue Blocks aus den Fünfzigerjahren, das machte ihr nichts aus. Nur die Lücken in der Möblierung und die weißen Flecke an den Wänden irritierten sie nach zwei Jahren immer noch.

Sie arbeitete bei *Kunstgut,* einer PR-Agentur für Kulturevents. Ihr Job bestand darin, Pressetexte für Konzerte und Buchpräsentationen zu schreiben, Autoren und Musiker bei Auftritten und Interviews zu betreuen. Das brachte gerade so genug zum Leben im teuren München ein. Grete hatte viel zu tun, war auch abends und an Wochenenden auf Achse, aber der ganze Trubel ödete sie zunehmend an. »Immer habe ich nur den anderen beim Leben zugesehen«, erklärte sie Miko. »Verstehst du, was ich meine?«

Er sah sie fragend an, und aufgeregt überlegte sie, wie sie es ihm verständlich machen konnte. »Ich bin immer nur herumgeirrt, auf der Suche nach meiner ›geheimen Tür‹«, sagte sie.

Zu ihrer Verwunderung nickte Miko. Dabei konnte er sie nicht wirklich verstanden haben. Ihre Anspielung bezog sich auf eine Fantasy-Story von Hannah Malström, der erfolglosesten Autorin der Welt. Wenn Hannah nicht zufällig ihre Mutter wäre, hätte auch Grete von der Geschichte nie gehört.

Mit ihren versponnenen Storys ging Hannah ihr meistens auf die Nerven, erklärte sie Miko. Aber da gab es diese eine Geschichte, die sie nie vergessen konnte: *Die geheimen Türen.* Hannah hatte sie geschrieben, als Grete ein kleines Mädchen von fünf, sechs Jahren war. »Ich weiß nicht, wie es dazu gekommen ist«, sagte sie zu Miko, »aber irgendwie ist es die Geschichte meines Lebens geworden.«

Die Story handelt davon, erzählte Grete, dass jeder Mensch die für ihn bestimmten »*geheimen Türen*« finden muss, um in sein eigenes Leben zu gelangen. Bis dahin streift er nur außen an den Fassaden entlang und kann höchstens mal durch ein beleuchtetes Fenster in das Leben anderer Menschen hineinschauen.

Die junge Heldin der Fantasy-Geschichte läuft durch Wälder und Städte und sucht nach den *»geheimen Türen«*, die für sie bestimmt sind. Um sie zu finden und, mehr noch, um hindurchgehen zu können, muss sie in einem *»Zustand der frohen und mutigen Erwartung«* sein. Verlässt sie diesen Zustand – weil sie zum Beispiel ängstlich oder gleichgültig wird –, *»verblassen und verschließen sich die geheimen Türen«* wieder. Wo sie eben noch ganz deutlich einen Durchlass gesehen und die Klinke sogar schon mit der Hand umfasst hat, ist im nächsten Moment nur noch Fels oder Mauerstein …

Grete war ein bisschen durcheinander, nachdem sie Miko von den geheimen Türen erzählt hatte. Wie jedes Mal, wenn sie über die Story nachdachte oder gar – was so gut wie nie vorkam – mit jemandem darüber sprach.

Als sie Anfang des Jahres auf die Stellenanzeige von Superbo gestoßen war, fügte sie hinzu, konnte sie gar nicht anders, als sich um den Posten als PR-Juniormanagerin zu bewerben. Darüber hatte sie noch nie mit irgendwem geredet, vor jedem anderen hätte sie sich für ihren »kindischen Aberglauben« geschämt. Nicht so bei Miko. »Superbo hat letztes Jahr ein neues Label herausgebracht, und stell dir vor, es heißt *SecretGate.*«

Sie bewarb sich, wurde auf Probe eingestellt und freute sich auf die Fortbildung, die Mitte Februar in Bangkok stattfinden sollte, wenige Wochen nach ihrem Antritt der neuen Stelle. Dass Superbo eine große Niederlassung in »Big Mango« unterhielt und die hiesige PR-Abteilung ausbauen wollte, bestärkte sie darin, die richtige Entscheidung getroffen zu haben.

»Den Ausschlag hat für mich aber das *SecretGate*-Label gegeben«, sagte sie. »Ich glaube sonst nicht an Schicksal und solche Sachen, aber in diesem Fall …« Sie unterbrach sich und sah ihn prüfend an. Nach wie vor hörte er aufmerksam zu. »Die Fortbildung hier im Hotel war dann aber total frustrierend«, fuhr sie fort. »Bis gestern Abend war ich mir sicher, dass ich auf meinen eigenen Aberglauben hereingefallen wäre und meine ›geheime Tür‹ wieder nicht gefunden hätte. Aber das stimmt ja nicht. Ganz im Gegenteil. Verstehst du, Miko?«

Sie sah ihm in die Augen und bekam Gänsehaut. Auch jetzt im Flieger überläuft sie ein Schauder, als sie daran denkt, wie sie ihm von ihrer geheimen Tür erzählt hat. Und wie sie spürte, dass er sie wirklich verstand.

»Eigentlich bin ich ein nüchterner Mensch«, erklärte sie weiter. »Außer bei den geheimen Türen. Ich war immer so allein, verstehst du, so weit ich zurückdenken kann. Aber jetzt habe auch ich meine geheime Tür gefunden.« Sie musste heftig schlucken. »Ich bin hindurchgegangen, und dahinter … bist du.«

Ein Schluchzer stieg in ihr auf. Bevor sie sich über die Augen wischen konnte, hatte Miko sie an sich gezogen und küsste zart ihre Tränen weg. »Du bist nicht allein, Grete«, flüsterte er in ihr Ohr. »Du hast mich gefunden. Wir gehören zusammen. Du und ich …«

»Für immer?« Auch sie flüsterte, als dürfe niemand ihre Liebesschwüre hören.

Er bejahte mit den Augen. *Für immer.* Sie hörte es, klar und deutlich, obwohl er sie nur ansah, ohne die Lippen zu bewegen.

Wieder kamen ihr die Tränen, diesmal vor Glück. Seine Umarmung wurde leidenschaftlicher, erneut liebten sie sich, und dann tanzten sie wieder zu den Schmalzgesängen von Bird Thongchai. Sie lachten und ließen sich doch mitreißen vom Liebesrausch des Sängers. *»Nichts kann uns je wieder trennen«*, übersetzte Miko, *»wir sind für immer vereint.«* Sie sangen es zusammen, lachend und tanzend, sie auf Englisch, er auf Thai …

All das ist in einer einzigen Nacht passiert?, staunt Grete im Flieger. Das alles hat sie Miko erzählt, und er hat es verstanden? Auch das Nichtgesagte, die mitschwingenden Untertöne? Ein Fremder aus einer anderen Kultur, mit dem sie gerade mal ein paar Stunden in einem Hotelzimmer war?

Dreimal ja, antwortet sie sich selbst. Ein so tiefes Verständnis wie zwischen Miko und ihr hat sie nie zuvor gespürt. Bei keinem Lover, keinem Lebensgefährten, auch nicht bei Flori. Bei dem schon gar nicht.

Leise schnarchend schläft neben ihr die dicke Frau. Mit beiden Armen hält sie die Tasche voll Schokolade umklammert.

Ob sie sich einsam fühlt? Von der Welt ausgeschlossen, auf der Suche nach ihrem eigenen Leben? Wie oft hat Grete sich das bei anderen Menschen gefragt, aber sie hat nie mit irgendwem darüber gesprochen. Bis letzte Nacht.

Warum gerade mit Miko? Weil sie spürte, dass es ihm ähnlich ging? Dass auch er auf der Suche nach seinen geheimen Türen war?

Keinem anderen hat sie sich je so offenbart. Nur dass sie schon mal in einem Selbstverteidigungskurs war, hat sie ihm verschwiegen. Er war so eifrig, als er ihr die Grundtechniken des Muay Thai zeigte, da wollte sie ihn nicht enttäuschen. Und ja, auch dass Sascha es mit dem Gesetz nicht immer genau nimmt und einmal an einer Verurteilung wegen Autoschieberei vorbeigeschrammt ist, behielt sie für sich.

Miko kam ihr so aufrecht vor, so moralisch unbeirrbar, dass sie fürchtete, Saschas Machenschaften würden auch auf sie einen Schatten werfen. Immerhin ist Sascha – neben ihrer Mutter – fast alles, was sie an Familie vorzuweisen hat. Und Familie ist für Miko das Wichtigste auf der Welt. Nein … *war* …

Jäh steigen Schluchzer in ihr auf. Grete steht auf, schubst die schlafende Sitznachbarin an, drängelt sich an ihr und dem Pärchen daneben vorbei. Sie hat Economy Class gebucht, bei der engen Bestuhlung müsste sie eigentlich warten, bis alle aufgestanden sind. Aber das hält sie nicht aus. Sie fühlt sich eingefangen, eingeschnürt, sie bekommt keine Luft mehr.

Als sie es auf den Gang geschafft hat, spürt sie den Blick des bulligen Asiaten auf ihrer Schläfe und erstarrt. Sie ist schon halb an ihm vorbei, doch fast gegen ihren Willen bleibt sie stehen und dreht sich um. Als wäre sie seine Puppe, die er an unsichtbaren Fäden dirigiert.

Als sie ihm ins Gesicht schaut, blättert er mit gleichmütiger Miene im Bordmenü. Sie ist sich sicher, dass er sie gerade eben noch angestarrt hat. Er hat einen kugelrunden, kahlgeschorenen Kopf und einen dunkelbraunen Teint, beinahe wie Sascha. Aber seine Augen funkeln nicht listig-lustig wie so oft bei ihrem Stiefvater. Es sind stumpfschwarze Gräben, gefüllt mit nichts als Dunkelheit. Seine Hände, die die Speisekarte beim Umblättern fast zerreißen, kommen ihr jetzt doch wieder abartig groß vor. Wie die Pranken des Schattenmannes …

Sie wendet sich um und hastet zu den Toiletten. Zum Glück ist eine der Kabinen frei. Sie zwängt sich hinein und riegelt hinter sich zu.

Aber hier drin kriegt sie erst recht keine Luft. Das ist ein Schrank, ein aufrecht stehender Sarg! Gretes Herz rast. Jeder Atemzug ein trockener Schluchzer. Ihr ist kalt und heiß, die Gedanken in ihrem Kopf sind *Stimmen*, die auf sie einschreien. Grete ist kurz vor einer Panikattacke, sie weiß es, obwohl sie so etwas noch nie erlebt hat.

»Zumindest nicht so schlimm, bei Weitem nicht so schlimm«, flüstert sie, auf der Toilette sitzend. Sie entleert ihre Blase, so schnell es geht, dann steht sie vor dem Waschbecken, spritzt sich lauwarmes Wasser ins Gesicht und vermeidet es, in den Spiegel zu sehen.

»Ich kann nicht mehr, ich halte das nicht durch«, flüstert sie. Ihr alter Trick, um Widerstand zu mobilisieren. »Und ob du das durchhältst, Grete«, schreien die Stimmen in ihr, »das wäre doch ge*lacht!*«

Jemand klopft an die Kabinentür. Grete zieht ein Papierhandtuch aus dem Spender, trocknet sich das Gesicht ab. »Moment noch«, flüstert sie und riskiert jetzt doch einen Blick in den Spiegel.

Ihre Wangen sind rot gefleckt. Die Augen aufgerissen, die Haare strähnig und viel zu dunkel für ihren bleichen Teint.

Auf einmal weiß sie, was sie machen muss, um den Schattenmann abzuschütteln. Totale Verwandlung … Grete Reiter wird nie gelebt haben. Hat sie ja auch nicht, denkt Grete, setzt ein Lächeln auf und riegelt die Tür auf.

Ihr Herz schlägt immer noch zu schnell, aber zumindest das Schwitzen hat aufgehört. Unter der Leinenjacke klebt ihr das T-Shirt am Rücken.

Und wenn schon, sie wird das hier durchstehen. Noch neun Stunden bis Frankfurt, das wäre doch gelacht. Und sobald sie gelandet sind, wird sie anfangen, ihren Plan umzusetzen. Punkt eins, Punkt zwei, Punkt drei …

Sie marschiert zurück zu ihrer Sitzreihe. Das Pärchen hat seine Plätze verlassen und vertritt sich die Beine im Gang, nur die füllige Deutsche sitzt wie für immer in ihrem Sessel.

Bei dem Gedanken, über den Fleisch- und Schokoladenberg hinweg auf ihren Fensterplatz zurückzuklettern, bricht Grete erneut der Schweiß aus. Ich kann das einfach nicht, denkt sie wieder. Gleich bekomme ich einen Schreikrampf.

Aber sie kriegt sich unter Kontrolle. Eben kommt der Steward mit einem Wagen voller Getränke vorbei. Grete bestellt Rotwein, gleich zwei von den Minifläschchen. Sie muss schlafen, am besten bis zur Landung in Frankfurt, sonst dreht sie hier noch durch.

Wieder verkriecht sie sich in ihrer Nische, dämmert vor sich hin. Zum Mittagessen trinkt sie noch mehr Wein, dann schläft sie tatsächlich ein und fährt Stunden später aus einem Traum auf, schreiend und tränenüberströmt. Alle starren sie an. Die Schokoladenfrau, der Bullige, die beiden Männer in den schwarzen Anzügen. Ihr Herz rast. Hat sie im Schlaf gesprochen? Mikos Namen gerufen?

Im Traum war sie bei ihm auf dem Balkon. Wie von Geisterhand angehoben, kippte er über die Brüstung und stürzte kopfüber in den Tod.

Wie ein Turmspringer, durchfährt es Grete. Vor Angst kann sie kaum atmen.

Angst wovor? Dass es nicht nur ein Traum war? Aber was denn sonst?

Grete hat Weiterflug bis München gebucht, doch seit ihrem Albtraum von Miko und ihr weiß sie: In so eine fliegende Klapse steigt sie nicht mehr ein.

Sie zählt die Minuten bis zur Landung, 12:11 Uhr Ortszeit in Frankfurt/Main. Im Terminal 1 folgt sie den EXIT-Schildern, die beiden Asiaten mit den schwarzen Anzügen im Schlepptau. Der Bullige mit den großen Händen hat ihr beim Aussteigen den Vortritt gelassen. Als Grete sich umdreht, steht er zehn Meter hinter ihr auf dem Laufband, sein Bordcase neben sich, die Hände in den Taschen seiner schwarzen Lederjacke, und schaut mit regloser Miene ins Leere.

Das sind einfach irgendwelche Reisenden, sagt sich Grete. Woher sollte denn irgendwer wissen, welchen Flieger sie genommen hat? Und wenn sie es herausgefunden hätten: Wie wahrscheinlich ist es, dass sie im Flugzeug in ihrer unmittelbaren Nähe Sitzplätze erwischt haben? Vor allem aber: Warum unternehmen sie nichts, sondern trotten wie Schafe hinter ihr her?

Einzige logische Antwort: weil du dir alles nur einbildest, Grete.

Das klingt plausibel, aber es fühlt sich nicht so an. Ganz im Gegenteil.

Sie ist übermüdet und steht unter Schock. Vielleicht sieht alles wieder harmlos aus, wenn sie sich erst mal richtig ausgeschlafen hat?

Blödsinn, Grete. Du weißt genau, dass das nicht stimmt. Dass es nie wieder so sein wird, sich nie mehr anfühlen wird wie früher. Bevor du Miko gefunden und wieder verloren hast.

Als Grete die Passkontrolle passiert, stehen ihre vermeintlichen Verfolger noch in der Schlange für Nicht-EU-Bürger. Die beiden Anzugtypen auf den Fersen wippend, der Bullige weit hinter ihnen, über sein Smartphone gebeugt.

Eilends durchquert Grete kurz darauf die Halle mit den Gepäckbändern. Ihr Koffer wird wahrscheinlich jetzt gerade umgeladen und fliegt in gut einer Stunde weiter nach München. Dagegen versammeln sich praktisch alle Passagiere aus ihrer Maschine bei dem Förderband, über dem ihre Flugnummer auf dem Display steht. Wie auch sonst, kaum jemand geht bloß mit Bordgepäck auf Fernreise.

Im Vorbeigehen schaut Grete kurz in die Runde: Auch einer der beiden Anzugmänner hat sich am Gepäckband positioniert. Sein Kollege aber knöpft sich das Jackett zu und marschiert hinter ihr her in Richtung Ausgang.

Grete umklammert den Schulterriemen ihrer Handtasche und beschleunigt. Fast rennend steuert sie auf die Doppeltür unter dem EXIT-Schild zu. Als die Tür vor ihr aufgleitet, riskiert sie noch einen Blick über die Schulter. Auch der Bullige stürmt, sein Bordcase an der linken Pranke schlenkernd, mit Riesenschritten hinter ihr her.

So viel Zufall gibt es nicht, denkt Grete. Ihr Herz beginnt zu hämmern.

Fast taumelnd betritt sie die Ankunftshalle und sieht sich hektisch um. Das übliche Gewimmel von desorientierten Touristen, Leuten mit Pappschildern und Kindern, die im Durcheinander Fangen spielen.

Sie muss die beiden abschütteln, sagt sich Grete. Vor allem der Bullige macht ihr eine Höllenangst. Außerdem muss sie dringend telefonieren.

Aber nicht mit ihrem Handy. Nach der Landung hat sie es noch nicht wieder eingeschaltet. Grete Reiter darf möglichst keine Spuren mehr hinterlassen. Und erst recht keine, die zu ihrer Familie führen.

Sie darf ihre Mutter und Sascha nicht in diese Sache hineinziehen, sagt sich Grete und stürzt auf eine Tür mit dem Icon für Damentoiletten zu. Dahinter ist ein Flur, rechts geht es zu den Toilettenräumen, links ist eine Tür mit der Aufschrift *»Kein Zutritt – Staff only«*.

Was jetzt? Wenn sie sich in einer Kabine einschließt und draußen der Schattenmann mit seinen enormen Pranken gegen die Türen donnert, kriegt sie endgültig eine Panikattacke. Da hätte sie sich auch gleich in den Flieger nach München quetschen können. Aber wie sonst kann sie ihre Verfolger abschütteln?

Am anderen Ende des Flurs ist eine weitere Tür. Eben geht sie auf, eine ältere Frau, beladen mit Koffer und Schultertasche, schiebt sich hindurch. Hinter ihr ist kurz ein Schaufenster zu sehen, dann fällt die Tür wieder zu.

Gott sei Dank. Grete schlängelt sich an der älteren Dame vorbei und verlässt durch die Hintertür den Toilettenbereich.

Jetzt sollen die ruhig mal die Klokabinen durchsuchen. Grete eilt durch die Shopping- und Gastro-Zone, sieht sich im Laufen nach allen Seiten um. Weder der Typ im schwarzen Anzug noch der Bullige sind zu sehen.

Ihr Pulsschlag normalisiert sich langsam wieder. Da vorne an der Wand hängen zwei öffentliche Fernsprecher, in einer Nische, die OP-artig mit Edelstahl ausgekleidet ist. Im Gehen kramt Grete in ihrer Handtasche. Sie sammelt ein paar Münzen ein, die lose zwischen Schlüsseln, Lippenstift, Tampons, Portemonnaie und was sonst noch herumklirren, und ruft sich Saschas Handynummer ins Gedächtnis.

Nie zuvor hat sie sich so sehr gewünscht, unsichtbar zu sein. Den größten Teil ihres bisherigen Lebens sehnte sie sich eher nach dem Gegenteil. Von einem geliebten Menschen gesehen zu werden, als diejenige geliebt, die sie wirklich ist. Im Lächeln, in den Augen dieses Geliebten auch sich selbst zu sehen.

Mit Miko hatte sie diesen anderen gefunden, der sie verstand und liebte. Nach so langer Suche. Nach so vielen Fehlschlägen.

Nachdem sie es fast schon aufgegeben hatte. Und fast schon nicht mehr fähig gewesen war, in den *»Zustand froher und mutiger Erwartung«* einzutreten, ohne den man seine geheime Tür nicht sehen und noch weniger hindurchgehen kann.

Und jetzt ist sie aus ihrem Leben schon wieder vertrieben, nach einer einzigen Nacht? Zurückgejagt durch die Tür, die hinter ihr zugefallen und unsichtbar geworden ist, vielleicht für alle Zeit? Es kann und darf einfach nicht sein …

Grete füttert den Fernsprecher mit Münzen und tippt Saschas Nummer ins Tastenfeld ein. Sie drückt sich so tief es geht in die Nische, mit der Schulter zwischen den Apparat und die blechverkleidete Wand. Mit einem Auge späht sie in der Halle umher. Wenn der Bullige sie hier entdeckt, kriegt sie einen Herzinfarkt. Sie ist auch so schon kurz davor.

Früher oder später wird er hier auftauchen, und bis dahin muss sie weg sein. Unsichtbar. Wie nie gewesen.

Grete schwitzt schon wieder am ganzen Körper, gleichzeitig ist ihr kalt. Mit T-Shirt, Leinenkostüm und Sneakers ist sie viel zu dünn angezogen für den deutschen Winter. 18. Februar 17, draußen drei Grad. Die Strumpfhose und die Daunenjacke aus ihrem Koffer könnte sie jetzt gut gebrauchen. Aber wenn er bald mal ans Telefon geht, wird sie von der Kälte nicht viel spüren.

»Sascha? Hallo, ich bin's.«

»Gretchen?« Sein Bass donnert aus dem Hörer. »Bist du schon zurück? Wie war's?«

»Erzähle ich euch später. Hör zu, Sascha, ich hab's eilig. Du musst mir einen Gefallen tun. Ich bin am Flughafen in Frankfurt und brauche ein Auto. Sofort. Und … diskret.«

»Was ist denn los, Kleines? Wo willst du so plötzlich hin?«

Sie gibt ihm keine Antwort. Weil es keine gibt. Keine, die er verstehen würde.

Sascha steckt sich einen Zigarillo an, das Klacken seines Zippos ist deutlich zu hören. »Das kannst du deiner Mama nicht antun.« Er pafft und unterdrückt einen Hustenreiz. »Pass auf, ich hole dich ab. Ich kann in einer halben Stunde da sein.«

»Auf keinen Fall.« Grete klemmt sich den Hörer fester zwischen Kinn und Schulter und späht in der Halle umher. »Ich brauche das Auto. Es ist wirklich dringend.« Sie spricht schnell und so leise, dass sie selbst es kaum hört. »Das ist doch deine Spezialität, Sascha. Das Auto darf nicht auf deinen Namen laufen. Man darf es nicht mit dir in Verbindung bringen können. Und bitte keine Protzkarre, aber auch nichts Lahmes. Und groß genug für ein paar Umzugskisten.«

»Ach so?« Jetzt kann er den Hustenanfall nicht länger unterdrücken. Schleimbröckchen lösen sich gut hörbar aus seinen Bronchien, werden emporgestoßen und mit dem nächsten Atemzug wieder eingesaugt. »Müssen wir uns Sorgen machen, Kleines?«, bringt er hervor.

»Ach was.« Grete bemüht sich um einen leichten Ton. »Ich erkläre euch alles, bald schon. Aber jetzt habe ich es wirklich eilig.«

Sascha ist der Letzte, der ihr wegen so etwas Vorwürfe machen dürfte. Heimlichkeiten sind schließlich sein Metier. Alles, was sie darüber weiß, hat sie sich von ihm abgeschaut.

Er lässt ein paar unverständliche Brummtöne heraus. Grete erinnert sich – ihr Körper erinnert sich –, wie die Vibrationen auf sie übersprangen, wenn sie sich an ihn drückte, während er brummte wie ein Bär. Wie alt war sie da? Höchstens zwölf. Kurz vor der Hochzeit von Hannah und Sascha zogen sie in sein riesengroßes Haus im Taunus um.

Zwei, drei seiner »Jungs« – Mitarbeiter in dem Autogeschäft, das offiziell seinem Bruder Lev gehört – wohnten oder übernachteten fast immer bei ihnen, in Saschas »Büroflügel«, in dem es auch mehrere Gästeapartments gab. Sie saßen mit ihnen am Mittagstisch oder kamen, wenn Grete mit Hannah und Sascha frühstückte, in die Küche geschlurft und plünderten den Kühlschrank. Auf dem Hof standen schwarze Limousinen, nur BMW und Mercedes, mit denen die »Jungs« nach dem Essen wusste der Himmel wohin aufbrachen. Manchmal schnappte Grete Städte- und Ländernamen auf, die sie später in ihrem Schulatlas wiederentdeckte. Kiew, Marrakesch, Oman …

»Okay, hör zu, Kleines. Du bist jetzt in Terminal eins? Alles klar. In spätestens einer Stunde steht ein BMW-Geländewagen auf dem Kurzzeitparkplatz gegenüber. Ruf mich in einer Dreiviertelstunde noch mal an, dann erfährst du die genaue Ankunftszeit und die Übergabemodalitäten.«

Vor Erleichterung bekommt Grete feuchte Augen. »Danke, Sascha«, flüstert sie und legt auf.

Eine Stunde später. Grete sitzt in dem schwarzen BMW X3 mit schwarzen Ledersitzen und schwarz getönten Fenstern. Sie verriegelt die Türen, startet den Motor und dreht die Klimaanlage hoch. Auf 26 Grad, dazu die Sitzheizung auf höchste Stufe. Nach dem kurzen Fußmarsch von der Ankunftshalle zum Kurzzeitparkplatz ist sie ziemlich ausgekühlt. Aber das wird schon wieder.

Der Schlüssel war im Radkasten hinten links mit Isolierband festgeklebt, die Papiere liegen im Handschuhfach. Alles wie von Sascha angekündigt. Im Kofferraum eine Tüte mit Süßigkeiten, bestimmt auf seine Weisung zusammengestellt. Schokolade und Müsliriegel, Cola und Piccolo-Sektflaschen.

Eine Woche lang kann sie über den Wagen frei verfügen. Sie ist Sascha so was von dankbar. Das Auto ist auf einen gewissen Maxim Markow zugelassen, wohnhaft im Gutleutviertel in der Frankfurter City.

Den Namen hat Grete noch nie gehört, die Wohngegend kennt sie umso besser. Ein Brennpunktviertel mit hoher Kriminalitätsrate. In den fünfundzwanzig Jahren, seit sie von dort weggezogen sind, hat sich bestimmt einiges geändert. Zum Besseren wohl nicht, das Bahnhofsviertel mit seiner Mischung aus Bars und Bordellen, Junkies, Straßennutten und Sozialrentnern ist nach wie vor nebenan.

Grete legt den Rückwärtsgang ein, behält aber den Fuß auf dem Bremspedal. Ein bisschen hat sie ein schlechtes Gewissen, weil sie ihrer Mutter und Sascha keinen Besuch abstatten wird, obwohl Schwalbach fast um die Ecke liegt. Ist es nicht nur eine Ausrede, wenn sie vor sich selbst beteuert, dass sie ihre Familie schützen will?

Der Bullige ist nicht wieder aufgetaucht, die beiden Typen im schwarzen Anzug auch nicht. Aber das heißt ja nicht, dass sie die wirklich abgehängt hat. Der Mann mit den übergroßen Händen kann jetzt, in dieser Minute, irgendwo hier in ein Auto steigen und sich an sie dranhängen. Die beiden Anzugmänner können bereits im Polizeipräsidium in Frankfurt in einem Büro sitzen und ihre deutschen Kollegen über den Mord informieren, den Grete Reiter angeblich in Bangkok begangen hat.

Nein, sie muss extrem vorsichtig bleiben. Sie muss Punkt für Punkt ihren Plan durchziehen, so schnell wie überhaupt möglich. Sie muss unsichtbar werden, aufhören zu existieren, zumindest für den Schattenmann unauffindbar sein.

Also los, Grete.

Sie nimmt den Fuß von der Bremse und stößt zurück. Der Parkschein liegt auf dem Beifahrersitz, daneben ihre Handtasche mit EC- und Kreditkarten. Doch das Ticket hat sie am Automaten bar bezahlt. Die Karten wird sie nach aller Möglichkeit so wenig benutzen wie ihr Smartphone. Oder ihren Personalausweis. Vor dem Thailandtrip hat sie extra noch tausend Euro cash abgehoben, für den Fall, dass es in Bangkok Probleme mit Plastikgeld geben sollte. Wenn sie es geschickt anstellt, kommt sie mit dem dünnen Hunderterbündel hin, bis Grete Reiter Geschichte ist, optisch genauso wie amtlich.

Wenig später ist sie auf der Autobahn nach Süden. Sie behält Rück- und Seitenspiegel im Auge. Soweit sie es bei dem wuseligen Verkehr beurteilen kann, klebt niemand an ihr dran. Entweder das – oder ihre Verfolger sind so perfekt getarnt, dass sie nichts von ihnen bemerkt.

Es macht kaum noch einen Unterschied. Grete hat sich entschieden, eine Wahl hatte sie ohnehin nicht mehr. Die Nacht mit Miko hat sie für immer verwandelt.

Sie hat ihre Tür gefunden und ist hindurchgegangen. Zumindest für ein paar Stunden hat sie ihr eigenes Leben gelebt, und es fühlt sich nach so viel mehr an.

Der kompakte Geländewagen hat schon einige Jahre auf dem Buckel. Aber der Motor ist bärenstark und brummt beim Beschleunigen fast wie Sascha, wenn er aufgebracht ist oder um eine Entscheidung ringt. Wohlig warme Luft strömt aus den Gebläsedüsen, und Gretes Hinterteil wird von der Sitzheizung fast gegrillt.

»*Saignant, s'il vous plaît*«, murmelt sie, »blutig, bitte.« Als wäre ihr Hintern ein saftiges Steak.

Auf der A3 fährt sie an Würzburg vorbei, und in Gedanken ist sie wieder auf der Hochzeitsfeier von Sascha und Hannah. Wie so oft, wenn irgendwie Steaks ins Spiel kommen. Riesige, blutige Steaks.

Nie wieder hat sie so viele Steaks auf einem Haufen gesehen und nie wieder einen so gigantischen Grill. Er stand auf der Wiese hinter ihrem Haus, so groß wie eine Tischtennisplatte. Drei von Saschas Jungs brieten stundenlang die gigantischen Fleischlappen und trugen sie Platte um Platte zu den Tischen unter den Apfelbäumen, an denen die Hochzeitsgesellschaft tafelte.

Das Siebzigerjahrehaus in Schwalbach, einem Städtchen nordwestlich von Frankfurt, hat Sascha erst kurz vor der Hochzeit gekauft. Es war ein wenig heruntergekommen, aber großzügig dimensioniert. Im Untergeschoss gibt es Swimmingpool, Billardraum und Bar, im ersten Stock eine Reihe saalartiger Zimmer und eine enorme Terrasse. Die Seitenflügel sind wie Kaninchenbauten, ineinander verschachtelte Flure, Zimmer, Kammern. Im Flügel rechts sind die Büros untergebracht, links Hannahs Arbeitszimmer und ihre riesige Bibliothek. Das Haus passt perfekt zu Sascha, offiziell gehört es aber, wie alles andere, seinem Bruder Lev.

In den Monaten vor der Hochzeit übernachtete Sascha häufig bei Hannah und Grete in ihrer kleinen Mansardenwohnung im Gutleutviertel, doch für ihn war dort alles viel zu eng. Grete war gerade zwölf geworden, als sie nach Schwalbach umzogen. Sie bekam eine eigene »Suite«, wie Sascha das nannte – »*sweet*« verstand sie zuerst und freute sich gleich doppelt. Zwei Zimmer, hintereinander gelegen, am Ende ein kleines Bad. Wie gern hätte sie ihren Schulfreundinnen die ganze Pracht vorgeführt, doch ihr Geburtstag war schon vorbei.

Durch den Umzug musste sie sowieso die Schule wechseln. In Frankfurt hatte sie immerhin zwei engere Freundinnen gehabt, Gina und Lena, in der neuen Schule aber wurde sie zur Einzelgängerin. Von den anderen Kindern respektiert – schon wegen der Luxuslimousinen, mit denen Sascha sie manchmal abholen ließ –, aber sie blieb die Fremde aus der Stadt.

»Habt ihr wirklich im Bahnhofsviertel gewohnt?« Das Gerücht klebte an ihr wie Hundedreck an der Schuhsohle. Anfangs versuchte sie noch zu erklären: Das Gutleutviertel liege in der Nähe, aber die Leute dort seien keine Fixer und Nutten, sondern … Da hörte schon keiner mehr zu. Den Provinzlerwitz auf Kosten der Neuen wollten sie sich nicht kaputtmachen lassen. Schließlich gab Grete es auf.

Zu Hause konnte sie mit niemandem darüber reden, das war nichts Neues für sie. Sascha ließ in Windeseile alles für das Hochzeitsfest mit hundertfünfzig Gästen aufpolieren. Seine Jungs mussten den Hof entrümpeln, die Wiese hinter dem Haus mähen, die Tapeten erneuern, Lampen aufhängen, Möbel aufstellen, während er selbst paffend von Zimmer zu Zimmer ging und Kommandos gab.

Da hatte sich Hannah längst in ihrem eigenen Trakt verschanzt und saß über irgendwelchen Manuskripten, wie eigentlich immer, so weit Grete zurückdenken konnte. Entweder sie bearbeitete die Texte anderer Autoren, oder sie schrieb an ihren eigenen Geschichten. Am »gewöhnlichen Leben«, mit dem sich praktisch alle anderen von früh bis spät herumschlugen, nahm ihre Mutter nur selten teil. Und wenn, dann ließ sie ausschließlich den »gesunden Menschenverstand« gelten, der in ihren Fantasy-Geschichten nicht mal eine Nebenrolle spielte.

Träume, Zweifel, Unsicherheit, überhaupt Gefühle waren »überkandidelt«. Für alles hatte Hannah sofort eine Erklärung parat, und immer war es der erstbeste Stempel. Die einen waren eben neidisch, *zack*, die anderen geldgierig, *bamm*, diesem war die Macht zu Kopf gestiegen, jener war ein Duckmäuser …

Zwei und zwei ergab bei ihr immer vier. Aber nur im »gewöhnlichen Leben« – in der Literatur galten völlig andere Gesetze. In den Fantasy- und Mystery-Romanen, die sie redigierte, und vor allem in ihren eigenen Geschichten wurde alles und jedes durch Magie und Schicksal, Hexen und Dämonen bestimmt, und die Menschen waren der Willkür undurchschaubarer Mächte ausgeliefert.

Der Umzug nach Schwalbach lag erst ein paar Wochen zurück, als sich Grete bei ihrer Mutter beklagte: Sie fühle sich wie Tonia, das Mädchen in *»Die geheimen Türen«*, das den Zugang zu seinem eigenen Leben nicht finden könne. Hannah sah sie verständnislos an. »Sei nicht albern, Kind. Mach doch die Augen auf: Von jetzt an stehen dir alle Türen offen!«

Spätestens da wurde Grete klar, dass Hannah in zwei Welten lebte, die nichts miteinander zu tun hatten. Im Grunde galt das auch für das Hochzeitspaar: Unterschiedlicher konnten zwei Menschen kaum sein. Aber Grete hatte ihre Mutter nie zuvor so glücklich gesehen. Zumindest in den Stunden oder halben Tagen, in denen es Sascha gelang, sie aus ihrer Fantasiewelt herauszulocken.

Die Hochzeitsfeier fand Anfang Juli 1993 statt und dauerte eine ganze Woche. Der Hof und die Straße waren mit Protzkarossen zugeparkt, von denen etliche russische Kennzeichen hatten. Fast alle Gäste gehörten zu Sascha: seine Familie aus Frankfurt, Moskau und Uro, einem Dorf im russischen Burjatien; seine Geschäftspartner mit Frauen und Freundinnen, von denen nicht wenige aussahen wie Bardamen aus dem Frankfurter Bahnhofsviertel. Und dazwischen Hannah und Grete, Hannahs Bruder Lars und seine Frau Maria, er Geschichtslehrer, sie Buchhalterin. Dünn und blass saßen sie zwischen all den tafelnden, lachenden, tanzenden Deutschrussen und Burjatiern, die in übergroßen schwarzen Anzügen oder auch in Jeans und Lederjacken zur Hochzeitsfeier angerückt waren, die Frauen in seltsam rüschigen Abendkleidern.

In Gretes Erinnerung sitzen sie und ihre Familie wie Geiseln eines wilden Steppenherrschers am Rand des Gelages und sehen zu, wie die Gesellschaft blutige Steaks mit Unmengen an Krimsekt und Wodka hinunterspült. Lev und Sascha lieferten sich einen regelrechten Wettkampf, und am Ende sangen sie russische Volkslieder im Duett und tanzten, einander bei den Schultern umklammernd, bis sie zusammen umfielen.

Grete schüttelt den Kopf, schaltet die Klimaanlage auf Normalbetrieb und die Sitzheizung aus. Laut Navi sind es noch anderthalb Stunden bis München. Sie spürt jetzt, dass sie letzte Nacht kaum geschlafen hat. Die paar Stunden unruhigen Dämmerns im Flieger waren auch nicht gerade erholsam. Verlockend sieht sie ihr Bett in München-Laim vor sich, und kurz überlegt sie, ob sie ihren Plan wirklich ab sofort durchziehen soll.

Warum nicht erst mal in ihre Wohnung fahren, gründlich ausschlafen – und dann erst anfangen, ihre alte Identität auszuradieren? Morgen ist auch noch ein Tag …

Ausgeschlossen. Sie braucht sich nur vorzustellen, wie sie die Wohnungstür verriegelt, sich ins Bett legt, im Dunkeln auf jedes kleinste Geräusch horcht … Die Kehle krampft sich ihr zu.

Nein, sie bleibt bei ihrem Plan. Sie wird sich ein Zimmer in einer billigen Absteige nehmen, in der man Gesetzesvorschriften eher als Empfehlungen ansieht. In der Pension *Suleiman* in der Landwehrstraße hat Grete, als sie noch für *Kunstgut* arbeitete, einmal einen Autor abgeholt. Peer Leitner, Verfasser schwermütiger Romane.

Nicht im Traum hätte sie sich vorstellen können, dass sie jemals selbst dort absteigen würde.

Sie hat weißblonde Haare, kurz geschnitten mit halbseitigem Pony und dezentem Undercut. Zum schneeweißen Schurwoll-Kurzmantel trägt sie schwarze Chinos und Chelsea-Boots. Eine übergroße Brille mit mattgrün getönten Gläsern rundet die kühl-elegante Erscheinung ab.

Die schnurrbärtigen älteren Herren, die in der Eingangshalle der Pension *Suleiman* Tee trinken und Shisha rauchen, mustern sie wohlgefällig. Orientalische Musik dudelt aus verborgenen Lautsprechern, der Tresen ist mit bunten Ornamenten verziert.

Die schlanke Dame reist allein und mit leichtem Gepäck. Handtasche und Kaufhof-Tüte, mehr braucht sie anscheinend nicht. Eine Hand stützt sie auf den Tresen, die andere kommt auf dem Block mit Meldeformularen zu liegen. »Ein Einzelzimmer mit Dusche, bitte.«

»Für wie lange?« Der beleibte Orientale hinter dem Tresen streicht sich über den schwarzen Vollbart.

»Erst mal zwei Nächte.«

»Macht sechsundneunzig Euro. Im Voraus.«

Sie dreht den Block zu sich herum, trägt sich mit extra krakeliger Schrift als *Margarete Malström* ein, wohnhaft in Hamburg,

Homburg oder auch Humbug, Rest noch weniger leserlich, und unterschreibt.

Wie es schon Peer Leitner letztes Jahr erlebte, wirft der Pensionsbetreiber nur einen gleichgültigen Blick auf das Formular. Er reißt es ab und schiebt es in eine Schublade. Den Hunderteuroschein nimmt er mit fragendem Blick entgegen.

»Stimmt so.«

Er nickt, ohne zu lächeln, dreht sich zum Schlüsselbord um und überreicht Margarete Malström den Zimmerschlüssel. Auf dem Messinganhänger steht *32*.

Es versetzt Grete einen Stich. *321* war ihre Zimmernummer im *Dusit Thani* in Bangkok. Die *1* ist abhandengekommen, wie bei einem abgebrochenen Countdown.

Sie nimmt den Schlüssel, steigt unter den Blicken der schweigenden Teegesellschaft in den Lift und fährt in den dritten Stock hoch. Kurz nach neun Uhr abends. Grete ist übermüdet und überdreht.

Ihr Zimmer liegt gleich neben dem Aufzug. Sie schließt es auf, hält den Atem an und stürzt zum Fenster, das auf die quirlige Landwehrstraße hinausgeht. Erst als sie beide Flügel weit geöffnet hat, wagt sie wieder Luft zu holen.

Peer Leitner hat ihr den Gestank nach Knoblauch, Mottenkugeln und schadhaften Abwasserrohren eindrücklich geschildert, aber so schlimm ist es gar nicht. Wer in der Frankfurter Innenstadt aufgewachsen ist – tatsächlich in Fußnähe zum Bahnhof –, ist einiges gewöhnt. Obdachlose, die in Hauseingängen schlafen, in Zeitungspapier und ihren eigenen Uringeruch gehüllt. Chinesische Touristengruppen, die nach einer Tour durch Bars und Bordelle zu ihrem Hotel marschieren und unterwegs einen Stopp einlegen, um sich kollektiv zu erbrechen. Oder Junkies, die auf Gretes Spielplatz durch den Sand krochen, grau und staubig wie dem Grab entstiegen, und mit zitternder Hand Tütchen voll weißem Pulver aus der Buddelkiste gruben.

Grete wendet sich um und mustert die Einrichtung. Es sieht trist aus, aber auch da ist sie Schlimmeres gewöhnt. Allerdings seit einem Vierteljahrhundert nicht mehr.

Schon wenn sie sich vorstellt, die schmuddelige Synthetiküberdecke auch nur anzufassen, bekommt sie eine Gänsehaut. Die Tür zum Bad steht weit offen, wahrscheinlich, damit sich der Klogestank besser ausbreiten kann. Der Schrank mit dem eiterfarbenen Plastikfurnier steht so schief da, als winde er sich in Krämpfen.

Hör auf, dich zu bemitleiden, befiehlt sich Grete. Zieh einfach deinen Plan durch. Punkt für Punkt.

Als sie Peer Leitner letztes Jahr hier abholte, wollte er ihr weismachen, dass er »zwecks Recherche im türkischen Unterschichtmilieu« in der Pension *Suleiman* abgestiegen sei. Grete nickte höflich und glaubte ihm kein Wort. Seit ihrer Kindheit erkennt sie Armut auf dreißig Meter Entfernung.

Leitner konnte es sich kaum leisten, zu seiner eigenen Ehrung anzureisen. Er hatte den dritten Preis bei einem Literaturwettbewerb gewonnen, der von *Kunstgut* PR-mäßig begleitet wurde. Das Preisgeld betrug zwölfhundert Euro, zuzüglich dreihundert Euro Spesenpauschale. Er reiste mit dem billigsten Bahnticket an, stieg in der billigsten Bleibe ab und würde vom Restbetrag vermutlich zwei Monate leben. Immerhin organisierte Grete ihm noch ein Interview bei einem lokalen Radiosender, und so fuhr er arm, aber glücklich zurück nach Mecklenburg, wo er in einem Geisterdorf für einen Spottpreis zur Miete wohnte.

Sie geht in das winzige Bad, nimmt die übergroße Brille ab und hängt sie sich in den Kragen ihres schwarzen Shirts. Sie wäscht sich Hände und Gesicht mit kaltem Wasser, dabei mustert sie die Frau in dem kleinen Spiegel über dem Waschbecken.

Margarete Malström sieht fremd und doch vertraut aus. Die Ähnlichkeit mit Hannah vor fünfundzwanzig Jahren ist unverkennbar, aber so groß auch wieder nicht.

Ihre Mutter hatte immer schon diesen unbeteiligten Blick und Gesichtsausdruck, außer sie las aus ihren Geschichten vor. »Jetzt guck nicht so, als ob du gleich heulen würdest«, hielt Hannah ihr früher häufig vor, und Grete versuchte, fröhlich auszusehen.

Sie verabscheut ihren verloren wirkenden Blick. Schnell zieht sie die Brille wieder auf. Hinter den grün getönten Gläsern sind ihre Augen nur verschwommen zu sehen. Und blasstürkis statt hellblau. Für sie selbst ist alles in zartgrünen Glanz getaucht, als würde sie von Mikos Smaragdaugen bestrahlt.

Zurück im Zimmer, rupft sie mit spitzen Fingern die pinkfarbene Kunststoffdecke weg und setzt sich auf die Bettkante. Andere Sitzgelegenheiten gibt es nicht. Die Matratze ist schaumig weich, das Bettgestell quietscht bei jeder Bewegung.

Egal, für ein paar Tage hält sie es hier schon aus. Alles ist besser, als in ihre alte Wohnung zurückzugehen. In ihr altes Leben, das nie ihr eigenes war.

Sie öffnet ihre Handtasche, holt das Portemonnaie heraus. Der Friseur im Kaufhof hat ihr siebenundvierzig Euro abgeknöpft, die Brille beim Optik-Discounter gab es für siebenundzwanzig Euro neunzig. Im Secondhandshop hat sie für Mantel, Shirt, Hose und Stiefeletten gleich hundertfünfundsechzig Taler gelassen. Für das Nötigste an Wäsche und Kosmetikartikeln gingen noch mal gut fünfzig Euro drauf, obwohl sie sich mit billigem Krimskrams aus dem Kaufhof begnügt hat. Dazu kommen die hundert Euro für zwei Nächte in der Pension.

Wenn das so weitergeht, sagt sich Grete, ist von dem Tausender bald nichts mehr übrig. Mit ihrem Wechsel nach Bangkok sollten eigentlich ihre goldenen Jahre beginnen, aber dem fast schon üppigen Gehalt bei Superbo weint sie keine Träne nach. Der größte Teil davon wäre Schmerzensgeld gewesen. Oder sogar Schweigegeld, monatlich ausbezahlt, damit sie hilft, die Realität bei Superbo mit PR-Lügen zuzudecken.

Besten Dank. Wenn sie wollte, könnte sie ihre Geldprobleme mit einem Anruf bei Sascha beheben. Das war immer schon so, doch Grete spürte bereits als Teenager, dass sie Sascha nicht in ihr Leben hineinlassen durfte. Nicht weiter, als es ohnehin unvermeidlich war. Er war großzügig und gutmütig, aber auf eine erdrückende Art. Seine Jungs schnappten wie abgerichtete Köter nach den Geldbündeln, die er ihnen zuwarf.

In Saschas Haus in Schwalbach gibt es einen Wandtresor, der vor Bargeld überquillt. Wenn er Hannah und Grete zum Essen ausführte, entnahm er dem Safe einen Packen Geldscheine und stopfte ihn nachlässig in sein Jackett.

Doch Hannah lebte nach ihrer Hochzeit einfach weiter wie bisher. Als ob sie immer noch arm wären. Sie redigierte Manuskripte anderer Autoren und schrieb ihre Geschichten, die noch weniger einbrachten.

Grete irrte im Niemandsland zwischen den beiden herum. Zeitweise übten Saschas obskure Geschäfte eine starke Faszination auf sie aus. Sie romantisierte seine Autoschiebereien zu einer Art Mafia-Business, nur ohne Gewalt und Leichen. Doch sein Bossgehabe stieß sie genauso ab wie die Unterwürfigkeit seiner Jungs. Die lachten übertrieben laut bei jedem von Saschas Witzen und sprangen auf, sowie er nur mit den Fingern schnipste. War er mies drauf, brüllte er sie zusammen, als wären sie tatsächlich kleine Jungs.

Schon mit dreizehn, vierzehn wurde Grete klar, dass sie sich so bald wie möglich aus Saschas Welt lösen musste. Auch wenn er sie selbst und vor allem Hannah immer liebevoll behandelte. Er war nur ihr Stiefvater, und doch bekam sie von ihm mehr Verständnis und Liebe als von ihrer Mutter.

»Natürlich habe ich dich lieb, Kind«, sagte Hannah einmal zu Grete. »Aber weißt du, wenn ich eine Story schreibe, das ist, wie wenn du in der Eisenbahn bei voller Fahrt das Fenster aufmachst und den Kopf raustreckst. Der Wind braust und reißt dir an den

Haaren, der Luftsog zerrt dir die Augen weit auf. Alles scheint wild durcheinanderzufliegen. Die Umrisse sind verzerrt, Echos flattern dir um die Ohren, heulen wie Eulen, krächzen wie Krähen. Was da auf dem Feld hin und her schwankt, kann eine Vogelscheuche oder eine Hexe sein. Du weißt es nicht, du begreifst nichts, aber du bist mittendrin. Mit dem Kopf mitten im Tohuwabohu. Also kannst du gar nicht anders: Du musst aufschreiben, was du erlebt hast.«

Sascha verstand kein Wort, wenn sie von ihren Fantasieabenteuern schwärmte. Aber er war hingerissen. Hannah war für ihn »ein unergründliches Wunder«, der »Inbegriff lebendiger Kultur«. Wenn sie ihm etwas von sich vorlas, staunte er mit offenem Mund. Als »totaler Kunstbarbar«, so klagte er sich selbst an, verstand er einfach nicht, wie Hannah »so viel Mühe für Dinge aufwenden kann, die so wenig greifbar sind«. Dann schenkte er ihr Champagner ein, drehte die Musik lauter und forderte sie mit bärenhafter Anmut zum Tanz auf.

Grete steht auf, geht zum Fenster und lehnt sich hinaus. Der Himmel ist schwarz, es ist frostig kalt. In den Kneipen und Geschäften unten geht es lebhaft zu. Im Grunde ist das hier auch Bahnhofsviertel, nur münchnerisch dezent. Gemüseläden, Shisha-Bars und Döner-Buden prägen das Straßenbild. Gegenüber der Pension ist ein russisches Delikatessengeschäft, der einzige Laden, der schon geschlossen hat.

Zumindest offiziell, denkt Grete. Während im Hinterzimmer bestimmt der Rubel rollt.

Vor einem Kebab-Shop einige Schritte weiter rechts steht ein bulliger Mann in Lederjacke. Gretes Herz klopft schneller. Sie beobachtet ihn und ist fast schon sicher, dass es der Mann aus dem Flieger ist. Dann wendet er sich zur Seite, und das Licht der Straßenlaterne fällt auf sein Gesicht.

Was du dir wieder eingebildet hast, Grete. Das ist kein Asiat, der Typ hat einen Vollbart wie ein arabischer Muslim.

Niemand weiß, dass sie hier ist. Und wenn schon: Wenn einer ihrer Verfolger plötzlich vor ihr stünde, er würde sie nicht erkennen.

Grete Reiter hat aufgehört zu existieren. Na gut, noch nicht ganz, aber sie ist dabei, sich in Luft aufzulösen.

Grete schließt das Fenster, zieht Mantel und Schuhe aus und legt sich aufs Bett. Eigentlich wollte sie sofort noch mal rausgehen, eine Kleinigkeit essen, aber ihr ist schwindlig vor Müdigkeit. Also erst mal ein paar Minuten ausruhen.

Die neue Brille mit grünem Fensterglas auf der Nase, war sie vorhin noch in einem Internetcafé am Bahnhof. Sechs Euro für dreißig Minuten, eine Tasse Kaffee inklusive.

Sie öffnete ihren Mail-Account und teilte der Personalchefin bei Superbo mit, dass sie *»aus privaten Gründen«* ihre Stelle aufgeben müsse. Einvernehmliche Vertragsauflösung sei doch bestimmt kein Problem, sie sei ja noch in der Probezeit. Die paar Zeilen hatte sie sich schon im Flieger zurechtgelegt. Sie schickte die Mail ab, ohne sie noch mal durchzulesen. Und ohne irgendetwas dabei zu fühlen. Sie ist durch ihr *SecretGate* hindurchgegangen, Superbo hat seinen Zweck für sie erfüllt.

Anschließend rief sie die Online-Seite der Münchner Stadtverwaltung auf, Menüpunkt *»Standesamt«*. Der nächste freie Termin war am morgigen Dienstag um 11:30 Uhr. Grete klickte ihn an, entschied sich in der Liste der möglichen Anliegen für *»Personalien«* und bestätigte ihre Auswahl.

Glückliches Bayern, dachte sie. Zumindest die Amtsstuben waren hier immer noch bestens organisiert. Von Paula Johansen, einer nach Berlin umgezogenen Freundin, hat sie haarsträubende Storys über die Unfähigkeit der dortigen Behörden gehört. Geburten und Todesfälle können nicht gemeldet werden, weil man beim Standesamt monatelang auf einen Termin warten muss. Schon ein Auto zuzulassen ist ein Abenteuer mit ungewissem Ausgang. Trotzdem ist Paula von der »bunten Unbändigkeit« der Hauptstadt begeistert, und Grete ist entschlossen, ihrem Beispiel zu folgen. Sie muss untertauchen, ihre Spur verwischen, und das geht nirgendwo besser als in der chaotischen Anonymität der Millionenmetropole. Außerdem ist in der PR-Agentur *Kultur Kokon,* in der ihre Freundin arbeitet, gerade eine Stelle frei.

Freundin ist stark übertrieben, dachte Grete, Arbeitskollegin trifft es besser. Sie ging die Liste der Unterlagen durch, die man beim Standesamt vorlegen musste. Personalausweis, Scheidungsbeschluss, mehr war in ihrem Fall nicht nötig. Perfekt.

Sie klickte auf *»Weiter«* und gelangte zu einem Formular, in das sie ihre persönlichen Daten eintragen sollte. Name, Vorname, Wohnadresse. Ihr Magen verkrampfte sich, ihre Stimmung sank rapide.

Widerwillig tippte sie die geforderten Angaben ein. *»Reiter«*, aber so hieß sie nicht. *»Otto-Fischer-Straße 4«*, aber da wohnte sie doch nicht. Das alles hatte nichts mit ihr zu tun.

Endlich war die Prozedur beendet. Grete lehnte sich auf dem wackligen Drehstuhl zurück, um kurz durchzuatmen. Und sich unauffällig umzusehen.

Was sie als Nächstes vorhatte, war hochriskant. Wenn sie beobachtet würde, wie sie die Meldung studierte, könnte das fast schon wie ein Schuldeingeständnis aussehen. Zumindest könnte sie kaum erklären, wieso sie sich gerade für diese Nachricht interessierte.

Doch es musste sein. Schon vorhin beim Friseur, dann beim Optiker und im Kleiderladen hatte sie fast ununterbrochen daran gedacht.

Sie musste es schwarz auf weiß sehen. Warum, wusste sie selbst nicht so genau. Weil sie sonst alles für ein Hirngespinst hielt? Blödsinn. Weil sie wissen musste, was die Polizei herausgefunden hatte? Schon eher. Aber das allein war es auch nicht.

Das Internetcafé im alten Postgebäude am Münchner Hauptbahnhof war mit dunkelhäutigen jungen Männern gefüllt. Flüchtlinge aus Nord- und Schwarzafrika, die laut miteinander palaverten oder in stummer Anspannung vor den Computern saßen. Videos von Flucht- und Bürgerkriegswirren flackerten über die Monitore. Ein Typ wie der kräftig gebaute Asiat aus dem Flieger wäre hier früher im Straßenbild aufgefallen, jetzt dagegen konnte er in der Menge fremdartiger Gesichter problemlos untertauchen.

Etwa eine Minute lang musterte Grete aufmerksam ihre Umgebung. Niemand schien sie zu beachten. Weder der Bullige noch die beiden Anzugtypen aus dem Flieger ließen sich blicken.

»Wenn du dich nur kurz umschaust, übersiehst du vielleicht etwas Wichtiges«, hatte sie Sascha einmal seine Jungs instruieren gehört. »Wenn du aber länger als eine Minute alle anstarrst, machst du dich verdächtig.«

Grete holte tief Luft und tippte die Online-Adresse von *Bangkok Today* ein, der einzigen englischsprachigen Tageszeitung in Thailand. Hastig überflog sie die neuesten Meldungen – nichts. Wie bitte? Wie war das möglich?

Sie scrollte runter und wieder hoch. Keine einzige Zeile über einen Todesfall im *Dusit Thani*.

Grete spürte ein Sausen im Kopf. Das kann nicht sein, dachte sie. In solchen Fällen wird doch immer groß berichtet. Die Thailänder sind verrückt nach mysteriösen Mordgeschichten. Ihre Medien sind voll von melodramatischen Meldungen, in denen es um schrecklich zugerichtete Todesopfer geht. Morde aus Eifersucht, aus Habgier, aus verletzter Ehre, Auslöschung ganzer Familien, davon können sie gar nicht genug kriegen.

Doch über Mikos Tod kein Wort. »*Mord im Luxushotel am Lumpini-Park!*« Grete hatte die Schlagzeile fast schon vor sich gesehen. Das gibt es nicht, dachte sie. Ich habe das doch nicht geträumt …

Sie starrte auf den Bildschirm, und plötzlich hatte sie das unheimliche Gefühl zu schweben. Sie spürte ihren Körper nicht mehr. Den durchgesessenen Drehstuhl unter ihr, den zerschrammten Tisch, auf dem ihre Unterarme lagen, ihre Hände über der Tastatur … Alles war mit einem Mal wie Luft.

Kein angenehmes Gefühl, im Gegenteil. Doch zum Glück dauerte es nur kurz. Im nächsten Moment fühlte sich alles wieder normal an.

Dass sie über Mikos Tod nicht berichten, hat nichts zu bedeuten, sagte sich Grete. Bestimmt ist es noch zu früh. Die Polizei ermittelt noch, die Hoteldirektion hat um Diskretion gebeten, um den Ruf des Hauses nicht zu gefährden … Ja, genau, das muss es sein.

Als Grete erwacht, weiß sie im ersten Moment nicht, wo sie ist. Durch die Gardine vor dem Fenster sickert diffuses Licht herein.

Im Traum war sie bei Miko, in seiner Suite. Aber sie ist in der Pension in München, wird ihr klar. Draußen ist dunkle Nacht. Das Licht kommt von Straßenlaternen und aus dem Mansardenfenster gegenüber.

Das darf nicht wahr sein, sie ist eingeschlafen. Ruckartig setzt sie sich auf. Wie spät?

Sie schaltet die Nachttischlampe an und schaut auf ihre Armbanduhr. Viertel vor drei. Gott sei Dank, noch lange nicht hell.

Grete schwingt die Beine über die Bettkante und steht auf. Das Bett quietscht, die Hässlichkeit des Zimmers springt sie von allen Seiten an. Das kränkliche Gelb des schiefen Kleiderschranks. Die blasslila Synthetikvorhänge, die neben dem Fenster herunterhängen wie abgestorbenes Gewebe. Die Deckenlampe, ein verbogenes Drahtgerippe, mit vergilbtem, vielfach eingerissenem Seidenpapier bespannt.

Der Teppichboden unter ihren bestrumpften Füßen fühlt sich wie verschorft an. Grete krümmt die Zehen ein, um ihn so wenig wie möglich zu berühren.

Sie hat in ihren neuen Sachen geschlafen. Schnell zieht sie die Boots an und den Mantel aus. Im Bad schaufelt sie sich Wasser ins Gesicht und sieht sich im Spiegel dabei zu.

»Wenn du lange genug in einen Spiegel schaust«, heißt es in einer von Hannahs Geschichten, *»siehst du nicht mehr dich selbst, sondern die Welt, die in dir ist. Die Kunst besteht darin, in deine Welt hineinzugehen, ohne den Spiegel zu zerbrechen.«*

Als junges Mädchen grübelte Grete stundenlang über solchen Rätselsätzen. Wenn sie ihre Mutter nach der Bedeutung fragte, bekam sie keine Antwort. Zumindest keine, die ihr weitergeholfen hätte. »Ich schreibe es auf, aber das heißt noch lange nicht, dass ich es verstehe«, sagte Hannah beispielsweise. Oder sie machte ein tiefsinniges Gesicht und murmelte etwas von einer »verborgenen Welt mit ihren eigenen Gesetzen«.

Grete schüttelt den Kopf, stellt das Wasser aus und trocknet sich mit dem kratzigen Handtuch ab. Sie hat Armut erlebt, denkt sie, in ihrer Kindheit und dann wieder, nachdem sie von zu Hause weggegangen war. Aber es stimmt nicht, dass es ihr deshalb nichts ausmachen würde, eher im Gegenteil.

Zehn Minuten später sitzt sie in dem BMW-Geländewagen, in einer Tiefgarage in der nahe gelegenen Schillerstraße. Sie hat die Tüte von Sascha aus dem Kofferraum nach vorne geholt und den ärgsten Hunger und Durst mit ein paar Schokoriegeln und einer Flasche Cola gestillt.

So ein Minifläschchen Krimsekt könnte sie als Aufmunterung auch gut gebrauchen. Aber jetzt benötigt sie vor allem einen klaren Kopf. Feiern kommt später. Falls es dann etwas zu feiern gibt.

Falls es *mich* dann noch gibt, denkt Grete.

Bisher war alles leicht. Punkt eins: Auto beschaffen, Punkt zwei: Äußeres verändern, Punkt drei: diskrete Bleibe finden. Jetzt kommt die erste echte Hürde, Punkt vier: Wohnung räumen.

Das kann schwierig werden. Und übel enden. Deshalb hat sie ja das Zimmer in der Pension genommen und sich erst mal umgestylt: weil sie damit rechnen muss, dass ihre Verfolger bei ihr zu Hause auf der Lauer liegen.

Bei Grete *Reiter* zu Hause. Die neue Grete hat dort nie gewohnt. Sie muss nur schnell mal da rein und wieder raus. Ein paar Sachen holen, in der Nacht verschwinden.

Sie fährt los. Das Parkticket hat sie wieder cash bezahlt, dabei liegen noch gut zweitausend Euro auf ihrem Konto. Aber die wird sie nicht anrühren, noch nicht. Erst muss sie offiziell zu Margarete Malström geworden sein, für das Amt, für die Bank, für alle und jeden, erst dann gehört das Geld auf dem Konto ihr.

Das Geld und ihr Leben. Es klingt vielleicht nicht ganz logisch, aber sie spürt, dass es sich genau so verhält. Die alte Grete ist nur noch ein Gespenst.

Den Weg zu ihrer alten Wohnung in der Otto-Fischer-Straße findet Grete wie im Schlaf. Doch sie ist hellwach bis in die frisch blondierten Haarspitzen. Auf nachtstillen Straßen fährt sie über die Theresienhöhe, wo einmal jährlich das weltgrößte Massenbesäufnis über die Bühne geht. Vor vier Jahren hat ihr Ex-Mann monatelang recherchiert, um die »Machenschaften der Wiesn-Zelt-Mafia« aufzudecken, aber was Florian herausfand, wollte dann keine Zeitung drucken.

»Alles ein einziger Sumpf«, schimpfte er, und Grete dachte: Wozu enthüllen, was sowieso jeder weiß? Was ihr völlig fehle, sei die »journalistische Bluthundmentalität«, warf ihr Flori gerne vor. »Ja, klar«, sagte sie dann immer, »deshalb mache ich ja PR.«

Je näher sie der Wohnung kommt, desto lebendiger werden die Erinnerungen an die Zeit mit Flori. Graue Zeit, denkt sie, alles war grau, bevor sie Miko traf. Sie fährt die Westendstraße entlang, am TÜV vorbei und rechts ab ins Arbeiterquartier.

Beim Ehe-TÜV durchgefallen, denkt Grete, Flori und sie haben nie zusammengepasst. Nur merkte sie selbst das erst, als sie schon verheiratet war. Sein Drang, überall »korrupte Machenschaften« zu entlarven, faule Kompromisse und Lebenslügen auch bei Freunden und Bekannten aufzudecken, war ihr fremd und wurde ihr zunehmend unangenehm. Mit einer Mutter wie Hannah und einem Stiefvater wie Sascha hatte sie zu »geheimen Machenschaften« eine völlig andere Einstellung als Flori. Der stammte aus einer Gewerkschafterfamilie, und wann immer er mit seinem Schwiegervater zusammentraf, stimmte Sascha als Erstes die »Internationale« an. Mit dröhnendem Bass, die linke Faust emporgereckt. Florian hasste ihn, vor allem aber hatte er eine Heidenangst vor Sascha.

Dabei hat Sascha mit dem Geschäft offiziell nichts mehr zu tun. Der wahre Boss ist sein älterer Bruder Lev. Nach ihm ist auch der Autoverleih benannt – *Lev's Limousinenservice,* die offizielle Hauptsparte des Unternehmens. Bei den Kunden handelt es sich meist um Geschäftsleute aus Osteuropa, Nahost und zunehmend aus Asien. Die Jungs chauffieren die Kunden in funkelnd schwarzen Oberklassekarossen an jedes gewünschte Ziel. Auf Wunsch erbringen sie weitere Dienstleistungen, als Concierges, Assistenten, Bodyguards. Sie sind perfekt ausgebildet, diskret und durchtrainiert.

Nach zwei Jahren im Einsatz werden die Limousinen abgestoßen und durch Neuwagen ersetzt. Der An- und Verkauf ist Saschas Metier, auch wenn er aus gewissen Gründen kaum mehr in Erscheinung tritt. Er organisiert neue Ware und lässt Altbestände in langen Konvois von seinen Jungs nach Russland oder bis nach Arabien bringen.

Im Schritttempo fährt Grete die Rattenhuberstraße entlang, die parallel zur Otto-Fischer-Straße verläuft. Hier und in den umliegenden Straßen sehen die Häuser mehr oder weniger alle gleich aus. Schmucklose Nachkriegsmietskasernen mit engen Aufgängen, niedrigen Decken und düsteren Hinterhöfen. Auf jeder Etage zwei Wohnungen, drei Zimmer, Küche, Bad. »Einfache Ausstattung«, wie es im Maklerjargon heißt, auch wenn längst alles saniert ist. Mit Laminat und Plastikbädern, mit Doppelglasfenstern und aufgeklebten Schaumstofffassaden, in denen die Fenster noch kleiner aussehen, wie eingesunkene Augen.

Grete biegt auf den Discounter-Parkplatz ein und fährt bis zum anderen Ende durch. Eine mannshohe Hecke trennt das Supermarktareal hier von der Otto-Fischer-Straße. Auf der anderen Straßenseite, durch die winterlich kahle Hecke gut zu erkennen, steht Hausnummer 4. Grete schaltet Scheinwerfer und Motor aus und lauscht durch den Spalt im Seitenfenster nach draußen.

Kurz vor halb vier. Die Straße ist still und menschenleer. Die Fenster drüben allesamt dunkel. Sogar der alte Herr Mittermayer, der in der Wohnung über ihr oft die halbe Nacht auf und ab wandert, scheint zu schlafen.

Doch Grete traut dem Frieden nicht. Wenn ihre Verfolger hier auf der Lauer liegen, werden sie sich so still verhalten wie Jäger auf dem Hochstand. Während das Reh sich aus dem schützenden Dunkel des Waldes löst und zitternd auf die Lichtung tritt. Aber sie ist kein Reh, sagt sich Grete, und die öde Otto-Fischer-Straße ist alles andere als eine Waldlichtung im Mondschein. Das kalte Licht der Straßenlaternen passt eher zu einem Schlachthof. Oder in eine Leichenhalle.

Mit beiden Händen umklammert sie das schwarze Lederlenkrad. Sie achtet darauf, gleichmäßig zu atmen. Ein und aus. Nicht zu flach und nicht zu schnell. Alles in ihr schreit danach, abzuhauen.

Der Bullige ist womöglich schon in ihrer Wohnung, hinter der Schlafzimmertür. Vielleicht ist es derselbe Mann, der Miko vom

Balkon geworfen hat, vielleicht auch sein Helfershelfer, mit großen, aber nicht ganz so abnorm dimensionierten Pranken wie der Schattenmann selbst.

Oder die beiden Anzugmänner aus dem Flugzeug sitzen im Dunkeln auf Gretes Wohnzimmersesseln, jeder eine schussbereite Pistole im Schoß. Dass es Zivilpolizisten sind, hält sie immer noch für möglich. Aber wahrscheinlicher ist doch, dass sie zu dem Bulligen gehören, wie dieser ausgesandt, die Frau auszuschalten, die Mikos Ermordung miterlebt hat.

Dass sie das Gesicht des Mörders nicht gesehen hat, können sie ja nicht wissen. Dass sie nichts von dem Wortwechsel zwischen Miko und dem anderen Mann verstanden hat, ebenso wenig. Aber selbst wenn sie es beteuern würde, sie würden ihr nicht glauben. Sie wurden losgeschickt, um das Risiko zu beseitigen, das Grete darstellt, solange sie am Leben ist.

Eine große, gescheckte Katze geht quer über die Straße auf das Haus zu. »Manchmal ist eine Katze einfach eine Katze«, hört sie Hannah in ihrem Kopf mit Märchenerzählerstimme raunen. »Manchmal aber auch ganz etwas anderes.«

Warum musste Miko sterben? Darüber hat sich Grete wieder und wieder den Kopf zerbrochen. Ohne greifbares Ergebnis. Dass irgendwelche Rivalen ihn töten ließen, um sich sein Geschäft mit Geisterschreinen unter den Nagel zu reißen, kann sie nach wie vor nicht glauben. Auch wenn sie natürlich weiß, dass jeden Tag viele Hundert Menschen aus absurden Gründen getötet werden.

Nein, da muss etwas Größeres dahinterstecken. Nur, um was es dabei gehen mag, ist für sie ein unlösbares Rätsel.

Vielleicht war es falsch, Hals über Kopf aus Thailand zu fliehen. Wäre es nicht klüger gewesen, direkt nach Ubon zu fliegen, sich zu dem Dorf Ruaeng durchzufragen und mit Mikos Bruder zu sprechen? Vielleicht wüsste sie dann längst, worum es hier wirklich geht. Ob sie selbst in Gefahr ist und wie sie sich schützen kann. Vielleicht hätte Santi ihr sogar Schutz angeboten, schließlich gehört sie fast schon zur Familie. »Ich bin die Geliebte deines Bruders«, hört sie sich in Gedanken sagen. »Wir waren füreinander bestimmt. Miko ist meine große Liebe, und ich bin seine.«

Die Katze schlängelt sich drüben unter dem Zaun zum Vorgarten durch und verschwindet zwischen den Büschen. Grete fischt das Schlüsselbund aus ihrer Handtasche, lauscht noch eine Minute lang nach draußen. Dann gleitet sie aus dem Wagen und drückt die Fahrertür behutsam hinter sich ins Schloss.

Sie geht die drei Stufen hinauf und schließt auf, zieht die schwere Haustür auf und schlüpft hindurch. Drinnen geht das Treppenlicht automatisch an, mit leisem Klacken, und Grete hält den Atem an.

Alles totenstill. Bis die Tür hinter ihr ins Schloss kracht. Sie zuckt zusammen, fast hätte sie aufgeschrien.

Auf Zehenspitzen an der Tür des Hausmeisters vorbei. Der dickliche Lutz Bechthold, der Wert darauf legt, mit seiner asiatischen Frau »im Erdgeschoss« zu wohnen, obwohl es eindeutig Souterrain ist. Mit Fenstern zum Lichtschacht, den er einmal die Woche mit Kärcher und Spinnengift reinigt. Angetrieben von seiner zeternden Frau.

Grete eilt die abgewetzten Steinstufen hinauf. Die aschgraue Lackfarbe an den Treppenhauswänden, letztes Jahr erst erneuert, platzt stellenweise schon wieder ab. Kein Wunder, laut Flori verwendet die Hausverwaltung minderwertige Farben. Vom ersten Tag an führte er einen Kleinkrieg um Handwerkerrechnungen, die ausnahmslos überhöht seien. Die Differenz teile sich die korrupte Verwaltung mit den kriminellen Maler- und Spenglerbetrieben. Auch bei der »energetischen Sanierung« war seiner Meinung nach gepfuscht worden, mit dem Ergebnis, dass sich Feuchtigkeit in den gedämmten Außenwänden staue.

Vor der Wohnungstür im zweiten Stock hält Grete inne und drückt ein Ohr an die Tür. Drinnen ist alles still. Sie stellt sich vor, wie der Bullige auf der anderen Türseite steht, gleichfalls lauschend. Die kräftigen Arme mit den großen Händen hängen locker herab.

»Herzlich willkommen« steht auf dem Fußabtreter, dabei hatten sie so gut wie nie Besuch. Weder als Paar noch, in den letzten zwei Jahren, Grete allein.

Das Licht geht aus und klackend wieder an, als sie den Arm hebt und den Schlüssel aus der Manteltasche holt. Keine *»geheime Tür«* in ihr *»eigenes Leben«*, eher im Gegenteil. Aber wenn sie jetzt hier hindurchgeht, kommt sie vielleicht nie wieder raus. Zumindest nicht auf eigenen Füßen.

Blödsinn, Grete. Konzentrier dich …

Sie schließt auf, schlüpft in die dunkle Diele, macht hinter sich leise wieder zu. Stocksteif steht sie da und lauscht. Außer dem Pulsieren ihres Blutes ist nichts zu hören.

Es ist so dunkel wie in einer Gruft. Flori hatte die Angewohnheit, grundsätzlich alle Türen zu schließen, und Grete hat die Marotte von ihm übernommen. Im Stockfinsteren tappt sie zur Wohnzimmertür gegenüber und drückt die Klinke herunter.

Was war das? Dieses Knacken … Sie erstarrt erneut.

Fehlalarm, Gott sei Dank. Nur der Boden knackt unter ihren eigenen Schritten. Sie stößt die Tür zum Wohnzimmer weit auf. Von der Straße fällt mattes Licht herein. Grete geht zu den beiden fast quadratischen Fenstern, lässt leise die Rollläden herunter. Dann schaltet sie die Tischlampe vor dem Buchregal ein.

Ihr Atem geht viel zu schnell. Hastig schaut sie sich um. Alles sieht aus, wie sie es vor Tagen zurückgelassen hat. Die deckenhohen Regale voller Bücher, die beiden wuchtigen Sessel, eigentlich zu groß für das Zimmer, die sie bei einem Trödler entdeckt hat.

Kaum war Flori ausgezogen, kaufte sie die guten Stücke, ließ sie neu aufpolstern und bespannen, den einen kanariengelb, den anderen froschgrün. Flori hätte zweimal aufgeschrien, wegen der Kosten und wegen der Farben.

Sie entspannt sich ein bisschen, während sie das Zimmer durchquert, im Nebenraum gleichfalls die Rollläden schließt und Licht einschaltet. Ein Schreibtisch vom Gebrauchtmöbelmarkt, ein Drehstuhl, ein IKEA-Regal, das früher mit Floris Leitz-Ordnern vollgestopft war. Damals war es hauptsächlich sein Arbeitszimmer, seit seinem Auszug ist es halb leer und wird selten benutzt.

Grete kauert sich vor dem Regal hin, öffnet das Schrankfach ganz unten und zieht den Schuhkarton heraus, in dem sie alle wichtigen Unterlagen aufbewahrt. Sie nimmt den Deckel ab und schaut schnell die übereinandergestapelten Dokumente durch. Scheidungsbeschluss, Heiratsurkunde, Hochschuldiplom, Abiturzeugnis, Geburtsurkunde … ihr Leben im Schnelldurchlauf rückwärts. Außerdem Mietvertrag, Bankunterlagen, Versicherungen, Anstellungsverträge, Briefe, Krimskrams. Sie schließt den Karton, rappelt sich auf und stellt ihn auf dem Schreibtisch neben das Notebook. Das kommt auch mit.

In der Abstellkammer müssen noch die beiden Koffer sein. Grete geht zurück in die Diele, macht auch dort Licht an. Die Kammer ist im Grunde nur ein Wandschrank, eingezwängt zwischen Küche und Bad. Kurz muss sie an die Putzmittelkammer im *Dusit Thani* denken, wo sie am Boden kauerte und ihre Slipper vergaß.

Dumme Grete. Sie hatte die Kontrolle verloren, deshalb wurde sie so konfus. Kaum etwas hasst sie mehr.

Sie schüttelt den Kopf, holt die Koffer aus der Kammer. Ihren ausgebeulten alten Leinenkoffer lässt sie in der Diele stehen und kehrt mit dem schicken Aluminium-Bordcase ins Arbeitszimmer zurück.

Sie legt es aufgeklappt auf den Boden, geht emsig hin und her und sammelt alles zusammen, was sie mitnehmen will. Die Liste hat sie im Kopf, nach wenigen Minuten ist der kleine Koffer voll. Der Schuhkarton, ihr Tagebuch, das Notebook, das Samsung-Handy mit einem Vorrat an Prepaidkarten, das Sascha ihr vor Jahren mal zugesteckt hat. »Man weiß nie, Kleines …« Er selbst wechselt ständig die Nummer seines Bürohandys. Die Karten bezieht er kartonweise über irgendwelche Mittelsmänner. »Nach Gebrauch raus damit und in Stücke hauen.« Grete meint seinen Brummbass zu hören – und zu spüren –, während sie das originalverpackte Telefon und die einzeln eingeschweißten Prepaidkarten in den Koffer legt.

Fehlen nur noch die Bücher, die sie unbedingt mitnehmen muss. Ein knappes Dutzend, alle mit Widmung von Autoren, die sie betreut hat. Sieben haben »*Für Grete*« geschrieben, wie sie es sich wünschte, vier »*Grete Reiter*«, die kommen auf keinen Fall mit. Der Koffer ist auch so schon rappelvoll.

Sie klappt ihn zu, am Boden kauernd, kniet sich auf den Deckel und erstarrt. War da nicht ein Ächzen wie von Schritten, vorne in der Diele? Der Boden ist aus Laminat, der Aufbau darunter laut Flori ein »kriminell fragiles Holzgerippe«. Bei Saschas seltenen Besuchen stöhnte der Boden unter seinem Gewicht immer wie ein Geisterschiff im Sturm.

Da ist es wieder. Ein Ächzen und noch eins, von einem Schwergewicht … O Gott, er kommt näher, denkt Grete, unerbittlich, Schritt für Schritt …

Auf Zehenspitzen geht sie zur Tür, schaltet das Deckenlicht im Arbeitszimmer aus. Dann weiter ins Wohnzimmer, zur Tischlampe, die sie gleichfalls ausknipst. Jetzt ist nur noch die Diele beleuchtet. Grete starrt auf den Türrahmen, in dem *er* gleich auftauchen muss.

Doch stattdessen geht auch in der Diele das Licht aus.

Sie bekommt eine Gänsehaut. Die ganze Wohnung jetzt dunkel wie ein Grab. Warum hat sie vorhin die Rollläden geschlossen? Und weshalb hat sie nicht auch in den anderen Zimmern nachgesehen?

Er kann sich im Schlafzimmer versteckt haben, in der Küche, im Bad. Während sie hier vorne hin und her gelaufen ist, bei voller Beleuchtung, wie das Reh auf der Lichtung …

Du bist kein Reh, Grete. Konzentrier dich. Wie kommst du hier lebend raus?

Die Wohnungstür ist der einzige Ausgang. Durch eines der Fenster abhauen geht nicht. Zweiter Stock, das ist trotz niedriger Decken viel zu hoch. Wenigstens für Grete, sie ist im Klettern nicht geübt. Außerdem muss sie zumindest das Bordcase mitnehmen.

Sie hält den Atem an und kneift die Augen zusammen, um besser zu hören. Der Eindringling rührt sich nicht von der Stelle, aber er ist noch irgendwo da draußen in der Diele. Wahrscheinlich rechts neben der offenen Wohnzimmertür, sie hört ihn leise schnaufen.

So wie der Bullige im Flieger? Vielleicht …

Grete schleicht näher zur Tür. Jetzt spürt sie die Wärme, die von seinem Körper ausgeht. Oder bildet sie sich das nur ein? Bestimmt nicht, die Luft in der Wohnung ist kühl, und schon als junges Mädchen hat sie es gewittert, wenn Sascha plötzlich in der Nähe war. Seine Körperwärme, seinen Geruch. Vielleicht auch seine »Aura«, falls es so etwas nicht nur in Hannahs Geschichten gibt.

Sie vergegenwärtigt sich, was sie in ihrem Taekwondo-Kurs gelernt hat. Das ist schon ein paar Jahre her, aber bei dem kurzen Training mit Miko – weniger Kampf als erotischer Nahkampf – hat sie gemerkt, dass sie noch einiges draufhat.

Grete holt Luft und ist mit einem Satz durch die Tür. Sie landet seitwärts, den rechten Fuß ein wenig zurückgesetzt. Mit dem linken Bein holt sie aus, wirbelt rechtsherum und tritt mit voller

Kraft dorthin, wo sie den Brustkorb des Bulligen im Dunkeln vermutet.

Ihre Schuhspitze trifft auf einen unerwartet weichen Körper. Er taumelt zurück, gibt ein Gurgeln von sich. Grete setzt nach, bekommt einen Arm zu fassen. Hält ihn am Handgelenk und am Oberarm umklammert und drischt seinen Ellenbogen dorthin, wo die Oberkante des Garderobenschranks sein muss.

Holz splittert, vielleicht auch Knochen. Der Mann im Dunkeln heult auf, wie der Bullige bestimmt nie gewimmert hätte. Er rempelt Grete beiseite, so wuchtig, dass sie rücklings zu Boden geht. Noch vor dem Zusammenprall weiß sie, dass sie mit dem Kopf gegen die offene Wohnzimmertür knallen wird, und reißt die Arme hoch, aber zu spät.

Die Türkante kracht gegen ihren Hinterkopf – oder auch umgekehrt. Benommen liegt Grete am Boden, mit den Beinen in der Diele, von der Taille aufwärts im Wohnzimmer. Sie hört, wie der Angreifer zur Wohnungstür rennt, den blechern scheppernden Schirmständer anstößt, an der Klinke zerrt und draußen durchs Treppenhaus läuft, auf den Stufen abwärts stampfend.

Grete setzt sich auf, betastet ihren Hinterkopf. Das Licht im Hausflur ist automatisch angegangen, aber der Flüchtende hielt den Kopf gesenkt, sie konnte sein Gesicht nicht sehen. Wie bei dem Schattenmann auf Mikos Balkon.

Er trug einen dunklen Jogginganzug oder so etwas, nicht Lederjacke und Jeans wie der Bullige im Flieger. Natürlich kann er sich umgezogen haben, doch der Körper fühlte sich nachgiebig an, als sie mit dem Fuß hineinstieß. Der Bullige dagegen sah muskulös aus, nicht verfettet, eher aufgepumpt.

Sie hat eine Beule am Hinterkopf, aber halb so wild. Denk nach, Grete …

Vielleicht ist der Typ nach ihr hier reingekommen. Aber wie? Die Tür hatte sie doch geschlossen. War das etwa Hausmeister Bechthold? Die dickliche Statur würde passen, und er hat einen Generalschlüssel. Aber was um Himmels willen kann er hier gesucht haben, nachts um vier?

Vielleicht hat er mich für einen Einbrecher gehalten und wollte nach dem Rechten sehen, geht es Grete durch den Kopf. Aber wie wahrscheinlich ist das?

Sie hat Haus- und Wohnungstür mit dem Schlüssel geöffnet, warum hätte er glauben sollen, dass sie eingebrochen wäre? Und selbst wenn er so etwas dachte: Warum hat er in der Diele das Licht ausgemacht? Wieso hat er nicht ihren Namen gerufen oder zumindest »Hallo, wer ist da?«.

Grete rappelt sich auf und schließt die Wohnungstür. Erneut schaltet sie überall Licht an und schaut nach, ob irgendwo noch ein Verfolger lauert.

Aber da ist niemand, Grete. Niemand außer dir.

Rasch sammelt sie die Sachen zusammen, die sie für den großen Koffer vorgesehen hat. Make-up, Salben, Öle, Cremes aus dem Badezimmerschrank, das meiste davon erst angeschafft nach Floris Abgang. Dann Mäntel, Jacken, Hosen, Blusen, Schuhe. Schließlich kann sich Margarete Malström nicht komplett neu einkleiden. Und in Grete Reiters Schränken ist so einiges, was sie in München nur selten tragen konnte. Für Berliner Kulturevents aber passt es bestens.

Während sie herumkramt und zusammenpackt, überlegt sie weiter. Zweite Möglichkeit: Sie haben Bechthold gekauft, damit er sie außer Gefecht setzt. Ist das plausibel?

Bechthold ist Hausmeister und kein Security-Mann. Ende vierzig, deutlich übergewichtig. Nie im Leben würde der doch hier nachts herumgeistern, nur weil er glaubt, dass bei einem der Mieter eingebrochen wurde.

Und dann das ausgeschaltete Dielenlicht … So verhält sich jemand, der selbst nicht gesehen werden will. Der aus dem Dunkel heraus zuschlagen will. Das passt einfach nicht zu ihrem Bild von Bechthold.

Der Hausmeister ist immer auf einen Nebenverdienst aus, schon richtig, aber er ist träge und bequem. Bei ihrem Plan, die Wohnung kurzfristig loszuwerden, spielt er genau deshalb eine tragende Rolle. Aber dass er sich von dem Bulligen oder von den Anzugmännern anheuern lassen würde, um eine Mieterin niederzuschlagen – oder Schlimmeres –, kommt ihr wenig wahrscheinlich vor.

Wie sollen die überhaupt so schnell mit ihm in Kontakt getreten sein? Als Asiaten, höchstwahrscheinlich ohne Deutschkenntnisse, die gestern in München angekommen sind? Blödsinn, so etwas gibt es nur in Kriminalromanen …

Wirklich, Grete? Die innere Stimme klingt wie Hannah. So geistesabwesend und doch kategorisch. Als würde Grete etwas infrage stellen, das sie ihr schon tausendmal erklärt hat. *Und was ist mit Frau Bechthold, Grete?*

Was soll mit ihr sein? Sie ist Thailänderin, na gut, aber das heißt doch noch lange nicht, dass sie mit diesen Typen aus Bangkok gemeinsame Sache machen würde. Falls der Bullige oder die Anzugmänner überhaupt etwas mit dem Schattenmann zu tun haben. Was ja nach wie vor alles andere als klar ist …

Doch wie oft, wenn Grete an der Tür zur Hausmeisterwohnung vorbeiging, hörte sie die beiden streiten. Und immer ging es um Geld. Als Bechthold seine Frau nach Deutschland holte, ahnte sie wohl nicht, dass sie in einer Kellerwohnung landen würde. »Will schö Klei kaufe«, hörte sie die Asiatin mehr als einmal zetern, »aber kei Gell. Imme kei Gell!«

Und dann wieder Hannah mit Vorleserstimme in Gretes Kopf: *»Was ist der Zufall? Ein Knoten in dem unsichtbaren Netz, das Schicksal heißt. Immer schon warst du von diesem Netz umsponnen, und jetzt merkst du, wie sich die Schnüre um dich herum zusammenziehen …«*

Schluss mit dem Quatsch, denkt Grete. Ich muss mich konzentrieren.

Im Schlafzimmer vermeidet sie es, zum Ehebett zu schauen, in dem sie seit Floris Abgang meistens allein geschlafen hat. *Sie*, nicht ich, korrigiert sie sich mit einem Blick in den Wandspiegel.

Soll sie sich Marga nennen, nicht mehr Grete? Später …

Sie macht die Schranktüren auf, zieht Schubladen heraus. Sie wird nicht zulassen, dass sie erneut die Kontrolle verliert. Nicht jetzt und niemals mehr.

Also noch einmal. Was ist hier gerade passiert?

Bechthold kann sie durchaus für eine Einbrecherin gehalten haben. Sie hat dem alten Mittermayer erzählt, dass sie erst Ende der Woche aus Bangkok zurück sein wird. Das kann Bechthold natürlich mitbekommen haben, schließlich hat er seine Ohren überall im Haus. Außerdem kann es gut sein, dass er sie nicht erkannt hat. Deshalb hat sie ja ihr Aussehen verändert: damit sie nicht mehr wie Grete Reiter aussieht.

So weit, so plausibel, denkt Grete. Aber damit er sie überhaupt *sehen* könnte, müsste er die Nacht hinter seiner Wohnungstür verbracht haben, mit einem Auge am Türspion. Und warum sollte er das tun? Einbruchdiebstahl stellt hier im Viertel kein großes Problem dar. Die Vorstellung, dass jemand nachts Wache schiebt, um Dieben aufzulauern, ist abwegig.

Also wurde er doch gezielt auf sie angesetzt? Und der Kontakt erfolgte durch seine thailändische Frau, die – Zufall oder nicht – im richtigen Moment zur Hand war? Als Dolmetscherin und Antreiberin? Dass sie ihrem Lutz die Hölle heißmachen würde, damit er den Nebenjob nicht ausschlug, kann Grete sich mühelos vorstellen. Und trotzdem …

Sie kniet neben dem Leinenkoffer am Boden und zieht den Reißverschluss zu. Kurz vor halb fünf. Sie fühlt sich ganz wirr im Kopf von all dem Hin und Her.

Dass Bechthold keine Skrupel hat, für Geld krumme Sachen zu machen, steht außer Zweifel. Wenn im Haus eine Wohnung frei wird, entscheidet er, wer sie bekommt. Nicht offiziell natürlich, aber laut Flori führt er eine Bewerberliste, und »nach oben« empfiehlt er diejenigen, die den »Mehraufwand durch Mieterwechsel« am großzügigsten honorieren. Das Schmiergeld teilt er dann mit seinem Chef bei der Hausverwaltung.

In diesem Punkt waren Sascha und Flori sogar ausnahmsweise einer Meinung. Dass Hausverwalter die Hand aufhalten, ist für Sascha selbstverständlich. Deshalb heißt das Schmiergeld ja so, erklärte er der jungen Grete: »Weil es die Maschine am Laufen hält. *Jede* Maschine«, fügte er bedeutungsvoll hinzu.

Grete schüttelt den Kopf. Die Grübelei bringt sie nicht weiter. Vielleicht war es ja gar nicht Bechthold, der plötzlich in ihrer Wohnung stand. Zumindest das wird sich bald klären …

Koffer und Bordcase in den Händen, geht sie zur Wohnungstür.

Sie ist kein Reh, das vor dem Jäger zittert, das zumindest weiß sie jetzt. Irgendwie hat ihr der Zusammenstoß mit dem Angreifer sogar gutgetan.

Auf der Schwelle schaut sie sich noch einmal um. »Ich bin fertig mit dir, Grete Reiter.«

An: Lutz.Bechthold@guteswohnen.de
Von: Grete.Reiter@thai.com
Betr.: Kündigung Mietvertrag Otto-Fischer-Str. 4

Sehr geehrter Herr Bechthold,

entschuldigen Sie, dass ich mich mit meinem Anliegen an Sie wende. Ich bin aktuell in Bangkok und habe leider nicht alle Kontaktdaten der Hausverwaltung zur Hand.

Bitte leiten Sie das angehängte Kündigungsschreiben an Ihre Geschäftsführung weiter. Ich habe ein tolles Jobangebot erhalten

und werde ab sofort hier in Thailand arbeiten und leben. Eine Freundin auf der Durchreise durch München wird meine Schlüssel bei Ihnen einwerfen (oder hat es bereits getan).
Bestimmt nehmen Sie die Abwicklung in Ihre bewährten Hände? Ich rufe Sie morgen Vormittag (Ihrer Zeit) an – hier in Bangkok sind wir Ihnen sechs Stunden voraus.
Danke und liebe Grüße
Grete Reiter

Sieben Uhr früh. Grete ist übernächtigt, aber im Flow wie noch nie. Im Schneidersitz hockt sie auf dem Pensionsbett, das Notebook vor sich auf dem Schoß. Punkt für Punkt arbeitet sie weiter ihren Plan ab.

Unten auf der Landwehrstraße geht es schon wieder hoch her. Entnervte Autofahrer auf dem Weg zur Arbeit versuchen, den Stau durch Dauerhupen aufzulösen. Gemüsestände werden auf den Bürgersteigen aufgebaut, Rollgitter rasselnd hochgezogen.

Bechthold wird sich die Gelegenheit nicht entgehen lassen, denkt Grete. Er wird erst mal bockig tun, weil ich ihm angeblich die ganze Arbeit aufhalse. Aber er kann gleich doppelt abkassieren, also ist er bestimmt dabei.

Vielleicht hat er schon in seinen Briefkasten geschaut und den Umschlag mit ihren Schlüsseln gefunden. Sie sieht ihn vor sich, wie er durch ihre Wohnung schlendert und überlegt, wie viel er den neuen Mietern für den Plunder abknöpfen kann.

Grete hat mehrfach von Nachbarn gehört, dass Bechthold seine Frau »zum Anschaffen« schicken wollte, angeblich in eine Thai-Bar oder einen Massagesalon. Die Frau weigerte sich, und als er nicht lockerließ, alarmierte sie ihre Familie. Kurz darauf rückten zwei oder drei ihrer Brüder an, und nach einem heftigen Wortwechsel – die Frau dolmetschte schreiend – war das Thema angeblich vom Tisch.

Schwer zu sagen, wie viel an den Gerüchten dran ist, ganz aus der Luft gegriffen sind sie wohl nicht. Im Vorbeigehen hat auch Grete öfter Fetzen ehelicher Wortgefechte aus der Hausmeisterwohnung aufgeschnappt. Soweit zu verstehen, warfen sich die beiden gegenseitig vor, arbeitsscheu zu sein.

Laut Floris Recherchen hat Bechthold Geldquellen aufgetan, die ohne nennenswerten Arbeitseinsatz sprudeln. Von Gretes Nachmietern wird er als »Aufwandsentschädigung« zwei Nettokaltmieten verlangen, die er sich mit dem Geschäftsführer teilen muss. Außerdem wird er behaupten, dass die bisherige Mieterin eine »Abstandszahlung« für den zurückgelassenen Hausrat verlange, die ihm zu treuen Händen zu übergeben sei.

Den Nachmietern wird nichts anderes übrig bleiben, als einen Haufen Trödel zu kaufen, den sie auch noch auf eigene Kosten entsorgen müssen. Für Gretes Secondhandmöbel und auf dem letzten Loch pfeifende Haushaltsgeräte presst er bestimmt weitere zwei- bis dreitausend Euro aus ihnen heraus.

Doch die Nachmieter tun ihr nicht leid. Was hat sie mit denen zu schaffen? Schade ist es höchstens um den knallgelben und den froschgrünen Sessel, aber auch die braucht sie nicht mehr. Wenn sie die alte Grete erst ganz hinter sich gelassen hat, wird alles gut.

Sie runzelt die Stirn, so ganz logisch ist der Gedanke nicht. Grete Reiter muss verschwinden, damit Mikos Mörder sie nicht finden und zum Schweigen bringen kann. Aber welche Identität sie auch annimmt – Miko ist und bleibt doch tot! Sie hat ihre große Liebe, ihre eigene Welt endlich gefunden und gleich wieder verloren. Woher kommt dann dieses Gefühl, dass trotzdem alles gut wird, wenn sie nur ihr altes Ich hinter sich lässt?

Das ist doch verrückt, Grete, du machst dir etwas vor …

Doch dann lächelt sie über sich selbst, über ihre Zweifel – Grete Reiters Zweifel –, die sie gleichfalls hinter sich lassen wird. Sie weiß, dass er tot ist, aber es fühlt sich an, als wäre er noch immer bei ihr.

Nie zuvor hat irgendwer sie so verstanden, so in ihr Innerstes geschaut wie Miko. Sie hat ihm erzählt, dass sie Wörter als farbig erlebt, je nachdem, welche Vokale sie enthalten. *E* ist dunkelgrün, *i* sonnengelb, das Wort *Liebe* für sie ein helles, fast leuchtendes Grün. So wie Mikos Augen.

Sie hatte Angst, dass er »*So cute*« sagen und darüber hinweggehen würde, wie alle vor ihm. Doch das Gegenteil geschah: Miko strahlte sie an. »*We are soul mates, Grete.*« Seelenverwandt … Bei ihm sei es der Geschmackssinn, der Kaskaden an Farbeindrücken hervorrufe. Dunkle Süße, scharfe Röte, kühles Grün …

Grete wischt sich über die Augen, dann schüttelt sie den Kopf. Sie muss ihre Liste abarbeiten. Von Miko träumen darf sie erst wieder, wenn sie in Sicherheit ist.

Sie klickt auf das Büroklammerzeichen und hängt der Mail für Bechthold das PDF an, das sie an die Geschäftsführung der *Gutes Wohnen Verwaltungs-GmbH & Co. KG* adressiert hat. Darin kündigt sie ihre Wohnung zum nächstmöglichen Zeitpunkt und bittet um »*alsbaldige Weitervermietung an geeignete Kandidaten aus Ihrem Bewerberpool*«. Gemäß Mietvertrag habe sie – zusammen mit ihrem Ex-Mann – die Wohnung seinerzeit unrenoviert bezogen und gebe sie im gleichen Zustand zurück. Unterzeichnet ist der Brief mit einem Scan ihrer Unterschrift – *Grete Reiter* –, den sie für solche Zwecke auf ihrem Notebook gespeichert hat.

Die Kurzform ihres Vornamens mochte sie immer schon – ein intensives Grün. Doch mit dem Ehenamen tat sie sich von Anfang an schwer. Das *ei* erlebt sie als mattes, angegrautes Gelb, das *a* als pures Grau. Deshalb muss sie bei *Grete* bleiben, *Marga* geht gar nicht.

Sie tippt mit der Fingerspitze auf *Senden*. Da sie Bechthold über ihren anonymen Account bei thai.com geschrieben hat, wird es für ihn so aussehen, als hätte sie von Thailand aus gemailt, um kurz nach Mittag südostasiatischer Zeit.

Tatsächlich kommt es ihr vor, als hätte ein Teil von ihr Bangkok nie verlassen. Als wäre sie immer noch mit Miko in ihrer eigenen, gemeinsamen Welt. Auf dem Bett in seiner Suite, dann wieder tanzend zu den Schluchzern von Bird Thongchai.

Viertel vor acht. Von der Straße tönt das nächste Hupkonzert herauf. Grete kaut auf der Unterlippe. Soll sie jetzt noch mal bei *Bangkok Today* nachschauen? Sie spürt ein elektrisches Kribbeln hinter dem Bauchnabel.

Was aber, wenn da wieder keine Meldung von einem tödlichen Zwischenfall im *Dusit Thani* ist? Dieses unheimliche Gefühl wie gestern im Internetcafé – als würde sie schweben, als hätte sie keinen Körper mehr – will sie auf keinen Fall noch einmal erleben.

Warum, Grete? Wovor hast du Angst? Unwillig schüttelt sie den Kopf.

Lieber noch ein bisschen warten. Bis die Nachricht garantiert veröffentlicht sein muss.

Sie hat sowieso Wichtigeres zu tun. Erneut startet sie das Textverarbeitungsprogramm auf ihrem Notebook. Sie muss noch etliche Briefe schreiben, an ihre Bank, an die Krankenkasse und so weiter. Also Schluss mit der Trödelei.

> *Betrifft:* Änderung meiner Kontaktdaten
> Sehr geehrte Damen und Herren,
> bitte nehmen Sie zur Kenntnis, dass sich meine SÄMTLICHEN KONTAKTDATEN geändert haben. Mein Name lautet ab sofort Margarete Malström. Anbei eine Kopie meines vorläufigen Personalausweises, ausgestellt von der Stadt München. Meine Wohnanschrift ab 20.2.2017: …

Rauschhaft schreibt sie Brief um Brief. Es fühlt sich großartig an. Ihre Finger jagen über die Tasten, fast wie bei Hannah, wenn sie eine ihrer Zauberstorys schreibt.

Aber das hier ist real, denkt Grete. Als neue Wohnadresse gibt sie das Apartment an, in dem Paula Johansens Kollegin bei der Berliner PR-Agentur *Kultur Kokon* gewohnt hat, bis sie in die Presseabteilung eines Hamburger Verlags wechselte. Grete hat erst letzte Woche mit Paula telefoniert, und die versicherte ihr, dass sie sofort bei *Kultur Kokon* anfangen könne. Auch das Apartment – bei ihr im Haus, zweiter Stock, vier Etagen unter ihrem – sei noch frei.

»Du weißt gar nicht, was für einen Ruf du in der Branche hast, Grete«, schwärmte Paula. »Als ich bei uns im Büro erwähnt habe, dass du zu Superbo gewechselt bist, hat Pia – meine Chefin, Pia Lankowski – spontan gesagt: ›Was für ein Verlust für die Kulturszene! Falls du sie noch umstimmen kannst, Paula – ich würde ihr sofort die freie Stelle geben.‹«

Das ist zwar schon ein paar Tage her, und womöglich hat Paulas Chefin mittlerweile doch jemand anderes für PR und Autorenbetreuung gefunden. Oder sie führt gerade jetzt Interviews mit Bewerberinnen, und Grete müsste sofort zum Telefon greifen, um sich die Stelle noch zu sichern.

Aber das wird sie nicht tun. So wenig, wie sie von ihrem Konto Geld abheben wird, solange es noch auf ihren alten Namen läuft. Sie muss sich erst ganz und gar – mit Brief und Siegel – in Margarete Malström verwandelt haben.

Doch bis dahin sind es ja nur noch ein paar Stunden. Um halb zwölf hat sie den Termin beim Bürgeramt, anschließend wird sie sich bei Paula melden. Oder auch direkt bei Pia Lankowski.

Wenn sie die Stelle nicht bekommt, findet sich eben eine andere. Grete war nicht erstaunt über Paulas Lobeshymne. Sie weiß, dass sie ein Händchen für zugkräftige PR-Texte und mehr noch für die Betreuung von Autoren hat. Ihre Fähigkeit, sich in andere Menschen hineinzuversetzen, ist irgendwie überentwickelt. Sie spürt sofort, in welcher Stimmung ihr Gegenüber ist, und trifft immer den richtigen Ton.

Allerdings schätzt sie selbst diese Fähigkeit nicht besonders hoch ein. Die ist wie ein Echolot, von Grete schon als kleines Mädchen entwickelt, um das ominöse Innenleben ihrer Mutter auszuloten. Ihr halbes Leben lang versuchte sie, Hannahs Gedanken- und Gefühlswelt zu verstehen. Warum sie diese Fantasy-Geschichten schrieb, die niemand lesen wollte. Was sie ihr bedeuteten. Was es über sie aussagte, dass sie fast ihre ganze Energie für eine traumhaft verworrene Welt verwandte, die auch ihr selbst – wie sie freimütig zugab – weitgehend unzugänglich war.

Gretes Versuche, das Labyrinth in Hannahs Kopf zu entwirren, waren nicht gerade erfolgreich, und irgendwann gab sie es auf. Doch nach diesem harten Training kam ihr fast jeder andere Mensch so durchsichtig vor wie ein Gefäß mit klarem Wasser. So leicht zu durchschauen und so enttäuschend banal.

Sie ließ es sich nie anmerken, aber im Grunde verachtet sie all die Autoren, die fiktive Welten ersinnen, ohne im Geringsten an fantastische Wirklichkeiten zu glauben. Für sie ist es Spielerei, sonst nichts.

Um Viertel nach zwölf verlässt Grete das Bürgerbüro in der Münchner Lindwurmstraße, ihre neuen Papiere in der Hand. Obwohl ein eisiger Wind durch die Straße pfeift, bleibt sie auf dem Bürgersteig stehen und schaut die beiden Dokumente abwechselnd an. Den vorläufigen Personalausweis und die provisorische Fahrerlaubnis.

Sie kann sich nicht daran sattsehen. Schon der Namenszug versetzt sie in Ekstase. *Margarete Malström.* Dazu das Passbild aus dem Automaten, leicht überbelichtet, sodass ihr Haar fast weiß aussieht und ihr Gesicht geisterhaft blass.

Die Frau auf dem Foto hat keine Ähnlichkeit mit Grete Reiter. Auch wenn sie im Automaten die übergroße, grün getönte Brille abnehmen musste.

Ihre regulären Papiere beziehungsweise Plastikkarten – Pass, Perso, Fahrerlaubnis – werden erst in einigen Wochen fertig. Grete bekommt dann Bescheid von der zuständigen Behörde – in Berlin, wenn sie ihren Wohnsitz dorthin verlegt hat – und kann die Dokumente vor Ort abholen.

Margarete Malström.

Sie wurde immer Grete genannt und hat schon als junges Mädchen mit *Grete* unterschrieben. Erst Grete Malström, dann Grete Reiter. Doch als sie eben die Formulare mit dem neuen alten Namen unterschrieb, fühlte es sich ganz einfach passend an.

Margarete Malström. So passend wie ein maßgeschneidertes Kleid. Als wäre sie ihr Leben lang ohne Gedächtnis umhergeirrt, und plötzlich wäre ihr eingefallen, wer sie ist. *Margarete Malström.* Wer sie immer schon war, ohne es bisher jemals zu sein.

Aber sie muss wachsam bleiben. Sie darf keinen Moment vergessen, warum sie all diese Vorkehrungen trifft. Damit sie nicht mit dem Mord an Miko in Verbindung gebracht wird. Damit der Mörder sie nicht finden kann.

Wenn sie den provisorischen Ausweis oder den Ersatzführerschein irgendwo vorlegt, wird sie nebenher erwähnen, dass ihr die Brieftasche in der U-Bahn gestohlen worden sei. Das nimmt sich Grete vor, als sie die Dokumente erneut in ihrer Handtasche verstaut, den Mantelkragen hochstellt und sich gegen den Wind zu ihrem Auto vorankämpft.

Ausgerechnet jetzt setzt Schneeregen ein. Die nassen Flocken heften sich auf ihre Brillengläser.

Folgt ihr jemand? Unruhig wendet sie sich um. Ihr war, als hätte sie Schritte gehört, aber da ist niemand. Nur du, Grete, und dein euphorisches Gefühl. Von Verschwinden und Neubeginn. Die alte Grete hat endgültig aufgehört zu existieren. Es lebe die neue Grete, die geboren wurde, als sie durch ihre geheime Tür trat und sich in Mikos Suite wiederfand.

Margarete Malström.

Den BMW hat sie in eine Parklücke in der Poccistraße bugsiert, zweihundert Meter vom Bürgeramt. Virtuos eingeparkt, dachte sie da, doch jetzt hat sie einen Strafzettel unter dem Scheibenwischer. Halteverbot, das hat sie vorhin glatt übersehen. Nicht ich, korrigiert sie sich, die alte Grete. Und zahlen muss weder die eine noch die andere, sondern der arme Maxim aus dem Gutleutviertel.

Sascha wird ihn schon schadlos halten. Sie zieht das Zellophantütchen unter dem Gummi hervor und schnipst es in den Rinnstein.

Schwer und nass fällt der Schnee. Grete zieht den Mantel aus, wirft ihn auf die Rückbank und knallt die Fahrertür hinter sich zu. Seitenspiegel und Rückscheibe sind zugeschneit. Wenn sich jetzt jemand an sie heranschleicht, kriegt sie nichts davon mit.

Sie verriegelt die Türen. Streckt sich selbst die Zunge im Rückspiegel heraus und fängt mit der Zungenspitze Tropfen auf, die ihr aus dem weißblonden Halbpony fallen.

Margarete Malström. Demnächst wohnhaft Wagnerallee 43, Apartment Nr. 21. Siebzigerjahre-Mietblock »im schlechteren Teil des Berliner Westends« laut Paula, aber das ist Grete egal.

Soll sie jetzt schnell mal bei *Bangkok Today* nachsehen? Wieder dieses widerliche Gefühl. Erst Paula anrufen, entscheidet sie und holt das Samsung aus der Handtasche.

Eine Prepaidkarte hat sie vorhin eingelegt, als sie im Bürgeramt noch kurz warten musste. In den Mülleimern zwischen Pension und Parkhaus liegen die Einzelteile von Grete Reiters Smartphone, das sie heute früh in ihrem Zimmer zertrümmert hat, unter den Absätzen ihrer Chelsea-Boots zerquetscht wie einen ekelhaften Käfer. Die SIM-Karte hat sie zuvor entnommen und in drei Teile zerbrochen. Auf dem Weg zum Parkhaus hat sie den ganzen Elektronikschrott dann gerecht auf drei Abfallbehälter verteilt. *Drei-zwei-eins.*

Eigentlich war das ein hochwertiges, fast noch neues Gerät. Aber für die neue Grete unbrauchbar.

Sie wählt die Nummer ihrer Kollegin – oder vielleicht doch Freundin –, die sie sich vorher noch eingeprägt hat. Sofort geht die Mailbox an. Grete leckt sich die Lippen und legt los.

»Hi, Paula, hier Grete. Du wirst es nicht glauben, aber ich habe bei Superbo wieder hingeschmissen. Das ist wirklich ätzend da, erzähle ich dir bald mal ausführlicher. Wenn du willst, schon morgen, denn – Überraschung! – ich habe mich entschieden, das Angebot von *Kultur Kokon* anzunehmen. Die Wohnung nehme ich natürlich auch. Das heißt …«

Sie kommt ins Stocken, betrachtet sich mit gefurchter Stirn im Spiegel. Was rede ich da eigentlich? Klingt das irgendwie konfus?

»Ich meine natürlich, ich würde mich gerne mal mit deiner Chefin unterhalten, falls von ihrer Seite noch Interesse besteht. Am besten schon morgen Nachmittag – ich komme morgen sowieso nach Berlin.«

Sie zögert erneut. Vielleicht hätte sie sich erst mal was zurechtlegen sollen, anstatt einfach loszutexten? Zum Beispiel, dass sie auf dem Rückflug von Bangkok sowieso in Berlin landen würde. Vielleicht sieht das doch irgendwie schräg aus, wie sie Hals über Kopf einen Job antreten will, von dem sie nur vom Hörensagen weiß.

Ach was, das passt schon, beschließt Grete. Fügt rasch noch »Ruf mich unter dieser Nummer zurück, ja?« hinzu und klickt Paula weg.

Sie startet den Motor, dreht das Gebläse auf, stellt die Scheibenwischer auf die höchste Stufe. Noch gut eine Stunde, bis sie Bechthold anrufen kann. Dann muss sie in seiner Nähe sein. Ihn sehen, nicht nur hören.

Und in der Zwischenzeit? Ja, was schon, Grete, hol dein Notebook heraus.

Wieder dieses Starkstromkribbeln hinter dem Nabel. Angst wovor? Dass sie alles nur geträumt hat? Oder im Gegenteil: davor, dass es Wirklichkeit war? Dass sie ihre große Liebe gefunden hat und nicht festhalten konnte? Dass sie alles schon wieder verloren hat nach nicht mal einer ganzen Nacht?

Grete umklammert das Lenkrad. Beißt die Zähne aufeinander, stellt den Automatikhebel auf *R* und fährt los.

Um halb zwei Uhr mittags steht Grete wieder auf dem Discounter-Parkplatz. Hinter der Hecke zur Otto-Fischer-Straße, mit Blick auf Hausnummer 4. Sie schaltet Motor, Licht und Scheibenwischer aus. Damit die Fenster nicht beschlagen, lässt sie das Gebläse auf kleiner Stufe laufen.

Sie klettert zwischen den Sitzen hindurch auf die Rückbank. Hinter den getönten Scheiben ist sie von außen kaum auszumachen. Außer, jemand quetscht sich zwischen Hecke und BMW-Schnauze und peilt durch die Windschutzscheibe.

Aber das wird kaum passieren. Hier am Ende des Parkplatzes, maximal weit weg vom Discounter-Eingang, ist wenig los. Die Parkboxen neben ihrem BMW sind leer. Schräg hinter ihr stehen drei gleichförmig aussehende SUVs, alle zugeschneit. Nur vereinzelt trotten Leute aus der Nachbarschaft von der Straße zum Supermarkt oder vollbeladen zurück. Die meisten von ihnen kennt Grete vom Sehen.

Funkelnd schwarz liegt das Notebook neben ihr auf der Rückbank, halb unter ihrem hingeworfenen Mantel. Sie verspürt den Drang, es ganz unter dem weißen Schurwollstoff verschwinden zu lassen.

Am liebsten würde sie es in Stücke hauen, wie vorhin das Smartphone. Es gehört nicht zu ihr, sondern zur alten Grete. Vor allem aber graut ihr vor dem, was sie auf der Online-Seite von *Bangkok Today* finden – oder nicht finden – wird, wenn sie das Notebook jetzt auf ihren Schoß legt und startet.

Blödsinn, Grete. Reiß dich zusammen.

Sie greift sich das ultradünne Gerät, zieht es ruckartig auf ihre Beine und drückt auf den Power-Knopf. Leise surrend fährt es hoch, ein Geschenk von Sascha zu ihrem siebenunddreißigsten Geburtstag vor drei Wochen. Obwohl sie niemanden eingeladen hatte, stand er am Abend vor ihrer Wohnungstür. Neben ihm Hannah, die wie fast immer unbeteiligt wirkte. Wie ein Möbelstück stand sie da, das jemand vor Gretes Tür abgestellt hatte.

»Wir wollen nicht lange stören.« Sascha umarmte sie, und sein Geruch nach Tabak, Schnaps und Schweiß hüllte sie ein. »Herzlichen Glückwunsch, Gretchen.«

Notgedrungen bat Grete sie herein. Sie war dabei, ihre Sachen zusammenzupacken. Für die Fortbildung in Bangkok nächste Woche, aber eigentlich für so viel mehr. Neu anfangen, möglichst sofort und weit weg. Am besten in Bangkok bleiben, nie mehr zurückkommen …

Darum kreisten ihre Gedanken, auch während sie mit Sascha und Hannah am Tisch saß und Krimsekt trank, den Sascha mitgebracht hatte. Dazu das Notebook in einem Karton, der unbeholfen in grün-gelb gestreiftes Geschenkpapier verpackt war, ihre Lieblingsfarben. Grete war gerührt und wütend auf sich selbst. Sie wollte nicht, dass Sascha sie rührte.

Als Hannah sich erneut über ihren »Verrat an der Kultur« ausließ, war Grete fast erleichtert. »Modereklame, Mädchen – und dafür habe ich so viel in deine literarische Bildung investiert?«

»In meine was, bitte?« Grete überlegte fieberhaft eine treffende Antwort. Sie wollte Hannah zurückweisen, auch verletzen, aber ohne zuzugeben, wie sehr sie selbst sich gekränkt fühlte. »Dein verrücktes Zauberzeug nennst du …«

Saschas Handy fuhr mit einer Fanfare dazwischen. Grete verstummte, dankbar, dass ihre Gegenwehr in dem Durcheinander unterging. Er sprang auf, schrie etwas auf Russisch ins Telefon und stürmte zum Fenster. Der Boden ächzte, die Möbel wackelten.

Grete stand gleichfalls auf und stellte sich vor das zweite Fenster. Sie wollte nicht mit ihrer Mutter allein am Tisch sitzen, weder schweigend noch streitend.

Vor dem Haus parkte ein schwarzer Maybach im Halteverbot. Zwei von Saschas Jungs lehnten rauchend an den Kotflügeln und starrten durch Bechthold hindurch. Der stand im Vorgarten und wagte sichtlich nicht, sie auf das Verkehrsschild hinzuweisen, das allerdings unübersehbar zwischen ihnen aufragte.

»Wir müssen los, leider«, sagte Sascha, nachdem er minutenlang abwechselnd ins Telefon gebrüllt und mit düsterer Miene zugehört hatte. »Oder willst du noch bleiben, Liebes?«

Hannah schüttelte den Kopf. »Mach's gut, Grete. War schön, dich mal wieder zu sehen.«

Als Sascha sich von ihr verabschiedete, stand Hannah schon an der Wohnungstür, in Mantel und Schal. »Pass auf dich auf.« Er drückte ihr einen Kuss auf die Stirn, trat einen Schritt zurück und salutierte.

Den Trick mit dem Telefonanruf im richtigen Moment beherrschte er perfekt. Grete nahm an, dass er seine Jungs vorher anwies, ihn nach genau fünfzehn oder zwanzig Minuten anzuklingeln. Der Rest war russische Oper mit Sascha als Solist.

»Danke, Sascha«, rief sie hinter ihm her. Schon auf der Treppe, hob er die Hand zum Gruß, ohne sich noch einmal umzudrehen. Sie lief zurück in die Wohnung und konnte vom Fenster aus gerade noch sehen, wie die Jungs sich in Bewegung setzten. Einer eilte zur Fahrertür, der andere hielt Sascha und Hannah die Tür zum Fond auf. Von Bechthold war nichts mehr zu sehen.

Auch wegen Sascha wird er kooperieren, sagt sich Grete. Blitzschnell hat sich der Startbildschirm auf dem Notebook aufgebaut. Mit leicht zittrigem Finger tippt sie auf das Browser-Icon.

Gleich darauf springt ihr die Titelzeile auf *Bangkok Today* in die Augen: »*Tod im Nobelhotel*«.

Gretes Herz beginnt zu rasen. Eine Hand presst sie sich auf den Mund, mit der anderen zoomt sie die Meldung größer.

Am frühen Morgen des 17. Februar stürzte Geschäftsmann Manitho L. (41) vom Balkon seiner Suite im 12. Stock des Hotels *Dusit Thani* in den Tod. Ein Polizeisprecher erklärte: »Die Indizien sprechen für Suizid.« Aber die Auswertung der Spuren dauere noch an, so der Sprecher weiter, wie üblich werde in alle Richtungen ermittelt.

Das ist alles. Grete starrt auf den Bildschirm. Keine Fotos, keine Erklärungen zu möglichen Hintergründen oder Motiven.

Müssten sie mit den Ermittlungen nicht schon viel weiter sein? Oder haben sie meine Spuren – die Fingerabdrücke auf dem Cocktailglas, die DNA in seinem Bett – längst gesichert? Halten sie die Informationen zur mutmaßlichen Täterin nur zurück, »um den Ermittlungserfolg nicht zu gefährden«, wie es in solchen Fällen heißt?

Grete hält die Luft an, ohne es zu merken. Kein Zweifel, sie sind ihr auf der Spur. Nur so ergibt es Sinn, dass praktisch eine Informationssperre verhängt worden ist. Miko ist in den Tod gestürzt. Sehr viel mehr steht da nicht.

Wie Donner hallen die Worte in ihr nach. *In den Tod …*

Die Bestätigung, dass es wirklich passiert ist, trifft sie mit voller Wucht. Wieder sieht sie ihn vor sich, wie er unter ihr auf dem Asphalt lag. Sein zerplatzter Schädel, das leblose Auge, das zu ihr emporstarrte … Grete krümmt sich zusammen, fegt das Notebook zur Seite, hört im gleichen Moment, wie die Glocken von der nahen St.-Philippus-Kirche die Stunde schlagen.

Einmal. Zweimal. Herrgott noch mal, es ist vierzehn Uhr! Genau jetzt muss sie Bechthold anrufen.

Sie wischt sich über die Augen – als ob er sie sehen könnte. Schluckt und räuspert sich. Sie muss gelassen klingen. Ruhig, souverän.

»Wenn dein Gegenüber eine Schwäche wittert, greift er sofort an. Das ist die menschliche Natur, Kleines«, hört sie Sascha sagen. Eine seiner Weisheiten, die sie nie vergessen hat.

Und ob du souverän klingen wirst, Grete. Sie beugt sich vor, zieht ihre Handtasche vom Beifahrersitz nach hinten, holt das Samsung-Handy mit der Prepaidkarte heraus.

»Hausverwaltung Gutes Wohnen. Bechthold am Apparat.«

Netter Versuch, denkt Grete. Aber so meldet er sich sonst nie.

»Schön, dass ich Sie erreiche, Herr Bechthold. Hier ist Grete …«, sie kommt kurz ins Stocken, »… Reiter. Ich rufe Sie wie angekündigt aus Bangkok an. Sie haben meine Mail doch bekommen?«

»Wer ist da? Ach so. Ja, ich glaube schon.«

Sie spürt die Anspannung in seiner Stimme.

»Und was sagen Sie dazu, Herr Bechthold? Das ist doch ein gutes Geschäft für Sie, oder?«

Auch Gretes Stimme klingt belegt. Sie hat einen Kloß in der Kehle, da hilft kein Schlucken und Räuspern. Immer wieder sieht sie Miko sterben. Von dem Schattenmann niedergeschlagen, hochgehoben, über die Brüstung geworfen … und noch einmal. Sie erwacht, sieht Mikos Silhouette, dann die Faust des Schattenmanns, die von links ins Bild schießt. Wieder wird Miko emporgerissen, in den Tod gestürzt … und von vorne.

»So läuft das nicht, Gnädigste«, sagt Bechthold. »Ein Bewerberpool, so was gibt es bei uns nicht. Und Abstandszahlungen schon gar nicht. Ich frage mich, wer Ihnen so einen Mist erzählt hat.«

Grete schließt die Augen, macht sie wieder auf. Einmal, zweimal, dreimal. Aber es hilft nichts. Unaufhörlich sieht sie Miko, wie er über das Geländer in die Tiefe stürzt.

Sie muss das hier hinter sich bringen, sofort. Sonst kriegt sie einen Schreikrampf.

»Ich kürze das jetzt mal ab, Herr Bechthold. Mein Ex-Mann ist Enthüllungsreporter bei der *Morgenpost.* Florian Reiter, Sie erinnern sich vielleicht. Er hat schon vor ein paar Jahren wegen der korrupten Machenschaften in Ihrem Laden recherchiert. Mehrere Leidtragende haben ihm bestätigt, dass Mietverträge bei Ihnen meistbietend an Bewerber versteigert werden.«

Sie unterbricht sich, wartet auf eine Reaktion.

»Sie bluffen doch.« Bechthold klingt verunsichert. »Komisch, dass kein Enthüllungsartikel erschienen ist.«

»Ich wollte nicht, dass er das veröffentlicht. Material hatte er genug beisammen, das dürfen Sie mir glauben. Deshalb weiß ich ja so genau, wie das bei Ihnen läuft, Herr Bechthold. Wie viel müssen meine Nachmieter an Sie abdrücken? Dreitausend? Noch mehr?«

»Herrgottsakra, hören Sie auf. Da hätten Sie Ihren Gatten mal lieber auf Ihren Herrn Vater ansetzen sollen.«

»Auf Sascha Krashkov? Das hätte er sich nie getraut.« Grete gibt ein perlendes Lachen von sich. Dabei war ihr selten weniger fröhlich zumute. »Florian hat Angst vor ihm, wissen Sie«, fährt sie fort. »Völlig grundlos, wenn Sie mich fragen, Sascha tut keiner Fliege etwas zuleide. Außer, man greift ihn an.«

»Aber ich habe doch nicht …« Bechthold zieht es vor, den Satz nicht zu beenden. »Einen Augenblick«, murmelt er. »Bin gleich wieder für Sie da.«

Wenn er Stress hat, muss er dringend eine rauchen. Jetzt hat er offenbar mächtig Stress, wie von Grete vorausgesehen.

Sie hört, wie er herumkramt, mit dem Schlüsselbund klirrt, sich schnaufend in Bewegung setzt. Durch die Wohnungstür, den Hausflur entlang, sie sieht es vor sich. Da ihm seine Frau nicht erlaubt, die Kellerwohnung durch Zigarettenqualm noch mehr zu verdüstern, muss er zum Rauchen raus.

Im nächsten Moment geht drüben die Haustür auf, und Bechtholds dickliche Figur schiebt sich nach draußen. Oben Stirnglatze und Pferdeschwanz, darunter ein schwarzer, zu eng geschnittener Mantel. Der Kopf schief gelegt, um das Handy zwischen Ohr und Schulter einzuklemmen. In der einen Hand hält er ein zerknautschtes Tabakpäckchen, in der anderen Zigarettenpapier.

Grete späht durch die winterkahle Hecke. Gleichzeitig sieht sie noch immer vor ihrem inneren Auge, wie Miko in den Tod stürzt. Wieder und wieder. Nur ganz allmählich lösen sich die quälenden Bilder auf.

Sie kneift die Augen zusammen. Was ist das? Zuerst kam ihr Bechthold unbeeinträchtigt vor. Jetzt erkennt sie, dass er den rechten Arm unbeholfen bewegt. Offenbar hat er Mühe, das Papierblättchen, das er mit Tabak befüllt hat, zu rollen und zum Mund zu führen. Und jetzt sieht sie auch, weshalb: Er trägt den Arm in einer Schlinge, schwarz vor dem schwarzen Mantel. Den rechten Arm zu heben, die Hand koordiniert zu bewegen, fällt ihm anscheinend schwer.

Also war es wirklich er, dessen Arm sie letzte Nacht auf die Kommode gehämmert hat? Eindeutig ja. Bechthold schafft es nur mit Mühe, seine krumme Zigarette in Brand zu setzen. Als er den Rauch ausstößt, greift er sich mit der gesunden Hand an die linke Brustseite und verzieht das Gesicht.

Da hat er wohl ihren Fußtritt abgekriegt. Sein Körper fühlte sich wabbelig an. Trotzdem kann Grete kaum glauben, dass sie diesen großgewachsenen, schwergewichtigen Mann verletzt und in die Flucht geschlagen hat.

»Hören Sie, Bechthold, Sie sagen mir jetzt verbindlich zu, dass alles ablaufen wird, wie es in meiner Mail steht. Ich bekomme umgehend eine Bestätigung, dass meine Kündigung akzeptiert wird und seitens der Hausverwaltung keine Ansprüche gegen mich erhoben werden. Die Kaution wird innerhalb der vorgeschriebenen Frist auf mein Bankkonto überwiesen. Wie Sie das mit der Wohnungsauflösung und den Nachmietern handhaben, ist allein Ihre Sache. Sind wir uns einig?«

Bechthold gibt ein Grunzen von sich, gefolgt von einem Hustenanfall.

»Sind wir uns einig, Herr Bechthold?«

»In Herrgottsnamen …« Er keucht und hustet erneut.

Hinter ihm fliegt die Haustür auf und kracht gegen seine Schulter. Er fällt fast die kleine Vortreppe hinunter und flucht ins Telefon, während er sich umdreht.

Grete reißt die Augen auf. Die Haustür ist weit offen, zwei zierliche Männer in dunklen Anzügen stürzen hervor. Sie gestikulieren, drängen Bechthold zur Seite und rennen durch den Vorgarten.

Die beiden Anzugmänner aus dem Flieger! Also doch … Sie haben Bechthold auf mich angesetzt …

Sie rennen über die Straße, direkt auf Grete zu. Das gibt's nicht, denkt sie, da kommen noch mehr dunkelhäutige Anzugmänner aus der Tür. Wie versteinert sitzt sie da und starrt durch die Hecke.

Drei, vier, fünf … wie in einer von Hannahs Geschichten … *»Die dunkle Flut«* … wie wenn ein Kanaldeckel hochgedrückt wird und die Flut herausquillt … schlammiges Wasser und diese dunklen, wendigen Gestalten, die mit herausgeschwemmt werden, aus der Haustür schwappen, über die Straße, auf Grete zu …

»Sie haben Zeit bis morgen Abend«, bringt sie noch hervor. Ihre Stimme viel zu hoch und schrill. »Machen Sie keinen Fehler, Sie wissen, was sonst passiert.«

Sie beendet das Gespräch, schmeißt das Handy neben sich auf die Rückbank. Die ersten beiden Asiaten in schwarzen Anzügen kommen eben auf den Parkplatz gerannt.

Ganz still, beschwört sich Grete. Kein Mucks, rutsch einfach von der Bank runter, in den Fußraum …

Aber das machen ihre Nerven nicht mit. Sie kann nicht stillhalten, nicht ruhig bleiben, es geht einfach nicht. Woher wissen die, dass ich hier bin? Sie springt auf, stößt sich den Kopf, zwängt sich zwischen den Vordersitzen durch und hinters Steuer. Weitere Asiaten in schwarzen Anzügen entern den Parkplatz, während Grete den Startknopf drückt, den Rückwärtsgang reinhaut und schwungvoll zurücksetzt.

Die Anzugmänner machen sich an den drei gleich aussehenden SUVs hinter ihr zu schaffen. Sie reißen alle Türen auf, schreien herum, fegen mit bloßen Händen Schnee von den Scheiben.

Grete schreit auch, will sich eine Faust in den Mund stopfen. Aber sie braucht beide Hände, um das Steuer nach links zu reißen, dann in den Vorwärtsgang und rechtsherum auf die Otto-Fischer-Straße zu schlingern, die Finger ins Lenkradleder gekrallt.

Die drei SUVs, alles schwarze Hyundais, starten gleichzeitig und rasen vom Parkplatz herunter, hinter Grete her. Im linken Seitenspiegel sieht sie, dass noch mehr Leute aus ihrer Haustür kommen – ihrer *früheren* Haustür –, noch *viel* mehr Leute, schwarz oder leuchtend bunt angezogen. Zwei Hyundais stoppen, der dritte, voll asiatischer Anzugmänner, klebt weiter an Gretes Stoßstange. Der Thai am Steuer lächelt ein tödliches Lächeln, die Zähne gefletscht.

»Wo kommen die alle her?« Sie schreit es. »Keine Ahnung, verdammt noch mal!«

Aber was sie vorhaben, ist umso klarer. Sie jagen dich, Grete.

Erst als sie auf der Westendstraße ist und das Gaspedal durchtritt, gewinnt sie an Vorsprung. Zwanzig, fünfzig, hundert Meter. Zum Glück hat sie einen bärenstarken BMW. Danke, Sascha, vielen, vielen Dank. Wieder am TÜV vorbei, bei Dunkelgelb über die Kreuzung. Mit Karacho rechts in die Ridlerstraße und die Wiesn entlang.

Soll sie wirklich noch mal zurück zu *Suleiman?* Oder gleich auf die Autobahn nach Norden? Nein, sie braucht ihr Bordcase.

Ihre Papiere, der Rest ist eigentlich egal. Den Leinenkoffer mit den Kleidern hat sie gleich im Auto gelassen.

Als sie in den Rückspiegel schaut, ist kein schwarzer Hyundai mehr zu sehen. Direkt hinter ihr ein alter Daimler Diesel. Grete geht vom Gas. Nur jetzt nicht in eine Polizeikontrolle geraten.

Um kurz nach halb drei stoppt sie gegenüber der Pension. Mit dem Heck vor einer Einfahrt, aber da kommt man schon noch durch. Sie schaltet den Warnblinker ein, als Zeichen des guten Willens.

Von den Anzugmännern keine Spur. Im Rückspiegel sieht Grete aus wie ihr eigenes Gespenst. Hände und Shirt schweißnass. Sie zieht eine Grimasse, greift sich Mantel und Handtasche und rennt über die Straße in die Pension.

Keine zehn Minuten später ist sie wieder draußen. Kurz frischgemacht, Sachen eingesammelt, ordnungsgemäß ausgecheckt.

Verstohlen späht sie nach links und rechts. Keine Thai-Männer in schwarzen Anzügen, kein Hyundai-SUV. Sie überquert die Straße, beamt den BMW auf, hievt das Bordcase in den Kofferraum, steigt ein.

Weitere Minuten vergehen. Grete hinter dem Steuer, Hände im Schoß. Sie wollte sofort weiterfahren, aber sie hat wieder dieses Sausen im Kopf. Dieses ekelhafte Gefühl, als hätte sie keinen Körper mehr. Als schwebte sie schwerelos im nebligen Nichts.

Was war das eben eigentlich? Bechthold hatte einen schwarzen Mantel an, total untypisch für ihn. Und dann die vielen Asiaten in den dunklen Anzügen … War das einfach eine Familienfeier? Frau Bechtholds Brüder, Cousins und wer sonst noch mit Frauen und Kindern angereist ist? Da waren doch auch noch diese Farbtupfer hinter Bechthold im Hausflur, wie von festlich bunt gekleideten Menschen … Haben die beiden SUVs vor der Tür gestoppt, um die restliche Sippe aufzunehmen? Während der dritte, schon vollbeladen, vorausgefahren ist, zufällig hinter mir her?

War es so?, fragt sich Grete. Habe ich alles missverstanden?

Sie schüttelt den Kopf. Vielleicht hat sie überreagiert, vielleicht auch nicht. Dass Bechthold ihr letzte Nacht auflauerte, hat sie sich jedenfalls nicht eingebildet. So wenig wie den SUV voll tödlich lächelnder Thai-Männer hinter ihr.

Wieder sieht sie die albtraumhaften Bilder. Der Schattenmann, wie er zuschlägt, Mikos Körper hochhebt, über die Brüstung wirft …

Sie hebt die Hände, umfasst das Lenkrad. »Los jetzt, Margarete Malström«, sagt sie mit zittriger Stimme. »In dein neues Leben.«

Sie stellt den Wahlhebel auf *Drive* und fährt los.

ZWEI

Mitte Mai, mitten in Berlin. Staubtrockene Ofenhitze, die Luft flimmert über dem Asphalt. Wie bei einer Bildstörung, denkt Grete, während ihr Klient die Ruine der Gedächtniskirche bewundert.

»Die wuchtige Symbolik des zerbombten Baus ermahnt uns immer wieder zur Demut vor der Geschichte.« Er sieht Grete erwartungsvoll an.

»Gut gesagt, Herr Rauch. Die Formulierung sollten Sie sich merken.«

Friedrich Rauch lächelt gequält. Der Geschichtsprofessor ist Ende fünfzig, hat preußisches Gardemaß und eine volltönende Baritonstimme. Über sein Fachgebiet, das Deutsche Reich von Bismarck bis Kaiser Wilhelm, hat er schon zahlreiche Vorträge auf internationalen Kongressen gehalten. Doch die Aussicht, am Abend in einer TV-Talkshow über sein Buch *Bismarck als Sozialreformer* zu diskutieren, macht ihn »nervös wie ein Teenager beim ersten Rendezvous«.

Um ihn abzulenken, begleitet Grete ihn durch die Stadt, von einem historischen Highlight zum nächsten. Rauch redet pausenlos und schnappt mit den Lippen wie ein Fisch auf dem Trockenen.

»Wollen wir etwas trinken?«, schlägt sie vor. »Da drüben ist eine coole Bar, mit Klimaanlage.« Sie zeigt auf die andere Straßenseite.

»Gute Idee.« Rauch legt ihr eine Hand auf den Unterarm. »Wirklich nett, wie Sie sich um mich kümmern, Frau Malström.«

Grete unterdrückt den Impuls, die schweißfeuchte Pranke abzuschütteln. »Das mache ich doch gern.«

Seit knapp drei Monaten ist sie jetzt in Berlin, und im Grunde läuft alles nach Plan. Der Job bei *Kultur Kokon* ist okay. In der Wohnung ihrer Vorgängerin hat sie sich einigermaßen eingewöhnt. Und natürlich ist Berlin viel spannender als München.

Aber Grete geht nur selten aus, abgesehen von den Empfängen und Präsentationen, die zu ihrem Job gehören. Ihre Verfolger hat sie anscheinend abgeschüttelt, doch das Gefühl, beschattet zu werden, verlässt sie so gut wie nie. Vor allem nachts in ihren Träumen spürt sie den Bulligen im Nacken, sein Schnaufen und Stampfen, seine abartig großen Hände, die im Rennen nach ihr greifen.

Wenn ihre Kollegin Paula Johansen sich wieder mal in einem Club die Nacht um die Ohren haut, bleibt Grete meistens zu Hause oder spaziert allein durch die Straßen. Allein, aber nicht einsam wie die frühere Grete. Mit ihren Gedanken und Gefühlen ist sie ganz bei Miko, in ihrem eigenen, gemeinsamen Leben. Jeden Augenblick mit ihm durchlebt sie immer wieder aufs Neue, und es fühlt sich so viel intensiver als alles andere an.

Gedankenverloren tritt sie auf die Fahrbahn. Reifen quietschen, eine Hupe trötet. »Vorsicht, Frau Malström!« Rauch packt sie an der Schulter, reißt sie zurück auf den Gehweg.

Grete erstarrt. Fast wäre sie vor ein Taxi gelaufen. Der Fahrer schimpft und gestikuliert. Er beugt sich sogar über den Beifahrersitz zu ihr herüber, damit sie sein wütendes Gesicht noch besser sieht.

»Tut mir leid, ich war in Gedanken.« Ihr Herz hämmert. Behutsam bewegt sie die Schulter auf und ab.

Rauch sagt irgendetwas, doch Grete hört ihm nicht zu. Ein staubgrauer Geländewagen rollt ins Bild, und hinter dem Steuer sitzt *er*.

»Miko.« Sie flüstert seinen Namen, starrt ihn an, mit offenem Mund.

Kurz schaut er in ihre Richtung. Seine Augen streifen über ihr Gesicht, dann ist er vorbei. Offenbar hat er sie nicht erkannt.

Wie denn auch, denkt Grete, er ist doch tot!

Aber wie kann er tot sein, wenn er gerade eben an ihr vorbeigefahren ist? Im Schritttempo, das Seitenfenster halb heruntergelassen, wie um sicherzustellen, dass ihr kein Detail entgeht? Seine grünen Mandelaugen, sein abwesendes Lächeln, die kräftigen Hände, die lässig den Lenker hielten ... Das gibt's nicht, denkt Grete, das war Miko, hundertprozentig!

Aber er kann es nicht sein. Die Fantasie muss ihr einen Streich gespielt haben. Auf *Bangkok Today* war nach der ersten Meldung nichts mehr über den »*Todessturz im Nobelhotel*« zu lesen. Doch sie hat mit eigenen Augen Mikos zerschmetterten Kopf gesehen. Und den kreidefarbenen Plastiksarg, in dem seine Leiche abtransportiert worden ist.

Trotzdem fühlt es sich nicht wie eine Verwechslung an. Oder wie pures Wunschdenken. Grete starrt ihm hinterher, bis er hinter der Biegung zum Kurfürstendamm verschwunden ist. In dem kantigen Geländewagen, eine Mercedes-G-Klasse mit Berliner Nummernschild. Sie prägt sich das Kennzeichen ein, wie sie es sich von Sascha abgeschaut hat.

»Alles in Ordnung?«, fragt Rauch. »Sie sehen aus, als wären Sie einem Gespenst begegnet.« Seine Augen zucken.

Grete hat Mühe, einen hysterischen Schluchzer zu unterdrücken. »Alles okay«, murmelt sie, »ich habe mich nur erschrocken.« Sie setzt ein professionelles Lächeln auf. »Jetzt haben wir uns aber wirklich einen Aperitif verdient.«

Die Bar heißt *Alte Zeiten* und liegt in einer Seitenstraße, nicht weit vom *Steigenberger*-Hotel. Nur ab und zu lotst Grete einen Kunden in den nostalgisch gestylten Laden, und jedes Mal erbebt sie bei dem Gedanken, dass sie hier Sascha begegnen könnte.

Wenn er und Lev in Berlin sind, steigen sie fast immer im *Steigenberger* ab. Ihre Geschäftspartner treffen sie dann meist in der plüschigen Kellerbar. Was soll sie sagen, wenn Sascha plötzlich hier auftaucht? Für ihn und Hannah lebt sie seit drei Monaten in Bangkok.

Grete setzt sich in eine schummrig beleuchtete Nische, bestellt für Rauch Wasser (er trinkt nichts anderes) und für sich selbst eine Weißweinschorle. Mit ihren Gedanken ist sie weder bei Sascha noch bei dem nervösen Autor, der sich glücklicherweise in Richtung Toiletten verdrückt hat.

Wie verrückt ist das eigentlich?, fragt sich Grete. Da zieht sie ans andere Ende des Landes um, verändert ihr Aussehen, wechselt ihren Namen, alles, um den Killer abzuhängen, dessen Mordtat sie mitangesehen hat. Und wer taucht plötzlich bei ihr auf? Nicht der Mörder, sondern das offenbar quicklebendige Opfer! Das gibt es doch einfach nicht …

Und doch ergibt es irgendwie auch perfekten Sinn.

Noch immer ist Miko für sie so gegenwärtig wie in jener Nacht im *Dusit Thani*. Wenn sie daran denkt, dass er tot ist, fühlt sie eine grauenvolle Beklemmung. Aber keine Trauer, nicht den zu Boden drückenden Kummer, den sie als kleines Mädchen auf ihren Schultern spürte. Wie einen Grabstein. Wie ein ganzes Mausoleum, nachdem Hannah endlich ihre Frage beantwortet hatte.

»Du willst wissen, was mit deinem Papa passiert ist?« Die kleine Grete nickte eifrig. »Warum du ihn nie zu Gesicht bekommen hast?« Sie bejahte erneut. Es war wenige Wochen nach ihrem neunten Geburtstag. Seit Jahren hatte sie Hannah angebettelt, und endlich schien ihre Mutter bereit, das Rätsel aufzulösen. Gretes Herz klopfte heftig gegen ihre Rippen.

Hannah schaute geistesabwesend vor sich hin. »Ich weiß es doch auch nicht, Grete. Wir waren nur eine Nacht zusammen. Sein Name war Leif, zumindest hat er sich mir so vorgestellt. Ich habe ihn nie wiedergesehen. Jahre später hat mir mal irgendjemand erzählt, er hätte sich umgebracht. Aber ich habe keine Ahnung, ob das stimmt …«

»Hören Sie mir eigentlich zu, Frau Malström?«

Grete schreckt auf und blickt in das gestresst wirkende Gesicht eines älteren Mannes mit weißem Hemd und grauen Schläfen. Einen Moment lang hat sie Mühe, sich zu erinnern, wer er ist und wieso er an ihrem Tisch sitzt. Oder sie an seinem.

»Ja klar, Herr Rauch.«

In Wahrheit hat sie nicht einmal mitbekommen, dass er zurück ist. Er sitzt ihr gegenüber in dem altmodischen, flaschengrünen Ledersessel und sieht sie befremdet an. »Was ist denn plötzlich los mit Ihnen?«

Der Pianist im Hintergrund der Bar entlockt seinem Instrument einen Strom schwermütiger Töne. Wenn Grete die Augen schließt, sieht sie einen schwarzen Teppich, der auf einem Felsplateau langsam entrollt wird.

»Sorry«, murmelt sie. »Die Hitze macht mir ein bisschen zu schaffen.«

Eine Lüge, doch sie erfüllt ihren Zweck. Rauchs Gesicht nimmt einen mitfühlenden Ausdruck an. Hitze hat ihr noch nie etwas ausgemacht, trotz ihrer nordisch hellen Haut. In Bangkok ist es noch mindestens zehn Grad wärmer, dazu schwül wie im Reptilienhaus.

Wenn ihr Vater noch am Leben ist, geht es Grete durch den Kopf, muss er ungefähr so alt wie Rauch sein.

»Was ich Sie die ganze Zeit schon fragen wollte.« Sie knipst ihr Profilächeln an, wendet sich ganz ihrem Klienten zu. »Wie sind Sie eigentlich auf die These in Ihrem Buch gekommen – dass es zwischen der Sozialpolitik von Bismarck und Merkel verborgene Gemeinsamkeiten gibt?«

»*Taktische* Gemeinsamkeiten – bei entgegengesetzten Zielen.« Rauch dreht ansatzlos auf. Bismarck habe den deutschen Sozialstaat erfunden, »um den Kommunisten den Wind aus den Segeln zu nehmen«. Genauso habe Merkel »zentrale Programmpunkte von progressiven Parteien übernommen und sie dadurch kleingehalten. Aber mit welchem Ziel?« Rauch schwelgt in hintergründigen Formulierungen.

»Faszinierend.« Grete bewundert, lächelt, nickt. In Wirklichkeit findet sie sein Thema nicht gerade prickelnd. Flori hätte sich mit Feuereifer in die Debatte gestürzt, aber sie schaltet bei allem, was mit »Sozial« anfängt, reflexhaft ab.

Sozialhilfe, Sozialamt, sozial schwach … Sie hat noch genau im Ohr, wie Hannah diese Wörter ausspuckte, damals im Gutleutviertel. Wie etwas Ekelhaftes. Lieber würde sie sich eine Hand abhacken, als beim Sozialamt Striptease zu machen und um Sozialhilfe zu betteln. Niemand dürfe es wagen, sie als sozial schwach zu bezeichnen, im Gegenteil. Sie opfere sich jeden Tag für die Kultur auf, »und ohne Kultur gibt es auch nichts Soziales«.

Die kleine Grete ahnte nur vage, wovon die Rede war und warum Hannah sich bei diesem Thema so ereifern konnte. Es interessiert sie auch schon lange nicht mehr. So wenig wie die entgegengesetzten Ziele, die Bismarck und Merkel laut Rauch mit ihren »scheinbar fast identischen Politikansätzen« verfolgten.

»Er der Bewahrer, sie die Unterwühlende.« Rauch doziert und gestikuliert. Grete sorgt durch Mimik und minimale Floskeln dafür, dass er nicht an Schwung verliert.

Sascha muss mir helfen, denkt sie dabei. Für ihn ist es eine Kleinigkeit, herauszufinden, wem der Geländewagen gehört. Ohne dass die Spur zu mir zurückverfolgt werden kann.

Quälend langsam vergeht der Tag. Erst um halb acht kann sie ihren Klienten beim Sender abliefern, bis dahin schleppt sie ihn weiter von einem »historischen Ausrufezeichen« zum nächsten.

»Ich bin ein Berliner« – das Schöneberger Rathaus. *»Mr Gorbatschow, tear down this wall«* – das Brandenburger Tor. Auch Rauch hat zweifellos schon x-mal vor diesen weltberühmten Sehenswürdigkeiten gestanden. Aber für ihn sind es »steinerne Zeitzeugen, die von der Macht der Vergangenheit und der List der Geschichte künden«, und so wird er niemals müde, »ihre Weisheit zu inhalieren«.

Währenddessen sieht Grete wieder und wieder vor sich, wie Miko in Zeitlupe an ihr vorbeifuhr. Sie anschaute, mit abwesendem Lächeln. Das war er, hundertprozentig, denkt sie. Hoffnungsvoll pocht ihr Herz. Also hat er doch irgendwie überlebt? Und genauso seinen Namen, seine Identität gewechselt wie sie?

Völlig ausgeschlossen, denkt sie dann wieder. Im Vorbeifahren hat er ihr die Kopfseite zugewandt, mit der Miko in Bangkok aus dreißig Metern Höhe auf dem Asphalt aufgeschlagen ist. Doch vorhin hatte er – der Mann, der wie Miko aussah – nicht die kleinste Blessur.

Also kann er es nicht gewesen sein. Trotzdem kann Grete an nichts anderes mehr denken. Sie brennt darauf, herauszufinden, auf wen der Geländewagen zugelassen ist. Wenn sie nachher mit Sascha telefoniert, wird sie einfach behaupten, dass sie von Bangkok aus anruft. Wie beim letzten Mal. Und dass eine Freundin sie gebeten habe, ihr mit dem Nummernschild zu helfen. Weil der Fahrer der G-Klasse nach einem Zusammenstoß mit der Freundin Fahrerflucht begangen habe …

Stopp, das geht nicht. Sascha wäre imstande, ein paar seiner Jungs loszuschicken, damit die sich den vermeintlichen Verkehrsrowdy vorknöpfen. Grete sieht es schon vor sich – wie sie ihn aus dem Auto zerren, zu Boden schlagen, auf ihn eintreten, bis er liegen bleibt, stöhnend und blutüberströmt …

O Gott! Sie reißt die Augen auf. Rauch runzelt die hohe Stirn, und Grete beeilt sich, ihn anzulächeln. Ihn und sich selbst.

Ganz ruhig, das ist alles nur in deinem Kopf.

Mittlerweile sind sie auf dem Gendarmenmarkt. Rauch redet ohne Pause und steuert auf den Deutschen Dom zu, in dem Exponate zur Geschichte der deutschen Demokratie ausgestellt sind. Helmut Schmidts Lotsenkappe. Helmut Kohls Strickjoppe. Für Grete eines der langweiligsten Museen in ganz Berlin.

Viel lieber würde sie im Pergamonmuseum durch das Ischtar-Tor der alten Babylonier gehen. Von diesem »steinernen Zeugen« kann *sie* nicht genug bekommen. Bestimmt war sie schon zwei Dutzend Male dort, seit sie in Berlin lebt. Und jedes Mal verspürt sie aufs Neue einen Schauder, als ginge sie durch das Tor hindurch in eine mystische andere Welt.

Neun Uhr abends. Als Grete ihre Wohnungstür hinter sich ins Schloss drückt, ist sie ziemlich erledigt. Und total überdreht.

Sie legt die Sicherungskette vor, verriegelt das Stangenschloss, schiebt den Schlüssel von innen ins Schloss und schließt zweimal ab. Wie immer, wenn sie nach Hause kommt.

Ihr Apartment ist eng, aber hell. Eineinhalb Zimmer, Kochnische, Bad. Die Möblierung ist inklusive. Wacklige Schränke und Regale von IKEA, der Metallschreibtisch mit Schrammen und kleinen Beulen übersät. Einzig das Bett ist neu, ein Futon für zwei. Von Gretes Vorgängerin angeschafft und gratis zurückgelassen, nur leider zu groß für das winzige Schlafzimmer. Die japanischen Schriftzeichen über dem Kopfende bedeuten – laut Paula – *Glück* und *Harmonie*.

Nach zehn Minuten unter der Dusche setzt sich Grete in Slip und XXL-Shirt an den Schreibtisch und startet ihr Notebook. Auf dem Heimweg hat sie ein Käsebrötchen gegessen und anschließend ein Eis, das ihr in der Hand zerflossen ist. In der Küchennische hat sie sich eine große Weißweinschorle gemixt. Der perfekte Doppelschlag gegen innere Unruhe und Durst.

Wie an jedem Abend ruft sie als Erstes die Online-Seite von *Bangkok Today* auf – nichts. Keine Zeile über Miko. Kein polizeiliches Statement, auch keine Spekulationen, was damals im zwölften Stock des *Dusit Thani* passiert sein könnte. Außer der knappen Meldung vor knapp drei Monaten ist in dem Nachrichtenportal nie mehr irgendetwas zum »*Todessturz im Nobelhotel*«

erschienen. In ausländischen Medien auch nicht, zumindest hat sie per Google-Suche nichts gefunden.

Offenbar wurde der Fall zu den Akten gelegt. Aber warum? Darüber hat sie sich immer wieder den Kopf zerbrochen. Ist sie heute auf die Antwort gestoßen: Weil Miko nicht wirklich gestorben ist? Weil sein Tod nur vorgetäuscht war?

Grete schüttelt den Kopf. Wie sollte das zugegangen sein? Darauf gibt es keine sinnvolle Antwort.

Sie klickt sich durch die neuesten Polizeimeldungen, ein bizarres Potpourri aus ganz Thailand. Ein eifersüchtiger Ex-Ehemann hat seinen Nachfolger und anschließend sich selbst mit einem Samurai-Schwert getötet. Eine junge Frau hat ihrem Liebhaber, der neben ihr schlief, *»das Genital mit einem Gemüsemesser abgetrennt, weil er sich weigerte, seine Frau zu verlassen und stattdessen sie zu heiraten«*. Auf einer Landstraße im Nordosten von Thailand ging ein Kleinbus mit einer siebenköpfigen Familie in Flammen auf; der einzige Überlebende, ein zwölfjähriger Junge, *»gab zu Protokoll, dass ein turmhoher Geist das Fahrzeug mit einer riesigen Fackel in Brand gesteckt hätte«*. Und so weiter, Spalte um Spalte.

Grete schüttelt erneut den Kopf. Miko wurde ermordet, sie hat es mit eigenen Augen gesehen. Der Mörder muss von der Polizei gedeckt werden, eine andere Erklärung gibt es nicht. Zumindest hat sie keine gefunden.

Die Behörden in Bangkok haben aus irgendeinem Grund kein Interesse, den Fall aufzuklären. Die Spuren in Mikos Suite können ihnen nicht entgangen sein. Das Daiquiri-Glas mit Gretes Fingerabdrücken und Speichelrückständen oder Haare und Hautschuppen von ihr in Mikos Bett und unter seinen Fingernägeln. Dazu Spuren an seinem Körper, die darauf hindeuten, dass er nicht freiwillig gesprungen ist.

Bei ihrem kleinen Muay-Thai-Crashkurs hat Miko sie angefeuert, ihn mit voller Kraft zu attackieren. Auch ihre Abdrücke und Griffspuren auf seinem Körper können die Ermittler unmöglich übersehen haben. So wenig wie die Spuren, die der Schattenmann mit seinen Schaufelpranken hinterlassen haben muss, als er Miko zusammenschlug und über die Balkonbrüstung warf.

Warum sind sie diesen Hinweisen nicht nachgegangen, sondern haben den Fall als vermeintlichen Selbstmord abgehakt? Der zweite Mann auf dem Balkon – der Mörder! – hat Grete ja bemerkt und im Hotel auf der Treppe verfolgt. Auch wenn sie ihn zwischenzeitlich abgeschüttelt hatte, stand er nachher in der Lobby, als sie auscheckte und zum Flughafen fuhr. Er brauchte nur zwei und zwei zusammenzuzählen, um zu dem Schluss zu gelangen, dass sie die Augenzeugin war.

Seitdem müssen er und die Polizisten, die in die Sache verwickelt sind, darauf gefasst sein, dass diese Augenzeugin sie auffliegen lässt. Also müssen sie alles daransetzen, Grete zu finden und zum Schweigen zu bringen. Folglich suchen sie immer noch nach ihr, anders kann es gar nicht sein. Doch sie haben ihre Spur verloren, als sie in München wie durch einen Zaubertrick von der Bühne verschwunden ist.

Wenn sie die deutsche Polizei um Hilfe bitten könnten, wäre sie natürlich längst aufgeflogen. Aber das können sie nicht, weil der Fall offiziell eben abgeschlossen ist. Also suchen sie auf eigene Faust nach ihr. Bestimmt haben sie die Thai-Community in ganz Deutschland eingespannt, so wie sie es mit Bechtholds Frau in München gemacht haben …

Grete zuckt noch immer zusammen, wenn sie auf der Straße oder im Restaurant einem Thai im schwarzen Anzug begegnet. Oder einem bulligen, dunkelhäutigen Asiaten in Lederjacke und Jeans. Um das vermeintliche Chinatown in Charlottenburg macht sie einen großen Bogen. Dort drängen sich asiatische Geschäfte, Bars und Restaurants entlang der Kantstraße, und neben Chinesen beherrschen vor allem Thailänder das Straßenbild. Als sie noch ganz neu in Berlin war, geriet sie einmal zufällig dorthin und bekam fast eine Panikattacke.

Doch allem Anschein nach hat ihr Verwandlungstrick funktioniert. Der Schattenmann und seine Kumpane haben ihre Spur verloren. Was nicht ausschließt, dass sie irgendwann doch noch hier auftauchen werden. Also muss sie weiter auf der Hut sein.

Grete reibt sich mit den Fäusten über die Schläfen.

Miko war so nah, sie hätte ihn fast mit der Hand berühren können. Es war keine Verwechslung. Sie kann sich nicht getäuscht haben.

Trotzdem kann er es nicht gewesen sein. Die Mörder können hier plötzlich auftauchen, aber doch nicht das Opfer! Der Gedanke hat etwas Irrsinniges. Es wäre gegen jede Logik, gegen alle Naturgesetze …

Aber ich habe ihn gesehen, beharrt eine Stimme in ihr. Seine einzigartigen Augen, sein Lächeln, auch wenn er mich nicht erkannt hat.

Sie klappt ihr Notebook zu und geht durchs Wohnzimmer in die winzige Vordiele. Auf dem Tischchen unter dem Spiegel liegt ihr neuer City Bag. Sie öffnet ihn, nicht ohne vorher über das weiche Leder zu streicheln, und holt ihr Smartphone heraus.

Den kleinen Rucksack hat sie in einem Secondhandladen in Schöneberg entdeckt. Vor drei Wochen, als ihr damaliger Klient, der norwegische Autor Henrik Knusum, zum x-ten Mal in eine Kneipe stürmte, »um schnell mal was zu kippen«. Sein Durst war unstillbar, er kippte ein Bier nach dem anderen, dazwischen unzählige Schnäpse. Nach dem dritten »Sprit-Stopp« entschloss sich Grete, draußen auf ihn zu warten.

Die Secondhand-Boutique war direkt neben der Kneipe. Der smaragdgrüne City-Rucksack im Schaufenster flehte sie an wie ein todtrauriger Frosch. Kurz entschlossen betrat sie den kleinen Laden und ließ sich den Rucksack aus dem Fenster holen. Im schummrigen Licht hatte er die Farbe von Mikos Augen, und das Leder fühlte sich unglaublich weich an.

Sie bezahlte den knallig hohen Preis, ohne zu feilschen. Als sie zurück auf die Straße trat, stand urplötzlich dieser Thai vor ihr. Im schwarzen Anzug, Hemd und Jackett über dem muskulösen Oberkörper gespannt. Grete starrte ihn an, drohend starrte er zurück. »Was wollen Sie?«, schrie sie, und genau in diesem Moment kam Henrik aus der Kneipe. Zwei Köpfe größer als der Asiat, mit wildem Vollbart und Zottelhaaren, aber alles andere als durchtrainiert.

»Gibt es ein Problem, Grete?«, rief er in seinem schwerverständlichen Kauderwelsch, ein Mix aus Englisch, Deutsch und Norwegisch.

Sie hob die Schultern, und Henrik machte einen unsicheren Schritt auf den Thai zu. Die beiden waren ungefähr im gleichen Alter, Mitte vierzig. Sie starrten sich eine halbe Minute lang gegenseitig Löcher ins Gesicht, dann wendete der Thai auf dem Absatz und ging davon. Betont langsam und ohne sich noch einmal umzudrehen.

»Wie war ich?« Der Norweger grinste Grete an.

»Als Beschützer bist du eine Wucht.«

»Nicht wirklich.« Er begann umständlich zu erklären, dass er vor körperlicher Gewalt schreckliche Angst habe. Schon bei der Vorstellung, dass jemand ihn schlagen könne, falle er fast in Ohnmacht. Bestimmt hänge das mit seinem Vater zusammen, der »die dunkle Macht« in seinem Leben gewesen sei. »Er hat mich nie geschlagen, oder so gut wie nie«, fügte Henrik hinzu. »Aber in meiner gesamten Kindheit war er ununterbrochen kurz davor.«

Das wusste sie alles schon aus seinen Büchern. Sie hatte keine Lust, ihm den Zwischenfall mit dem Thai zu erklären, aber er redete sowieso nur über sich selbst.

Zum Glück wurde es Zeit, ihn zu seiner Veranstaltung im Literaturhaus zu bringen. Eine Podiumsdiskussion über den *Tod der Fantasie*. Henrik Knusum war einer der erfolgreichsten Vertreter der neuesten literarischen Mode, der sogenannten Autofiktion. Letztlich waren das romanhaft ausgemalte Autobiografien von Schriftstellern mittleren Alters, die wenig Außergewöhnliches erlebt hatten und deren Werke entsprechend fade ausfielen.

Henrik Knusum bildete allerdings eine faszinierende Ausnahme. Er war ein begnadeter Erzähler, und seine Bekennerprosa, mit der er seine krankhafte Schüchternheit therapiert hatte, war von mitreißender Intensität. Sie war seine Rache an allen, von denen er sich früher unterdrückt gefühlt hatte. Mit dem sechsbändigen Epos trieb er seinen Vater in den Tod, seine Frau aus dem Haus und wurde weltberühmt.

Aber der Zwischenfall vor dem Secondhandladen, sagt sich Grete, zeigt doch, dass die Fantasie alles andere als tot ist. Zumindest ihre eigene Fantasie. Weil sie im ersten Erschrecken glaubte, dass der Thai im dunklen Anzug sie angreifen wollte, nahm sie eine drohende Haltung ein, und er reagierte darauf. Ein Missverständnis, nichts weiter.

Anstatt sich in Erinnerungen an seltsame Zwischenfälle zu verlieren, sollte sie endlich Sascha anrufen. Mit seiner Hilfe wird sich bestätigen, dass auch heute Mittag an der Gedächtniskirche die Fantasie mit ihr durchgegangen ist.

Das hier ist schließlich keine von Hannahs Fantasy-Storys, sagt sich Grete. Und auch keine Geistergeschichte, wie sie – laut Miko – von der großen Mehrheit der Menschen in Thailand noch immer geglaubt werden.

Aber ich habe ihn gesehen, widerspricht die Stimme in Gretes Kopf. *Miko lebt …*

Grete kehrt in ihr Wohnzimmer zurück und stellt sich ans Fenster. Der Ausblick ist ganz ähnlich wie in ihrer alten Wohnung in München-Laim. Und wie früher im Frankfurter Gutleutviertel. Graue Mietskasernen, hier aus den Siebzigerjahren, in München aus den Fünfzigern. In Frankfurt noch mal zwei Jahrzehnte älter.

Es geht also voran, Grete. Und bleibt sich doch mehr oder weniger gleich. Nur in den sechs Jahren in Saschas Haus in Schwalbach war alles anders. Auch der Ausblick, ein dramatisches Panorama aus Taunusbergen und den verwitterten Dächern der kleinen Stadt, die ihnen zu Füßen lag. Durch enorme Glasfronten hatte man freie Sicht in alle Himmelsrichtungen. Sogar von dem Schwimmbecken im Erdgeschoss aus konnte man durch runde Fenster, die an Bullaugen in Schiffskajüten erinnerten, die umliegenden Berge sehen.

Sie gibt Saschas Handynummer in ihr Smartphone ein, wechselt zur SIM-Karte Nummer 2 und tippt auf das grüne Hörersymbol. Ihr neues Dual-SIM-Handy hat den Vorteil, dass sie wahlweise mit ihrer regulären Nummer oder mit einer Prepaidnummer telefonieren kann, ohne umständlich eine SIM-Karte aus dem Gerät herausfummeln und eine andere einlegen zu müssen.

»Gretchen!« Sascha brüllt ihren Namen. Je mehr er sich freut, desto lauter wird er. »Wie geht es dir? Bist du in Deutschland?«

»Nein, wieso denn.« Sie gibt sich Mühe, kühl zu klingen. »Immer noch in Bangkok.«

Da sie die SIM-Karte von Orange verwendet, die sie bei ihrem vorletzten Bangkok-Aufenthalt gekauft hat, muss auf Saschas Display eine Nummer mit der thailändischen Landesvorwahl erscheinen: +66. Warum fragt er dann, ob sie in Deutschland ist?

»Hier ist es nach Mitternacht, mir fallen fast die Augen zu«, fährt sie fort. »Also nur ganz kurz, Sascha: Ich muss schnell noch eine Bitte loswerden, im Auftrag einer Freundin aus Berlin. Für dich ist das eine Kleinigkeit, für sie wäre es aber total wichtig.« Grete muss schlucken. Einen Moment lang fürchtet sie, in Tränen auszubrechen. Sie macht die Augen ganz fest zu, und der Moment geht vorbei.

»Dann schieß mal los«, brummt Sascha. Er steckt sich einen Zigarillo an und saugt gurgelnd den Qualm ein. »Ist das dieselbe Freundin, bei der du übernachtet hast, bevor du nach Bangkok geflogen bist?«

»Ja, genau. Meine alte Freundin Ina.«

Den BMW, den Sascha ihr beschafft hatte, stellte sie damals am Berliner Flughafen Schönefeld ab und klebte einen Plastikbeutel mit Wagenschlüssel und Parkticket in den Radkasten hinten links. Sie schickte Sascha eine Nachricht, dass sie ein unschlagbar gutes Jobangebot in Bangkok bekommen habe und die neue Stelle sofort antreten müsse. Vielen Dank für alles, und sie lasse von sich hören …

»Und was hat die liebe Ina auf dem Herzen?«

Sein ironischer Unterton signalisiert, dass er ihr die Freundin nicht so ganz abkauft. Guter Instinkt, Sascha. Aber es spielt keine Rolle, er wird nicht weiter nachhaken.

»Na ja, weißt du, sie hat sich in so einen Typen verguckt. Aber sie kennt seinen Namen nicht. Sie weiß nur, dass er einen Mercedes-Geländewagen fährt. G-Klasse. Und aus irgendeinem Grund hat sie sich das Nummernschild gemerkt.«

»Eine G-Klasse? Der Kerl hat Geld und Geschmack.« Sascha hustet ausgiebig. »Sag mal die Nummer, Kleines, ich will sehen, was ich für dich tun kann. Für deine Freundin, natürlich.« Er hustet erneut.

Grete gibt ihm das Kennzeichen durch. Wenn sie nur daran denkt, wie er sie früher liebevoll in den Arm genommen hat, kriegt sie schon wieder fast das Heulen. Schnell denkt sie an etwas anderes.

»Aber jetzt sag doch mal, Gretchen. Wie geht's dir denn so? Was macht der Job? Und die Liebe?«

Sie murmelt die paar Sätze, die sie sich für diese Fragen zurechtgelegt hat. »Grüß Hannah von mir«, fügt sie schnell hinzu, bevor er noch mehr Fragen stellen kann. »Und schick mir Namen und Adresse per SMS, ja? Danke, Sascha!«

Erst als sie das Gespräch beendet hat, wird ihr klar, dass sie ihm schon beim letzten Mal mehr oder weniger die gleichen Antworten gegeben hat. Sie knallt das Handy auf den Schreibtisch und blinzelt die Tränen weg. Seit sie in Berlin ist, hat sie nullmal mit Hannah telefoniert. Und mit Sascha zweimal ganz kurz.

Warum? Um die beiden und sich selbst zu schützen, natürlich. Wenn Mikos Mörder herausbekommen würde, wie Grete jetzt heißt, könnte er Hannah und Sascha unter Druck setzen, bis sie verraten, wo sie sich versteckt hält.

Doch das ist nicht die ganze Wahrheit. Vielleicht nicht mal die halbe. Grete weiß es, auch wenn sie möglichst nicht darüber nachdenkt.

Die Vorstellung, Sascha vor wem auch immer zu beschützen, ist absurd. Sie hat nie gesehen, dass er irgendwen bedroht oder geschlagen hätte. Doch schon als junges Mädchen spürte sie, dass er nicht gut für sie war, so fürsorglich er sich auch um sie kümmerte.

Sascha ist wie ein Sprengstoffdepot, das jeden Moment hochgehen kann. Und alles um sich herum in Schutt und Asche legen. Deshalb hoffte sie ja, bei Superbo bald schon in die thailändische Niederlassung wechseln zu können. Um möglichst weit weg von Sascha zu sein. Und von Hannah …

Gibt es auch in ihrem Leben eine dunkle Macht?, fragt sich Grete. So wie bei Henrik Knusum? Sie greift sich das Glas und stürzt die Weißweinschorle hinunter.

Der Vater ist es bei mir jedenfalls nicht. Ein Untoter namens Leif …

Wenn sie an ihre Mutter denkt, sieht sie eine schlanke, hochgewachsene Silhouette, umgeben von Zwielicht. Hannah gehört einer Zwischenwelt an, in der es nie ganz hell und nie ganz dunkel wird. Eine Zone des Zwielichts, wenn auch natürlich nicht in dem Sinn, in dem Saschas Geschäfte zwielichtig sind.

Plötzlich fällt ihr ein, dass sie Miko von ihrer Mutter erzählt hat. Wie geistesabwesend Hannah meistens ist, wie gleichgültig allem gegenüber, was zur »realen Welt« gehört. Und wie verloren sie sich trotz allem auch in ihren Fantasy-Welten fühlt.

Eine ihrer düstersten Storys heißt *Kälte und Chaos*. Grete kennt sie mehr oder weniger auswendig, und als sie in Mikos Arm auf dem Hotelbett lag, übersetzte sie ihm die ersten Sätze ins Englische.

»Da drüben ist Kälte und Chaos. Alles rennt und rast durcheinander, ein Geheule und Geschrei. Doch Seher und Schamanen konnten nur selten der Versuchung widerstehen. Sie kamen zurück und schwärmten von einer schönen, höheren Ordnung in der anderen Welt. Aber ich sage euch, sie lügen. Ich war oftmals dort, und immer war alles nur Düsternis, Kälte und Chaos.«

Diesmal war es Miko, der spöttisch lächelte. Als Geister-Expertin nahm er sie anscheinend so wenig ernst wie sie ihn als Geschäftsmann. »Bei uns wird es anders erzählt«, sagte er. »Unsere lieben Ahnen leben dort drüben in Frieden und Harmonie.«

Er sah aus, als wollte er noch etwas hinzufügen, doch Grete hatte von dem Thema genug. Noch sind wir lebendig, dachte sie und setzte sich rittlings auf ihn. Sie nahm ihn in sich auf, und sie liebten sich zum dritten Mal. Später schlief sie ein und erwachte eben noch rechtzeitig, um Miko sterben zu sehen.

Am nächsten Morgen ist Grete leicht verkatert. 16. Mai, 08:07 Uhr, meldet ihr Wecker, der neben dem Bett auf dem zerschrammten Parkettboden steht. Das Schlafzimmer ist so klein – oder das Bett so groß –, dass links vor dem Einbauschrank und rechts auf der Fensterseite nur schmale Trampelpfade bleiben.

Im Dunkeln tastet sie nach ihrem Handy. Sie hat drei neue E-Mails und eine Telegram-Nachricht. Ihr Herzschlag beschleunigt sich rapide. Die Message ist bestimmt von Sascha.

Wenn sie die Nachricht öffnet, was wird sie erfahren? Dass Miko noch lebt? Dass sie Wahnvorstellungen hat? Dass etwas unfassbar Grauenvolles vorgeht? Aber was um Himmels willen soll das denn sein?

Angst zuckt durch ihren Körper, schmerzhaft wie Stromstöße.

Erst mal die E-Mails sichten, beschließt Grete. Sie knipst die Leselampe über dem Bett an, setzt sich aufrecht hin und stopft sich ein Kissen in den Rücken. Unter dem japanischen Schriftzeichen, das angeblich *Glück* bedeutet.

Vielleicht auch *Kälte*. Oder *Chaos*, wer weiß …

Die erste Mail ist von Henrik Knusum – *»Betreff: Danke!«* –, die beiden anderen sind von Professor Rauch und von ihrer Chefin Pia Lankowski.

Grete klickt Henriks Mail auf. Der Norweger hat seine Deutschlandtournee hinter sich, wartet in Frankfurt auf seinen Flieger und bedankt sich *»für engagierte Unterstützung und spannende Gespräche«*.

Blabla, denkt Grete, den gleichen Text hat er bestimmt an alle PR-Kolleginnen geschickt, die ihn bei den jeweiligen Events in ganz Deutschland betreut haben. In den letzten Wochen hat sie öfter über Henrik nachgedacht. Seine Bücher hat sie wie im Rausch gelesen, aber sie haben einen unangenehmen Nachgeschmack bei ihr hinterlassen. Obwohl er im persönlichen Umgang unkompliziert war, ist auch Henrik selbst ihr im Rückblick eher unsympathisch. Fragt sich nur, warum …

Es juckt sie in den Fingern, die Telegram-Message zu öffnen. Doch sie zwingt sich, weiter über Henrik nachzudenken. Aus Angst vor dem, was in Saschas Nachricht stehen könnte, aber nicht nur.

Irgendwie hat ihr Widerwille gegen Henrik Knusums fantasiefeindliche Bücher auch mit Miko zu tun. Mit dem Gefühlsknäuel in ihrem Innern: Hoffnung, dass er vielleicht trotz allem am Leben ist. Und Angst vor dem, was es bedeuten würde.

Letztlich ist es Henriks *Verrat an der Fantasie*, den sie ihm verübelt. Auch wenn sich das beinahe anhört, als wäre Hannahs Geist in sie gefahren. Für ihre Mutter ist Fantasie eine Art spirituelles Sinnesorgan, mit dem man »in andere Sphären schauen und lauschen« kann. Grete selbst sieht das nüchterner.

Durch ihre Einbildungskraft können fantasievolle Künstler ganze Welten so täuschend echt erschaffen, dass es sich fast real anfühlt. Das ist eine großartige Fähigkeit, faszinierend auch für alle, die als Leser oder Zuschauer daran teilhaben. Aber diese Kunstwelten existieren nicht wirklich, so wenig wie Geister- und Dämonenwelten, auch wenn Hunderte Millionen abergläubischer Menschen in Asien, Afrika oder wo auch immer das glauben mögen.

Auch Geisterwelten sind nur Kunstwelten, sagt sich Grete, von unzähligen Menschen über Jahrtausende erschaffen und am Scheinleben erhalten. Und dass ein Mordopfer aus dieser imaginären Totenwelt zurückkehrt und im Geländewagen durch Berlin fährt, ist schlichtweg unmöglich …

Sie starrt auf das Telegram-Icon. In ihrem Kopf klopft der Katerschmerz, im Mund hat sie einen sauren Geschmack. Bevor sie es sich wieder anders überlegen kann, tippt sie auf den stilisierten Papierflieger.

G-Klasse zugelassen auf Deutsches Archäologisches Institut.
Respekt, Gretchen! Liebe Grüße von Hannah und mir

Gretes Bauchdecke zieht sich zusammen. Sie hat versucht, sich gegen die Enttäuschung zu wappnen, trotzdem fühlt es sich wie ein Faustschlag in den Magen an. Wieso Archäologisches Institut?

Gestern Abend hat sie stundenlang hin und her überlegt, was bei der Überprüfung des Kennzeichens überhaupt herauskommen kann. Was sie als Hoffnungsschimmer deuten könnte und was auf keinen Fall.

Dass Miko hier mit einer anderen Identität auftauchen würde – als thailändischer Geschäftsmann, zum Beispiel für Investments in Tourismusprojekte –, konnte sie sich mit größter Anstrengung gerade so vorstellen. Doch auch nach der dritten Weinschorle konnte sie nicht vor sich selbst verleugnen, dass dafür unzählige Wunder der Reanimation und plastischen Chirurgie nötig wären.

Aber vielleicht war ja alles viel einfacher, kam ihr beim vierten Glas in den Sinn. Womöglich hatte sie vor der Gedächtniskirche nicht Miko, sondern seinen Bruder Santi gesehen. Miko hatte ihr erzählt, dass sie sich überhaupt nicht ähnlich sähen. Hatte er es womöglich ironisch gemeint und im Gegenteil sagen wollen, dass sie sich wie Zwillinge glichen?

Von all diesen Überlegungen ist nach Saschas Nachricht nichts mehr übrig. Weder Miko noch sein Bruder Santi können sich plötzlich in Archäologen oder sonstige Mitarbeiter des Deutschen Archäologischen Instituts verwandelt haben. Es ergibt keinen Sinn.

Grete rappelt sich auf und geht unter die Dusche. Heute soll es noch heißer werden als in den letzten Tagen, also wählt sie das hellgrüne Sommerkleid aus. Dazu Slipper und die dünne, weiße Leinenjacke für alle Fälle, fertig.

Das Gesicht im Spiegel, mit den kurzen weißblonden Haaren und der übergroßen Brille, kommt ihr immer weniger fremd vor. Margarete Malström …

Wieso ergibt es keinen Sinn?, meldet sich die widerspenstige innere Stimme. Vielleicht hast du nur noch nicht verstanden, was dahintersteckt. Warum er mit diesem Archäologen-Auto herumfährt.

Grete stürzt ihren Latte macchiato hinunter und löffelt einen Joghurt mit einer Handvoll Müsli.

Sie kann ja schnell noch mal nachschauen. Nur um ganz sicherzugehen. Eigentlich müsste sie schon unterwegs sein, um halb zehn ist wie jeden Mittwoch Meeting in der Agentur.

Mit drei Schritten ist sie beim Schreibtisch, startet im Stehen ihr Notebook und geht auf die Website des Archäologischen Instituts. Hastig scrollt sie durch die Liste der Wissenschaftler und sonstigen Mitarbeiter. Aber es gibt keine Fotos, und die Namen sagen ihr von A bis Z nicht das Geringste. Thailändisch klingt keiner davon.

Aufs Geratewohl googelt sie ein paar Namen, die ihr irgendwie asiatisch vorkommen, aber das sind alles Sackgassen.

War ja klar, denkt Grete und klickt den Rechner mit einem zornigen Fingerhieb aus. Vor Frustration hätte sie fast geschrien.

Aber ich habe ihn doch gesehen! Das *war* er, ich habe mich nicht geirrt …

Was soll sie jetzt machen? Erst mal muss sie zur Arbeit, und zwar dalli. Sonst kommt sie auch bei ihrer neuen Stelle nicht über die Probezeit hinaus. Pia Lankowski ist ein Kontrollfreak. Wer zu spät zum Meeting erscheint, kriegt vor versammelter Crew einen Rüffel. Wie im Kindergarten.

Mit Grete scheint die Chefin aber bisher ziemlich glücklich. Kein Wunder, die Klienten fressen ihr aus der Hand.

Heute Nachmittag hat sie Rauch noch mal an der Backe, fällt ihr auf der Treppe nach unten ein. Der Professor hält einen Vortrag an der Uni im Stadtteil Dahlem – wenig überraschendes Thema: *»Bismarck als Sozialreformer«*. Grete soll dafür sorgen, dass er rechtzeitig dort ankommt, und ihn anschließend ins Hotel zurückbringen.

Das Archäologische Institut liegt praktisch um die Ecke. Mit einem der massenhaft im Univiertel herumstehenden E-Roller müsste es vom Geschichtsinstitut aus in ein paar Minuten zu erreichen sein.

Gretes Herz klopft schneller, als sie in die U-Bahn steigt. Ihr Entschluss steht fest. Sie wird Rauch am Veranstaltungsort abliefern, und während er vorträgt und mit den Studenten diskutiert, wird sie sich bei den Archäologen umsehen.

Nur für alle Fälle. Nur um sicherzugehen, dass es wirklich nicht Miko war. Auch wenn ihr Verstand längst weiß, dass er es nicht gewesen sein kann.

Ihr Herz hat seine eigene Wahrheit. *Miko lebt*, pocht es, *er lebt, er lebt, er lebt,* im ratternden Rhythmus der U-Bahn, die Grete vom Steubenplatz im äußersten Westen zum Rosa-Luxemburg-Platz bringt, tief im Osten Berlins.

Kurz nach halb fünf. Es ist brütend schwül, der Himmel schwarz. Als Grete den E-Scooter im Schatten einer mächtigen alten Linde abstellt, grollt in der Ferne leiser Donner.

Sie hat weder Regenjacke noch Schirm dabei. Damit sie es zurück zum Geschichtsinstitut schafft, ohne klatschnass zu werden, müsste schon ein mittleres Wunder geschehen. Und an Wunder hat sie nie geglaubt, oder höchstens als kleines Mädchen.

Das Archäologische Institut liegt auf der anderen Seite der Podbielskiallee, ein schmuckloser Zweckbau aus den Siebzigern. Viel Glas und Sichtbeton, der Anmutung nach eher eine Volkshochschule.

Miko mit seinen Geisterschreinen wäre hier völlig fehl am Platz, denkt Grete. Sie wischt sich den Schweiß von der Stirn. Doch wenn sie schon mal hier ist, wird sie zumindest einen Blick ins Innere werfen.

Das Donnergrollen kommt näher. Grete wartet eine Lücke im Verkehr ab und überquert die Straße.

Eben will sie die breite Betontreppe entern, da geht am oberen Ende die Tür auf. Eine lautstarke Gruppe quillt heraus, sechs, sieben junge Leute in studentischem Outfit, und mittendrin *er*.

Grete bleibt stocksteif stehen, starrt ihn an. Ihr Herz hämmert so hart, dass ihr die Brust wehtut.

Ich werde verrückt, denkt sie. Oder sind das schon Wahnvorstellungen?

Ohne sie zu beachten, geht der ganze Pulk an ihr vorbei und die Straße hoch Richtung U-Bahn. Miko erzählt irgendetwas über Ausgrabungen in einer chinesischen Stadt namens Yin. Oder so ähnlich. Die Studis kleben an seinen Lippen.

Grete hängt sich an sie dran. Ohne eine Sekunde darüber nachzudenken, was sie da eigentlich macht.

Die Haare trägt er jetzt etwas länger. Arme und Oberkörper kommen ihr noch kräftiger vor. Aber seine Stimme, die kraftvoll-eleganten Bewegungen, die kompakte Statur, das alles ist *er*. Und vor allem die Augen. Mikos Augen …

Er lebt! Wie könnte sie noch zweifeln? Hier ist er, zwei Schritte vor ihr. Aber sie zweifelt ja nicht. Grete fühlt sich mit einem Mal so leicht, so erleichtert wie seit Monaten nicht mehr.

Er trägt einen khakifarbenen Anzug, die Jacke über der rechten Schulter, darunter ein dunkelgrünes Shirt mit dem Schriftzug einer Universität in Austin. Auch der Singsang, in dem er im Gehen doziert, klingt nach Texas. Ernsthafter, aber zugleich ungezwungener als sein sorgsames Schulenglisch im *Dusit Thani*.

Die Studenten nennen ihn Dr. Mong. Eine dürre rothaarige junge Frau in einem schwarzen, sackartigen Kleid drängt sich an ihn heran. Ein breitschultriger Typ mit schwarzen Zottelhaaren spricht ihn mit seinem Vornamen an. Lenny …

Grete wiederholt es flüsternd. »Dr. Lenny Mong.« So nennt er sich jetzt also. Sie kostet den Namen mit Lippen und Zunge.

Und Archäologe? So abwegig es ihr heute früh noch schien, so plausibel kommt es ihr jetzt vor. Sie muss ihn nur hören, seine Begeisterung, die Leidenschaft für seinen Beruf. Auch wenn sie wenig von seinen Ausführungen begreift.

»Yinxu, die Hauptstadt der Shang-Kultur … unterirdische Tempelanlagen …«, versteht sie, der restliche Satz geht im Straßenlärm unter. Sie spitzt die Ohren. »Bis heute ist unklar, was sich da unten abgespielt hat. Ekstatische Tänze? Die Rituale der Zauberpriester, genannt *Wu?*«

Ein Omnibus fährt vorbei und übertönt Mikos – oder Lennys – weitere Ausführungen. Grete drängt sich näher an die Gruppe heran.

Die Studis werfen ihr Blicke zu, aber die ignoriert sie. Sie will bei *ihm* sein, so nah wie möglich. Sie will hören, was er sagt. Jedes Wort, jede Silbe.

»So mächtig die Wu zu Zeiten der Shang-Könige waren«, doziert er gerade, »so schnell verschwanden sie auch wieder im

Dunkel der Geschichte.« Er sieht seine Begleiter bedeutungsvoll an. »Oder sollte ich besser sagen: im Zwielicht der Zauberei?«

Grete spürt, wie ihre Augen immer größer werden. *Im Zwielicht der Zauberei …*

Mittlerweile ist das Gewitter direkt über ihnen. Schwarze Wolken, Donner, Blitze, sie nimmt es nur am Rande wahr. Miko-Lenny erzählt von den rauschhaften Tanzritualen der Zauberpriester, genannt *Wu*. Er beschreibt alles so lebhaft und plastisch, dass ihr klar wird: Er selbst muss dort gewesen sein, in der viertausend Jahre alten chinesischen Ruinenstadt Yinxu.

Seine Augen funkeln wie Smaragde, als er den verfallenen Herrscherpalast beschreibt. Eine Gewandschließe aus Bronze, die im Grab eines Shang-Königs gefunden wurde, hat es ihm besonders angetan. Mehrfach kommt er darauf zurück. Der König war gleichzeitig der oberste Wu. Die kunstvoll geschmiedete Schließe weist eine Form auf, die an altmodische Steuerräder erinnert. Nach Ansicht der tonangebenden Wissenschaftler handelt es sich um eine »stilisierte Schildkröte«, ein »universelles Symbol göttlicher Schöpfung«. Doch das ist laut Miko – Dr. Mong oder wie auch immer – »geistloser Bullshit«.

Die Studis kichern, wechseln Blicke. Offensichtlich sind sie fasziniert von ihrem streitlustigen Dozenten.

Wenn auch bestimmt nicht halb so hingerissen wie Grete. In ihrem Kopf geht alles durcheinander. Ihr ist schwindelig. Die leichte weiße Leinenjacke trägt sie nur locker über den Schultern, trotzdem läuft ihr der Schweiß den Rücken herunter.

Ich muss zurück zu Rauch, geht es ihr durch den Kopf. Aber das ist nur ein flüchtiger Gedanke. Der Geschichtsprofessor muss warten, mitsamt seinen sterbenslangweiligen Sozialreformen, und wenn es sie den Job kostet.

Unvermittelt kommt der kleine Pulk neben einem Kleinbus zum Stehen. Grete tritt ein paar Schritte zur Seite und wartet. Im selben Moment explodiert über ihnen der Himmel. Sturzregen rauscht herab, urgewaltig wie in den Tropen.

Die ganze Gruppe ist sofort triefend nass, Grete auch. Aus der Baumkrone, unter der sie Schutz gesucht hat, prasselt das Wasser wie aus einer Riesendusche. Hektisch werden die Bully-Türen geöffnet. Die jungen Leute rufen »Come on, Dr. Mong!«, klettern lachend und übereinander purzelnd in den Kleinbus.

Er macht ihnen durch Handzeichen klar, dass sie ohne ihn abfahren sollen. Mit der anderen Hand winkt er einem Taxi, das eben die überflutete Straße entlanggeschlingert kommt.

Grete fasst blitzschnell einen Entschluss. Sie springt unter dem Baum hervor und schwenkt ihre Jacke. »Taxi! Taxi!«

Der Wagen hält zwischen Miko-Lenny und ihr am Straßenrand. Schlammwasser spritzt unter den Reifen hervor. Der Regen rauscht, doch viel lauter rauscht das Blut in Gretes Ohren.

Sie watet durch knöchelhohe Pfützen und reißt die Fondtür auf. »Wir teilen, okay?«, ruft sie ihm zu.

Er sieht wie ein Schemen im Nebel aus, mit einer zitternden Aura aus Dampf. Wie eine der Gestalten in Hannahs Geschichten. Zwielicht …

Blödsinn, das liegt nur an den beschlagenen Gläsern. Grete nimmt die Brille ab, hängt sie vorn an ihr klatschnasses Kleid. »Wir können zusammen fahren«, sagt sie auf Englisch.

Noch immer fühlt sich alles an wie im Traum. Nur nicht traumhaft verworren, eher im Gegenteil. Hyperreal.

Wie er auf sie zukommt, im tosenden Regen. Wir er nickt, dann zusammenzuckt: Er hat sie wiedererkannt, endlich! Aber warum sieht er so erschrocken aus?

Für einen Moment sind sie einander so nah, dass sie ihn küssen könnte.

»Fahren Sie ruhig, ich nehme das nächste Taxi.« Er macht zwei Schritte rückwärts.

»Wieso denn? Wir können doch teilen!« Grete schreit es fast. Das Taxi, unser Leben, alles!

Doch er hat sich schon abgewandt, winkt wieder in Richtung Straße. Sie hat es vermasselt. Aber wodurch? Wovor hat er sich eben so erschreckt? Er hat mich doch erkannt …

Da kommt tatsächlich das nächste Taxi. Das gibt es nicht, denkt Grete. Bei so einem Wetter kriegst du sonst nie eins, und ausgerechnet jetzt kommen gleich zwei.

Wie versteinert steht sie im niederprasselnden Regen und sieht zu, wie er einsteigt, die Tür schließt, an ihr vorbeifährt. Regen rinnt ihm aus dem schimmernd schwarzen Haar, das er sich mit einer Hand aus der Stirn streicht. Mit der anderen zieht er sein Smartphone aus der Innentasche seines triefnassen Jacketts.

Kurz und heiß durchzuckt Grete die Hoffnung, dass er *sie* anruft, um sich mit ihr zu verabreden – »ich bin es, Miko, ja klar bin ich es, Grete, treffen wir uns nachher zum Essen?«

Aber er weiß ja gar nicht, wie sie jetzt heißt. Er kennt weder ihre Telefonnummer noch ihren Nachnamen oder gar ihre Adresse. Und als ihn eben ein Blitz des Wiedererkennens durchzuckte, war in seinem Gesicht keine Freude, nur Erschrecken.

Warum rennst du vor mir weg, Miko? Grete stampft mit dem Fuß auf, dass das Pfützenwasser hochspritzt.

»Steigen Sie jetzt ein oder nicht, Gnädigste?«, mault der Taxifahrer.

Da erst kommt Grete zu sich. Wie kalt ihr auf einmal ist. Sie ist bis auf die Haut durchnässt, doch daran liegt es nicht. Die Luft ist immer noch dampfend warm.

Sie klettert in den Wagen und schließt die Tür. Ein betagter Mazda, in den sich Sascha »nicht mal bei vorgehaltener Pistole zwängen« würde.

»Institut für Geschichte, Koserstraße«, sagt sie und reibt sich die Unterarme.

Es fühlt sich an, als hätte sie ihre geheime Tür ein zweites Mal gefunden und wie durch einen bösen Zauber gleich wieder aus den Augen verloren.

Er hat mich wiedererkannt. Das hat sie gesehen, daran glaubt sie, daran hält Grete sich fest.

Kurz vor halb sieben. Rauch thront neben ihr auf der Rückbank des Mercedes-Taxis, durchgeschwitzt, aber offenbar hochzufrieden. Sie stehen mit laufendem Motor vor seinem Hotel.

Warum steigt er nicht endlich aus? Sie haben sich ausgiebig verabschiedet, er hat ihr gedankt, morgen früh fliegt er zurück nach Hamburg. Job erledigt.

Sein Vortrag sei positiv aufgenommen worden, resümiert er zum dritten Mal, die Debatte im Anschluss engagiert, teilweise hitzig, aber größtenteils sachlich. Grete nickt und drückt ihre Freude aus, auch zum dritten Mal.

»Darf ich Sie noch zum Essen einladen?«, bringt er fast stotternd hervor. »Als kleines Dankeschön für Ihre vorzügliche Rundumbetreuung?«

So rundum auch wieder nicht. Grete schüttelt den Kopf und schickt ein Lächeln hinterher. »So leid es mir tut, Herr Professor, ich habe heute Abend schon etwas vor.«

Er versucht sich an einem Handkuss, der grotesk misslingt. Dann ist er endlich draußen, und Grete streicht sich den immer noch feuchten Halbpony aus der Stirn.

Der Taxifahrer beobachtet sie im Rückspiegel, die ganze Zeit schon. Er hat einen schwarzen Vollbart, braune Haut und einen Gebetsfleck mitten auf der Stirn.

Im ersten Moment kam er ihr bekannt vor, aber da lag sie ganz bestimmt falsch. Er ist einfach einer von unzähligen frommen Muslimen, die ihren Lebensunterhalt als Fahrer verdienen. In

Bangkok genauso wie in Berlin. Es gibt keine Armee gleichförmig aussehender Männer, die überall auf der Welt losgeschickt werden, um sie zu überwachen. Aber war nicht auch vorhin der Taxifahrer in Dahlem so ziemlich wie dieser hier gestylt: schwarzbärtig, dunkelhäutig, Gebetsfleck? Und dazu die unverhohlen sie beobachtenden braunen Augen im Spiegel …

Blödsinn, Grete. Reiß dich zusammen. »Zur Wagnerallee 43, bitte.«

Er sieht sie noch einen Moment lang an und fährt los.

Zu Hause duscht Grete so heiß, wie sie es gerade noch aushält. Sie denkt an Miko, in den letzten drei Monaten hat sie unaufhörlich an ihn gedacht. Aber jetzt sieht sie ihn vor sich, wie er vorhin im Regen neben ihr stand.

Das klatschnasse Shirt spannte sich über seinem Oberkörper. Wasser lief ihm übers Gesicht, rann aus seinen wie metallisch schimmernden Haaren. Seine Lippen so nah vor Gretes Mund, dass sie seinen Atem roch. Pfefferminz – ein Kaugummi hätte zu dem neuen, texanischen Miko gepasst, denkt sie lächelnd und hält ihr Gesicht unter den heißen Strahl.

Sie stellt sich vor, wie er sie mit seinen Armen umschlingt, die noch muskulöser geworden sind. In Thailand trainierte er Muay Thai, hier geht er vielleicht mehr ins Fitnessstudio und stemmt Eisengewichte. Sie sieht ihn vor sich, halbnackt, eine Langhantel hochwuchtend.

Ihre Haut ist krebsrot, als sie sich in ein schilfgrünes Frotteebadetuch wickelt, eine Weinschorle zurechtmacht und an ihren Schreibtisch setzt. Sie fährt ihr Notebook hoch und googelt Dr. Lenny Mong.

Das Internet weiß erstaunlich wenig über ihn. Die Suchmaschine spuckt nur ein gutes Dutzend Einträge aus.

Dr. Mong ist einundvierzig Jahre alt, US-Amerikaner mit thailändischen Wurzeln. Seit März 2017 Dozent an der Tom-Duncker-Hochschule in Austin, Texas, einer kleinen Privatuniversität, die auf Altertumswissenschaften spezialisiert ist. Am Archäologischen Institut in Berlin ist er nur für dieses Semester – nicht mit einem Lehrauftrag, sondern für ein Feldforschungsprojekt in der Uckermark, zu dem insgesamt vier Vorträge gehören. In der Liste der Lehrkräfte taucht er gar nicht erst auf.

Seine private Hochschule in Austin hat anscheinend nicht den besten Ruf. Tom Duncker senior, der Gründer der Einrichtung, wird bei Wikipedia als »*umstrittener Milliardär und Investor*« bezeichnet, der »*sein Image als bedenkenloser Rohstoff-Magnat durch Mäzenatentum aufzupolieren*« versuche. Seine Hochschule setzt auf »*unkonventionelle Forschungskonzepte*« und ist daher »*offen auch für hochbegabte Autodidakten, die abseits der Schulwissenschaften innovative Denkansätze erproben*«. Zu dieser Kategorie gehört offenbar Dr. Mong.

Auf der Website der Tom-Duncker-Hochschule wird er als »*Selfmade-Genie*« angepriesen. »*Dr. Mong hat an bedeutenden archäologischen Fundstätten rund um den Erdball geforscht, u. a. in Tikal (Guatemala), Memphis (Ägypten) und im zentralchinesischen Yinxu.*«

In einem Forum, das sich kritisch mit den Lehrangeboten amerikanischer Hochschulen auseinandersetzt, heißt es: »*Dr. Mongs Doktorarbeit ist zweifellos originell, aber ihr Gegenstand* – ›Zauberpriester-Kulte in frühgeschichtlichen Hochkulturen‹ – *ist so schillernd wie der Verfasser selbst.*« Nach seinen eigenen Angaben habe er »*lange Jahre im Verborgenen geforscht, um mit seinen hochumstrittenen Studien wie aus dem Nichts in Erscheinung zu treten*«.

Seine Doktorprüfung legte er an eben der Hochschule ab, an der er heute tätig ist, und zwar Ende Februar dieses Jahres. Unmittelbar bevor er die Dozentenstelle antrat. Außer seiner Doktorarbeit liegen nur drei Fachartikel von ihm vor, allesamt in den letzten drei Monaten erschienen. »*Es ist, als hätte er davor nicht existiert*«, heißt es in einem Blog-Beitrag, der sich halb bewundernd, halb ironisch dem »*Mong-Phänomen*« widmet.

Jedenfalls nicht unter dem Namen Dr. Lenny Mong, denkt Grete. Sie spürt ein heftiges Kribbeln in der Magengegend. Die Mosaiksteinchen passen exakt zusammen, auch wenn das – nach herkömmlichen Maßstäben – völlig unmöglich ist.

Der tote Miko kann sich nicht einfach so in den lebendigen Lenny Mong verwandelt haben. Und doch ist genau das allem Anschein nach passiert. Lenny ist der wiedergekehrte Miko. Er hat Grete wiedererkannt, sie hat es in seinem Gesicht, in seinen Augen gesehen.

Erneut vertieft sie sich in den Blog-Beitrag zum »*Mong-Phänomen*«. Auch für Dr. Mongs angebliche Mitwirkung an archäologischen Feldforschungsprojekten in Ägypten, China oder Mittelamerika gebe es keine belastbaren Belege, heißt es dort weiter. »*Außer den absolut verblüffenden Detailfotografien von Kultobjekten, Reliefs und Grabbeigaben, die er in seiner Dissertation und mit seinen Artikeln veröffentlicht hat. Die Echtheit der fotografierten Objekte wurde in allen Fällen bestätigt, und die Fachwelt rätselt, warum die von Dr. Mong in Bild und Text vorgeschlagenen Zusammenhänge nie zuvor in Erwägung gezogen wurden.*«

Welche Zusammenhänge? Was hat er herausgefunden – beziehungsweise »vorgeschlagen«, wie es im Wissenschaftsjargon heißt? Das bleibt unklar, auch wenn sich Grete bis weit nach Mitternacht durch Archäologie-Foren, wissenschaftliche PDFs und polemische Blogs gräbt. Die Aufsätze von Dr. Mong sind im Internet so wenig wie seine Doktorarbeit zu finden. Aus Kommentaren und Diskussionen in Foren und Chat-Gruppen kann sie sich nur grob zusammenreimen, worum es in seinen Arbeiten geht.

Eine Kernthese von Dr. Mong besagt offenbar, dass es »*in allen frühgeschichtlichen Hochkulturen übersehene oder verkannte Geheimkulte von Zauberpriestern*« gebe. Diese seien die »*maßgeblichen Treiber des jeweiligen zivilisatorischen Fortschritts*« gewesen. Doch »*in totaler Verkennung dieser elementaren Tatsache*« habe sich die »*herkömmliche Archäologie im Wesentlichen nur mit der Erforschung kultureller Fassaden befasst, die zur Täuschung und Ablenkung errichtet wurden und diesen Zweck bis heute vortrefflich erfüllen*«.

Die von Mong als ahnungslose Trottel hingestellten »*hochgeschätzten Kollegen*« reagieren mit einhelliger Ablehnung auf seine Thesen. Sofern sie es nicht vorziehen, den Außenseiter zu ignorieren.

Vielleicht hätte er besser nicht gleich so laute Töne angeschlagen, denkt Grete. Aber bestimmt hat er sich das vorher überlegt. Um als Nobody überhaupt gehört zu werden, muss er kräftig auf die Pauke hauen.

Sie massiert sich die Schläfen. Gibt es einen Zusammenhang zwischen diesen Zauberpriester-Kulten und Mikos Wiederkehr als Dr. Lenny Mong? Der Gedanke drängt sich auf, allerdings nur im ersten Moment. Gleich darauf kommt er ihr abwegig vor. Was soll das denn für ein Zaubertrick sein, durch den man von den Toten auferstehen kann?

So etwas gibt es einfach nicht, denkt Grete, höchstens in Hannahs Fantasy-Storys. Oder in den Geistergeschichten, an die Millionen Geisterschrein-Käufer in Asien glauben. Auch die Priesterinnen in seinem Dorf, hat Miko ihr erzählt, die den traditionsreichen Geisterschrein von Tai Thong Klom hüten, führen angeblich »magische Rituale« durch.

Doch dabei wird es ja nur um Liebeszauber und Fruchtbarkeitsrituale gehen, den üblichen Hokuspokus für unglücklich Verliebte und junge Frauen mit unerfülltem Kinderwunsch. Mit Geheimkulten, die über uralte Zauberformeln zur Wiederauferstehung der Toten verfügen, haben diese Hüterinnen abergläubischen Humbugs bestimmt nichts zu tun.

Oder doch? Ist Miko deshalb ausgerechnet als Archäologe Dr. Mong aus der Totenwelt zurückgekehrt: um die Zauberei zu erforschen, der er seine Wiederauferstehung verdankt?

Grete schüttelt den Kopf. Das ist doch alles Wahnsinn …

Zumindest ist es wahnsinnig spät. Zwei Uhr vorbei, und morgen muss sie um neun in der Agentur sein. Der nächste Klient wartet schon auf sie, Alex Blumfeld, ein Krimiautor.

Ausgerechnet, denkt Grete. Sie kennt ihn von ihrem Münchner Job und findet ihn eigentlich ganz sympathisch. Aber Blumfeld ist auf »True Crime« spezialisiert, auf »epochale Serienmörder«. Dafür hat sie jetzt keine Nerven und keine Zeit.

Sie muss Lenny Mong für sich gewinnen. Seine Liebe erringen, zum zweiten Mal. Als durchnässte, hysterisch schreiende Person, die partout das Taxi mit ihm teilen will, war sie offenbar eher furchterregend. Und sehr viele weitere Chancen wird sie nicht bekommen. Auch wenn ein Blitz des Wiedererkennens in seinen Augen aufgezuckt ist.

Beim zweiten Versuch wird sie überzeugender sein. Als begeisterte und bestens informierte Anhängerin seiner wissenschaftlichen Entdeckungen. Doch dafür muss sie seine Artikel erst einmal lesen, und zwar so schnell wie möglich.

Am nächsten Freitag hält er laut Uni-Website seinen zweiten Vortrag am Archäologischen Institut in Dahlem. Thema: *»Vor 4000 Jahren: Steuerrad-Kult auch in der Uckermark?«*

Also bleiben ihr noch zwei Tage, sagt sich Grete. Bis dahin muss sie in Lenny Mongs Fachgebiet einigermaßen fit sein.

Ihr dröhnt der Kopf, ihre Augen brennen nach den vielen Stunden am Bildschirm. Aber noch darf sie nicht schlafen gehen. Erst muss sie ihrer Chefin schreiben, dass sie morgen leider nicht kommen kann.

> Hi, Pia, bin gerade (halb drei) mit grässlichen Kopfschmerzen aufgewacht. Prof. Rauch happy, aber in den letzten Tagen war es ein bisschen viel. Komme morgen erst am Nachmittag in die Agentur, okay? LG Grete

Sie klickt auf *Senden,* ohne sich das Geschreibsel noch mal anzusehen. Für Alex Blumfeld wird sich schon eine andere Betreuerin finden. Grete hat Überstunden ohne Ende auf dem Konto, also kann die Chefin ihr den selbst genehmigten Kurzurlaub kaum krummnehmen.

Und wenn schon, denkt Grete. Am liebsten würde sie auch den Job bei *Kultur Kokon* wieder hinschmeißen. Sie muss endlich ihr eigenes Leben auf die Reihe bringen. Anstatt immer bloß andere bei deren Leben zu betreuen. Nur kann sie sich das leider nicht leisten, ihr Bankkonto ist nach wie vor ziemlich ausgezehrt.

Grete nimmt das fast leere Weinglas vom Tisch, legt den Kopf zurück und streckt die Zunge heraus, um die letzten Tropfen in sich hineinzuschlürfen. Wie Miko das gemacht hat, mit seinem Daiquiri, aber nicht nur.

Der nächste Morgen, Staatsbibliothek am Potsdamer Platz. Um kurz nach neun betritt Grete den schmucklosen Nachkriegsbau. Eine Viertelstunde später sitzt sie im Lesesaal, die drei letzten Ausgaben der Fachzeitschrift *Archaeology Research* vor sich auf dem Pult.

Unruhig sieht sie sich immer wieder um. Schon in der U-Bahn hatte sie das Gefühl, beobachtet zu werden. Nicht von den üblichen Verdächtigen – Thais in dunklen Anzügen oder bulligen Asiaten –, sondern von … schwer zu sagen … einer Art geisterhafter Augen irgendwo über ihr.

Sie schwebten in der Luft, flimmerten und lösten sich langsam auf, wenn sie lange genug hinstarrte. Es war wie bei dem alten Kinderspiel: »Wer zuerst wegsieht, verliert«. Und zwar was? Ihr Leben? Ihre Seele?

Wahrscheinlich hat sie einfach nur schlecht geschlafen. Die Kopfschmerzen, die sie Pia in ihrer Mail vorgeflunkert hat, klopfen jetzt wirklich hinter ihrer Stirn.

So viel zum *Tod der Fantasie,* denkt Grete und zieht das oberste Heft zu sich heran.

Wieder das Gefühl, dass irgendwer sie anstarrt. Schräg hinter ihr, von oben herab. Ruckartig fährt sie auf dem Holzstuhl herum. Die jugendliche Studentin am Pult hinter ihr schreckt zusammen. Grete murmelt ein lautloses »Tut mir leid« und dreht sich wieder nach vorn.

Die März-Ausgabe von *Archaeology Research*. Ein taschenbuchdickes Heft im DIN-A5-Format, auf dem Cover ein unidentifizierbarer Trümmerhaufen, der mit Graffiti übersät ist. Ungeduldig blättert sie das Konvolut auf und gleich weiter bis zum Inhaltsverzeichnis.

Sie überfliegt die Überschriften. *Neue Erkenntnisse zur Sozialgeschichte der Wikinger … Soziale Ungleichheit in Babylon …* Wie bitte, sind die auch so drauf wie Rauchs Historiker? *Sozial … Sozial … Sozial …* Sie durchforstet weiter das Inhaltsverzeichnis, und schließlich findet sie Lennys Namen.

Archaeology Research ist keine sonderlich angesehene Fachzeitschrift, soweit Grete es im Internet mitbekommen hat. Doch sogar hier hat es Dr. Mong nur auf die hinteren Ränge geschafft. Sein Aufsatz über *Verborgene Machtstrukturen in frühgeschichtlichen Hochkulturen* ist im letzten Heftdrittel versteckt, kurz vor den Kleinanzeigen und Veranstaltungshinweisen.

Zeig es ihnen, Lenny, denkt Grete. Sie blättert fast bis zum Ende des Heftes vor. Dr. Mongs Aufsatz ist gerade mal acht Seiten lang. Die hohen Tiere weiter vorne, mit den klangvollen Titeln und den Lehrstühlen an großen Universitäten, bringen es locker auf das Doppelte bis Dreifache.

Grete kämpft den Drang nieder, sich erneut umzudrehen. Der Kopfschmerz klopft im selben Rhythmus wie ihr Herz. Sie lockert die Schultern und beugt sich über den Text.

»*Alle bedeutenden frühgeschichtlichen Kulturen auf diesem Planeten*« habe er untersucht, hebt Dr. Mong an, »*ob nun die Shang-Kultur Chinas, die ägyptischen Pharaonenreiche, die vorgriechische Elam-Kultur oder die Maya-Reiche in Mittelamerika.*« In jeder dieser Zivilisationen sei er auf »*Rudimente eines verborgenen Kults oder Ordens mit eigenen Erkennungszeichen an Bauten, Gewändern und sonstigen Objekten gestoßen, die allesamt der Erforschung harren.*

Warum werden diese erratischen Strukturen vom archäologischen Establishment so hartnäckig ignoriert? Vermutlich, weil sie in dem Bild, das sich die hochgeschätzten Kollegen von den betreffenden Kulturen zurechtgepuzzelt haben, schlechterdings nicht unterzubringen sind.« Er dagegen habe sein »*Leben der Aufgabe gewidmet, die menschliche Frühgeschichte in entscheidenden Punkten neu zu schreiben. Denn im Innern all dieser nur scheinbar enträtselten Reiche gab es anscheinend mächtige Zauberpriester-Kulte, die von der Wissenschaft entweder ganz außer Acht gelassen oder als vermeintliche Rückstände aus archaischer Vorzeit abgetan werden.*«

Dagegen ließen seine Forschungsergebnisse nur einen Schluss zu, so Dr. Mong: »*Bei den okkulten Orden handelt es sich um die eigentlichen Machtzentren und Zivilisationstreiber der großen Kulturen im zweiten Jahrtausend vor unserer Zeit, deren Errungenschaften uns bis heute mit Verwunderung und Ehrfurcht erfüllen.*«

Gretes Kopfschmerzen werden stärker, dabei hat Lenny Mong einen gut lesbaren Stil. Nicht diese schwerblütigen Endlossätze, mit denen deutsche Professoren wie zum Beispiel Friedrich Rauch ihren Lesern die Luft abschnüren. Doch obwohl Grete einige Passagen mehrfach gelesen hat, versteht sie nicht so ganz, worauf Dr. Mong hinauswill. Warum glaubt er, dass die »*verborgenen Kulte*« die »*eigentlichen Machtzentren*« gewesen seien?

Fünf der knapp acht Seiten seines Artikels hat sie schon durch, und bisher hat Mong hauptsächlich provokative Behauptungen aneinandergereiht.

Sie blättert weiter. Die nächste Seite ist mit drei gestochen scharfen Vierfarbfotos bedeckt.

»Bei den voranstehenden Abbildungen«, schreibt Dr. Mong, *»handelt es sich um vergrößerte Ausschnitte 1) einer Wandmalerei in einem Osiris-Tempel in Memphis, Nordafrika, 2) bronzener Beschläge am Tor zum unterirdischen Heiligtum der Wu in Yin, Zentralchina, 3) eines Reliefs an einer Cha'ac-Pyramide in Tikal, Mittelamerika. In allen drei Fällen haben wir es mit Artefakten frühgeschichtlicher Hochkulturen aus dem 2. Jahrtausend vor unserer Zeit zu tun, die durch Ozeane voneinander getrennt waren und angeblich keinerlei Verbindungen miteinander unterhielten. Gleichwohl sind alle Bildmotive Variationen ein und desselben Symbols. Und diese Liste könnte leicht um den Faktor 10 oder 20 verlängert werden.«*

Grete furcht die Stirn. Auf jedem Foto ist ein kreisförmiges, tellerartiges Objekt zu sehen, das laut Dr. Mong *»deutlich an ein altertümliches Schiffsteuerrad«* erinnert. Die Objekte weisen *»einen äußeren Reif mit einem zweiten, kleineren Ring in der Mitte und vier speichenartigen Streben auf, deren Enden unter dem ›Teller‹ herausragen, so als wären sie paarweise diagonal gekreuzt.«*

Nachdem Grete die Fotos ausgiebig studiert hat, kann sie Dr. Mongs Interpretation nachvollziehen. Zwingend kommt sie ihr trotzdem nicht vor. Und selbst wenn es sich tatsächlich um *»Variationen ein und desselben Symbols«* handelt, was soll daraus folgen? Dass das ägyptische Pharaonenreich, das Maya- und das chinesische Königreich über Kontinente und Ozeane hinweg irgendwie in Verbindung gewesen wären?

Grete schüttelt den Kopf. Das ergibt keinen Sinn, Lenny …

Vor viertausend Jahren gab es schlichtweg keine Transport- oder Kommunikationsmittel, um Tausende oder gar Zehntausende Kilometer zu überwinden. Weder Könige noch Zauberpriester verfügten über dergleichen. Oder will Dr. Mong etwa andeuten, *dass sie wirklich durch Zauberei miteinander kommuniziert hätten?* Durch Gedankenübertragung oder visionäre Träume wie in Hannahs Fantasy-Geschichten?

Grete spürt, wie ihre Augen immer größer werden. Ist das seine These? Nein, ausgeschlossen. Dr. Mong ist schließlich Wissenschaftler, und das hier ist eine archäologische Fachzeitschrift. Wenn seine Forschung auf irgendwelchen esoterischen Humbug hinauslaufen würde, hätten sie seinen Aufsatz niemals abgedruckt.

Sie vertieft sich in den restlichen Text. Tatsächlich vermeidet Dr. Mong jede Spekulation über eventuelle Kontakte zwischen den frühgeschichtlichen Königreichen. Geschweige denn über deren mutmaßlich magischen Charakter. Stattdessen reitet er weiter auf den »*Irrtümern der etablierten Forschung*« herum, die »*das Muster, das den Variationen zugrunde liegt, hartnäckig ignoriert*« habe.

Das »*Steuerrad-Symbol*« sei mal als »*umgedrehte Reisschüssel mit darunter gekreuzten Essstäbchen*« gedeutet worden, dann wieder als »*Panzer und Beine einer Schildkröte*«, *als* »*Rückseite eines menschlichen Schädels mit gekreuzten Armknochen*« oder auch als »*stilisierter Schild mit Speeren*«. Zumindest einige dieser Deutungen, lobt Dr. Mong ironisch, »*beweisen, dass auch Archäologen über Einbildungskraft verfügen. Nur haben meine hochgeschätzten Kollegen ihre Fantasie leider als Schutzschild gegen die Erkenntnis eingesetzt, dass es sich durchweg um Variationen desselben Symbols handelt. Nach dem beklagenswerten Motto, dass nicht sein kann, was nicht sein darf.*«

Die strukturellen Übereinstimmungen seien so spezifisch, dass zufällige Ähnlichkeit als Erklärung auszuschließen sei. »*Das Steuerrad-Symbol mit seiner nahezu exakten Kreisform, dem zweifachen Reif und den diagonal gekreuzten Doppelspeichen erinnert am ehesten an heutige Piktogramme, die das dargestellte Objekt auf wesentliche optische und technische Merkmale reduzieren. Wie also lässt sich erklären, dass dieses Symbol im 2. Jahrtausend v. u. Z. in Hochkulturen rund um den Erdball verbreitet war? Und dass es vornehmlich in oder an Bauten, Gräbern oder Gewän-*

dern auftaucht, die von der Forschung ›rückständigen Zauber-priester-Kulten‹ in den jeweiligen Reichen zugeordnet werden? Darauf gibt es bisher keine auch nur im Ansatz plausible Antwort«, fährt Dr. Mong fort. »*Auch der Verfasser dieser Zeilen behauptet nicht, die Lösung bereits zu kennen. Aber jede Forschung beginnt damit, dass überhaupt erst einmal die richtigen Fragen gestellt werden.*«

Damit enden seine Ausführungen so abrupt wie selbstbewusst. In einer Fußnote kündigt er lediglich noch an, dass er »*weitere Früchte*« seiner »*globalen Forschung*« in den beiden folgenden Monatsheften von *Archaeology Research* veröffentlichen werde.

Grete lehnt sich zurück und massiert sich die Schläfen. Dr. Mongs Aufsatz hat ihre Kopfschmerzen nicht nur verschlimmert, sondern um ein mulmiges Magengefühl vermehrt.

Was hat sie da eigentlich gelesen? Dr. Mong spielt offenbar Katz und Maus mit seinen Lesern. Er spricht nicht offen aus, worauf er mit seiner provokanten Hypothese hinauswill. Aber er hat klar genug suggeriert, dass die »*okkulten Orden*« durch irgendwelche Zauberei miteinander kommuniziert hätten. Und dass sie aufgrund dieser unerhörten Fähigkeiten »*die eigentlichen Machtzentren und Zivilisationstreiber*« der sagenumwobenen Pharaonen- und Königsreiche vor viertausend Jahren gewesen seien.

Wirklich überzeugende Beweise hat er allerdings noch nicht vorgelegt, sagt sich Grete. Um seine Behauptung zu untermauern, dass die menschliche Frühgeschichte neu geschrieben werden müsse, muss er erheblich mehr bieten. Doch sie ahnt, dass er die fehlenden Beweise noch liefern wird. Schließlich hat er zwei weitere Artikel angekündigt, und kein guter Bühnenautor verschießt sein Pulver gleich im ersten Akt.

Außerdem würden die Redakteure von *Archaeology Research* ihren sowieso nicht gerade glanzvollen Ruf ruinieren, wenn sie sich nicht vorab vergewissert hätten, dass an Dr. Mong verrückt klingender Theorie etwas dran ist. Und genau das macht Grete so ein mulmiges Gefühl.

Sie beschließt, eine Kaffeepause einzulegen, bevor sie sich an den zweiten und dritten Akt wagt.

In der Cafeteria schaltet Grete ihr Smartphone ein, und sofort meldet sich ihre Voice-Mailbox. Drei verpasste Anrufe, zwei von Paula, einer anonym. Während sie mit ihrem Latte macchiato einen freien Platz ansteuert, vibriert ihr Handy erneut.

»Paula? Wo brennt es denn?«

»Wo es brennt? Du hast Nerven«, gibt ihre Kollegin zurück. »Die Chefin hat mir deinen True-Crime-Autor aufgehalst, diesen Blumfeld, und der erzählt andauernd so krasse Sachen – von zerstückelten Leichen und was weiß ich noch.«

Wo es brennt … Aus irgendeinem Grund hallt die tausendmal gebrauchte Floskel in Grete nach. Und löst beängstigende Bilder aus, von himmelhohen Flammen … Aber wo soll das gewesen sein? Und wann?

»Er hat auch schon gefragt, warum nicht du ihn betreust«, redet Paula weiter. »Wie gut kennt ihr euch denn? Er wollte deine neue Nummer haben.«

Wenn Grete die Augen schließt, spürt sie die Hitze der Flammen und hört das Fauchen des Feuers noch stärker. Das hat sie doch nicht in echt erlebt? Aber es fühlt sich so real an …

»Wer?« Sie muss sich kurz besinnen. »Ach so, Alex Blumfeld. Ja, den habe ich in München schon mal zu seinen Veranstaltungen begleitet. Eine fand in einem stillgelegten Schlachthof statt.«

»Um Himmels willen, keine Einzelheiten, bitte!« Paulas Stimme ist plötzlich eine halbe Oktave höher. »Du weißt ja, wenn ich das Wort *Blut* auch nur lese, wird mir schon schlecht. Wo steckst du eigentlich, Grete?«

»Ich … ähm …« Erneut muss sie kurz nachdenken. »Na, zu Hause im Bett. Mit schlimmen Kopfschmerzen.«

»Du Arme. Hast du mich heute früh nicht klingeln gehört? Ich hab sogar an deine Tür geklopft. Anscheinend spinnt die Klingel wieder mal.«

»Du kommst schon klar mit dem Truman-Capote-Verschnitt.« Sie bemüht sich um einen lockeren Tonfall. »Wenn ich mich richtig erinnere, schreibt er sogar Gedichte.«

»Aber was für welche.« Paula stöhnt auf. »Aus der Perspektive eines zwanghaften Serienmörders.«

»Tut mir leid, Paula. Ich muss Schluss machen. Mein Kopf …«

Abrupt beendet sie das Gespräch. Plötzlich weiß sie, woher die Feuerbilder kommen. Und die panische Angst, die sie in ihr entfachen. Aus ihrem Traum letzte Nacht …

Grete schreckte aus dem Schlaf auf und rannte im Schlafanzug aus dem Zimmer. Es war ihr Kinderzimmer im Gutleutviertel, und sie war wieder elf Jahre alt. Aber wie es im Traum passieren kann: Sie rannte die Treppe hinab, und plötzlich stand sie vor einem kleinen, lichterloh brennenden Haus, das sie nie zuvor gesehen hatte.

Es war dunkle Nacht, das Haus stand mitten im Wald. Grete weinte und schrie. Die Flammen schlugen aus allen Fenstern und aus dem Dachstuhl. Da entdeckte sie Sascha und seine Jungs, die warfen sich eine große, rote Flasche zu, lachten und feuerten einander an wie beim Ballspiel.

Grete rannte hin, und schlagartig wurde ihr klar: Das ist ja ein Feuerlöscher! Die Wut kochte in ihr hoch. »Lösch das Feuer, Sascha!«, schrie sie. »Du musst es löschen, sofort!« Sie schlug mit ihren kleinen Fäusten auf ihn ein.

»Aber das geht doch nicht, Gretchen.« Sascha verschluckte sich fast vor Lachen. »So ein kleiner Feuerlöscher und so ein riesengroßes Feuer!« Er zeigte auf das Haus, und da schlugen die Flammen bis zum Himmel hoch, ein Turm aus fauchender, kochend roter Wut …

Sascha hat recht, denkt Grete, während sie ihr Latte-Glas austrinkt und zum Lesesaal zurückgeht. Der Traum-Sascha hatte recht, das Feuer war viel zu groß. Aber um Himmels willen, welches Feuer?

Sie fühlt sich elend, dabei sollte sie sich großartig fühlen. Und so ist es ja auch, zumindest im Prinzip. Nur im Moment gerade nicht.

Das geht vorbei, muntert Grete sich auf. Du bist so kurz davor.

Nie hat ihr irgendwer viel bedeutet, außer Miko. Alle waren ihr immer gleich gewesen, wie Schaufensterpuppen, wie Figuren in einem Computerspiel. Alle immer wie hinter Glas. Außer ihm.

Also weiter, Grete. Du hast Miko wiedergefunden, und du wirst ihn – Lenny – ein zweites Mal für dich gewinnen.

Im Lesesaal setzt sich Grete nicht auf ihren alten Platz, sondern rafft die drei Hefte von *Archaeology Research* zusammen und sucht sich einen freien Tisch weiter vorn. Nur für alle Fälle.

Also, der zweite Aufsatz. Sie schlägt das März-Heft an einer beliebigen Stelle auf und, wie es der Zufall so will – »Es gibt keine Zufälle«, sagt Hannah in Gretes Kopf –, ist es genau die richtige Seite.

> ***Ekstatischer Tanz und schamanische Trance: Wie die Zauberpriester frühgeschichtlicher Hochkulturen die Geisterwelten erforschten.***
> *Von Dr. Lenny Mong*

Stirnrunzelnd liest sie die Überschrift noch einmal. Kann es wirklich sein, dass ein Aufsatz mit diesem Thema in einer wissenschaftlichen Fachzeitschrift erscheint?

Oder wo bin ich hier?

Für einen Moment kommt sie selbst sich wie eine erfundene Figur vor. Nicht in einem Computerspiel, aber in einer der düsteren Storys von H. P. Lovecraft. Der paranoide US-Schriftsteller ist einer von Hannahs Säulenheiligen. Grete schüttelt den Kopf und liest:

> Wer praktizierte den ekstatischen Tanz? Ausschließlich die Zauberpriester auf dem Tanzplatz in ihren Tempelanlagen.
> Wer fiel in Trance? Gewiss auch etliche der Zuschauer und Zuhörer, die am Rand des Tanzplatzes das exklusive Spektakel verfolgten. Der drängende Rhythmus der fassgroßen Trommeln, die aufpeitschenden Klänge der Stein- und Knochenflöten hatten tiefgreifende Wirkung auf die Hirnfrequenz aller Anwesenden, auch wenn sie nicht, wie die Zauberpriester, schreiend auf dem Tanzplatz herumsprangen und sich wie rasend um sich selbst drehten.
> Woher wissen wir davon? Originaldokumente aus dem 2. Jahrtausend v. u. Z. sind naturgemäß rar. Aber aus bruchstückhaft geretteten Schriftzeugnissen und später erfolgten Aufzeichnungen mündlicher Überlieferungen lassen sich Ablauf und Absicht des Rituals der ekstatischen Trance recht genau rekonstruieren. Zu den Schriftzeugnissen zählen beispielsweise Inschriften an und in den Tempeln und Pyramiden im Reich der Pharaonen und in den Maya-Städten in Mittelamerika. Wer die Zeichen zu deuten versteht, findet etwa im *Poopol Wuuj (»Buch des Rates«)*, dem heiligen Buch der Quiché-Maya, oder im *Altägyptischen Totenbuch* verschlüsselte Hinweise auf Vorbereitung und Durchführung von Zauberpriesterreisen in die Welten der Totengeister, Dämonen und Unterweltgötter. (Fußnote: Hunderte weiterer Quellen findet der interessierte Leser in der Dissertation des Verfassers: *Zauberpriester-Kulte in frühgeschichtlichen Hochkulturen*, Tom-Duncker-Press Ltd., Austin, Texas, Februar 2017.)
> Welchen Zweck hatte das Ritual? Die Seele – oder der Geist – löste sich von den Körpern der Zauberpriester, die wie leblose

Puppen auf dem Tanzboden zurückblieben. Sie schwebten durch die »dunkle Tür« am Ende des Tempels, hinter der eine massive Stein- oder Felswand war, für jedes lebendige Wesen undurchdringlich außer in ritueller Trance. Die moderne Psychologie umschreibt das Phänomen als »Out of body experience« und »Nahtoderfahrung«. Der Unterschied ist, dass die Zauberpriester den »Flug ihrer Seele« nicht nur passiv erlebten, sondern bis zu einem gewissen Grad steuern konnten.

Was war das Ziel der Reisenden? Sie suchten »weise Geister« auf, von denen sie sich Rat und Hilfe in schicksalhaften oder auch lebenspraktischen Fragen erbaten. Eine wesentliche Rolle spielte die Bitte um Regen und reiche Ernte.

Was fanden sie hinter der dunklen Tür? Die Übereinstimmung in den Schilderungen der zurückgekehrten Zauberpriester ist so weitreichend und detailreich, dass sie sich mit Zufall nicht erklären lässt. Unmittelbar hinter der dunklen Tür befindet sich eine große, kreisrunde oder oval geformte Halle, gesäumt von einem Säulengang mit zahlreichen Durchgängen in weitere Säle. Dorthin vorzudringen ist jedoch schwierig, für den Ungeübten sogar unmöglich. Denn in der Haupthalle herrscht ein großes Gedränge, am dichtesten vor der dunklen Tür.

»Unzählige Geister rennen, rasen, fliegen, fliehen wild und wütend hin und her«, heißt es sinngemäß in diversen Quellen. Es sind die Geister von gewaltsam aus dem Leben Gerissenen, die keine Ruhe finden, solange ihr Leid und Zorn nicht durch Opfer, Rituale, Abbitten besänftigt worden ist. Durch dieses Gedränge sich schwebend hindurchzuschieben erfordert großes Geschick, weshalb viele Reisende, auch wenn sie es durch die dunkle Tür schaffen, mit dem falschen Eindruck zurückkehren, die Geisterwelt sei ein zugiger, überfüllter, chaotischer Ort. Das Gegenteil trifft zu, in den hinteren Hallen, bei den weisen Geistern, herrschen Frieden und Harmonie.

Grete liest die letzten Zeilen mechanisch noch einmal. Sie ist so entgeistert, dass sie fast zu atmen vergisst.

»Ein zugiger, überfüllter, chaotischer Ort …« Das ist fast wortwörtlich die gleiche Aussage wie in Hannahs düsterster Story: *Kälte und Chaos.* In Bangkok hat sie Miko die ersten Zeilen aus dem Gedächtnis zitiert. *»Da drüben ist Kälte und Chaos. Alles rennt und rast durcheinander, ein Geheule und Geschrei. Doch Seher und Schamanen konnten nur selten der Versuchung widerstehen. Sie kamen zurück und schwärmten von einer schönen, höheren Ordnung in der anderen Welt. Aber ich sage euch, sie lügen. Ich war oftmals dort, und immer war alles nur Düsternis, Kälte und Chaos.«*

Und was hat Miko ihr geantwortet, mit spöttisch liebevollem Lächeln? »Bei uns wird es anders erzählt. Unsere lieben Ahnen leben dort drüben in Frieden und Harmonie.«

In Gretes Kopf geht jetzt gleichfalls alles durcheinander.

Also macht auch Hannah solche Trance-Reisen, seit Langem schon? In die Geisterwelt, die es demnach wirklich gibt? Und weil sie den *»Flug der Seele«* nicht richtig beherrscht, bleibt sie im Gedränge hinter der dunklen Tür stecken? Und ihre Ratlosigkeit über das Chaos da drüben, das Durcheinander in ihren Geschichten, letzten Endes ihre Erfolglosigkeit als Schriftstellerin – das alles kommt nur daher, dass sie quasi über die Eingangshalle nie hinausgelangt ist?

O Gott, arme Hannah … Aber kann das denn wirklich sein? Grete massiert sich die Schläfen.

Sie hat die »Fantasiereisen« ihrer Mutter nie ganz ernst genommen. Darunter gelitten, natürlich, aber mit ihren chaotischen Storys, die keinen Sinn ergaben, war Hannah ihr vor allem peinlich. Eine Last, wo sie doch ihre Beschützerin hätte sein sollen. Warum konnte sie nicht wie andere Mütter sein? Warum musste sie bei der Geburtstagsparty ihrer eigenen Tochter mit abwesendem Gesichtsausdruck herumsitzen? Mit Augen wie

Rauchglas? Warum war ihr praktisch alles, was *hier* passierte, auf *dieser* Seite – des Spiegels, der dunklen Tür, wie auch immer –, so lästig wie ein Werbevideo, das man als Pausenfüller über sich ergehen lassen muss?

Warum, Hannah, warum? Darüber hat sich Grete, seit sie ein kleines Mädchen war, immer wieder den Kopf zerbrochen. Ist das hier die Antwort?

Aber wie kann die Erklärung für das verrückte Verhalten ihrer Mutter in einer archäologischen Fachzeitschrift stehen? Verfasst von Miko-Lenny, der vor ihren Augen gestorben und drei Monate danach zurückgekehrt ist? Diesmal als Erforscher schamanischer Zauberrituale – als wollte er nachträglich herausfinden, wie das sein kann, dass er aus der Totenwelt zurückgekommen ist …

Grete stöhnt auf. Sie ist konfus und frustriert. Ihr Kopf schmerzt höllisch.

Das ergibt doch alles keinen Sinn … Hannah ist ein bisschen verrückt, diese Erklärung kommt ihr nach wie vor viel plausibler vor als der ganze Hokuspokus, den irgendwelche Zauberpriester vor viertausend Jahren veranstaltet haben. Auch Dr. Mong behauptet in seinem Aufsatz ja keineswegs, dass man durch ekstatisches Tanzen tatsächlich ein Ticket in die Geisterwelt lösen kann.

Er schreibt dazu nur – wo war es gleich … Grete blättert hektisch zurück … hier:

> Die Übereinstimmung in den Schilderungen der zurückgekehrten Zauberpriester ist so weitreichend und detailreich, dass sie sich mit Zufall nicht erklären lässt.

Also womit sonst? Grete furcht die Stirn. Mit Absprachen untereinander? Aber genau die konnten sie ja vor viertausend Jahren nicht treffen, weil ihre Reiche durch Ozeane und Kontinente voneinander getrennt waren. Darauf lief ja schon in seinem ersten Aufsatz alles hinaus.

Sie spürt ein jähes Kribbeln in der Magengegend. Ist sie kurz davor, das Rätsel zu knacken oder zumindest ein wichtiges Mosaiksteinchen an der richtigen Stelle einzufügen?

Genau so fühlt es sich an.

Also noch einmal: Im ersten Aufsatz behauptet er, dass in den auf allen Erdteilen verstreuten Hochkulturen, die scheinbar nichts voneinander wussten, jeweils das »Steuerrad-Symbol« auftaucht, und zwar durchweg im Zusammenhang mit Zauberpriester-Kulten.

Im zweiten Aufsatz schreibt er, dass die Priester dieser Kulte Trance-Reisen in Geisterwelten unternahmen, die sich in den Schilderungen der »Zurückgekehrten« in allen wesentlichen Punkten gleichen.

Wenn sie also doch irgendwie miteinander in Verbindung standen, sagt sich Grete, können sie natürlich *beides* abgesprochen haben: das Aussehen ihres Steuerrad-Symbols *und* die Geschichten, die sie ihren Oberen jeweils von der Beschaffenheit der Geisterwelten erzählten.

Aber wozu sollte das gut sein? Grete rollt mit den Schultern und klopft sich mit dem Handballen gegen die Stirn. Genau andersherum wird ein Schuh daraus …

Die Trance-Reisen in die Geisterwelt müssen wirklich stattgefunden haben, dann passt es zusammen. Aus Zentralchina schwebten Wu-Magier herbei, aus Memphis Osiris-Priester und so weiter … Und weil sie im *»Flug der Seelen«* geübt waren, blieben sie nicht im Gedränge hinter der dunklen Tür stecken, sondern gelangten tiefer in die Geisterwelt. Zu einem der Orte *»des Glücks und der Harmonie«*, ihrem schamanischen Meeting-Point …

Grete starrt auf die Zeitschrift vor ihr auf dem Pult, ohne sie wahrzunehmen. *Sie sind wirklich dorthin gereist?* Kann irgendetwas davon stimmen? Oder bin ich jetzt endgültig durchgedreht?

Ihr Smartphone vibriert so heftig, dass der ganze kleine Lesetisch erbebt. Von allen Seiten drehen sich Studi-Köpfe zu ihr um und schauen Grete ungehalten an.

Oh, Mist, sie hat vergessen, das Handy auszuschalten, als sie aus der Cafeteria zurückkam. Sie wirft einen Blick aufs Display. Wieder ein anonymer Anrufer. Derselbe wie vorhin? Sie klickt ihn weg, nur Sekunden später versucht er es erneut. Hektisch stellt sie das Handy auf lautlos.

Na gut, sie braucht sowieso wieder eine Pause. Grete schnappt sich ihr Smartphone und verlässt erneut den Lesesaal.

»Hallo?« Beinahe hätte sie sich mit ihrem Namen gemeldet – Margarete Malström. Aber sie hat gerade noch rechtzeitig gesehen, dass der Anruf über ihre zweite SIM-Karte hereinkommt, die Orange Card aus Thailand.

Sie ist in den Toilettenräumen und starrt sich selbst an, ihr bleiches Spiegelgesicht, die viel zu großen Augen hinter den grün getönten Gläsern. Ihr Smartphone hält sie ans linke Ohr gedrückt.

»Ja?«

Sie hört jemanden atmen. Gepresst und ungleichmäßig. Sascha? Nein, ausgeschlossen. Bei ihm hört sich jeder Atemzug wie Röcheln an, knapp vor einem Hustenanfall.

»Was soll das denn?«, flüstert Grete.

Wer außer Sascha kennt diese Nummer? Oder hat der Anrufer sich bloß verwählt?

»Grete«, murmelt es in ihrem Ohr. Beinahe unverständlich. Und dann noch einmal, dumpf, wie aus einem Erdloch heraus: »Grete …«

Gänsehaut. Ihre Augen im Spiegel werden noch größer. »Mi… Miko?«

Wieder gepresstes Atmen. Einmal, zweimal, dann wird die Verbindung gekappt.

Grete legt das Smartphone aufs Waschbecken unter dem Spiegel. Ihre Hand zittert, ihre Beine fühlen sich wacklig an.

Was war das eben? Sie schneidet sich Grimassen. Wie als kleines Mädchen schon, wenn sich alles so unwirklich anfühlte, dass sie es nicht mehr aushielt. So starr, kalt, gläsern. Sie grimassierte, bis die Glasschicht auf ihrem Gesicht zersprang, die gläserne Rüstung, die sie von Kopf bis Fuß umschlossen hielt.

»So gruselig ...« Sie flüstert es ihrem Spiegelbild zu.

Als die Tür aufgeht, zwei Studentinnen hereinkommen, lachend, ihre Wochenend-Agenda diskutierend – welcher Club, welcher Stoff, welche Jungs, »ach nee, nicht schon wieder die« –, dreht Grete den Hahn auf, klatscht sich kaltes Wasser ins Gesicht. Die beiden Mädels verschwinden in Klokabinen, bequatschen durch die Wand hindurch unbekümmert weiter, wie sie sich optimal amüsieren können. Grete nimmt es nur wie durch einen Schleier hindurch wahr.

Wer hat sie eben angerufen? Um dann aber kein Wort zu sagen? Hannah? Nie im Leben. Wenn Sascha sie nicht ab und zu daran erinnert, kriegt sie gar nicht mit, dass Grete sich seit Monaten nicht bei ihr gemeldet hat.

»Deine Tochter, Hannah.« Grete flüstert es ihrem Spiegelbild zu. Schon mit sechs, sieben Jahren spürte sie, dass mit ihrer Mutter etwas nicht stimmte. Dass sie redete und lachte wie eine Aufziehpuppe. Und dann wieder in sich zusammensank, als wäre die Feder in ihrem Innern erlahmt.

Nur in Saschas Gegenwart wird sie lebendig, denkt Grete. Nur wenn sie beide zusammen trinken und tanzen, lebt Hannah für ein paar glückliche Augenblicke in *dieser* Welt.

Sie kehrt in den Lesesaal zurück, sammelt erneut die drei Zeitschriften ein und wechselt abermals den Tisch. Diesmal entscheidet sie sich für einen Platz mit dem Rücken zur Wand.

Akt drei.

Das Steuerrad-Symbol in frühgeschichtlichen Hochkulturen: Seine globale Transformation in drei Phasen

Von Dr. Lenny Mong, Tom-Duncker-Universität, Austin

Der dritte Aufsatz ist gerade mal sechs Seiten lang, und die Hälfte davon besteht aus Abbildungen. Die Erläuterungen beschränken sich auf eine kurze Einleitung, die Beschreibung der abgebildeten Objekte sowie ein paar knappe Schlussfolgerungen.

Mehr ist auch nicht nötig. Die Überzeugungskraft der Bilder ist überwältigend. Dr. Mong schreibt:

> Jede der folgenden Fotoseiten enthält drei Abbildungen des Steuerrad-Symbols. Auf der ersten Bildseite (Abb. 1–3) herrscht ein archaischer Stil vor; das Steuerrad erinnert von fern an eine Schildkröte. In der zweiten Bildserie (Abb. 4–6) ist dasselbe Symbol eher kriegerisch interpretiert; Scheibe und Stäbe gemahnen an einen wuchtigen Bronzeschild und darunter gekreuzte Speere. Die dritte Bildstrecke schließlich (Abb. 7–9) wirkt am modernsten; fast wie bei einem Piktogramm ist das Steuerrad auf seine wesentlichen Elemente reduziert: zwei Kreise, von je zwei Linien diagonal gekreuzt. Diese markanten Stilunterschiede wären nicht weiter erstaunlich, wenn jedes der drei Foto-Trios Objekte aus ein und derselben Kultur versammeln würde.
>
> So würde man die Schildkröten-Serie wohl spontan der Maya-Kultur zuordnen, in der ja die Urgöttin Mam mit dem gepanzerten Urtier identifiziert wird. Und wer würde bei Schild und Speeren nicht an das kriegerische Reich der Pharaonen denken?
>
> Tatsächlich aber verhält es sich vollkommen anders. Jedes der drei Foto-Trios versammelt Motive aus *drei jeweils verschiedenen* frühgeschichtlichen Reichen, die der offiziellen Archäologie zufolge keine Verbindung zueinander hatten, ja, von der Existenz der jeweils anderen Zivilisationen nicht einmal wussten: der chinesischen Shang-Kultur (Abb. 1, 4, 7), des ägyptischen Pharaonenreichs (Abb. 2, 5, 8) und des Maya-Reichs Tikal (Abb. 3, 6, 9) in Mittelamerika.

Worin also besteht die Gemeinsamkeit der drei Objekte innerhalb jeder Serie – abgesehen von ihrer unübersehbaren stilistischen Verwandtschaft sowie der Tatsache, dass sie in Grabstätten und Tempelruinen vorgeblich »rückständiger« Zauberpriester-Kulte aufgefunden wurden?

Die hier vorgeschlagene Antwort wird Ablehnung, ja Empörung hervorrufen, und der Verfasser gesteht, dass auch er selbst sich eines gewissen Unbehagens nicht erwehren kann. Und doch gebietet es die wissenschaftliche Redlichkeit, vor der Wahrheit nicht zurückzuweichen, mag sie auch noch so beklemmend, weil – zumindest vorderhand – unerklärlich sein. Kurz gesagt: Die Objekte in jedem der drei Trios entstanden in einem engen Zeitfenster von 15 bis 30 Jahren. Zufällige Übereinstimmung ist demnach definitiv auszuschließen. Offenbar haben wir es mit wechselnden »Modetrends« bei der Stilisierung des Steuerrad-Symbols zu tun – mit jeweils zeitgleich in allen drei Kulturen »angesagten« Designs, in denen sich möglicherweise auch der jeweils aktuelle Erkenntnis- und Technologiestand niederschlägt.

Aber wessen Erkenntnisse? Von wem angesagt und jeweils binnen weniger Jahre weitergegeben? Und zwar von China über Nordafrika bis Mittelamerika?

Die Beweisführung steht und fällt offensichtlich mit der Datierung der abgebildeten Objekte. Doch auch hier gibt sich Dr. Mong keine Blöße. »*Tatsächlich wurden ausschließlich solche Objekte herangezogen*«, teilt er lakonisch mit, »*die von renommierten Archäologen mit ihren bewährten Methoden auf das Jahr genau, in einigen Fällen sogar noch deutlich exakter datiert worden sind. Das betrifft die Wandmalereien (Abb. 1, 5, 9), Grabbeigaben (Abb. 2, 4, 8) und Gewandschließen (Abb. 3, 6) ebenso wie den Tempeltürbeschlag (Abb. 7).*«

Es folgen mehrere Absätze mit detaillierten Herkunftsnachweisen, die Grete nur überfliegt. »*Die drei Objekte des ersten Tri-*

os sind zwischen 1520 und 1490 v. u. Z. entstanden«, heißt es dort etwa, *»die des zweiten zwischen 1380 und 1365 v. u. Z., die des dritten Trios zwischen 1235 und 1210 v. u. Z.«*

Die abschließenden *»Schlussfolgerungen«* fallen bemerkenswert knapp aus. *»Offen bleibt nur eine Frage, breit und tief wie ein Abgrund, die der Verfasser hiermit an seine hochgeschätzten Kollegen weitergibt: Wie kann es sein? Auf welchem auch nur denkmöglichen Weg können sich die Priester der vermeintlich so rückständigen Zauberkulte vor dreieinhalb Jahrtausenden über Erdteile und Weltmeere hinweg mit ihren offenbar gleichfalls hochgeschätzten Kollegen ausgetauscht haben?«*

Grete reibt sich mit den Handballen über die Schläfen. Ihr Kopf ist kurz davor zu zerspringen, hinter ihrer Magendecke knistert die Nervosität wie elektrischer Strom.

»Auf welchem auch nur denkmöglichen Weg …«? Außer Telepathie, Wolkenorakeln oder Briefversand per Zugvögeln fällt ihr beim besten Willen nichts ein.

Aber vielleicht ist das alles ja ein riesengroßer Hoax? Die Bilder gephotoshoppt, Dr. Mong ein Betrüger, der mit gefälschten Papieren einen Außenseiter-Wissenschaftler spielt, den es in Wirklichkeit nicht gibt?

In Wirklichkeit? Echt jetzt, Grete?

Sie muss hier raus, und zwar schnell.

Sieben Uhr abends, Buchhandlung *Lesewelt* am Charlottenburger Schloss. Der gewölbeartige Raum ist proppenvoll. Alex Blumfeld sieht verloren aus, wie er auf dem Podium in dem etwas zu tiefen Sessel sitzt und aus seinem neuesten Werk vorliest, *Hundertod*.

Gebannt lauschen die gut hundert Zuhörer, überwiegend Frauen mittleren Alters. Der sadistische Serienmörder schlachtet reihenweise seine Opfer ab, die gleichfalls weiblich sind, nur zehn bis zwanzig Jahre jünger als Blumfelds typische Leserin. Blut schwappt förmlich aus dem Paperback, das er auf den Knien balanciert. Eingeweide ringeln sich zwischen den Seiten hervor und rollen sich zu Blumfelds Füßen zusammen.

Grete ermahnt sich, ihre Fantasie zu bezähmen. Sie sitzt in der hintersten Reihe und lässt ihren Blick durch den Raum schweifen. Die Buchhändlerin neben ihr kämpft ersichtlich gegen Übelkeit.

Sie ziehe Bücher mit sanftmütigen Protagonisten vor, hat sie Grete vorhin anvertraut, und Grete lächelte mitfühlend. »Ich bin so *empathisch*«, versicherte ihr die Buchhändlerin, »deshalb kann ich ausufernde Gewaltschilderungen nur schwer ertragen.« Im Unterschied zu diesen abgestumpften Krimifans, sollte das wohl heißen.

Als ob Empathie, die neuronengesteuerte Fähigkeit mitzufühlen, zwischen guten und weniger guten Gefühlen einen Unterschied machen würde. Ohne Empathie könnte auch Blumfeld nicht so überzeugend aus der Perspektive seines episch rasenden Serienkillers schreiben, und seine Zuhörer würden keinerlei Kopfkino erleben, sondern nur einen Strom bedeutungslosen Gemurmels aus dem Mund des Autors vernehmen.

Doch Grete behielt ihre Meinung für sich. Was spielt es für eine Rolle, wie die Buchhändlerin die Welt sieht? Soll sie sich doch für ein edles Wesen halten, das an das Gute im Menschen glaubt. Niemand hätte etwas dagegen, wenn die Welt endlich mal *ein besserer Ort* würde, denkt Grete jedes Mal, wenn Buchhändler, Kulturevent-Veranstalter und sogar Journalisten ihr versichern, genau *das* sei ihre Mission. Nur scheint es damit irgendwie nicht hinzuhauen. Die Lieblingsromane der Buchhändlerinnen sind voll sanftmütiger Protagonisten, und im wirklichen Leben wird gelogen und geschlagen, gefoltert und gemordet, dass es nur so kracht.

Schluss mit den trüben Gedanken, Grete, sonst kriegst du nur wieder Kopfschmerzen.

Am späten Nachmittag hat sie zwei Aspirin geschluckt, sich gesundgemeldet und den True-Crime-Autor von Paula übernommen. Ihre Kollegin hatte Tränen in den Augen und schwor ihr ewige Dankbarkeit.

Den halben Tag lang habe sie Blumfeld durch die Stadt chauffiert, von Radio- zu Fernseh- zu Printredaktionen, und unaufhörlich habe er von seinen sadistischen Serienmördern geredet. »Ich verstehe nicht, wie du solche Typen aushältst, Grete. Ich verstehe ehrlich gesagt nicht mal, wie er *selbst* es mit sich aushält.« Paula rollte mit den Augen und wischte sich imaginären Schweiß von der Stirn.

Dabei ist Blumfeld ein höflicher, zurückhaltender Zeitgenosse. Ein schmal gebauter Mann Anfang fünfzig, Typus älterer Junggeselle, auf altmodische Weise zuvorkommend. Doch hinter der freundlichen Fassade ist ihm im Grunde egal, was die Leute von ihm denken. Den Eindruck hatte Grete gleich, als sie ihn letztes Jahr in München – damals noch für ihre alte Agentur – bei einer Veranstaltungsreihe betreute.

Blumfeld versteht es meisterlich, sich in seine Gesprächspartner hineinzuversetzen. Ihnen das Gefühl zu geben, dass er die Welt wie sie sieht und alles genau wie sie empfindet. Was in diesem Augenblick auch zutrifft. Doch kaum hat er sich umgedreht, sind sie alle vergessen. Ob Mörder oder Buchhändlerin, ganz egal.

Grete erkennt sich selbst in ihm. Nur, warum er ausgerechnet »True Crime«-Romane schreibt, ist ihr ein Rätsel. Schon letztes Mal hatte sie ihn danach fragen wollen. Jetzt kann sie es kaum erwarten, seine Antwort zu hören. Warum zieht er es vor, über »wirkliche Verbrechen« zu schreiben? Wieso denkt er sich die Gräueltaten seiner Mörder nicht einfach aus? Traut er der Fantasie nicht, hält er sie – wie Henrik Knusum – für »tot«?

Oder eigentlich, viel allgemeiner: Was ist *Wirklichkeit* für ihn – im Unterschied zu Fantasie und zu Fiktion?

Die Fragen brennen ihr auf der Zunge, fegen in ihrem Kopf herum und machen sie immer konfuser. Aber noch muss sie sich gedulden. Das Publikum klatscht, jemand ruft »Zugabe«. Blumfeld blättert weiter zum nächsten Post-it, auf dem in seiner krakeligen Handschrift »*Zugabe*« steht. Er lächelt scheu, räuspert sich und hebt an: »*Noch immer will er Rache …*«

Grete driftet wieder weg. Ob Lenny Mong nur die Quellen studiert – oder sich auch selbst am ekstatischen Tanz und der schamanischen Reise versucht hat? Hat er seinen Geist vom Körper gelöst, ist er durch die *dunkle Tür* geschwebt, in die Halle, in der sich die Geister drängen? Oder noch weiter in die Tiefe dieser Schattenwelten – der Verrücktheit, was sonst?

»Warum True Crime, Alex?«, fragt sie später, beim Griechen um die Ecke, wohin die Buchhändlerin nach der Lesung eingeladen hat.

Zum Abschluss der Veranstaltung signierte er rund hundert Exemplare *Hundertod*. Entsprechend war die Übelkeit der Buchhändlerin wieder verflogen. Sie verputzte in Rekordtempo ihre blutigen Lammkoteletts, löschte ihren Durst mit reichlich Wein und Ouzo und erhob sich leicht schwankend. »Ich muss noch den Buchladen für morgen früh in Ordnung bringen.« Blumfeld dankte ihr herzlich für alles und bestellte die dritte Flasche Wein.

»Wieso schreibst du keine Romane mit fiktiver Handlung, Alex?«, fragt ihn Grete. »Traust du deiner eigenen Fantasie nicht zu, so einen Serienkiller-Krimi zu plotten? Oder hast du umgekehrt Angst, dass die Leute dich für einen blutrünstigen Sadisten halten, wenn du es ihnen nicht als ›wahres Verbrechen‹ verkaufst?«

Blumfeld zerschneidet sein letztes Lammfilet in schmale Streifen, die er eines nach dem anderen in Zaziki taucht und unter seinem altmodischen Bürstenbärtchen verschwinden lässt. »Das ist bloß ein Etikett«, sagt er, nachdem er sorgfältig gekaut, geschluckt und mit Rotwein nachgespült hat. Ohne Grete aus den Augen zu lassen. »Der Verlag will das so, und mir ist es egal.«

Grete nickt. Schon klar, ihm ist alles egal, solange es nur um Verpackungsfragen geht. Aber hier geht es – für sie zumindest – um sehr viel mehr.

Allein die Kombination von »True Crime« und »Roman« sei ein Widerspruch in sich, führt er nach dem nächsten Happen weiter aus. Ein Wortungetüm wie *Wirklichkeitsfiktion*. Oder wie *Realitätserdichtung*. »Im Grunde weiß doch jeder Leser – oder könnte es zumindest wissen –, dass in meinen Büchern nicht eins zu eins erzählt wird, was im Kopf des irren Serienkillers vorgegangen ist und was seine Opfer gefühlt haben, als sie von ihm gejagt und abgeschlachtet wurden. Es ist ein Mix aus mehr oder weniger objektiv dokumentierten Fakten und Auffüllung der beträchtlichen Lücken durch mehr oder weniger wissensbasierte Fantasie.«

Der nächste Happen. Kauen, schlucken, spülen, äugen. Dann: »Andererseits: Vielleicht fühlen sich diese Fantasien des psychopathischen Serienkillers für mich – und durch *Hundertod* auch für meine Leser – sogar *realer* an als für den realen Mörder? Der sah sich ja gezwungen, seine Gräuelfantasien in die physische Wirklichkeit zu überführen, weil er sie nur auf diese Weise fühlen konnte.«

Er schiebt sich den letzten Happen unter die Bürste, wischt sich den Mund ab und lehnt sich zurück. »Also, ich sehe es so, Grete: Was allgemein als Realität bezeichnet wird, wird durch Fantasien zusammengehalten wie Steine in einer Mauer vom Kitt. Vielleicht gibt es sogar immer und überall viel mehr Kitt als solide Faktensteine? Und die ungeheure Leere dazwischen füllen wir durch Unmengen an Fantasien?«

Er prostet ihr zu, tunkt seinen Schnäuzer in den Weinkrug und will danach »nichts mehr von diesem Philosophenquark hören. Fantasie und Realität, die sind doch wie der Blinde und der Lahme, die sich aneinandergeklammert voranschleppen. Weiß die Hölle, wohin. Auf dein Wohl, schöne Frau! Habe ich dir schon gesagt, wie gut mir dein neuer Look gefällt?«

»Aber sag keinem weiter, dass du mich erkannt hast. Ich bin hier inkognito.« Sie rollt mit den Augen, lächelt dann sein Befremden weg.

Beim letzten Mal ist sie in seinem Hotelbett gelandet. Heute sieht Grete in Blumfeld nur einen klugen, älteren Freund. Arm in Arm gehen sie die Spree entlang durch den immer noch warmen Abend.

Vor seinem Hotel verabschiedet sie sich mit Wangenkuss. Sie hat sich schon halb abgewendet, da fällt ihr noch etwas ein. »Bist du dir sicher, dass dein Vergleich stimmt?«

»Mit dem Lahmen und dem Blinden? Damit habe ich doch nicht uns beide gemeint. Wirklich nicht.« Er schickt ihr ein schiefes Grinsen.

»Das meine ich auch nicht. Sondern den Vergleich mit Kitt und Steinen. Bist du dir immer ganz sicher, was Fantasien und was Fakten sind?«

Schlagartig wird er wieder ernst. »Im Gegenteil, Grete. Das weiß man eigentlich nie.«

»Na, dann gute Nacht.« Grete nickt ihm zu und macht sich auf den Heimweg.

Auf den Weg zu Lenny. Zu Miko. Wie auch immer.

Freitagabend, kurz nach sechs. Der Hörsaal im Archäologischen Institut ist gut gefüllt, wenn auch längst nicht so proppenvoll wie am Abend zuvor die Lesung von Alex Blumfeld.

Grete sitzt in der ersten Reihe. Seit einer halben Stunde.

Sie hat vor der verschlossenen Tür gewartet und ist mit dem ersten Pulk in den Saal gestürmt. Na gut, es war weniger ein Pulk als ein Häuflein aufgedrehter Mong-Fans. Ein paar von ihnen sogar mit Steuerrad-Sticker auf dem T-Shirt.

Eifersucht brodelte in Gretes Eingeweiden, aber sie ließ sich nichts anmerken. Sie lächelte sanftmütig und hielt sich abseits. Zwangsläufig, die anderen wandten ihr den Rücken zu.

Einige von ihnen erkannte sie wieder. Vor allem die rothaarige junge Frau mit den wasserhellen Augen und dem starren Blick, die Dr. Mong neulich nicht von der Seite weichen wollte. Und den breitschultrigen Typen im Khakihemd, mit wild abstehenden schwarzen Zottelhaaren, der auch diesmal wieder lautstark von »Lenny« redete, als wären sie dicke Kumpels. Beide hatten Grete giftige Blicke zugeworfen, als sie ihnen die Allee hinauf gefolgt war. Bis der Himmel über ihnen allen explodierte und Dr. Mong weder zu den Studis in den VW-Bus stieg noch zu Grete ins Taxi.

Das Erkennen in seinem Gesicht, in das sich plötzlich Erschrecken mischte. Wie Sonnenaufgang und Blitz. Was hat ihn da so erschreckt?

Darüber denkt Grete auch jetzt wieder nach, während sich die steil ansteigenden Sitzreihen hinter ihr weiter füllen. Ihr Notizbuch mit Stichpunkten zu seinen Artikeln und einer Unmenge an Fragen liegt aufgeschlagen vor ihr. Die Brille mit den grünen Gläsern hat sie abgenommen und neben ihrem Notizbuch aufs Pult gelegt. Damit er sie besser erkennt.

Sie ist aufgeregt und fühlt sich wie betäubt, beides zugleich. Ihre Wangen fühlen sich heiß an, trotzdem ist ihr kalt.

Wenn er gleich die Bühne betritt, was wird passieren? Wird sie in Tränen ausbrechen, seinen Namen stammeln – *»Miko, Lenny, ich bin's, Grete«?*

Das ganz bestimmt nicht. Sie hasst es, die Kontrolle zu verlieren. Wer bei jemandem wie Hannah aufgewachsen ist, hat gründlich gelernt, sich nichts anmerken zu lassen. Eher verschluckt sie ihre eigene Faust, als gegen ihren Willen auch nur einen Seufzer von sich zu geben.

Und Lenny? Wie wird er reagieren, wenn er sie sieht?

Um Punkt 18:15 Uhr betritt er den Hörsaal. Auch heute ganz in Khaki – kurzärmeliges Hemd und Funktionshose mit diversen Taschen und Reißverschlüssen –, als wollte er gleich im Anschluss zu einer Expedition aufbrechen. Mit federnden Schritten eilt er zum Rednerpult.

»Herzlich willkommen bei Dr. Mongs Zaubershow«, begrüßt er die Zuhörer in munterem Tonfall. »Manche würden vielleicht von faulem Zauber sprechen, aber das könnte sich als vorschnelles Urteil herausstellen. Man sollte den Magier nie verdammen, solange man nicht sicher weiß, dass sein Hut leer ist.«

Dr. Mong schneidet eine ironische Grimasse. Seine Fans, die hauptsächlich in den ersten drei Reihen sitzen, klatschen und johlen. Er hebt eine Hand, und sein Gesicht wird übergangslos ernst.

»Kommen wir zur Sache. Mein heutiges Thema sind die Hinterlassenschaften frühgeschichtlicher Kulturen in Mitteleuropa. Genauer gesagt: ihre mögliche Verbindung zum ›Steuerrad-Kult‹, wie ich dieses rätselhafte Netzwerk von Zauberpriester-Kulten rund um den Erdball der Kürze halber nennen möchte.«

Er spricht frei, konzentriert, den Blick irgendwo über Grete ins Leere gerichtet. Sein Südstaaten-Sound klingt fast, als würde er singen.

»Was es mit diesen okkulten Orden auf sich hatte«, fährt er fort, »zu welchem Zweck und in welcher Weise sie miteinander kommunizierten – das alles ist noch weitgehend unerforscht. Doch ihr Erkennungszeichen, ein Symbol, das sich am ehesten als Steuerrad umschreiben lässt, ist unzweifelhaft auf zahlreichen Objekten vorzufinden, die aus frühgeschichtlichen Reichen in China, Afrika und Amerika überliefert sind. Und was ist mit Europa?, werden Sie sich jetzt fragen.«

Er legt eine Kunstpause ein und lässt seinen Blick durch die Zuhörerränge schweifen. Grete starrt ihn an. Als sein Blick auf sie trifft, stockt er kurz, seine Augen weiten sich.

Was war das jetzt? Ein Lächeln? Ja, was denn sonst?

Ihr Herz beginnt zu rasen. Genauso hat Miko sie angelächelt, als sie ihm von Hannahs Geister-Storys erzählte. Ein bisschen spöttisch, aber so lieb.

»Eben deshalb bin ich in Berlin«, fährt Dr. Mong fort. »Dank großzügiger Förderung kann ich in diesem Semester ein Feldforschungsprojekt in Brandenburg durchführen. In den zurückliegenden Wochen habe ich bei Ausgrabungen in der Uckermark« – er sagt *»Ackermärk«* – »bereits wertvolle Erkenntnisse gewonnen. Auch wenn das Projekt noch nicht abgeschlossen ist, kann ich heute schon ein bisschen was verraten.«

Erneut legt er eine Pause ein. Sein Blick schweift durch den Saal, bleibt kurz auf Grete haften, und wieder huscht dieses Lächeln über sein Gesicht.

Er fängt an, sich zu erinnern, denkt Grete ... an Bangkok, an früher ... Wie ein Traum im Wachen langsam wieder aufsteigt ...

»Ja, ich habe klare Hinweise gefunden«, spricht er in singendem Tonfall weiter, »dass es auch hier in Mitteleuropa eine frühgeschichtliche Zivilisation gab, deren verborgenes Triebwerk der Steuerrad-Kult war. Im Prinzip nicht anders als im chinesischen Yinxu, im Memphis der Pharaonen oder in dem Maya-Reich Tikal in Mittelamerika. Genauso im Industal, in Elam und anderen Hochkulturen jener großartigen Epoche.«

Er tippt auf das Tablet, das vor ihm auf dem Rednerpult liegt. Auf der Wand hinter ihm bauen sich mehrere Reihen mit Fotografien auf. Auf jedem der offenbar stark vergrößerten Bildausschnitte ist das Steuerrad-Symbol zu sehen.

»Hier nochmals eine Auswahl aus den Fundstücken. Auf jedem einzelnen finden Sie sozusagen den Stempel, den der Steuerrad-Kult seiner jeweiligen Umgebung aufgedrückt hat. Beachten Sie, dass wir es mit Motiven aus dem Zeitfenster zwischen 1520 und 1490 v. u. Z. zu tun haben. Die Steuerrad-Symbole sind also durchweg im ›archaischen‹ Stil designt und erinnern an einen Schildkrötenpanzer mit den darunter hervorgestreckten Beinen.«

Er nimmt einen länglichen Gegenstand vom Pult, wendet sich um und markiert eine der Abbildungen mit einem roten Laserpunkt.

»Das gilt auch für dieses Motiv«, fährt er fort, »das ich erst vor wenigen Wochen auf einem von mir freigelegten Mauerstück in der Uckermark entdeckt habe. Beachten Sie Schnitttiefe und Präzision des Reliefs, die auf hochentwickelte Bildhauerei und Metallverarbeitung schließen lassen.«

Ein Raunen geht durch den Saal. Die Studis in den vorderen Reihen klopfen mit den Fingerknöcheln auf ihre Pulte. Die Rothaarige ein paar Sitze rechts neben Grete ruft lautstark »Bravo!«, und der zottelhaarige Mong-Fan an ihrer Seite stampft mit den Füßen.

Grete kneift die Augen zusammen und fixiert das Bild, auf dem der rote Laserpunkt einen zittrigen Kreis zieht. Sie hat keinen geschulten Archäologenblick, aber okay, die Meißelspuren auf dem vor Alter und Feuchtigkeit fast schwarzen Stein könnten so etwas wie eine Schildkröte darstellen. Oder auch ein altertümliches Schiffssteuerrad.

Die Mong-Fans um sie herum kriegen sich vor Begeisterung gar nicht mehr ein. Das Rumoren weiter oben im Saal klingt deutlich weniger enthusiastisch. Grete wendet sich um und nimmt einen hoch aufgeschossenen Mann mit dünnen, schulterlangen Haaren wahr, der sich zu voller Länge erhoben hat. »Herr Dr. Mong, erlauben Sie eine Zwischenfrage!«

Lenny Mong zeigt wieder sein ironisches Grinsen. »Schießen Sie los.«

Der schlaksige Mittvierziger gestikuliert mit beiden Armen. »In einigen Blogs und Foren wird Ihnen vorgeworfen, dass Ihre gesamte Forschung und vor allem Ihre vermeintlichen Fotobeweise ein einziger Fake seien. Was sagen Sie dazu?«

»Das ist Bullshit.« Dr. Mong zuckt mit den Schultern. »Ein großer Teil der Fundstücke, auf die ich mich beziehe, wurde von anderen Archäologen ausgegraben und datiert. Ich habe lediglich die Aufmerksamkeit auf Muster gelenkt, die bislang – aus welchen Gründen auch immer – übersehen wurden.«

»Aber Sie behaupten, dass es einen weltumspannenden Geheimbund gegeben hätte, dessen Mitglieder durch Zauberei und Geisterreisen miteinander kommuniziert hätten. Und das ist doch …«

»… schon wieder Bullshit.« Dr. Mong wirkt eher belustigt als beunruhigt. »Ich habe nur darauf hingewiesen, dass es unübersehbare Anzeichen für ein globales Netzwerk gibt, das allem Anschein nach vor viertausend Jahren einen regen interkontinentalen Informationsaustausch pflegte – was nach unserem jetzigen Wissensstand ausgeschlossen ist. Weil sie Tausende Meilen voneinander entfernt waren und es keinerlei Anzeichen für irgendwelche Beziehungen zwischen diesen frühgeschichtlichen Hochkulturen gibt. Außer eben dem Steuerrad-Symbol.«

Dutzende Arme schnellen in die Höhe.

»Aber Sie sagen doch selbst, dass es sich um Zauberpriester handelt!«, schreit eine ältere Frau mit langen grauen Haaren und wallendem Hippiegewand.

»In einem Ihrer Artikel suggerieren Sie«, ruft ein glatzköpfiger Mann mit Schlangen-Tattoos am Hals, »dass sich diese Steuerrad-Leute in der Geisterwelt getroffen hätten! Also wie jetzt, Dr. Mong?«

Und das sind nur die Ausrufe, die Grete im Durcheinander erregter Stimmen versteht.

Dr. Mong breitet die Arme aus wie ein Priester. »Geben Sie mir einfach noch einen Moment. Ich bin sicher, die meisten Ihrer Fragen werden sich erübrigen, wenn Sie mir noch ein paar Minuten lang zuhören.«

Der schlaksige Fragesteller faltet sich widerwillig wieder zusammen. Die Rufe ebben langsam ab, und Dr. Mong setzt seinen Vortrag fort.

Grete hört ihm aufmerksam zu, gleichzeitig ist sie bei Miko. Nie fügten sich außen und innen besser zusammen. Dr. Mong lässt sich über den Zauberpriester-Kult aus, und Miko erzählt ihr von den Geistern, an die so viele Asiaten glauben. Vor allem von Tai Thong Klom, dem Geist der schwangeren Frau, die in seinem Dorf von Tausenden angebetet wird. Von einsamen Herzen, die um Liebesglück bitten. Von unglücklichen Pärchen, die auf Nachwuchs hoffen. »Sie alle opfern Tai Thong Klom, und wer großzügig ist und es ehrlich meint, wird erhört.« Miko lächelt sie so strahlend an, dass sie versteht: Auch er hat dem mächtigen Geist geopfert und wurde erhört. Sie, Grete, ist das Glück, um das er Tai Thong Klom angefleht hat …

»Die Wissenschaft kennt eine Reihe *genereller Gemeinsamkeiten* früher Hochkulturen«, führt währenddessen Dr. Mong aus. »Beispielsweise die Entwicklung von Mathematik, Schrift und Sternenkunde oder auch die Pyramiden-Baukunst in China, Ägypten und Mittelamerika. Bisher kann niemand plausibel erklären, warum gerade in diesen Kulturen speziell diese Innovationssprünge stattgefunden haben, und das teilweise auch noch fast synchron.

Nun lag es immer schon nahe, ein Mastermind im Hintergrund zu vermuten«, setzt er mit hintersinnigem Lächeln hinzu. »In frommeren Zeitaltern gab man ihm Götternamen. Heute geht man profaner davon aus, dass schlicht die Evolution dieses Mastermind sei. Dass also menschliche Gehirne unter ähnlichen Umständen unabhängig voneinander immer wieder zu ähnlichen Lösungen gelangten – sehr viel mehr als Spekulation ist das allerdings auch nicht. Und was nun den Steuerrad-Kult angeht …«

Erneut wendet er sich um und deutet mit dem Laserpointer auf die stilisierte Schildkröte, die Maya-Türstürze, Pharaonen-Grabwände und Gewandschließen der chinesischen Wu ziert. »Offensichtlich gehört auch der geheimnisvolle Zauberpriester-

Orden zu den *generellen Gemeinsamkeiten* früher Hochkulturen, und nicht nur das: Möglicherweise handelt es sich um den *Generalschlüssel*, der die so verblüffend gleichartigen Entwicklungssprünge in Yinxu oder Memphis, Elam oder Tikal erklären kann.«

Erneute Unruhe im Auditorium. Der hoch aufgeschossene Mann aus der vorletzten Reihe entfaltet sich abermals in Richtung Decke. Doch diesmal lässt sich Dr. Mong nicht unterbrechen.

»Wer von Ihnen glaubt, dass dieser Schlüssel aus *Zauberei* geschmiedet sein könnte, ist in der falschen Veranstaltung gelandet. Falls Sie mit mir und meiner Forschung solche Hoffnungen verbunden haben sollten, kann ich mich nur aufrichtig bei Ihnen entschuldigen.«

Er zieht eine ironische Grimasse der Zerknirschung. Genauso hat Miko sie angesehen, geht es Grete durch den Kopf, als sie sich lachend bei ihm beklagte, weil er beim Tanzen so wilde Bewegungen machte. Miko ließ sie plötzlich los, warf die Arme hoch, stampfte mit beiden Füßen und drehte sich wie rasend um sich selbst …

Ekstatisches Tanzen, überlegt Grete. Wollte Miko mir das auch zeigen?

»Ich versichere Ihnen, dass ich in meiner langjährigen Forschungsarbeit niemals auch nur den kleinsten Hinweis auf zuverlässig funktionierende Zauberei gefunden habe. Tut mir wirklich leid«, wiederholt Dr. Mong.

Grete starrt ihn hingerissen an. Er deutet mit beiden Händen zu den Türen am oberen Ende der Treppen zwischen den Sitzblöcken.

»Wer von Ihnen tief enttäuscht den Raum verlassen möchte, hat jetzt die Gelegenheit dazu. Dabei spielt es keine Rolle, ob Sie frustriert sind, weil Sie dachten, dass ich Ihnen ein paar frühgeschichtliche Zaubertricks zeigen würde. Oder weil Sie – wie der

Herr da oben – ein Enthüllungsjournalist sind, der Dr. Mong aus Austin als Scharlatan entlarven wollte.«

Er winkt dem Schlaksigen in der vorletzten Reihe zu. »Ihre Entscheidung, Herr Ben Metzler vom *Stadtkurier*. Wenn Sie bleiben möchten, von mir aus gerne.«

Der Mann mit dem dünnen Körper und den dünnen Haaren presst die Lippen zu einem fadendünnen Strich zusammen und starrt den Redner entgeistert an.

»Sicher fragen Sie sich jetzt, woher ich weiß, wer Sie sind«, sagt Dr. Mong. »Das muss Ihnen ja wie die reinste Zauberei vorkommen.«

Er sendet Grete ein breites Lächeln. Seine Augen funkeln wie ein ganzes Smaragdcollier.

Drei Stunden später. Grete sitzt im Thai-Restaurant *Dao* an der Kantstraße – tatsächlich mitten im Berliner Chinatown. Und inmitten der Hardcore-Fans von Dr. Mong.

Sie fuhr im Taxi mit ihm und seinen beiden Lieblings-Studis, Malte im Khakihemd und Linda, der Rothaarigen mit den stechenden Augen. Die restliche Meute folgte ihnen im VW-Bus.

An dem großen, runden Tisch ganz hinten in der labyrinthischen Lokalität erwischte Grete einen Platz fast direkt neben Dr. Mong, nur der zottelhaarige Malte sitzt zwischen ihnen. Er hat sich ganz zu Lenny gedreht und wendet Grete den breiten Rücken zu. Von der anderen Seite wird Dr. Mong durch Linda abgeschirmt.

Ist sie für ihn mehr als eine übereifrige Jüngerin? Linda mit dem knochigen Körper und dem Steuerrad-Symbol auf dem tief ausgeschnittenen Shirt?

Dass sie auch noch *Linda* heißen muss … Wie die Ex-Frau von Henrik Knusum, die ihn mit ihrer lyrischen Hypersensibilität und ihren Depressionen manipulierte. Bis er einen »autofiktionalen Roman« über ihre Ehe schrieb und sie damit aus dem Haus trieb.

Diese Linda hier ist anders. Bestimmt nicht hypersensibel, aber hypernervig. Mit hingerissenem Gesichtsausdruck hängt sie an Dr. Mongs Lippen. Auf jede kleine Bemerkung von ihm reagiert sie mit einem Glucksen tief aus der Kehle.

Um Lenny auch nur zu sehen, muss Grete sich weit vorbeugen und quasi in die Schlucht hineinrufen, die Malte und Linda vor ihm errichtet haben.

Frustriert stochert sie in ihrem Papayasalat. Soll sie sich für heute geschlagen geben? Kommt nicht infrage. Aber wie kann sie ihm auch nur in Erinnerung rufen, dass es sie gibt? Dass sie auf seine Einladung hin mitgekommen ist – »tun Sie mir doch den Gefallen, ich würde auf Ihre hochinteressanten Fragen gerne noch ausführlicher eingehen«?

Dabei ließ sich vorhin alles so verheißungsvoll an. Nicht nur sandte Lenny ihr während seines Vortrags dieses strahlende Lächeln. In der Fragerunde danach gelang es Grete, ihn gleich zweimal zu verblüffen.

»Bestimmt haben Sie sich auch schon selbst im ekstatischen Tanzen versucht, Dr. Mong?«

Sie fragte es mit dem routinierten Lächeln der PR-Expertin, doch hinter der Profi-Fassade fiel sie fast in Ohnmacht. Wie sie ihm gegenüberstand und mit beiden Händen den Pultrand umklammerte, musste sie an Miko denken, in jenem letzten Augenblick auf dem Balkon. Hatte er sich da genauso am Geländer festgeklammert? Grete spürte einen heftigen Stich. Aber er hat es geschafft, dachte sie schnell, er ist zurück …

»Und wenn ja«, fügte sie hinzu, »wie weit sind Sie bei Ihrer Geisterreise gekommen?«

Die Verblüffung in seinen Augen. Für einen Moment wusste er offenbar nicht, was er antworten sollte.

»In der Tat, ich habe es versucht.« Er wackelte leicht mit dem Kopf, wie um ironisch sein Scheitern einzugestehen. »Weit bin ich nicht gekommen, und ehrlich gesagt, ich war froh, als ich aus dem Durcheinander hinter der dunklen Tür wieder heraus war.«

Smart gekontert, dachte Grete. Dass er über das erste Gedränge nicht hinausgekommen wäre, hat er suggeriert, aber nicht ausdrücklich gesagt. Sie dankte ihm und sank zittrig auf ihren Sitz zurück.

Die meisten anderen Fragen waren von härterem Kaliber. Floris Kollege, der »Enthüllungsreporter« Metzler, meldete sich nicht mehr zu Wort, aber mindestens die Hälfte der Zuhörer schien gegen Dr. Mong eingestellt. Er müsse doch eine Hypothese haben, wurde ihm vorgehalten, was hinter dem ominösen Steuerrad-Geheimbund stecke. Entweder das Ganze sei eben doch ein riesengroßer Schwindel – oder es müsse »eine rationale, mit den Naturgesetzen übereinstimmende Erklärung geben, wie sie miteinander kommunizieren konnten«.

»Absolut Ihrer Meinung«, versicherte Dr. Mong. »Im Lauf der Geschichte wurde immer wieder einmal versucht, Informationen auf magischem Wege zu übermitteln – durch Gedankenübertragung beispielsweise oder durch gezieltes Versenden von Traumbotschaften. In der Renaissance – dem Zeitalter von Dr. Faust und Paracelsus – führte man hierzu aufwendige Experimente durch. Dämonen wurden um Hilfe angerufen, langwierige Rituale zur Reinigung des Geistes vorangestellt, aber um es kurz zu machen: Es hat praktisch nie funktioniert. Schon zweistellige Zahlen telepathisch zu übermitteln, erwies sich als Ding der Unmöglichkeit. Ganz zu schweigen von komplexeren Informationen. Jedenfalls, wenn Betrügereien ausgeschlossen waren.«

Er schaute lächelnd im Saal umher. »Sind Ihre Fragen damit beantwortet?«

»Im Gegenteil!«, schallte es zurück. »Sie haben immer noch nicht gesagt, welcher Hypothese Sie den Vorzug geben.«

Dr. Mongs Miene wurde verschlossen. »Natürlich mache ich mir meine Gedanken. Aber ich bitte um Nachsicht: Beim jetzigen Forschungsstand möchte ich meine Überlegungen noch für mich behalten. Ich darf Ihnen aber versichern: Neben schamanischen Geisterreisen halte ich auch Schrödingers Katze und Wurmlöcher im Raum-Zeit-Kontinuum für wenig plausible Erklärungsmodelle.«

In den vorderen Reihen wurde leise gebuht.

»Auch wenn ich mich ausgerechnet bei meinen eifrigsten Studenten damit unbeliebt mache«, setzte er hinzu. »Archäologie mit Quantenphysik oder der Stringtheorie zu kombinieren, wäre ausgesprochen cool, das sehe ich natürlich ein. Aber aktuell erkenne ich da keinerlei Verbindungen.«

Freundliches Gelächter, das hier und dort schon in Applaus überging. Die Veranstaltung schien beendet. Bis Grete erneut die Hand hob. »Eine Frage noch, Dr. Mong.«

»Ja, bitte?« Er reagierte sofort. Als hätte er nur darauf gewartet, dass sie sich nochmals meldete.

Obwohl ihre Knie sich noch wacklig anfühlten, rappelte sie sich abermals auf. Und klammerte sich an den Pultrand. »Wie haben Sie es geschafft, *zurückzukommen?* Sie glauben gar nicht, wie sehr mich diese Frage beschäftigt ...«

Mit großen Augen, den Mund noch ein wenig geöffnet, sah sie ihn an. Seine und ihre Augen saugten sich aneinander fest.

Die Frage hat ihn berührt, tief in seinem Innern ...

Das spürte sie ganz klar. Doch auf die Antwort wartet sie immer noch, als sie im *Dao* in ihrem Papayasalat stochert. Linda und Malte schotten ihn ab. Auch von den anderen am Tisch wird Grete geschnitten. Sie ist die Rivalin um Lennys Aufmerksamkeit und muss daher vertrieben oder zumindest isoliert werden. Darin sind sich anscheinend alle einig. Warum? Weil sie zehn, fünfzehn Jahre älter als die Studis ist?

Und wieso lässt Lenny das zu? Weshalb hat er Grete gebeten mitzukommen, mit diesem strahlenden Lächeln, das sich fast schon wie Streicheln anfühlt? Und jetzt sitzt sie hier, und er scheint sie vergessen zu haben.

Da plötzlich schiebt er Zottel-Maltes Oberkörper energisch nach vorn und lehnt sich hinter ihm zu Grete hinüber. »Ich muss gehen«, raunt er ihr zu, »es tut mir wirklich leid, das war anders geplant. Aber …«

Er schneidet eine Grimasse, halb zerknirscht und halb genervt. Reuig wegen Grete? Und frustriert wegen Linda, die mit mürrischem Gesicht neben ihm sitzt?

»Ich würde unser Gespräch wirklich gerne nachholen«, fährt er fort. »Ich habe Ihre Frage nicht vergessen. Im Gegenteil, sie beschäftigt auch mich sehr.« Er schaut sie bedeutungsvoll an. »Darf ich Sie anrufen? Verraten Sie mir Ihre Nummer – und Ihren Namen?«

»Grete.« Sie flüstert es. Vielleicht fällt sie jetzt doch noch in Ohnmacht? In deine Arme, Miko-Lenny …

Sie schafft es gerade so, diese Worte nur zu denken. Hastig kritzelt sie ihre Handynummer auf eine Papierserviette und steckt sie ihm hinter Maltes Khakirücken zu.

Kurz berühren sich ihre Hände. Für einen winzigen Moment ist Grete mit Glücksgefühl angefüllt wie ein Ballon.

Dann steht Linda auf. Lenny schiebt sich hinter ihr aus der Bank, legt einen Arm um ihre Hüfte, und sie schüttelt ihn unwillig ab. »Sei lieb«, hört Grete ihn sagen, in einem Tonfall, in dem sich Bitten und Genervtheit die Waage halten.

O verdammt, die beiden sind ein Paar …

Entgeistert starrt Grete hinter ihnen her. Lindas knochigen Hüften, um die er jetzt doch wieder seinen Arm gelegt hat. Wieso hat sie das nicht gleich gesehen? Wie blind kann man sein, Grete?

Aber sie hat es ja gesehen. Sie wollte es nur nicht wahrhaben, *»nach dem beklagenswerten Motto«*, wie Dr. Mong in einem Artikel schrieb, *»dass nicht sein kann, was nicht sein darf …«*

Es darf nicht sein, und es wird nicht sein! Grete presst die Zähne aufeinander. Wut brodelt in ihr hoch, kochender Zorn auf diese Schlampe mit den starren, wasserhellen Augen.

Wie kann sie es wagen … Er gehört mir!

Ohne sich von irgendwem zu verabschieden, drängelt sich Grete aus der Bank, wirft vorn am Tresen einen Zwanziger neben die Kasse, stürzt hinter den beiden her.

Ihr Ziel ist eine Mietskaserne in der Zillestraße, nicht weit von der Deutschen Oper. Unten im Haus ist eine Saufkneipe, mit Tischen auf dem Bürgersteig, an denen die Zecher grölen und die Gläser gegeneinanderkrachen lassen.

Wieder ist die Nacht brütend warm. Grete trifft gerade noch rechtzeitig ein, um zu sehen, durch welche Haustür die beiden verschwinden.

Lenny und Linda. Sie kann es immer noch kaum glauben. Vor Wut stößt sie leise Fauchlaute aus. Als Kind hat ihr das geholfen, Dampf abzulassen, aber heute facht es ihre Eifersucht nur noch weiter an.

Sie beobachtet die Fenster an der Vorderfront. Im Treppenhaus geht Etage um Etage das Licht an, bis zum vierten Stock hoch. Kurz darauf werden die Fenster in der rechten Dachwohnung hell. Dann ihre Silhouetten hinter den dünnen Vorhängen.

Grete nähert sich der Haustür, wirft einen Blick auf das Klingelbrett. Neben der obersten Klingel steht in eckiger Handschrift *»Dr. Mong«*.

Sie hat Tränen in den Augen und ein Brennen im Hals. Sie stellt sich vor, was die beiden da oben treiben. »Ich habe mir das Steuerrad tätowieren lassen, Lenny. Willst du sehen, wo?« Sie faucht so laut, dass die Säufer kurz innehalten und sie trübäugig anglotzen.

Weitersaufen! Rührt euch! So etwas Ähnliches hätte Sascha jetzt gesagt, aber Grete begnügt sich damit, es zu denken. Sie wechselt die Straßenseite. So hat sie die Fenster oben im Blick und kann ihrerseits im Schatten verschwinden. In einem schummrigen Durchgang zur Bismarckstraße.

Bismarck als Sozial… Der hat ihr gerade noch gefehlt.

Sie stellt sich in den offenen Eingangsbereich vor einer breiten Glastür. Ein Bürohaus, hier will vor morgen früh bestimmt keiner mehr rein oder raus.

Und was will ich hier? Sehen, wie lange Linda bei ihm bleibt … Und wenn sie wieder rauskommt, was dann?

»Planung ist gut«, sagt Sascha in ihrem Kopf. »Aber manchmal ist improvisieren besser, Gretchen.«

Sie lehnt sich mit der Schulter gegen die raue Wand. Oben hinter den Fenstern tanzen die Schatten.

Tanzen die wirklich, oder sieht das durch die Vorhangfalten nur so aus? Grete faucht so laut, dass sie sich vor sich selbst erschreckt. So wütend war sie schon lange nicht mehr. Und so verzweifelt.

Was mache ich jetzt? Wie kann er nur. Er hat mich doch erkannt …

Mit den Fäusten trocknet sich Grete die Augen. Sie hat ihn doch berührt, tief innen. Durch ihre Frage: *Wie hast du es geschafft, zurückzukommen?* Zu mir, Miko-Lenny, zu mir …

Er braucht einfach noch Zeit. Er ist noch nicht wieder ganz er selbst. Er muss sich erst noch zurechtfinden, dann setzt er Linda mit den starren Augen vor die Tür.

Na los, Lenny, worauf wartest du?

Doch die Tür da drüben bleibt zu. Die Fenster oben werden dunkel, und Gretes Kehle wird noch enger.

Linda übernachtet bei ihm. Vielleicht wohnt sie sogar bei Lenny. Dass nur sein Name auf dem Klingelschild steht, hat nichts zu bedeuten.

An ihrer Klingel im Gutleutviertel gab es überhaupt kein Namensschild. Bei Sascha in Schwalbach steht allein sein Name am Tor.

Wo immer Hannah und sie wohnten, sie hinterließen keine Spur. Wie Geister, denkt Grete.

Sie dämmert vor sich hin. Zwischendurch muss sie eingeschlafen sein. Als sie hochschreckt, sitzt sie auf der Stufe vor dem Eingangsbereich, seitlich an die Wand gelehnt. Alles ist still, nur ihr Herz hämmert.

Im Traum schlichen Schatten um sie herum …

Grete reibt sich die Augen. Die Kneipe drüben ist dunkel, fast alle Fenster in der Hausfassade auch. Nur bei Lenny oben brennt noch ein einzelnes schwaches Licht.

Wie viel Uhr? Sie rappelt sich auf, kramt ihr Handy aus dem City Bag.

Halb drei. So spät schon? Bläulich beleuchtet das Display den Vorraum vor der Glastür. Da erst sieht sie, dass sie nicht allein ist.

Längliche Schemen an den Wänden, reglos wie Teppichrollen … Obdachlose? Die müssen sich in den Ecken ausgestreckt haben, während sie schlief. Bestimmt sind das hier ihre angestammten Schlafplätze …

Aber etwas stimmt nicht. Sind die nicht viel zu still und reglos? Müssten sie nicht schnarchen, sich hin und her wälzen? Benommen sieht sich Grete um.

Gerade da geht auf der anderen Straßenseite die Haustür auf. Eine Frau kommt heraus, lang, dünn, kupferhaarig im matten Schein der Straßenlaterne.

Sofort brodelt in Grete wieder Wut hoch. Sie will über die Straße rennen, Linda zur Rede stellen, da sind sie auf einmal hinter ihr.

Zwei schemenhafte Gestalten … Sie ziehen Grete tiefer in den Vorraum … Die Penner aus den Ecken? Wer sonst? Sie ziehen sie ins Dämmrige, Unbestimmte, und irgendwie sinkt Grete um, sieht eben noch, wie die Schemen zu Linda stürzen, sie verdecken, dann nichts mehr.

Der nächste Morgen, kurz vor halb zehn. Grete liegt auf ihrem Bett, eben aufgewacht, ohne Erinnerung, wie sie nach Hause gelangt ist.

War das alles nur im Traum? Wie sie hinter Lenny und Linda hergeschlichen ist? Im Schatten auf der Lauer lag?

Schwerfällig manövrieren die Gedanken in ihrem Kopf, wie Schiffe im Nebel.

Sie hat in ihrem Kleid geschlafen, ihre Slipper und der Rucksack liegen neben ihr am Boden. Sie hat Schürfwunden an den Händen, ihre rechte Schulter ist zerkratzt.

Es ist also wirklich passiert, nicht nur im Traum …

Sie muss dort eingeschlafen sein, in dem Vorraum vor der Glastür. Oder eher wohl ohnmächtig geworden. Das passiert ihr manchmal, zum Glück nur noch selten. Sie muss hingefallen sein, im Fallen noch versucht haben, sich abzustützen, daher die Schürfwunden. Später hat sie sich aufgesetzt, mit der Schulter an die raue Wand gedrückt.

Gott sei Dank ist es Samstag, das Wochenende hat sie frei. Ein Kaffee gegen die Watte im Kopf wäre jetzt gut. Doch dafür müsste sie aufstehen, ins vordere Zimmer gehen.

Eine unlösbare Aufgabe, zumindest im Moment. Grete hat ab und zu diese Anfälle von Energie- und Mutlosigkeit. Zum Glück auch nur noch selten, doch nach dem, was letzte Nacht passiert ist, darf man ja wohl mal ein kleines Tief haben. Niemand kann sich ununterbrochen zusammenreißen, verdammt noch mal.

Aber was ist denn eigentlich passiert? Denk nach, Grete …

Sie verengt die Augen zu Schlitzen. Lenny und Linda sind zusammen abgezogen, doch das ging nicht von ihm aus. Sondern von diesem kupferhaarigen Miststück. Er wollte viel lieber bleiben, mit Grete reden, aber Linda hat Druck gemacht.

Und womit? Die beiden sind doch kein normales Liebespaar. Nie im Leben. Was sonst? Hat sie ihn irgendwie in der Hand?

Grete kaut auf der Unterlippe. Ein Gedanke steigt in ihr auf, ungreifbar wie ein Nebelfaden.

Es geht nicht um Zauberei, das hat Lenny mehrfach gesagt … Vielleicht sieht Linda das anders? Oder weiß, dass er nicht die Wahrheit sagt? Weil es im Gegenteil bei der ganzen Sache genau darum geht: um ekstatisches Tanzen, um Reisen in die Geisterwelt?

So unheimlich, denkt Grete. Und sieht Linda nicht wie eine Bilderbuchhexe aus? So hässlich, knochig, boshaft, rothaarig sogar, und dazu die starrenden Augen …

War da was? Sie lauscht zum vorderen Zimmer hin. Blödsinn, Grete. Was soll da schon sein? Außer der Espressomaschine, zu der du dich gerade nicht hinzugehen traust?

Sie verkriecht sich unter der Bettdecke. Dabei ist ihr so schon warm. Sie sollte unter die Dusche gehen. Aber in ihrem Kopf geistern die Schemen von letzter Nacht herum. Solange sie nicht sicher weiß, was es mit denen auf sich hat, wird sie nirgendwo hingehen. Schon gar nicht unter die Dusche.

Diese Schatten, die sie zurückhielten, als Linda drüben aus der Tür kam … Wer war das – oder *was?* Die Schemen, die sie tiefer in den Vorraum zogen, dann Linda vor ihren Blicken verbargen?

Minutenlang denkt sie darüber nach. Nein, das kann nicht wirklich passiert sein, sagt sie sich schließlich. Dass Linda mitten in der Nacht aus dem Haus gekommen ist, muss sie geträumt haben. Und das danach erst recht.

Sie wirft die Bettdecke zurück und rappelt sich auf. Eine halbe Stunde später sitzt sie mit einem Latte macchiato und einer

Schale Müsli mit Obst und Joghurt an ihrem Küchentresen. Erfrischt und mit halbwegs klarem Kopf nach einer kühlen, am Ende eiskalten Dusche.

Sie hat Lenny ihre Telefonnummer gegeben, aber blöderweise nicht auch seine verlangt. Das passiert ihr sonst nie. So durcheinander, wie sie gestern Abend war, kann sie froh sein, dass sie nicht noch mehr Mist gebaut hat.

Oder doch? Grete runzelt die Stirn. Vage sieht sie sich selbst, wie sie im Dunkeln vor Lennys Haus steht. Plötzlich liegt Linda vor ihr auf der Straße. Wie kommt die da auf einmal hin? Kann nicht sein, denkt Grete. Auch den *DriveNow*-Mietwagen, an dessen Steuer sie in ihrer Erinnerung sitzt, kann sie nicht letzte Nacht gefahren haben. Mit irgendetwas Schwerem, Schlappem im Kofferraum … Nein, das kann nicht wirklich passiert sein. Schon gar nicht gestern Nacht.

Zumindest kenne ich Lennys Adresse, sagt sich Grete. Entweder er meldet sich bis spätestens heute Abend, oder ich stehe morgen bei ihm auf der Matte. Da kann Linda keifen, so viel sie will.

Die Türklingel scheppert, Grete fährt zusammen. Ruhig, Mädchen, ganz ruhig. Nur weil du gerade an die Hexe gedacht hast, wird sie nicht im nächsten Moment vor deiner Tür stehen. Auf dem Besen hergeritten, oder wie?

Sehr witzig. Sie rennt ins Bad, schneidet sich im Spiegel eine Grimasse. Aber von wegen, ihr Gesicht bleibt starr. Verdammter Mist, was ist denn plötzlich los? Das alles ist ihr seit Ewigkeiten nicht passiert. Ohnmächtig werden, sich total ausgepumpt fühlen. Und jetzt auch noch das.

Die Klingel. Ja, ja, sie kommt ja schon.

Man wird sich doch erst mal fertig anziehen dürfen. Nach dem Duschen hat sie nur Unterwäsche übergestreift, jetzt fischt sie Shirt und Shorts aus dem Regal neben der Tür. Ihre Joggingkluft, bambusgrün. Wenn sie sich so wattig und kraftlos fühlt, hilft ihr nichts so sehr wie ein Waldlauf hoch zum Teufelsberg.

Sie zieht sich hastig an, vermeidet es, noch einen Blick in den Spiegel zu werfen. Mit beiden Händen strubbelt sie ihre Haare zurecht. Ob Lenny sie schneller erkannt hätte mit ihrer alten Frisur? Blödsinn, du denkst dir schon wieder dummes Zeug zurecht, Grete.

Wieder die Klingel. Grete geht auf Zehenspitzen zur Wohnungstür, späht durch den Türspion.

Wen hat sie erwartet?

Linda?

Lenny?

Hannah? Sascha?

Bei ihm weiß man natürlich nie, er kann immer und überall auftauchen. »Wie sieht's aus, Kleines? Ich bin zufällig in der Nähe …« Du und deine Zufälle, Sascha.

Aber nein, es ist Paula Johansen. Gretes Kollegin aus der Agentur.

Das Gefühl, als würde die Glasmembran um ihren Kopf herum zerspringen. Gutes Gefühl. Sie verzieht das Gesicht, spürt, wie die Muskeln ihr wieder gehorchen.

Alles ganz normal. Sie setzt ein Lächeln auf und will die Tür aufriegeln – das Kettenschloss, das Stangenschloss, das ganz normale Sicherheitsschloss. Da erst fällt ihr auf, dass sie überhaupt nicht abgesperrt hat.

Das gibt es nicht. Das ist ihr wirklich noch nie passiert. Dass sie nach Hause kommt und nicht als Allererstes alles verrammelt.

Sie drückt die Klinke herunter und zieht die Tür auf.

»Na endlich.« Paula wirkt ziemlich entgeistert. »Was ist denn los bei dir, Grete? Ich habe dich rumpoltern gehört, als würdest du schnell noch ein paar Leichen verstecken.« Sie lacht leicht hysterisch auf. »Oder hast du Alex Blumfeld zu Besuch?«

Paula ist Mitte dreißig, mittelgroß, pummelig, Pagenfrisur, hyperkommunikativ. Wer garantiert keine »unangenehme Gesprächspause« erleben will, ist bei Paula garantiert richtig. Angenehme Pausen im Geplapper bleiben allerdings genauso aus.

»Soviel ich weiß, nein.« Grete macht die Tür weiter auf, bleibt aber auf der Schwelle stehen. »Ich wollte gerade eine Runde joggen. Kommst du mit?«

»O mein Gott, nein.« Paula zieht die strichdünn gezupften Augenbrauen bis zum Haaransatz hoch.

Grete hat schon verschiedene Methoden ausprobiert, um Paula abzuwimmeln. Die Einladung zum Joggen funktioniert definitiv am besten. Die Kollegin geht zweimal die Woche ins Gym, aber davon, »einfach so herumzurennen«, hält sie überhaupt nichts. In der Stadt nicht und im Wald schon gar nicht. »Du forderst dein Schicksal heraus, wenn du so mutterseelenallein durch den Wald läufst«, hat sie Grete schon mehrfach gewarnt. »Was weißt du denn, wer da alles hinterm Busch auf der Lauer liegt?«

Stimmt schon, denkt Grete, war aber immer schon so bei mir. Sie hebt die Hand, um ihr zum Abschied zu winken.

»Was ist *das* denn?«, ruft Paula. Sie schnappt sich Gretes Hand.

»Ach das … das ist nichts.« Sie versucht, ihr die Hand zu entwinden, aber Paula hält sie fest und dreht sie hin und her. Wie ein seltenes, seltsames Tier.

»Was hast du gemacht, Grete?« Sie starrt abwechselnd auf die Hand und in Gretes Gesicht. »Hattest du Ärger mit einem Kerl?«

»Jetzt lass mich doch los!« Grete entreißt ihr die Hand und verschränkt die Arme unter der Brust. »Ich bin gestolpert, das ist alles. Ein verdammtes Schlagloch, im Dunkeln, du weißt doch, wie schnell das geht.«

»Weiß ich das?« Paula setzt ein mitfühlendes Gesicht auf. »Erzähl es mir.«

O Gott, nichts wie weg, denkt Grete. Sonst kriege ich die volle Ladung Psycho-Blabla ab. Was bei mir alles schiefgegangen ist.

Warum ich nichts dafür kann. Wieso es nicht schlimm ist zu stolpern, Hauptsache, man steht wieder auf …

»Hab jetzt leider keine Zeit. Wir sehen uns Montag in der Firma, okay?«

Sie macht einen Schritt rückwärts und die Tür vor Paulas Nase zu.

Um elf ist Grete auf dem Teufelsberg, um halb zwölf mit den Nerven am Ende. Sie rennt die Forstwege hoch und runter, nicht mal halbwegs außer Puste, und doch rast ihr Herz wie nach einem Hundertmetersprint.

»*Das Herz hat immer recht*«, schrieb Henrik Knusum irgendwo. »*Wenn es aufhört zu schlagen, ist alles aus.*«

Ganz genau, denkt Grete. Sie stampft auf der Stelle, zieht die Knie abwechselnd hoch bis fast unters Kinn. *Gleich ruft er an, gleich ruft er an,* donnert ihr Herz. Solange es damit nicht aufhört, hat sie Hoffnung.

Sie läuft zurück in Richtung Drachenberg. Plötzlich getrieben von der Angst, dass sie zu spät kommen könnte. Was denn, wenn er sie gleich schon treffen will? Sie muss ihn doch ein zweites Mal für sich gewinnen. Und anstatt zu überlegen, wie sie das am besten anfängt, stolpert sie hier schwitzend durchs Dickicht.

Grete, was soll das?

Gute Frage. Zumindest die Watte im Kopf ist sie los. Die Stromstöße im Magen sind allerdings nicht viel angenehmer.

Hier irgendwo im Wald wurde wirklich mal eine Joggerin umgebracht, aber das ist Jahre her. Eine Richterin, wenn Grete sich richtig erinnert, Blumfeld hat ihr von dem Fall erzählt. Sie wurde vergewaltigt und erstochen. Pilzsammler entdeckten die Leiche stückweise im Gebüsch, die Polizei hatte weniger Glück. Der Täter ist bis heute unauffindbar, der zuständige Kommissar von

Selbstzweifeln geplagt. Als Blumfeld ihn interviewte, brach irgendwann seine Stimme, stumm schüttelte er den Kopf und die Faust. »Aber den kriege ich noch!«, stieß er zum Abschied hervor.

Blumfeld spielte die Szene für Grete pantomimisch nach. Er hat neben vielen anderen ein komödiantisches Talent. Im Rennen sieht sie sein stoisches Gesicht vor sich, das sich gummiartig verzieht, wenn er Personen imitiert.

Er hat Mörder im Knast interviewt und in Abgründe tiefer als der Grand Canyon geschaut. Wenn er von ihnen erzählt, kommt sich Grete fast wie im Puppentheater vor. Blumfeld streift sich die Mörderpuppen über, lässt sie fuchteln und schwadronieren. Normalerweise beruhigt es sie, an Blumfeld zu denken, doch jetzt hat sie ihn schon minutenlang im Ohr und ist immer noch so nervös, dass sie fast zu zerspringen glaubt.

Wann ruft Lenny endlich an? Dr. Mong, bitte melden!

Ob die Hexe Linda bei ihm ist?

Nein, bestimmt nicht. Komischerweise macht die ihr keine Bauchschmerzen mehr. Dabei glaubt Grete nach wie vor, dass sie die nächtliche Straßenszene geträumt hat. Unklar eigentlich nur, ob sie dabei zu Hause im Bett war oder vielleicht doch noch vor der Bürohaustür.

Gleich ruft er an, gleich ruft er an … Sie joggt auf dem Wiesenweg parallel zur Teufelsseestraße entlang. Das Brausen von der fünfspurigen Heerstraße wird mit jedem Schritt lauter, doch tausendmal lauter donnert noch immer ihr Herz.

Gleich ruft er an, gleich ruft er an … Eigentlich unwürdig, wie ein Mauerblümchen still nach dem Geliebten zu schmachten. Aber das hier ist anders. *Er* ist anders, ich bin anders, sagt sich Grete. Zusammen sind wir unsere eigene Welt.

Einmal hat sie ihre unsichtbare Tür gefunden, und dahinter war alles, wovon sie ihr Leben lang geträumt hat. Dort muss sie wieder hin, von da wird sie nie wieder irgendwer vertreiben. Sie nicht und ihn nicht. Wir gehören zusammen, Lenny, also ruf an!

Genau in dem Augenblick, als sie *»an!«* denkt, vibriert ihr Smartphone. Sie fummelt es aus der Gürteltasche. Rufnummer unterdrückt …

»Hallo?« Ihr Atem ist minimal beschleunigt, ihr Herzschlag maximal.

»Mong hier, Lenny Mong. Erinnern Sie sich noch an mich?«

Erinnerst *du* dich, Miko-Lenny?

»Ja klar. Dr. Mong.« Sie dimmt ihr Lauftempo, greift sich mit einer Hand an die Stirn. Fiebrig warm. »Ist ja noch nicht so lange her.« Sie lacht leise auf.

Leben heißt fiebern. Wer hat das gesagt?

»Lenny, bitte. Nennen Sie mich einfach Lenny. Ich muss Sie sehen, Grete.« Sein Tonfall wird drängend. »Mit Ihnen reden. Geht das? Heute noch?«

»Von mir aus gerne.« Sie hat Mühe, nicht zu schreien. Ihr Glück aus sich herauszuschreien.

»Ich kenne da ein nettes Restaurant am Savignyplatz.« Jedes Wort von ihm klingt wie Gesang. »Oder besser noch …«

»Besser noch?«, wiederholt sie.

»Verstehen Sie das nicht falsch, aber warum treffen wir uns nicht bei mir? Da können wir ungestört reden. Sagen wir, um sechs? Ich kann auch ganz gut kochen – Sie mögen doch thailändisch?«

Grete bleibt unvermittelt stehen. Die Teufelswiesen drehen sich um sie herum, die Bäume winden sich wie ekstatische Tänzer.

»Und wie. Für einen scharfen Papayasalat oder ein grünes Gemüsecurry würde ich so ziemlich alles stehen und liegen lassen.«

»Das kriege ich hin«, versichert er. »Und was halten Sie von einem Mango Daiquiri als Aperitif? Natürlich handgemixt, mit frisch gepressten Zitronen und Mangostücken? Nicht zu vergessen den jamaikanischen Rum, zwanzig Jahre gereift.«

»Das klingt wunderbar.« Grete sitzt mittlerweile mitten in der Wiese, mit dem Rücken an einem Baum. Sie hat die Augen geschlossen und sieht sich und ihn, wie sie in der Hotelsuite tanzen, nackt, die Gläser mit Mango Daiquiri in der Hand.

»Und dann erzählst du mir endlich, wie du es geschafft hast, zurückzukommen?«

Irgendetwas verschlägt ihm die Sprache.

»Lenny?«

Sie braucht kein Videotelefon, um ihn vor sich zu sehen. Wie er lächelt und leicht den Kopf schüttelt. Wie ihm das dichte schwarze Haar in die Stirn fällt und seine Augen im Sonnenlicht jadegrün schimmern. Er steht am Fenster seiner Dachwohnung, zumindest in ihrer Fantasie.

»Ganz genau, Grete«, singt er. »Das ist der Plan.«

Er nennt ihr seine Adresse, und sie wiederholt sie, wie um sicherzugehen, dass sie alles richtig verstanden hat.

»Bist du Opernfan?«, fragt sie noch. Schließlich ist seine Wohnung Luftlinie nur ein paar Hundert Meter von der Deutschen Oper entfernt.

»Nur Wagner«, sagt er in seinem Südstaaten-Sprechgesang. »Von *Parsifal* kann ich gar nicht genug bekommen.«

»Also bis sechs!« Grete beendet das Gespräch.

Während sie nach Hause läuft, überlegt sie, ob auch Lenny ihre Adresse schon kennt. So wie sie seine bereits wusste.

Wagnerallee 43 … Warum sonst hat er so betont, dass er nur Wagner-Opern mag?

Oder wollte er ihr sagen, dass es bei dem Steuerrad-Kult eben doch um Zauberei geht – so wie sich im *Parsifal* alles um Magie dreht? Und so wie er, Lenny-Miko, durch Zauberkunst aus dem Reich der Totengeister zurückgekehrt sei?

Oder ist sie selbst – sind sie beide – so in Zauberfäden eingewoben, dass alles, was Grete antippt, bedeutungsvoll schwingt und klingt? In Doppel- und Dreifachklängen? Zwei und mehr Bedeutungen zugleich?

Natürlich weißt du, wer ich bin und wo ich wohne. Du, der aus der Geisterwelt zurückgekommen ist … So singt es in Grete, während sie nach Hause läuft. Noch schlummert das Wissen in dir, mein Geliebter. Aber wie Parsifal wirst du verstehen, wenn die Richtige dich auf die rechte Weise küsst.

Sie hat das schilfgrüne Etuikleid ausgewählt, das sie an jenem Abend trug. Dazu rote Slipper, natürlich neue, die alten hat sie ja damals zurückgelassen. Auf der Flucht vor dem Schattenmann.

Doch an den will Grete jetzt nicht denken. Heute nicht und möglichst nie mehr.

Als Lenny die Wohnungstür öffnet, traut sie ihren Augen nicht: Er hat einen schwarzen Anzug an, genau wie damals. »Extra für *Parsifal* gekauft«, sagt er lächelnd, als er Gretes Blick bemerkt. »Du hast gefragt, ob ich Opernfan bin, und da kam mir die Idee, ich könnte ihn ja endlich mal einweihen.«

Ein Teil von ihm erinnert sich, jubelt es in Grete. *Deshalb* hat er den Anzug gewählt, so wie ich das grüne Kleid …

Sie lächelt zurück. Irres Schwindelgefühl. Für einen Moment muss sie sich am Türstock festhalten, dann wird ihr Blick wieder klar.

Seine Wohnung ist enger und viel schlichter, als sie sich das vorgestellt hat. Grete folgt ihm durch die kleine Vordiele in eine Art Mehrzweckzimmer mit niedriger Decke, schrägen Wänden. Und reichlich schrottigen Möbeln. In der Ecke ein Küchenblock mit Esstresen, unter den Fenstergauben eine schlammfarbene Sitzgarnitur. Couch und zwei Sessel, alles original Seventies.

Irritiert sieht sie sich um. So ärmlich haben sie nicht mal im Gutleutviertel gewohnt. Und Lenny ist doch Hochschuldozent mit »großzügiger Förderung«, für die er sich bei seinem Vortrag sogar bedankt hat. Förderung durch wen oder was eigentlich?

»Bis vor Kurzem habe ich noch in Dahlem logiert«, erklärt er, »in einem Gästehaus des Instituts.« Er hat ihr Befremden offenbar bemerkt. »Aber da hatte ich ständig Reporter vor der Tür stehen und einmal sogar Aktivisten mit ›Follow the Science‹-Transparenten.«

Er zieht die ironische Grimasse, die Grete schon von ihm kennt.

»Für die Boulevardpresse bin ich eine Art Rasputin, der den Leuten mit faulem Zauber die Köpfe verdrehen will«, fährt er fort. »Und die Aktivisten werfen mir vor, die Naturgesetze zu leugnen.«

»Und? Haben sie recht?« Grete starrt ihn an, gebannt von seinen Augen, die wie kleine grüne Kristallkugeln sind. Wenn sie sich Mühe gibt, kann sie ihre Zukunft darin lesen. Ihre Vergangenheit sowieso.

»Überhaupt nicht«, sagt er. »Ich weiß gar nicht, wie oft ich das schon klargestellt habe.«

Sie steht ganz nah bei ihm. Er sieht genauso aus, riecht genauso wie in Bangkok. Warum legt er nicht die Arme um sie? Miko, ich bin's …

Er ist auch genauso groß wie in ihrer Erinnerung, eine Handbreit höher als sie. Die Haare trägt er nicht mehr ganz so kurz, und es steht ihm gut. Sein texanischer Akzent ist cool, er klingt irgendwie männlicher als mit dem niedlichen Schulenglisch in Bangkok.

Wie auch immer er das alles hinbekommen hat, er ist perfekt.

Lenny hebt die Hände wie zur Kapitulation. »Beim jetzigen Forschungsstand weiß niemand – mich eingeschlossen –, wie die Mitglieder des Steuerrad-Netzwerks miteinander kommuniziert haben. Haben sie magische Rituale wie zum Beispiel ekstatisches Tanzen praktiziert? Höchstwahrscheinlich ja. Könnte das nach unserem Forschungsstand eine Methode sein, um zuverlässig miteinander zu kommunizieren? Natürlich nein. Und im Übrigen …«

Er schüttelt den Kopf und bricht ab. »Entschuldige, Grete. Ich halte schon wieder Vorträge. Du möchtest bestimmt etwas trinken. Ein eiskaltes Mineralwasser? Oder gleich einen Cocktail?«

»Gerne einen Mango Daiquiri. Wie … von dir angekündigt.« *Wie beim letzten Mal,* hätte sie beinahe gesagt.

»Hier unterm Dach wird es ziemlich warm«, redet er munter weiter. »Mir als Tex-Thai macht das nichts aus, im Gegenteil. Trotzdem kann das Jackett mal wieder weg, nachdem ich dich damit beeindruckt habe. Wenn Sie erlauben, Ma'am.«

Er grinst sie an, schüttelt sich aus der Jacke und wirft sie auf die Couch. Fasziniert sieht Grete, wie sich das weiße Hemd über seinem Oberkörper spannt.

»Und wie ist das bei dir?« Er rollt sich die Ärmel bis zu den Ellbogen auf. »Magst du es lieber kalt oder warm?«

»Heiß.« Am liebsten würde Grete auch etwas ausziehen, aber viel mehr als das grüne Kleid hat sie nicht an.

»Zum Glück war die Wohnung hier gerade frei.« Lenny geht in die Küchenecke, nimmt eine Schürze mit rot-weißem Streifenmuster vom Haken, bindet sie sich um.

»Normalerweise wohnt hier Mr Sven Meier, ein wissenschaftlicher Mitarbeiter«, fährt er fort, »aber der ist in einer Reha-Einrichtung oder so. Um mit seinen neuen Kniegelenken laufen zu lernen, wenn ich das richtig verstanden habe. Freundlicherweise wurde mir seine Behausung zur Verfügung gestellt. Und die Aktivisten stehen sich hoffentlich immer noch vor dem Gästehaus die Beine in den Bauch. Stell dir vor, wenn ich morgens vor die Tür ging, saßen die schon auf meiner Terrasse.«

Er zuckt mit den Schultern, einen Moment lang wirkt er frustriert. Als wären das alles Begebenheiten aus einer Parallelwelt, mit der er am liebsten nichts zu schaffen hätte.

Wie gut sie das versteht.

Grete hat bisher nur wenig zum Gespräch beigesteuert, aber er ist so mitteilsam, da fällt das kaum auf. Sie hat genügend damit zu tun, ihm zuzuhören, sich von seinen Augen hypnotisieren zu lassen, sich vorzustellen, was sie alles zusammen machen werden. Und dabei nicht in Ohnmacht zu fallen.

Nicht gerade jetzt. Als junges Mädchen hatte sie öfter solche seltsamen Absencen, seit mindestens zehn Jahren praktisch nicht mehr. Bis letzte Nacht.

Wenn er sie wegen der Schürfwunden an ihren Händen fragt, wird sie sagen, sie sei beim Joggen gestolpert. Aber sie spürt, dass er nicht fragen wird.

Grete schaut ihm zu, wie er sich hinter dem Küchentresen zu schaffen macht. In einem Topf köchelt ein Gemüsecurry, in einem zweiten blütenweißer Reis. Auf der Arbeitsfläche daneben steht eine Schüssel mit Papayasalat. Es riecht köstlich und sieht umwerfend aus.

So wie er. Warum hat sie ihn zur Begrüßung nicht einfach geküsst? Sie hat daran gedacht, natürlich. Jede Sekunde, seit er ihr die Tür aufgemacht hat. Aber sie hat sich zusammengerissen, vor allem wegen Linda.

Vielleicht ist die rothaarige junge Frau noch irgendwo hier in der Wohnung? Grete glaubt es nicht, aber sie will nichts riskieren. Erst muss sie aus seinem Mund hören, wie es zwischen ihm und Linda steht.

Ist sie seine Studentin? Oder was sonst? Irgendetwas an ihr ist seltsam, genauso wie an Malte, dem jungen Mann mit den Zottelhaaren, die in alle Richtungen abstehen.

Mit geübten Bewegungen bereitet Lenny ihr und sich selbst einen Drink zu. Auch für den Mango Daiquiri hat er schon alles vorbereitet. Zitronen ausgepresst, Mango in Stücke geschnitten. Die Cocktailgläser, die er aus der Kühlung holt, sind vor Kälte beschlagen. Er gibt Eiswürfel hinein, einen Schuss Mangosirup, zwei Finger Jamaica-Rum.

»Cheers, Grete! Ah, da fehlt noch was.« Er schlitzt Mangoschnitze an und steckt sie auf den Rand ihrer Gläser. »Jetzt aber.« Lenny hält ihr eins der Gläser mit dem duftenden Cocktail hin. »Auf dein Wohl.« Er lässt sein Glas leicht gegen ihres klirren.

Grete nimmt einen Schluck, schließt kurz die Augen. Die Mischung ist perfekt. Fruchtig und herb. Kalt und feurig.

»Ich freue mich, dass es mit unserem Wiedersehen so schnell geklappt hat«, sagt Lenny.

Mit unserem Wiedersehen … Wie meint er das?

Grete macht die Augen wieder auf, starrt ihn an. In seinem Gesicht ist kein Erkennen, doch auch kein Erschrecken mehr. Nur Lächeln, echte Freude über ihr Beisammensein.

»Was ist eigentlich mit Linda?« Sie hält den Atem an, erschrocken über ihre Frage.

»Mit Linda? Ach so, du meinst, ob sie und ich …« Er atmet geräuschvoll aus. »Sind wir nicht. Um Himmels willen, nein.«

Geistesabwesend schaut er an Grete vorbei. Etwas wie ein Schauder scheint ihn zu überlaufen, dann kehrt sein Lächeln zurück.

»Die Stiftung hat mir Linda zur Seite gestellt«, fährt er fort. »Sie und Malte, als Assistenten. Ich versuche wirklich, mit ihnen klarzukommen. Aber die beiden sind ein bisschen sehr übereifrig, das ist dir vielleicht auch aufgefallen.«

»Kann man so sagen.«

Grete nimmt einen kräftigen Schluck von ihrem Cocktail. Der Rum rollt ihr durch die Adern, es fühlt sich großartig an. *Sie* fühlt sich großartig, aber das kommt nicht vom Alkohol.

»Welche Stiftung eigentlich?«, fragt sie. »Sind das deine großzügigen Förderer, bei denen du dich in deinem Vortrag bedankt hast?«

Lenny nickt. »Die Tom-Duncker-Stiftung. Sie finanzieren meinen Job in Austin. Sie bezahlen meine Forschungsprojekte, einschließlich diesem hier. Ohne sie wäre ich aufgeschmissen. Dass ich dafür auch mal Kompromisse machen muss, ist okay. Aber Linda … Na ja, ich will dich mit diesem Zeug nicht langweilen, Grete. Wir haben gestern Abend noch ewig lang hier geredet. Gestritten, besser gesagt. Und am Ende habe ich sie rausgeschmissen.«

Mit einem Mal kommt er ihr besorgt vor. Fast schon verstört. Abrupt wendet er sich um und nimmt den Currytopf vom Herd.

Also hat sie doch nicht alles nur geträumt? Linda kam drüben aus der Haustür, als ich im Dunkeln auf der Lauer lag … Grete ist kaum weniger beunruhigt als Lenny. Und dann diese Schemen, die sich auf Linda stürzten …

Blödsinn, das kann nicht in echt passiert sein.

»Das Essen ist fertig«, sagt er in munterem Tonfall. »Ein Glas Weißwein dazu? Oder bleiben wir beim Daiquiri und löschen zwischendurch mit Mineralwasser ab?«

»Für mich erst mal eine Weißweinschorle«, antwortet Grete. »Und nach dem Essen zeigst du mir, wie ekstatisches Tanzen geht?«

Verblüfft schaut er sie an. Mit einem Mal sieht er viel jünger aus. Und so hübsch, dass Grete gar nicht anders kann. Sie beugt sich über den Tresen, legt ihm die Hand in den Nacken und zieht ihn zu sich herüber. »Oder wir tanzen erst mal zu Bird Thongchai«, flüstert sie. »Wie damals.«

Sie küsst ihn, und er schmeckt wie in ihrer Erinnerung. Nach Miko und Mango. Nach der Liebe ihres Lebens.

Die Gläser zwischen ihnen kippen um. Lenny schiebt alles zur Seite und springt über den Tresen. Er nimmt sie in die Arme, sacht und doch fest. Sie lehnt sich an ihn. Wie damals, wie für immer …

O Gott, Miko, ich war so verloren. Ich dachte wirklich, du wärst tot.

Sie kann es nicht laut gesagt haben, seine Lippen sind ja auf ihrem Mund. Er küsst sie, wie nur er sie küssen kann. Und doch hat er es gehört, Grete spürt es, so wie sie seine Zunge in ihrem Mund fühlt, die ihre umkreist beim ekstatischen Tanz.

Sein Papayasalat ist so scharf, dass es Grete Tränen in die Augen treibt. Sie sitzen nebeneinander an dem wackligen Küchentresen, und Lenny erzählt so anschaulich von seinen Erlebnissen als Ausgräber unweit vom Mekong, am Nil oder am Petén-See, dass sie beinahe glaubt, selbst dabei zu sein.

Besonders lebhaft schildert er die Ausgrabungen im thailändischen Isan, nicht weit vom Mekong, in einer ehemaligen Tempelanlage der Khmer. Der älteste Trakt war gut dreitausend Jahre alt.

Die Handlanger aus den umliegenden Dörfern, die für Hilfsarbeiten angeheuert worden waren, gruselten sich fast zu Tode. In ihren Augen war es ein entsetzliches Verbrechen, die Ruhe der Geister zu stören, die dort seit Jahrtausenden umherstreiften. Zumindest nach Ansicht der abergläubischen Dörfler, von denen es kaum einer länger als eine Woche auf der Grabungsstätte aushielt.

»Das ist ein seltsamer Menschenschlag dort, weißt du«, erzählt Lenny. »Die Männer sind so klein wie bei uns die halbwüchsigen Jungs und mager wie Holzfiguren. Auch ihre braune, rissige Haut erinnert mehr an Holz als an Menschenhaut. In kürzester Zeit übersäten sie das Camp mit Opferstätten für weiß der Himmel welche Geister.«

Er gestikuliert und grinst. Schenkt Grete Weißweinschorle nach und sich selbst Grauburgunder pur.

»Überall positionierten sie Miniaturtempel, zierlich wie Puppenhäuser, in denen winzige Nachbildungen ihrer lokalen Geister saßen. Jeden Tag zur vorgeschriebenen Stunde erhielten die Geisterpüppchen Opfergaben. Obststücke, Reiskörner, Blütenblätter, alles unter Verbeugungen und Gemurmel. Dann wurde gesungen, getrommelt und gegongt. Räucherstäbchen wurden abgebrannt, Götter und Geister um Beistand angerufen. Du kannst dir das Spektakel gar nicht bunt genug vorstellen. Und unheimlich – nicht wegen der Geister, die angeblich dort herumschwebten, sondern weil die Einheimischen alle so etwas Holzpuppenhaftes haben. Diese braunen, knochigen Puppenmänner zu sehen, wie sie sich vor den winzigen Geisterpuppen verbeugten, war so gespenstisch, dass es mich bis in die Träume verfolgt hat.«

Grete lässt sich den Salat und das Curry schmecken. Sie nippt von ihrem Wein, hört aufmerksam zu. So viele Fragen gehen ihr durch den Kopf.

Hat er dort auch Hinweise auf den Steuerrad-Kult gefunden? Haben die Holzmänner auch Tai Thong Klom geopfert, dem zornigen Geist der schwangeren Frau? Wie weit ist es von dort bis zu dem Dorf Ruaeng, wo ihr Geisterschrein steht – und wo du gelebt hast, Lenny, als du noch Manitho Luang warst, genannt Miko?

Besonders diese Frage brennt ihr auf der Zunge, doch sie schluckt sie hinunter, hört weiter zu.

»So verängstigt, wie die Männer aussahen, rechneten sie wohl trotz aller Opfer damit, dass die Geister sich rächen würden. Weil wir mit unseren Schaufeln und Spaten ihre Ruhe störten. Und wenn du einen von ihnen fragst, ist auch genau das passiert.«

Er schaut sinnend vor sich hin. »Teenager aus einem Dorf in der Nähe sind über den Zaun geklettert, und ein Junge ist in einen Schacht gestürzt. Er war sofort tot, vermutlich Genickbruch. Am selben Tag haben zwei Drittel unserer einheimischen Arbeiter das Weite gesucht.«

Lenny schüttelt den Kopf und hat wieder diesen frustrierten Gesichtsausdruck. Gerade will Grete ihn fragen, ob es für ihn einfach nur ein Unfall war, da dreht er den Spieß um.

»Was interessiert dich eigentlich so brennend an der Archäologie? Eine moderne junge Frau, die ihre freie Zeit normalerweise bestimmt nicht mit alten Knochen und Spukgeschichten verbringt? Nur zur Sicherheit«, schiebt er grinsend hinterher, »mit den alten Knochen meine ich nicht etwa mich.«

Grete ist erleichtert, weil er die Frage mit seinem Kalauer gleich wieder entschärft hat. So braucht sie nicht ernsthaft zu antworten, sondern gibt etwas Halbwahres von alten Bauten und Mythen zum Besten. »Das hat mich immer schon interessiert, vielleicht auch wegen meiner Mutter – sie schreibt Fantasy-Storys, in denen es von Zauberern und Geistern nur so wimmelt.«

Er lächelt so spöttisch wie damals, als sie Miko von Hannahs Geistergeschichten erzählte. Fragt sie nach ihrer Familie, berichtet dann kurz und kühl von seinen eigenen Wurzeln.

»Eine Geschichte wie Tausende andere: Meine Mutter, Air-Force-Lieutenant aus Austin, Texas, geht als Militärausbilderin nach Thailand, lernt dort meinen Vater kennen, einen Kommunikationsoffizier der Königlichen Luftwaffe. Dad folgt ihr nach Texas, die beiden heiraten, sie wird mit mir schwanger. Kurz nach meiner Geburt ist sie dann leider an einem Hirnaneurysma gestorben.«

Er klingt fast unbeteiligt. Viel weniger emotional als bei seinen Ausgräbergeschichten. Grete dagegen verschlägt es für einen Augenblick die Sprache – aus Mitgefühl mit dem kleinen Lenny, der kaum geboren seine Mama verloren hat. Fast mehr noch aber wegen der Parallele zu der Geschichte von Tai Thong Klom.

Die beiden Geschehnisse sind nicht deckungsgleich, die junge Frau im Geistermythos ist umgekommen, bevor sie ihr Kind zur

Welt bringen konnte. Grete kann die Ähnlichkeit fast mit Händen greifen. Aber eben nur fast. Schon in Bangkok hat Miko ihr ja vom frühen Tod seiner Mutter erzählt …

Sein Vater, durch die Eheschließung US-Bürger geworden, blieb in den Vereinigten Staaten, berichtet Lenny weiter. Er trat in die Army ein und heiratete erneut, eine Farmerin aus der Nähe von Austin. Lenny wuchs bei seiner Stiefmutter auf, die mit seinem Dad noch ein Kind bekam, Lennys drei Jahre jüngeren Bruder Jacob.

»Ich hatte eine gute Kindheit«, sagt er, immer noch in diesem kühlen Berichtstonfall. »Alles easy, auch wenn ich nicht gerade wie die anderen Kinder in der Schule aussah und manchmal ›Reisfresser‹ gerufen wurde. Das konnte schon mal nervig sein, aber dann habe ich Muay Thai entdeckt. Und zweimal die Woche trainiert. Von da an haben sie mich alle mit Respekt behandelt. Und ich hatte meine Ruhe.«

Er zuckt mit den Schultern. »Aber das ist banales Zeug. Was mich viel mehr interessiert, Grete: Wie bist du ausgerechnet auf meinen Vortrag aufmerksam geworden – bei den vielen Veranstaltungen, die in Berlin jeden Tag geboten werden?«

Ich habe dich wiedergetroffen … Du warst tot, aber du bist wieder da. Also bin ich dir gefolgt … Das alles sagt Grete nicht. Sie lächelt ihn nur schweigend an.

»Zu meinen Vorträgen kommen sonst vor allem die üblichen Verdächtigen«, fährt er fort. »Archäologiestudenten, New-Age-Hippies und natürlich die Krawalltruppe aus Aktivisten und Sensationsreportern.«

Er schaut sie nachdenklich an, als überlegte er, zu welcher Gruppe sie am ehesten passt.

Will er von ihr die Wahrheit hören, die auch er tief in sich fühlt? Will er, dass sie ihn von seinen Zweifeln befreit – wie Amfortas hofft, dass Parsifal endlich die Frage hervorbringt: Was geht hier Geheimnisvolles vor?

»Du weißt ja, ich arbeite in der Kulturbranche«, sagt sie dann aber nur, »und da bin ich wohl irgendwo über einen Hinweis auf deinen Vortrag gestolpert.«

Sie hat ihm erzählt, dass sie bei einer PR-Agentur angestellt ist und Autoren und Künstler betreut. Er hat nicht weiter nachgefragt, aber sie sah ihm an, dass er sich nichts Genaues darunter vorstellen kann. Und dass es ihn auch nicht sonderlich interessiert.

So wie mich auch, denkt Grete. Sie will mit ihm zusammen sein, Tag und Nacht, ein Leben lang, sonst nichts mehr. Kein Entlangstreifen an Fensterscheiben mehr, nie mehr irgendwelchen Fremden beim Leben zusehen.

Fahrig greift sie nach ihrem Weinglas und schubst es beinahe um. Selbst schuld, Grete, warum starrst du ihn auch die ganze Zeit an?

»Nachdem ich deine drei Aufsätze gelesen hatte, war ich so richtig angefixt«, schiebt sie noch hinterher. Ihre Wangen glühen. Sein Lächeln heizt ihr noch mehr ein als das superscharfe Curry.

Lennys Augen werden schmal. »Alle drei Aufsätze?« Er fragt es mit lauerndem Unterton, nicht geschmeichelt, wie sie es von ihren Autoren kennt. »Und was sagst du dazu?«

Sie fühlt sich mit dem Handrücken die Stirn. »Mir ist so heiß, als hätte ich Fieber«, sagte sie, »und du heizt mir noch mehr ein. So ähnlich ging es mir mit deinen Arbeiten, Lenny: Ich habe sie gelesen, um meinen Wissensdurst zu stillen, und hinterher war ich noch viel durstiger.«

Einen Moment lang schaut er verblüfft, dann bricht er in lautes Lachen aus. »Genauso ist es ja gedacht: Ich stelle bestimmte Fragen, um erst einmal klarzumachen, dass uns wesentliche Antworten fehlen. Aber dein Durst – wenn schon nicht dein Wissensdurst – soll nicht ungestillt bleiben.«

Er schenkt ihr und sich selbst großzügig nach.

Draußen ist es dunkel, und sie tanzen eng umschlungen zu den Schluchzern von Bird Thongchai. Angeblich kann Lenny »dieses kitschige Gejaule« nicht ausstehen – »ich eigentlich auch nicht«, pflichtete Grete ihm bei. Doch sie singen jede Zeile mit, Grete mehr lautmalerisch, er Wort für Wort.

So eng aneinandergeschmiegt, wie sie sonst nie tanzt, außer mit ihm. Als sein Hemd durchgeschwitzt war, zog er es kurzerhand aus.

Grete schlang die Arme um seine bloßen Hüften, drückte sich an ihn, löste sich wieder von ihm. »Momentchen mal.« Sie trat einen Schritt zurück, pellte sich aus dem klatschnass an ihr klebenden Kleid.

»Schon besser.« Sie schmiss den jetzt dunkelgrünen Stofffetzen in Richtung Couch. Er landete auf seinem Hemd.

Lenny küsste die Schürfwunde auf ihrer Schulter. Noch immer ohne nach der Herkunft ihrer kleinen Verletzungen zu fragen. Er hat selbst etliche Risse und Schrammen an den Händen, wohl von seinen Ausgrabungen. Vielleicht ist es für ihn normal und keine Erwähnung wert.

Die Lovesongs des thailändischen Schnulzenkönigs hat er auf Endlosschleife gestellt. Das ganze kleine Zimmer ist erfüllt von Bird Thongchais Kieksern und Schluchzern. Die Lautsprecherboxen von Mr Meier wimmern um Gnade. Aber die kriegen sie nicht. Lenny hat erbarmungslos Möbel zur Seite geräumt. Cordcouch, Rauchglastischchen, Barhocker vor dem Küchentresen. Um Platz zu schaffen für ihren Tanz.

Im Vorübertrudeln schnappt sich Grete mit einer Hand ihr Cocktailglas, das Lenny wieder aufgefüllt hat. Mit dem anderen Arm hält sie ihn fest. Hält sich an ihm fest. Alles dreht sich um sie herum, aber nicht vom Mango Daiquiri. Lenny wirbelt sie beide im Kreis.

Ist das noch der Schmalzwalzer von eben oder doch schon ekstatischer Tanz? Hört sie da nicht Trommelschläge zwischen den schmelzenden Melodien? Oder ist das Gretes Herz, das hinter ihren Rippen donnert? Ihr Herz, sein Herz, beide im gleichen hämmernden Takt?

Sie tanzen und tanzen, inzwischen beide beinahe nackt. Wann und wie hat sie ihren BH verloren? Die Slipper sind schon lange weg. Seine Anzughose, Schuhe, Strümpfe auch. Sie tanzen Haut auf Haut. Zwischen ihnen nur noch eine dünne Membran aus Schweiß.

Wann hat er den Sound gewechselt? Bird Thongchai ist verstummt, desto lauter donnern die Trommeln. Flöten seufzen, stöhnen, schreien, wie sehnsüchtige, wollüstige, ekstatische Frauen … Oder ist das Grete, die so seufzt, stöhnt und schreit?

Plötzlich lässt er sie los, wie Miko mitten im Tanz die Hände von ihr nahm. So reißt er die Arme hoch, dreht sich stampfend und schreiend, erst langsam, träge, dann immer schneller, schließlich wie rasend um sich selbst. Wie eine Statue zuerst, die zum Leben erwacht, schwerfällig sich zu drehen beginnt, endlich so irrsinnig schnell, dass sich die Umrisse verwischen, die ganze wirbelnde Gestalt sich in eine Säule aus Staub aufzulösen scheint, aus Wüstenwind, aus rasend rotierender Energie.

Auch Grete schreit, doch die Trommeln und Flöten, die Schreie aus dem Innern der wirbelnden Säule sind lauter. Tausendmal lauter. Sie saugen alles andere auf. O Gott, gleich ist er weg, denkt sie, verwandelt, aufgelöst …

Da plötzlich bricht das Trommel- und Flötengetöse ab, und mit einer seltsam fließenden Spiralbewegung sackt sein Körper auf dem Parkett zusammen. Wie eine Flamme, eine Schlange, eine Wasserfontäne, von einem zum anderen Moment. Seine Brust hebt und senkt sich noch von der Anstrengung des Kreiselns und Schreiens, und doch liegt er ganz ruhig da. Auf der Seite, ein wenig eingerollt wie im Schlaf. Die Augen geschlossen, von den triefend nassen Haaren halb verhängt, der ganze kraftvolle Körper glitzernd vor Schweiß.

Grete hat sich neben ihn gekauert, streicht ihm die Haare aus dem Gesicht. Auch sie atmet schwer und fühlt sich doch ganz ruhig. Vielleicht hatte sie bis eben noch ein paar winzige Zweifel, auch die sind jetzt weg.

Sein Geist ist durch die dunkle Tür geschwebt. Was sieht er dort im Geisterreich? Wenn er zurück ist, wird er ihr alles erzählen.

Flatternd heben sich Lennys Lider, die Smaragdaugen verschleiert wie von Rauch. Ganz kurz nur war er weg, doch da drüben, in der Halle der Geister, vergeht die Zeit vielleicht anders. Schneller oder in Sprüngen, wer weiß.

Grete kauert neben ihm, sieht seinen geistesabwesenden Blick, so ganz scheint er noch nicht zurückgekehrt. Da richtet er sich auf, kauernd wie sie, schlingt die Arme um ihren Körper. Seine Lippen in ihrer Halsbeuge. Flüstert er? Küsst er sie? Wo ist der Unterschied? Er haucht Flüsterküsse auf ihre Haut.

Nichts zu verstehen, und doch versteht Grete alles, ihr ganzer Körper eine erschauernde Hörmembran. »Ich war dort«, küsst er auf ihre Schulter. »Wie ich es zurückgeschafft habe?«, flüstert er auf ihren Brüsten. »Durch meine Sehnsucht nach dir.« Farbkaskaden explodieren auf ihren Lidern, gelb und schwarz – Miko –, grün und orange – Lenny …

Er schiebt die Arme unter ihre Achseln und Knie, hebt sie hoch. Seine Augen strahlen sie an, leuchtend grün, doch noch immer wie verhangen von Rauch. Sie legt einen Arm um seinen Nacken, sie spürt seinen Herzschlag unter ihrer Achsel, ein starkes, dunkles Trommeln wie eben beim Tanz.

Er trägt sie durch die kleine Diele in das Zimmer, das sie noch nicht kennt. Wenn er Amfortas, der leidende Ritter, ist, weht es ihr durch den Kopf, Linda und Malte die Zauberer Kundry und Klingsor – wer bin dann ich? Welche Rolle bleibt für mich?

Lenny schubst die Tür mit dem Fuß auf, schiebt sie beide seitlich hindurch. Klapprige Schränke an den Wänden, mitten im Zimmer ein Futon, fast ebenerdig, größer noch als Gretes eigenes Bett. Darüber ein Schriftzeichen, japanisch, auf die Bambusbespannung gemalt. Doch es ähnelt keinem der Zeichen an Gretes Wand, nicht dem für Glück und auch nicht dem für Harmonie.

Lenny legt sie sanft aufs Bett, will sich aufrichten, aber sie lässt ihn nicht los. Sie schlingt die Beine um seine Mitte, die Arme um seinen Nacken und zieht ihn auf sich herab.

»Was hast du gesehen?«, flüstert sie und küsst ihn, ehe er antworten kann.

Er schmeckt nach Miko und Mango, nach Leidenschaft und heißem Schweiß. Grete ist heikel mit Männern, die einen sind ihr zu selbstlos, die anderen zu selbstbezogen beim Sex. Ein weicher Riese wie Henrik verursacht ihr fast Ekel, von dem Puppenspieler Blumfeld fühlte sie sich noch beim Orgasmus observiert. Als wäre sie Teil eines Settings in seinem nächsten Roman.

Nur bei ihm, Miko-Lenny, stimmte alles von Anfang an. Sie lässt ihn ein, seine Augen noch immer verschleiert. Und doch ist er bei ihr, flüstert ihren Namen, lächelt sie an. So zärtlich, so leidenschaftlich, wie nur er lächeln kann.

»Grete, wieso kommt es mir vor, als hätte ich seit Langem auf dich gewartet?«

Sein Gesicht jetzt ganz nah über ihr. Wie soll sie ihm antworten, wenn seine Augen sie hypnotisieren? Aber sie weiß ja nicht mal mehr, was er gefragt hat. Oder was sie ihn fragen wollte, was sie fragen muss, um nicht wie Parsifal zu sein.

Das hier soll niemals enden, ist alles, was sie noch denken kann. Ein Herz mit ihm sein, im gleichen Rhythmus sich bewegen, im gleichen Takt atmen, ihn überall fühlen, ein einziger Körper, ein vollkommenes Wesen, eine ganze eigene Welt sein, von Fluten dunkler Lust durchschauert, die für immer strömen soll.

Doch mitten hinein dann ein Schrei wie aus der Tiefe eines Bergs. Lenny erstarrt, seine Augen werden weit. »O verdammt, die Stiftung.«

Erneut ein Schrei, dazu Vibrieren von einem Smartphone. »Sorry, Grete, das ist ein Notruf – da muss ich rangehen.«

»Dr. Mong.«

Grete hört ihn gedämpft im Nebenzimmer sprechen.

»Wer? Malte? Herrgott noch mal, warum rufst du auf dieser Nummer …?«

Er hört ungeduldig zu, will mehrfach dazwischengehen. Dann: »Was soll denn mit ihr sein? Ja klar, sie war gestern Abend noch bei mir. Und ja, wir haben uns gestritten. Worüber wohl – das Gleiche wie gestern und vorgestern. Aber ich sage es auch dir gerne noch mal: Nein heißt nein. *Ich* bestimme, wo die Grenze verläuft. Und ich will euch nicht bei den Ausgrabungen dabeihaben. Nicht im jetzigen Stadium. Dich nicht und Linda auch nicht. Das ist meine Entscheidung, und ich hoffe, dass ihr das endlich …«

Er verstummt mitten im Satz. Geht auf dem knarrenden Holzboden auf und ab. Stößt dabei Laute ungläubigen Erstaunens aus. Schließlich platzt es aus ihm heraus:

»*Ich* soll ihr Angst eingejagt haben? Das ist doch lächerlich, Malte. Wenn hier jemand wirklich Furcht einflößend ist, dann doch wohl … Aber lassen wir das. Nein, als sie gegangen ist, war sie nicht ›verängstigt‹.« Er spricht die Anführungszeichen mit. »Das war so gegen halb drei … Wie bitte? Drohungen? Du meinst, dass *ich* sie irgendwie …?«

Wieder verstummt er, diesmal nur kurz.

»Ihr spinnt doch alle beide«, ruft er. »Ich sag dir was, Malte: Ich rede mit dem Vorstand. Gleich morgen. Ich brauche keine

Aufpasser, sondern Assistenten. Ach was, die brauche ich auch nicht. Das war's dann wohl! Adios!«

Lenny knallt das Smartphone irgendwohin. Leise schimpfend geht er durch die Wohnung. Erst als er in der Diele ist, versteht Grete einzelne Satzfetzen: »So verängstigt, dass sie nicht sagen will, wo sie hingefahren ist … Die spinnen doch … die mit ihren Psychospielchen!«

Er kommt ins Schlafzimmer zurück, setzt sich neben Grete auf den Bettrand. »Tut mir leid.« Er zieht die Knie an, schlingt die Arme um seine Unterschenkel. »Die Kids spinnen – Linda und Malte, meine ich. Die drehen so richtig durch. Und ich kapiere nicht, was die von mir wollen. Aber ich habe einen Verdacht.«

Was sie von dir wollen, Lenny?, denkt Grete. Das liegt ja wohl auf der Hand.

Er beugt sich über sie, küsst sie zärtlich. »Es tut mir so leid, Grete. Aber ich muss los.«

»Was, jetzt? Mitten in der Nacht?«

Er streicht ihr das Haar aus der Stirn – Margaretes weißblonden Halbpony – und nickt. »Ich habe mehr als zwei Stunden Fahrt vor mir. Wenn ich dort bin, ist es hell.«

Sie schaut ihn nur an, nicht stumm wie Parsifal, sie hat ja verstanden. Er will zu seiner Ausgrabungsstätte fahren. Sofort, weil er befürchtet, dass er dort die Kontrolle verliert. Über seine wissenschaftlichen Entdeckungen – oder über dunklere Mysterien?

»Von mir aus hätte das hier noch ewig so weitergehen können«, sagt er mit liebevollem Lächeln. »Aber ich hoffe doch, dass du mir noch eine Chance gibst?«

Sie will ihn festhalten, doch er löst sich von ihr und geht ins Bad. Kurz darauf hört sie die Dusche rauschen.

Wie besorgt er aussah. Warum wollen Linda und Malte unbedingt bei seinen Ausgrabungen dabei sein? Weil die Stiftung sie als »Aufpasser« auf ihn angesetzt hat – oder aus persönlichem Ehrgeiz?

Durch die Wand hört sie, wie er unter der Dusche vor sich hin pfeift. Doch nicht etwa diesen Schnulzenkracher von Bird Thongchai? Sie hört ihm zu und muss grinsen …

Dann sieht sie wieder Linda vor sich, und das Lächeln vergeht ihr. »Verängstigt«, hat Malte gesagt. Etwa durch die schattenhaften Gestalten, die sich letzte Nacht auf sie stürzten?

Also ist das doch wirklich passiert? Aber wer soll das denn gewesen sein – oder *was*? Und was um Himmels willen haben sie mit Linda gemacht? Sie eingeschüchtert? Wie denn? Und wieso?

So unheimlich, denkt Grete.

Viel lieber will sie glauben, dass Linda »Psychospielchen« spielt. Was aber, wenn es *Geister* sind, die er mitgebracht hat … bewusst oder nicht … von dort drüben? Und Linda glaubt nun, er hätte die Schemen auf sie gehetzt, um sein Geheimnis zu bewahren …

Ergibt das Sinn? Traut Grete ihm das zu? Würde er so etwas machen? Zulassen? Oder ist er wie der Zauberlehrling, der die Geister gerufen und die Kontrolle verloren hat?

Um kurz nach drei fahren sie durch das nachtdunkle Charlottenburg. Lenny in Khakikluft und halbhohen Stiefeln, Grete in ihrem zerknitterten Kleid. Er hat den grauen Mercedes-Geländewagen aus der Opern-Parkgarage geholt und mit zwei großen Reisetaschen beladen.

Bevor sie einstieg, warf sie einen Blick zu dem dunklen Bürohaus gegenüber. Falls in dem Vorraum vor der gläsernen Flügeltür wieder Obdachlose nächtigen, sind sie von hier aus nicht zu sehen.

Lenny wird bis Freitag auf seiner Ausgrabungsstätte arbeiten. »Wo ist das eigentlich?«, hat Grete ihn vorhin gefragt.

»Immer Richtung Ostsee. Sorry, mehr darf ich derzeit nicht sagen.«

Auch darüber, was genau er dort eigentlich ausgräbt – oder zu finden hofft –, schweigt sich Lenny aus. Nachdem sie mehrfach nur ausweichende Antworten erhielt, gab Grete es auf. Wenn auch nur für den Moment.

Zumindest hat er ihr eine Handynummer gegeben. Allerdings zögernd und mit der Bitte, ihn nur anzurufen, »wenn es wirklich brennt«.

Grete ist gekränkt, aber sie gibt sich Mühe, es nicht zu zeigen. Und nach Möglichkeit nicht einmal zu fühlen. Sie versteht ja, dass er misstrauisch sein muss. Er ist einer archäologischen Sensation auf der Spur. Seine »hochgeschätzten Kollegen« lassen nichts unversucht, um ihn mundtot zu machen. Diese ominöse Duncker-Stiftung hat bestimmt auch den Daumen auf seinen Entdeckungen drauf. Und seine eigenen Assistenten spionieren ihn aus.

Trotzdem versetzt es Grete einen Stich, dass er auch ihr nicht zu trauen scheint. Zumindest nicht genug, um auf ihre Fragen offen zu antworten. Hält er es für möglich oder nicht, dass die Mitglieder des Steuerrad-Kults ins Geisterreich reisten und sich dort quasi zur Besprechung trafen? Mehrfach hat Grete ihn gefragt, und jedes Mal antwortete er, das sei »nach den uns bekannten Naturgesetzen nicht möglich«.

Aber was heißt das? Dass es unmöglich ist – oder dass die Naturgesetze, die genau das ermöglichen, der heutigen Wissenschaft nicht bekannt sind?

Sie fahren auf der Bismarckstraße Richtung Westen. Lenny wird sie zu Hause absetzen, dann gleich weiterfahren in die Uckermark.

Es fühlt sich immer noch an wie im Traum. Vor wenigen Tagen erst glaubte Grete, ihn für immer verloren zu haben. Und nun sitzen sie hier zusammen im Auto und fahren nachts durch Berlin!

Welchen Zweck verfolgt eigentlich dieser Tom Duncker mit seiner Stiftung?, geht es ihr durch den Kopf. Das kann sie ja später noch googeln. Lennys Gesichtsausdruck nach zu urteilen ist er in Gedanken schon mehr bei seinem Steuerrad-Orden als bei ihr.

Sie schaut ihn von der Seite an. Er lächelt, ohne den Blick von der Straße zu wenden.

»Woran denkst du?«, fragt er.

»An letzten Mittwoch. Ich war mit einem Autor an der Gedächtniskirche, und da bist du vorbeigefahren, mit genau diesem Wagen.«

Sie hat geantwortet, ohne vorher nachzudenken. So schnell, als wollte sie ihrer Selbstzensur ein Schnippchen schlagen. War das klug, Grete?

Er dreht ihr kurz den Kopf zu, immer noch lächelnd. »Wieso bin ich dir aufgefallen? In dem ganzen Gedränge dort?«

Weil du so hübsch bist, könnte sie jetzt sagen. Aber sie will nicht, sie erträgt keine Halbheiten mehr. Sie müssen beide raus aus diesem Zwielicht – halb Wahn und halb Wahrheit, halb Zauberwelt und halb Wirklichkeit.

Doch dann fehlt ihr der Mut. Was denn, wenn Lenny sie für verrückt erklärt? Sie aus dem Auto schmeißt, aus seinem Leben wirft, weil sie also doch zu den »üblichen Verdächtigen« gehört – eine New-Age-Braut, die an Zauberei glaubt? Auch für sie selbst fühlte es sich ja vor Kurzem noch wie Verrücktheit an – dass sie sich vor dem Mörder versteckt, und plötzlich taucht das vermeintliche Opfer auf …

»Na ja, durch dein Aussehen, deine Ausstrahlung, nenn es, wie du willst«, sagt sie. »Ich habe dir doch erzählt, dass ich Anfang des Jahres in Bangkok war. Da habe ich einen Mann kennengelernt, der mich …«

Grete stockt, sieht ihn prüfend an. Lenny lächelt weiter vor sich hin, eher zerstreut als alarmiert.

»Irgendwie hast du mich an ihn erinnert«, schiebt sie hinterher. »Lässt du mich da vorne am Theodor-Heuss-Platz raus?

Dann kannst du direkt weiter zur Autobahn fahren, und ich laufe die paar Hundert Meter bis nach Hause.«

»Kommt nicht infrage. Um diese Uhrzeit ist es hier für eine junge Frau nicht sicher.«

Wenn du wüsstest, denkt Grete.

Sie hat ihm von ihrem Taekwondo-Training nichts erzählt, aus keinem besonderen Grund. Dabei hätte es sich angeboten, als er auf seine Muay-Thai-Ausbildung zu sprechen kam. Als sie dann hörte, dass Linda »verängstigt« sei und sich »bedroht« fühle, war sie froh, es nicht erwähnt zu haben. So können seine Gedanken gar nicht erst die falsche Abzweigung nehmen …

»Ah, hier, die Wagnerallee.« Er setzt den Blinker und biegt von der Reichsstraße rechts ab. »Parsifal-Allee würde mir noch besser gefallen. Nummer 43, hast du gesagt?«

Grete kann sich nicht erinnern, überhaupt etwas dazu gesagt zu haben. Weder Straße noch Hausnummer. Doch da hält er schon vor der Tür ihres grauen Mietblocks.

Im Augenwinkel bemerkt sie zwei schattenhafte Gestalten im Vorgarten gegenüber. Grete zuckt zusammen. Was wollen die hier? Ihr Herzschlag beschleunigt sich.

»Darf ich dich nächstes Wochenende wieder bewirten?«, fragt Lenny.

Sie wirft ihm einen hastigen Blick zu – offenbar ist ihm nichts aufgefallen.

»Bitte sag Ja.« Er lässt die Smaragdaugen blitzen und schickt einen tremolierenden Schluchzer hinterher. »Ich besorge auch die neuesten Hits von Bird Thongchai.«

»Und dann erzählst du mir endlich, was du im Geisterreich erlebt hast?«

»Alles, was du willst.« Er singt es zu einer Refrainmelodie des Kitschkings aus Bangkok. »Auf meinen Händen trage ich dich durch die dunkle Tür.«

Lenny lacht sie an, beugt sich zu ihr herüber und küsst sie zärtlich. Grete späht an ihm vorbei in den Vorgarten vis-à-vis – keine verdächtigen Schatten mehr zu sehen …

Sie schließt die Haustür auf, dreht sich um und schaut Lenny hinterher. Soll sie ihm heimlich folgen?

Ihr Renault Twingo, hellgrün mit kräftigen Rostflecken, parkt ein paar Schritte weiter am Straßenrand. Sie hat das betagte Vehikel vor zwei Monaten günstig gekauft, aber die zwölfhundert Euro hätte sie sich auch sparen können. Sie fährt sowieso fast nur mit den Öffentlichen oder – wenn die Agentur zahlt – mit dem Taxi.

Grete ringt um eine Entscheidung. Soll sie sich an Lenny dranhängen, nur für alle Fälle? Damit sie weiß, wo sie ihn notfalls finden kann?

Ihn noch einmal zu verlieren, wäre mehr, als sie ertragen könnte. Trotzdem, ihn zu beschatten kommt nicht infrage. Es wäre ein übler Vertrauensbruch. Und sie ist schließlich nicht wie Linda.

Außerdem könnte sie mit der G-Klasse sowieso nicht mithalten. Der Twingo klappert und röchelt schon im Normalbetrieb. Auf der Autobahn, bei Tempo hundertdreißig oder mehr, würde er mit heiserem Dröhnen auseinanderfliegen.

Und was ist mit den Schatten da drüben? Eben im Heranfahren kam es Grete vor, als würden die sich hinter den Bäumen verbergen. Aber da hat sie sich anscheinend getäuscht.

Du und deine Fantasien, Grete …

Sie geht ins Haus, macht die Tür leise hinter sich zu. Halb vier Uhr früh. Eigentlich müsste sie dringend noch ein paar Stunden schlafen. Aber wenn sie so übermüdet und gleichzeitig überdreht wie jetzt ist, klappt das nicht so einfach. Und für eine Downer-Pille ist es zu spät. Sie würde sich den halben Tag wie in Watte gewickelt fühlen.

Morgen – nein, heute – wartet ein anstrengender Job auf sie. Um neun antanzen bei Pia Lankowski, ihrer Chefin. Keine Ahnung, was die von ihr will. Um elf Uhr Stephan Steinfall, Autor kunstvoll altmodischer Romane, am Flughafen Tegel abholen. Dann Lunch im edlen *China Club,* nachmittags diverse Interviewtermine. Abends Lesung, Diskussion, Autogrammstunde. Ende offen.

Die Schemen drüben im Vorgarten gehen ihr nicht aus dem Kopf. Aber da war doch nichts, sie hat ja gerade noch mal nachgesehen …

Steinfall sei »ein Snob und bekennender Reaktionär«, als Klient »unglaublich anspruchsvoll«, so hat Pia ihn letzte Woche beim Meeting charakterisiert. »Er zitiert abwechselnd Nietzsche, Jünger und Schopenhauer, und wer nicht folgen kann, ist bei ihm unten durch. Bei den Tischetiketten ist er noch heikler als Freiherr von Knigge höchstpersönlich.«

Kein Problem, denkt Grete. Falls sie nicht zwischen Horsd'œuvre und Dessert einschläft, wird Steinfall sich nicht über sie zu beschweren haben. So wenig wie die Male davor, als sie ihn für *Kunstgut* betreut hat.

Bis zum Abitur hat Hannah sie mit Klassikern gemästet. »*Tieck-Novalis-Fichte – biste noch ganz dichte*«, dichtete Grete als Teenie einmal in Notwehr und bekam ein Wochenende Hausarrest aufgebrummt. Von ihrer Mutter, die allerdings nicht mitbekam, dass Sascha ihr Trost-DVDs ins Zimmer schmuggelte. *Fight Club* und *Kill Bill 1.*

Steinfalls Romane spielen in großbürgerlichen Kreisen und sind in einem vormodernen, ungemein nuancenreichen Stil erzählt. Nicht Gretes Geschmack, aber seine Originalität und seinen Mut zum Unkonventionellen weiß sie zu schätzen. Im Mittelpunkt stehen krasse Persönlichkeiten, die sich selbst als Raubtiere am oberen Ende der Nahrungskette sehen und entsprechend exklusive Beute für sich beanspruchen. Im Dschungel der Marktwirtschaft genauso wie auf der erotischen Wildbahn. Ihr Leben ist opulent, ihr Denken kühn, ihr Ende tragisch. Das alles altmeisterlich erzählt und mit Ironie à la Thomas Mann gewürzt.

Aber eine Geschichte wie die, die ich gerade erlebe, sagt sich Grete, könnte Steinfall bestimmt nicht erzählen. So wenig wie Henrik Knusum oder Alex Blumfeld.

Obwohl, bei dem ist sie sich nicht so sicher. Blumfeld kann eigentlich alles so anschaulich schildern, als hätte er es gerade selbst erlebt. Dabei hat er es sich nach eigenem Bekunden »zum Prinzip gemacht, so ereignislos wie überhaupt möglich zu leben. Also mich nur gerade so weit am Leben zu halten, wie es zum Schreiben nun mal nötig ist.«

In ihrer Wohnung schließt Grete sorgfältig hinter sich ab und macht nur im Bad das Licht an. Dann tritt sie im Wohnzimmer ans Fenster und schaut hinaus.

Das gibt es nicht, da sind sie ja doch … Zwei längliche Schemen hinter dem Gartenzaun gegenüber, links und rechts an die mächtige Linde geschmiegt. Als bemühten sie sich, mit dem Baum zu verschmelzen, aber Grete nimmt sie trotzdem wahr. Ein helleres Grau als die Stämme und die Hausfassade. Heller auch als der betongraue Morgenhimmel.

O Gott, wo kommen die nur her? Und was wollen die von mir?

Das Herz hämmert ihr in der Brust. Ob es dieselben Schatten sind, die vor Lennys Haustür auf der Lauer lagen? Und dann, als Linda kam, sich auf sie warfen, um sie irgendwie zu »bedrohen«?

Fast eine Stunde steht Grete am Fenster und lässt die Schemen nicht aus dem Blick. Schließlich fallen ihr die Augen zu.

Um kurz vor fünf legt sie sich aufs Bett, aber an Schlaf ist nicht zu denken. Ihr Puls rast. In ihrem Kopf ertönen das Trommeln und Pfeifen von Lennys Ekstase-Soundtrack und die Schluchzer von

Bird Thongchai. Sie sieht ihn und sich selbst, wie sie tanzen und sich lieben, sie hört ihn flüstern und fühlt seine Lippen auf ihrer Haut.

Hat sie das wirklich diese Nacht erlebt? Aber wie denn? Miko ist doch tot! Sie hat ihn selbst gesehen, wie er unter ihrem Balkon auf dem Asphalt lag, mit zerschmettertem Schädel …

Grete reißt die Augen auf, setzt sich aufrecht hin. Bildet sie sich Dinge ein, die nicht wirklich passiert sind?

Davor hat sie sich schon als Mädchen geängstigt, wenn sie aus einer Ohnmacht erwachte und nicht so genau wusste, was in den Minuten oder Stunden davor geschehen war. Ob das, woran sie sich zu erinnern glaubte, Traum war oder real. »Das hat nichts zu bedeuten«, sagte Hannah dann immer, »ich kenne das so ähnlich auch von mir. Mit den Jahren vergeht das – oder du lernst, damit zu leben.«

Beruhigend klang das nicht, aber im Grunde behielt sie mit beidem Recht. Die Absencen traten seltener auf, und mit dem Rest kam Grete irgendwie klar.

Aber das hier? Ihre Nacht mit Lenny? Das können keine Erinnerungsfetzen von irgendwelchen Ohnmachtsträumen sein. Dafür fühlt es sich viel zu echt an. Sie hat doch seinen Geruch noch in der Nase, seinen Geschmack auf der Zunge, sein Lachen noch im Ohr. Sie fühlt seine Hände noch an ihren Brüsten, den Druck seiner Schenkel auf ihren, das Kitzeln seines Atems in ihrer Schulterbeuge.

Es ist die Wirklichkeit, denkt Grete. Ihr Leben, ihre gemeinsame Welt, die sie endlich wiedergefunden hat …

Über diesem Gedanken schläft sie doch noch ein. Aber es ist ein unruhiger Schlummer, aus dem sie nach kaum einer Stunde wieder hochschreckt. Ihr Herz bis in den Hals hinauf klopfend, ihr Kopf voller Schreie und zuckender Schatten …

Ruckartig setzt sich Grete auf und schaut um sich. Was nützen ihr die Schriftzeichen für *Glück* und *Harmonie* an der Wand, wenn sie doch nur von Grauen und Chaos träumt?

Sie rappelt sich auf, trottet ins Bad. Unter der Dusche stellt sie sich vor, dass sie und Lenny in Thailand wären, an einem einsamen Strand im Tropenregen. Minutenlang hält sie ihr Gesicht in den lauwarmen Schauer. Die Tropfen prasseln auf sie herab.

Wo Lenny jetzt wohl ist? In einer Gruft wie der in ihrem Traum? Nein, daran will sie nicht denken.

Sie zieht ein elegantes Sommerkostüm an, das dem anspruchsvollen Autor sicher zusagen wird. Sie legt Make-up auf und beschließt, heute auf ihren geliebten City Bag zu verzichten. Das kräftige Grün passt nicht zu dem Champagnerton ihres Chanel-Kostüms (secondhand für siebenhundert Taler), und Steinfall würde sie den ganzen Tag mit dem Frosch auf ihrem Rücken aufziehen.

Nein, danke, Stephan. Seine Romane verfasst er in alter Rechtschreibung. Noch nostalgischer ist seine Marotte, vor Urzeiten eingedeutschte Wörter mit *ph* statt mit *f* zu schreiben. *Sopha, Telephon*. Und – natürlich – *Stephan*.

»Warum nicht auch seinen Nachnamen?«, ulkte Paula in dem Meeting, in dem Pia die Klienten der kommenden Wochen auf die Angestellten verteilte.

Alle kicherten, außer der Chefin. »Das ist unter unserem Niveau«, sagte sie und sah Paula streng an. »Wenn du nicht in der Liga von Jan Nossack versauern willst, solltest du an dir arbeiten.«

Auch in der Welt der Autorenbetreuung gibt es eine Hölle, wie überall sonst. Jan Nossack schreibt Science-Fiction-Thriller, und er gehört eindeutig der Hölle an. Vor ein paar Wochen, als Grete gerade in die Agentur kam, standen er und Pia im Eingangsbereich, und im Vorbeigehen hörte sie Nossack sagen: »Und ich so: Hallo? Willkommen zurück! Aber nur, weil es das ist, was du willst, heißt das noch lange nicht, dass du es kriegst. Wow, du bist so unfassbar egoistisch!«

Als Berufsanfängerin musste Grete öfter solche Autoren aus der Literaturhölle betreuen. Beim ersten Mal dachte sie, ihr Klient würde eine grelle Parodie performen. Auf die Risiken von

Gehirnoperationen oder das limitierte Bewusstsein künstlicher Intelligenz.

Aber es ist viel schlimmer. Und zugleich simpler. Autoren aus der Literaturhölle sind bis unter die Schädeldecke vollgestopft mit Fetzen von Sätzen und Szenen und Plots und Figuren, die sie von anderen Höllenautoren aufgeschnappt haben und mit einer Art rasender Routine unaufhörlich neu zusammensetzen, ohne dass dadurch je etwas Neues entstehen könnte.

»Lies die romantischen Götter, Mädchen«, sagt Hannah in Gretes Kopf. »Dante, Shakespeare, Novalis, die hatten den Zauber noch drauf.«

Zum Frühstück trinkt Grete drei große Latte macchiato und löffelt betont langsam ein Schälchen Joghurt. Sie geht ins Bad und putzt sich gründlich die Zähne. Sie kontrolliert ihr Make-up, zieht den Lippenstift nach.

Was kann sie noch vorschieben, um den Moment hinauszuzögern, vor dem sie sich seit dem Aufwachen fürchtet? Den Augenblick, in dem sich zeigen wird, ob die Schemen da drüben noch auf der Lauer liegen …

Sie überlegt hin und her, ob sie die Maxwell-Aktenmappe oder die Givenchy-Handtasche nehmen soll, natürlich beide secondhand gekauft. Schließlich wählt sie die hellgraue Handtasche, kippt den Inhalt des City Bags hinein und rennt fast zum Fenster. Bevor sie es sich anders überlegen kann.

Keine Schemen da draußen, natürlich nicht. Es ist Viertel vor acht, längst schon heller Tag. Die Bäume im Vorgarten gegenüber sind einfach nur alte Linden. Und die einzigen Schatten im Umkreis sind die der Bäume selbst und des Jägerzauns davor.

Keine schulter- oder gar ohrenförmigen Ausstülpungen links und rechts an den mächtigen Stämmen. Natürlich nicht. Das hier ist schließlich nicht Dantes *Inferno,* mit ganzen Wäldern verholzter Seelen, sondern die allseits beliebte Realität.

Grete will sich schon abwenden, da fällt ihr die schwarze Mercedes-Limousine drüben am Straßenrand auf. Auf den Vordersitzen zwei kräftig gebaute junge Kerle in schwarzen Lederjacken. Ob auch im Fond jemand sitzt, ist nicht zu erkennen, die Scheiben hinten sind getönt.

Das darf nicht wahr sein, zwei von Saschas Jungs ... Wut kocht in Grete hoch. Der Wagen ist eine E-Klasse, nicht mehr ganz taufrisch, aber tiptop gepflegt. Genau die Art Kutschen, mit denen Sascha seine Jungs losschickt. Wäre er selbst mit an Bord, stünde da eine nagelneue S-Klasse oder eine Maybach-Karosse vor ihrer Tür.

Grete knirscht mit den Zähnen. Also waren das auch vorletzte Nacht schon diese Typen? Haben sie im Dunkeln vor Lennys Haus auf der Lauer gelegen? Was ja nur heißen kann, dass Sascha sie überwachen lässt ...

Also weiß er, dass sie nicht in Bangkok ist? Dass sie die ganze Zeit hier in Berlin war? Ja klar, es wäre nicht das erste Mal, dass er sie ausspäht ... Und die anonymen Anrufe, als sie in der Bibliothek war, das war demnach auch Sascha oder einer von seinen Jungs. Wer auch sonst, die Nummer von ihrer Orange-SIM-Card kennt ja nur er.

Es knackt Grete in den Ohren, so fest beißt sie die Zähne aufeinander. Wie oft schon hat Sascha hinter ihr hergeschnüffelt. Sie »beschützt«, wenn sie in Ruhe gelassen werden wollte. Und jetzt hat er seine Jungs angewiesen, ihr die Rivalin vom Hals zu schaffen? Durch Einschüchterung, wie auch sonst? Bedrohen, notfalls verprügeln, das sind genau seine Methoden. Bestimmt hat er noch üblere Techniken drauf, von denen sie nur nichts weiß.

Hundertmal hat sie Sascha gesagt, er soll sich nicht in ihr Leben einmischen! Grete rennt zur Wohnungstür, schließt und riegelt ungeduldig alles auf. Kettenschloss, Stangenschloss, normales Türschloss. Sie stürmt die Treppe hinunter, im hellen Morgenlicht über die Straße und reißt die Fahrertür der E-Klasse auf.

Die beiden Gesichter – hohe Wangenknochen, hellblonder Undercut – sind ihr völlig fremd. Einen Moment ist Grete irritiert, dann wird ihr klar, dass es nicht anders sein kann. Er wird ihr doch keine Schatten schicken, die sie erkennt! So unbedarft ist Sascha nicht …

»Ich weiß genau, wer ihr seid«, zischt sie den jungen Russen zu. »Verschwindet hier, sonst mache ich euch Beine!«

Die beiden sehen einander betreten an.

»Und richtet eurem Boss aus, er soll mich in Ruhe lassen«, fügt Grete hinzu. »Abmarsch!«

Sie knallt die Fahrertür wieder zu und geht zurück auf ihre Straßenseite. Dort stellt sie sich hin und starrt zu ihnen hinüber, die Arme vor der Brust verschränkt.

Offenbar sieht sie so wütend aus, wie sie sich fühlt. Saschas Jungs – wer sonst sollen sie sein – haben es auf einmal sehr eilig. Der schwere schwarze Wagen schießt förmlich aus der Parklücke und rast die Wagnerallee Richtung Reichsstraße hoch.

Grete steigen Tränen in den Augen. Vor Erleichterung, weil es keine Geister sind – natürlich nicht, Himmel noch mal! – und weil sie sich die Schemen nicht nur eingebildet hat. Aber auch ein kleines bisschen vor Rührung wegen Sascha.

Als sie dreizehn war, schickte Sascha zum ersten Mal wegen ihr zwei seiner Jungs los. Sie verdroschen drei Mitschüler, die sie auf dem Schulweg drangsaliert hatten.

Grete flehte ihn an, so etwas nie wieder zu tun. »Aber ich will doch nur, dass du respektiert wirst«, wandte Sascha ein. Sie wolle nicht respektiert werden, gab Grete zurück. »Ich will einfach nur, dass sie mich in Ruhe lassen.«

Er verstand es nicht, das sah sie schon an seinem leeren Blick. »Jeder will doch respektiert werden, am besten bewundert und geliebt. Du bewunderst eine Mitschülerin, wünschst dir, wie sie zu sein, und sie behandelt dich wie Dreck? Das geht nicht, Kleines, das erlaube ich nicht.«

Grete erinnert sich genau, wie erstaunt sie bei diesen Worten war. Sie bewundere niemanden, entgegnete sie, und es war die reine Wahrheit. »Ich will einfach nur ich sein«, sagte sie zu Sascha. »Mich selber zu finden, das ist doch das Wichtigste auf der Welt?«

Sie geht die Treppe wieder hoch und zurück in ihre Wohnung, in Gedanken noch bei Sascha. Kann es wirklich sein, dass er die beiden da unten beauftragt hat, Linda zu »bedrohen«? Aber ja, das passt hundertprozentig zu ihm. Die Fährte hat sie sogar selbst gelegt, als sie Sascha bat, den Halter der G-Klasse herauszufinden.

Aus seiner Sicht fügte sich alles perfekt zusammen. Der Wagen war auf das Archäologische Institut zugelassen, und der Archäologe, auf den es Grete abgesehen hatte, war anscheinend mit einer anderen Frau verbandelt. Also wies er seine Jungs an, die Nebenbuhlerin in die Flucht zu schlagen.

O Gott, Sascha, denkt Grete.

Sie ist nicht mehr wütend auf ihn, fast im Gegenteil. Aber sie muss ihm ein für alle Mal klarmachen, dass er sich nicht in ihr Leben einmischen darf. Sonst fließt irgendwann wirklich ihretwegen noch Blut.

»Komm rein, Grete. Und setz dich.«

Pia Lankowski ist Anfang fünfzig, eine massige Blondine, die ihren Spitznamen – »Walküre« – von Herzen hasst. Obwohl der Ausdruck bestens zu ihr passt. Nicht nur zu ihrer Statur, der üppigen Mähne, den wallenden Schals und Kleidern, sondern auch zu ihrer Stimme, einem weithin tönenden Mezzosopran.

Heute aber spricht sie leise, fast gepresst. Ihr sonst so weiches Gesicht wirkt angespannt. Nur der harte Ausdruck ihrer hellblauen Augen ist derselbe wie immer.

Zögernd schließt Grete die Tür und durchquert das Chefinnenbüro, das mit hellen Holzmöbeln eingerichtet ist. Wie die ganze Agentur, eine Art IKEA-de-luxe-Stil. Regale bis unter die Decke, mit Büchern vollgestopft. Auf dem überdimensionalen Schreibtisch, hinter dem Pia thront, liegen Dokumente, Mappen, noch mehr Bücher. Auch auf dem Fensterbrett hinter ihr türmen sich Zeitschriften und Bücher. Dabei ist der Ausblick auf das Säulenportal der sogenannten Volksbühne eindeutig das Eindrucksvollste an Pias Büro. Abgesehen von der violett gewandeten Chefin selbst.

»Wir hatten ja vereinbart, uns nach deinem ersten Quartal wieder zusammenzusetzen«, sagt Pia, nachdem Grete auf einem der unbequemen Sesselchen vor dem Schreibtisch Platz genommen hat.

An eine solche Vereinbarung kann Grete sich nicht erinnern, aber sie hat kein Problem damit. Bei *Kunstgut* in München war ihre Performance immer klar über dem Durchschnitt. Hier wird es nicht anders sein.

»Ich habe die Autoren, die du für uns begleitet hast, um eine Bewertung gebeten – wie zufrieden sie mit dir als Betreuerin sind, was wir noch besser machen könnten und so weiter, du kennst das ja, Grete. Die üblichen Fragebögen, um unser Handling zu verbessern.«

Pia beugt sich vor, verschränkt die fleischigen Unterarme auf der Schreibtischplatte. »Apropos Handling – was ist mit deinen Händen passiert?« Sie lehnt sich noch weiter nach vorn.

»Beim Joggen gestolpert. Nicht der Rede wert.« Gretes Hände liegen auf ihren Oberschenkeln, zu Fäusten geballt.

»Okay?« Die Chefin mustert noch sekundenlang Gretes Schrammen, richtet sich langsam wieder auf. »Also, wo waren wir … Von rund fünfzig Prozent hast du gute Noten bekommen. Da hatte ich mir ehrlich gesagt mehr erwartet. Und die anderen …«

Sie unterbricht sich erneut und sieht Grete schweigend an. Ihr Gesicht hat den Ausdruck einer Bulldogge angenommen, die um die Entscheidung ringt, ob sie bellen oder zubeißen soll.

»Von einigen Autoren gab es deutliche Kritik«, fährt sie fort. »Damit habe ich nicht gerechnet. Im Gegenteil, ich dachte eigentlich, mit dir hätten wir die lange gesuchte Verstärkung für das High-End-Segment gefunden. Aber gerade die anspruchsvollen Autoren, die du seit Februar für uns betreut hast, äußern sich teilweise ausgesprochen negativ.«

»Wie bitte?« Grete traut ihren Ohren nicht. »Wer von meinen Autoren soll das denn sein?«

»Bevor wir ins Detail gehen …« Pia sieht sie abweisend an. »Ich habe gestern einen Anruf bekommen, der mich noch ein bisschen mehr beunruhigt als die Rückmeldungen *meiner* Autoren.«

»Was für einen Anruf?« Etwa von der Polizei? Wegen Bangkok?

Sie hat Mühe, klar zu denken. Angriffe von allen Seiten … und das hier, auf scheinbar sicherem Terrain … Beruhige dich, ermahnt sich Grete. Es hat doch gar keinen Mord gegeben. Das vermeintliche Opfer lebt!

»Hörst du mir eigentlich zu?« Pias Gesicht, normalerweise eine mondbleiche Scheibe, ist rot gefleckt. »Der Anruf kam von Maria Seliger. Der Name sagt dir doch noch etwas?«

»Ja, klar. Meine Chefin früher in München. Aber was um Himmels willen …«

»Das hat Maria mich auch gefragt. Was mich um Himmels willen geritten hätte, ›dieses blödsinnige Versteckspiel durchzuziehen‹.« Sie malt Anführungszeichen in die Luft. »Ob ich ernsthaft gedacht hätte, dass sie uns nicht draufkommen würde. Dass niemand etwas bemerken würde, nur weil du deinen Namen geändert, dir eine andere Frisur und diese ›absurde grüne Brille‹ zugelegt hättest. Bei ihr habe es ja etwas gedauert, weil sie dir ›so eine dumme Betrügerei nicht zugetraut‹ hätte: ihr erzählen, dass du in die Modebranche wechseln würdest – und dann einfach zur Konkurrenz nach Berlin gehen. Doch jetzt sei sie im Bilde und ›noch zorniger als Medea‹.«

Pia faltet die Hände vor sich wie zum Gebet. Auch ihr Nagellack ist violett, passend zu ihrem Wallegewand.

»Laut Maria hast du ihr zugesagt, keine Kunden aus ihrer Agentur mitzunehmen. Dass ich in den letzten Monaten ein paar ihrer langjährigen Autoren akquirieren konnte, stellt sie jetzt als Komplott dar, das du und ich gegen sie ausgeheckt hätten. Sie will uns beide verklagen!«

Das kann doch alles nicht wahr sein …

»Ist das bei dir angekommen?« Pia tippt sich gegen die Stirn. »Sie will uns vor Gericht zerren. Wegen Untreue und unlauterem Wettbewerb!«

»Das sind doch bestimmt nur Missverständnisse.« Grete versucht zu lächeln. Doch ihr Gesicht bleibt starr wie Glas. »Als ich bei Maria gekündigt habe, bin ich ja wirklich zu Superbo gegangen«, fährt sie fort. »Da wusste ich nur noch nicht, dass es mir dort nicht gefallen würde. Und jetzt ist sie gekränkt, weil ich nicht zu ihr zurückgegangen bin. Aber da kommt sie drüber hinweg.«

Pia schüttelt so heftig den Kopf, dass ihre Mähne ins Wallen gerät. »Das dachte ich anfangs auch. Gestern am Telefon klang das allerdings ganz anders. Sie weint dir keine Träne nach. Eher im Gegenteil.«

»Im Gegenteil? Wie meinst du das?« Grete ist immer noch geschockt, zugleich beginnt es in ihr zu brodeln. »*Du* hast doch die Autoren abgeworben, die ich bei *Kunstgut* betreut habe. Knusum, Blumfeld, und was weiß ich, wen sonst noch. Kein Wunder, dass Maria wütend ist. Bestimmt hast du Henrik und die anderen damit geködert, dass ich jetzt für dich arbeite. Aber damit habe ich doch nichts zu tun!«

»Allerdings nicht.« Pia hebt eine Augenbraue und sieht Grete herablassend an. »Bei deinem Bewerbungsgespräch hast du mich ja gebeten, nicht an die große Glocke zu hängen, dass Margarete Malström niemand anderes als die branchenbekannte Grete Reiter ist. Deine konfusen Erklärungen von wegen Identitätskrise, Neuanfang und so weiter fand ich ehrlich gesagt schon da nicht besonders überzeugend. Aber ich wollte dich unbedingt für mein Unternehmen gewinnen, also habe ich zugestimmt. Und mich dann natürlich auch an unsere Abmachung gehalten – glücklicherweise, wie sich jetzt gezeigt hat.«

Glücklicherweise?

Als Pia aufsteht, verdeckt sie das Fenster fast zur Gänze. Sie kommt hinter dem Schreibtisch hervor, wallt zur Sitzecke und greift sich eine der Mineralwasserflaschen, die auf dem kleinen Konferenztisch aufgereiht sind.

»Die Autoren, die ich *Kunstgut* abspenstig machen konnte, waren mit dem dortigen Service offenbar nicht mehr zufrieden«, redet sie weiter, »sonst wären sie ja für mein Angebot nicht so empfänglich gewesen. Aber ich habe jetzt erst – nach der Auswertung deines ersten Quartals – verstanden, dass sie in München wohl hauptsächlich wegen *dir* unglücklich waren.«

Sie setzt den Flaschenöffner an und hebelt ihn so heftig hoch, als würde sie eine Guillotine betätigen. Der Kronkorken trudelt durch die Luft und landet leise scheppernd auf der Tischplatte.

Unglücklich wegen mir, denkt Grete. Aber wieso denn?

Auf ihre kommunikativen Fähigkeiten konnte sie sich immer blind verlassen. Wenn nicht mal das mehr funktioniert, ist sie am Ende.

»Das ist alles nur ein Knäuel aus Missverständnissen.« Ihre Stimme klingt in ihren eigenen Ohren schrill. »Maria ist gekränkt, weil sie glaubt, dass ich sie hintergangen hätte. Deshalb tut sie jetzt so, als wäre sie froh, mich losgeworden zu sein. Aber überleg doch mal, Pia: Wenn Autoren wie Henrik Knusum wirklich so unzufrieden mit mir wären, hätte ich das ja wohl selbst gemerkt. Schon in München oder spätestens in den letzten Monaten. Aber da war nichts, glaub mir, alles ist glatt und harmonisch gelaufen wie immer.«

»Ist es nicht.«

Pia kehrt mit der geköpften Flasche und einem Glas zu ihrem Schreibtisch zurück. Kein gutes Zeichen, denkt Grete. Pia ist eine aufmerksame Gastgeberin. Normalerweise.

Doch von solchen Psychospielchen lässt sich Grete nicht beeindrucken. Da ist sie seit ihrer Kindheit ganz anderes gewöhnt. Wahre Hochgebirge an mütterlicher Missachtung. Lovecrafts *Berge des Wahnsinns* sind liebliche Hügel dagegen …

»Genau darüber haben sich ja alle beschwert.« Pia sinkt in ihren Schreibtischsessel zurück. »Dass du unaufmerksam und mehr mit deinen Gedanken als mit deinen Klienten beschäftigt bist.«

»Sagt wer?«

Pia schenkt sich das Glas halb voll und leert es in einem Zug. »Knusum, Rauch, Leitner. Frag, wen du willst. Na gut, Blumfeld nicht, der hat wahre Lobeshymnen auf dich angestimmt. Aber die anderen, und vor allem die Hochkaräter, sehen das kritischer.«

Sie greift scheinbar wahllos einen Schnellhefter von einem der Stapel, klappt ihn auf, blättert hin und her. »Du bist routiniert und nie um einen geistreichen Spruch verlegen, das streitet niemand ab. Aber du bist auch sprunghaft und oft geistesabwesend, das beklagen praktisch alle Autoren, die du in den letzten drei Monaten betreut hast. Autor*in*nen waren ja keine dabei – auch darin bin ich deinem Wunsch gefolgt. Wie war das noch gleich? Die erinnern dich immer an deine Mutter, und zu der hast du eine schwierige Beziehung.«

Pia verzieht das Gesicht. »Geschenkt, wir haben alle unsere Macken. Aber die auf Kosten der Klienten auszuleben, geht natürlich gar nicht. Ich hätte nicht im Traum gedacht, dass ich so etwas mal zu dir sagen müsste.«

Sie blättert weiter. »›*Launisch, unkonzentriert, fahrig*‹ … das zieht sich wie ein roter Faden durch fast alle Bewertungen. Außerdem wird dein Interesse an den Autoren und ihren Werken als ›*nicht authentisch*‹ empfunden.« Wieder malt sie Anführungszeichen in die Luft. »Als ›*geheuchelt*‹ sogar, oder hier: ›*zynische Schauspielerei*‹. ›*Ich hatte das Gefühl, dass Frau Malström mich fast schon verachtet*‹, schreibt ein spürbar irritierter Jungautor, den du immerhin zu einer Preisverleihung begleitet hast.«

Peer Leitner, der Nachwuchs-Romancier aus dem mecklenburgischen Geisterdorf ... Auch dieses Jahr bekam er einen Preis verliehen, diesmal in Potsdam. Sie begreift nicht, was die Juroren in seinen schwermütigen Romanen sehen.

Aber *Verachtung*? Zynismus? Heuchelei? Nein, das trifft es alles nicht, denkt Grete. Sie fühlt sich nur nie verbunden, mit keinem, das ist alles. Aber wie haben die das gemerkt? Sie hat sich doch immer verstellt, auch vor sich selbst, so lange sie zurückdenken kann. Niemand sollte sehen, wie traurig und allein sie war. Wie abgetrennt von allen, wie hinter Glas. Nur bei Miko, bei Lenny kann sie sein, wie sie ist, sich zeigen, sehen, fühlen, wie sie wirklich ist ...

Pia klappt den Schnellhefter zu und stützt sich mit den Ellbogen darauf. »Für mich ist das eine Riesenenttäuschung, Grete. Und wenn ich nicht sehr aufpasse, wird daraus eine Riesenkatastrophe für mein Unternehmen. Wenn Maria Seliger mich vor Gericht zerrt, wird der Ruf meiner Agentur mindestens stark beschädigt – egal, wie die Schlammschlacht am Ende ausgeht. Das werde ich um jeden Preis verhindern, und nur aus diesem Grund gebe ich dir noch eine Chance.«

Grete macht den Mund auf, aber die Chefin lässt sie nicht mehr zu Wort kommen.

»Stephan Steinfall übernehme ich selbst. Du hast drei Tage Zeit, Grete. Bis übermorgen achtzehn Uhr ist der ganze Schlamassel bereinigt – oder du bekommst in unserer Branche keinen Fuß mehr auf den Boden. Das garantiere ich dir.«

Um elf ist Grete irgendwo in Mitte statt am Flughafen Tegel. Sie läuft ziellos herum, wie ein Tier auf der Flucht.

Sie sind hinter dir her, Grete …

Die ganze Zeit hat sie diese Stimme im Kopf. Und die sagt mehr oder weniger immer dasselbe. *Sie sind hinter dir her …*

Wer, »sie«? Die Geister? Die Geistlosen?

Keine Antwort. Wie in einer der konfusen Storys von Hannah. *Kälte und Chaos*. Alles rennt und schreit durcheinander. Düstere Atmosphäre, panische Suche nach Regeln, Rettung, Wärme, Ordnung, aber das alles ist nicht vorgesehen.

Nicht in Hannahs Storys. Nicht in der Welt, wie Grete sie jetzt erlebt. So kalt, boshaft, chaotisch wie seit Jahren und Jahrzehnten nicht mehr. Seit ihrem Auszug zu Hause nicht mehr. Seit ihrem Studium, ihrem Aufstieg zur gefragten PR-Kraft nicht mehr. Mit brillanter Rhetorik. Und legendärer Empathie.

Wann hat sie die Fähigkeit, sich zu verstellen, verloren? Warum hat sie das nicht gemerkt?

Sascha wollte immer, dass sie von ihm abhängig blieb, abhängig wie Hannah. Aber Grete wollte das auf keinen Fall. Ihr vielgelobtes »kommunikatives Talent« war ihre einzige Chance, sich zu befreien. Auf eigenen Füßen zu stehen. Und sie hat ihre Chance genutzt, oder etwa nicht?

Aber jetzt das – der Absturz, denkt Grete, wie in meinen schlimmsten Albträumen. Pia wird mich rausschmeißen, und was dann?

Sie schaut sich um, überall Wiesen, Büsche, Alleen. Anscheinend ist sie im Tiergarten. Ohne eine Ahnung, wie sie hierhergeraten ist.

Schwindelgefühl. Grete setzt sich auf eine Bank unter einer gewaltig großen Eiche. Sie schwitzt und fröstelt. Touristen aus allen Ländern gehen an ihr vorbei, Spanier, Skandinavier, Schwarzafrikaner, ein bunter, endloser Strom. Mitten darin zwei Asiaten in dunklen Anzügen.

Grete zuckt zusammen, doch die beiden achten nicht auf sie.

Ihr bleiben drei Tage, nein, zweieinhalb, um »den Schlamassel zu bereinigen«. Aber wie soll sie das anstellen? Nach München fahren, ihre frühere Chefin anbetteln, »bitte geh nicht vor Gericht«? Selbst wenn Maria sich beknien ließe, was hätte Grete davon? In der Branche wäre sie trotzdem unten durch.

Warum nur hat sie so schlechte Bewertungen bekommen? Sogar von Henrik, mit dem sie halbe Nächte lang getrunken und diskutiert hat? Über seine Bücher, sein Leben, was sonst. Einmal hatte sie auch Sex mit ihm, das ging allerdings blitzschnell. Henriks altes Problem, bekannt aus seinen Büchern. Wie alles bei ihm. Es dauerte keine zwanzig Sekunden, dann stöhnte er auf und rollte sich von ihr herunter. Keine zwei Zentimeter tief war er in ihr drin gewesen. Noch keine zwei Monate ist das her.

Sie hat ihm damals eine Frage gestellt, die ihm ersichtlich zusetzte. Ob ihm schon einmal aufgefallen sei, dass zwischen seinem Sex und seinen Büchern eine Spiegelbeziehung bestünde.

»Spiegelbeziehung?« Er hockte neben ihr auf dem Bettrand in seiner Suite im *Bayerischen Hof*. Zusammengekrümmt, ein dicklicher Riese mit Rauschebart und viel zu hoher Stimme. »Wie meinst du das, Grete?«

»Na ja, beim Sex gehst du extrem frühzeitig ab. Und in deinen Büchern lieferst du mit genauso extremer Verspätung die klugen oder mutigen Bemerkungen nach, die dir im Hals stecken geblieben sind, als es wirklich darauf ankam.«

Auf der Parkbank denkt Grete über ihre Antwort nach. Und über Henriks betretene Reaktion. Er sank noch tiefer in sich zusammen, ein teigiger Rübezahl.

Okay, das hätte sie ihm nicht an den Kopf werfen sollen. Ihre Aufgabe als Betreuerin ist es, Klienten zu ermutigen und ein angenehmes Umfeld für sie zu schaffen. Nicht aber, mit dem Finger in ihren Wunden zu bohren. Auch wenn Henrik selbst sich in seinen »autofiktionalen Romanen« noch viel tiefer in seine Schwächen und sein Versagen hineinwühlt.

Grete kramt in ihrer Handtasche, aber sie hat nichts gegen den Durst dabei. Kein Wasserfläschchen, nicht mal ein Kaugummi.

Was soll sie jetzt nur machen? Wen anrufen? Maria? Sascha? Lenny?

Sich vor Maria rechtfertigen … wie soll das gehen? Schon bei der Vorstellung, mit ihr zu telefonieren, als die frühere Grete von ihr angesprochen zu werden, wird ihr übel. Das hier, ihre Verwandlung in Margarete Malström, ist eben *kein* »blödsinniges Versteckspiel«, sondern das exakte Gegenteil … Meine *Ent*puppung, denkt Grete, von der Larve zum Schmetterling, von der verwunschenen Holzpuppe zur wahren Grete aus Fleisch und Blut …

Also soll sie doch Sascha anrufen?

Na klar, er könnte den Schlamassel schnell aus der Welt schaffen. Maria davon überzeugen, dass sie besser nicht vor Gericht geht. Pia in Erinnerung rufen, dass Grete ihre wertvollste Mitarbeiterin ist. Dafür bräuchte er nur herauszufinden, wo die näheren Angehörigen von Maria und Pia zur Schule oder in die Kita gehen. »Sie wollen doch bestimmt, dass es Ihrem Sohn oder Ihrer Enkelin weiter gutgeht? Na also.«

Beiden Frauen würde beim Anblick von Saschas Jungs schlagartig klar werden, was sie bis dahin nicht mal in ihren düstersten Träumen ahnten. Dass die Welt ein Ort ausweglosen Grauens ist. Nur ein, zwei Schritte abseits der Sonnenpfade ist alles kalt und schwarz. Was auch immer in den Romanen steht, die von empathischen Buchhändlerinnen gepriesen werden.

Aber auch diese Ausflucht kommt für Grete nicht infrage. Wenn du deinen Schlüssel im Haus vergessen hast, rufst du ja auch beim Schlüsseldienst an. Und nicht bei einem Abrissunternehmen.

Wen also kann sie um Hilfe bitten? Lenny? Aber wie könnte er sie aus dem Schlamassel befreien? Indem er ihr hilfreiche Geister schickt?

Natürlich nicht. Grete spürt ein Brennen in der Kehle. Schon seine Stimme zu hören, würde ihr so guttun. Aber auch Lenny wird sie nicht anrufen.

Er will bei seinen Ausgrabungen nicht gestört werden, »außer, es brennt«. Und sie will ja auch nicht, dass er mitbekommt, wie durcheinander sie ist. Wie verletzt, verängstigt, fast schon verheult. Aber auch losheulen wird sie jetzt nicht, natürlich nicht.

Welcher Ausweg also bleibt ihr? Oder kommt jetzt doch der Absturz, den sie – ein Teil von ihr, tief in ihr vergraben – seit Langem befürchtet hat? Eigentlich schon, seit sie von zu Hause weggegangen ist …

Wieso *Absturz?*, geht es ihr durch den Kopf. Das Gegenteil trifft ja zu. *Kultur Kokon,* der Name sagt doch eigentlich schon alles. Sie muss weitergehen auf ihrem Weg der Entpuppung. Von der Raupe zum Schmetterling. Bis sie ganz und gar verwandelt ist.

Also zerreiß den Kokon, Grete! Es geht nicht darum, in die Hülle zurückzukriechen. Es geht nicht darum, deinen Job zu retten, im Gegenteil. Schüttle ihn ab, lass ihn hinter dir. Befreie dich! Wage es, mit deinen eigenen Flügeln zu fliegen …

Ihre Stimmung hellt sich auf. Stimmt genau, es wird höchste Zeit, dass sie das alles hinter sich lässt. Schon in München hat sie ja bei *Kunstgut* gekündigt, weil sie von dem Kunstrummel die Nase voll hatte. Und den neuen Job bei Pia hat sie nur angenommen, weil es eine gute Gelegenheit war, schnell und unauffällig unterzutauchen. Aber mit dem ganzen Kulturschwindel ist sie doch seit Langem durch.

Sie hat ihre unsichtbare Tür wiedergefunden und ist hindurchgegangen. Was hat sie mit der Welt da draußen noch zu schaffen? Literatur-PR, wie ist sie überhaupt in diesen Zirkus hineingeraten?

Na klar, durch Hannah. »Die Liebe zur Literatur ist ein Feuer, an dem du dich wärmen oder verbrennen kannst«, sagte sie, als es darum ging, welchen Beruf Grete ergreifen sollte. »Wenn ich wählen könnte, glaub mir, ich würde mich nur daran wärmen.«

Gut gesagt, Mutter, denkt Grete. Und sie hat Hannahs Rat ja beherzigt. Warum ist ihr dann aber so heiß, als ob sie verbrennen würde? Welchem Feuer ist sie zu nah gekommen?

Grete schaut sich um, benommen wie bei hohem Fieber. Ihre Wangen glühen. Dagegen fühlt sich die Parkbank unter ihren Fingern fast kühl an. Hat sie wirklich Fieber?

Leben heißt fiebern, fällt ihr wieder ein. Von wem stammt das Zitat? Natürlich, von Alex Blumfeld, auch wenn es scheinbar nicht zu ihm passt. Alex wirkt fast immer kühl und kontrolliert, sogar beim Sex. Grete war einmal mit ihm im Bett, er beobachtete sie unaufhörlich, wie sie sich auf und unter ihm bewegte, wie sie stöhnte und seufzte, ihr Gesicht spiegelte sich in seinem, zitternde Nüstern, Augen und Mund, die immer größer wurden, bis Grete in einem Schrei explodierte, und dann Alex, höflich wie immer: »Wo darf ich als Nächstes sondieren?«

Diese verzehrende Hitze, vor der Hannah sie warnte, hat Grete bei ihren Autoren nie gespürt, schon gar nicht bei Blumfeld. Allenfalls ein mäßiges Feuer, auf dem sie ihr Süppchen simmern ließen. Zwei Tropfen Talent, verdünnt mit löffelweise Eitelkeit und Eimern an Selbstüberschätzung.

»Ich hatte das Gefühl, dass sie mich fast schon verachtet«, hat einer von ihnen über Grete geschrieben. Peer Leitner wahrscheinlich, der schwermütige Nachwuchs-Romancier. *Verachtung* ist ein starkes Wort, findet sie, aber vielleicht doch nicht so ganz falsch …

Die Wichtigtuerei ihrer Klienten, dieses ganze Diven- und Dichterfürstgehabe, fand sie schon als Berufsanfängerin unangenehm. Ihre Bücher sind bestenfalls mittelmäßig, in vielen Fällen nicht einmal das. Eine Fingerbreite über der Literaturhölle, manche auch etwas mehr, aber jedes von ihnen meilenweit vom Literaturhimmel entfernt. Der sowieso längst leer und eingestürzt ist, wie alle anderen Himmel auch …

Ich muss in den Schatten, denkt Grete. Aber sie sitzt ja schon im Schatten der mächtigen Eiche. Dutzende, Hunderte Leute laufen, joggen, schlendern an ihr vorbei. Ägypter, Chinesen, Guatemalteken vielleicht … Nicht mal die Jogger sehen besonders erhitzt aus. So heiß scheint es also nicht zu sein.

Nur Grete fühlt sich, als stünde sie in Flammen. Wie das Haus in ihrem Traum, aus dem die Flammen bis zum Himmel schlugen. Sascha konnte es nicht retten, sein Feuerlöscher war viel zu klein …

Wen soll sie anrufen? Die Frage spukt ihr noch im Kopf herum. Dabei hat sie die Antwort doch gefunden: keinen, Grete. Du brauchst keinen Helfer, dein Problem hat sich von selbst gelöst.

Trotzdem kramt sie in ihrer Handtasche und fischt ihr Smartphone heraus.

Drei entgangene Anrufe. Alle auf dem Orange-Account, alle anonym. Wer kann das nur sein?

Sie denkt darüber nach. Wirklich Sascha oder einer von seinen Jungs? Sie schüttelt den Kopf. Aber der geheimnisvolle Anrufer interessiert sie jetzt auch nicht. Sie will doch die ganze Zeit schon googeln, was es mit diesem Tom Duncker und seiner Stiftung auf sich hat.

Das Handy ist noch auf lautlos gestellt, von ihrem Meeting mit Pia. Grete tippt auf das Icon für *Klingeln,* aktiviert das Suchfeld und gibt »*Tom-Duncker-Stiftung*« ein.

Das gibt es nicht, die haben sogar eine Niederlassung in Berlin. »*Pressestelle und Medienarchiv, telefonische Anmeldung erbeten.*«

Grete furcht die Stirn. Ist das nicht irgendwie schräg? Eigentlich hat sie gedacht, das wäre nur eine kleine Stiftung, deren Aktivitäten sich auf Texas beschränken. Aber nein, neben dem Hauptquartier in Austin haben sie Dependancen auf allen Kontinenten, unter anderem in Damaskus und Berlin, Bangkok und Hongkong, Kairo und Mexico City. Also ein ziemlich großer Laden, weitverzweigt wie der Steuerrad-Orden. Und mit nobler Adresse in Berlin-Mitte: Bodestraße, direkt am Pergamonmuseum mit Gretes glühend verehrtem Ischtar-Tor.

Sie klickt verschiedene weitere Menüpunkte an: *Wir über uns, Wir suchen dich, Wer ist Tom?* … Überall liest sie kurz hinein, *Stiftungszweck … Stellen und Stipendien … Tom Duncker im Profil* … Aber sie kann sich jetzt nicht konzentrieren. Das wird sie alles später durchlesen, wenn sie irgendwo im Kühlen ist und eine große Weißweinschorle vor sich stehen hat.

Grete wirft das Smartphone in ihre Handtasche zurück. Die madamige Givenchy-Tasche, die sie am liebsten sofort wieder gegen ihren Frog Bag tauschen würde. Genauso wie die Chanel-Klamotten gegen ein luftiges Sommerkleid.

Wenn ihr nur nicht so heiß wäre. Gleichzeitig ist immer noch tief in ihr dieses Bibbern. Als wäre ihr innerster Kern schockgefroren.

Soll sie weitergehen? Sich irgendwo hinschleppen, wo es eine Klimaanlage gibt, coole Musik und eiskalte Drinks? Aber sie kann sich nicht dazu durchringen, auch nur aufzustehen.

Ein Rentner mit Pitbull an der kurzen Leine trottet vorbei. Zwei vollbärtige Araber schlendern in Gegenrichtung, der eine mit Gebetsfleck, der andere ohne. Auf der Wiese rennen Kinder schreiend herum und bewegen die Arme auf und ab. Bestimmt machen sie die Vögel nach, denkt Grete, die im knallblauen Himmel krächzend durcheinanderfliegen.

Vielleicht geht es ja nicht nur ihr so? Vielleicht macht jeder immer irgendjemand anderen nach? Weil alles nur Verstellung ist, Simulation, »zynische Schauspielerei«? Weil es das »Authentische«, das alle ständig im Munde führen, gar nicht gibt?

Doch philosophische Betrachtungen helfen ihr auch nicht weiter. Okay, dem Job bei *Kultur Kokon* weint sie keine Träne nach, so wie Marie Seliger angeblich auch ihr – Grete Reiter – kein bisschen hinterhergewimmert hat. Aber was soll sie stattdessen jetzt machen? Bei Sascha die Hand aufhalten? Auf keinen Fall.

Nur die Ruhe, Grete, da findet sich schon was.

Sie horcht in sich hinein. Stimmt genau … Das ist wie bei ihrer geheimen Tür. Sie muss nur im »*Zustand der frohen und mutigen Erwartung*« sein, dann wird sie genau den Job finden, der zu der neuen Grete passt. Der geschlüpften, entpuppten Grete.

Ihr Smartphone klingelt. Lenny?

Gretes Herz beginnt freudig zu pochen. Sie kramt in ihrer Handtasche und fischt das Handy heraus.

Schon wieder ein Anruf mit unterdrückter Nummer. Und wieder auf dem Orange-Account.

Sie tippt auf das grüne Hörersymbol. »Ja?«

Keine Antwort.

»Sascha? Bist du das?«

Unartikuliertes Gurgeln.

»Hannah?«

Nichts … Dann ein langgezogenes Stöhnen. »*Wuuawee* …«

Hat sie etwa einen Geist in der Leitung? Blödsinn, Grete! Aber es hilft nichts, sie bekommt am ganzen Körper Gänsehaut.

»Wer ist da?«, fragt sie mit piepsiger Stimme. »Jetzt melden Sie sich doch!«

Wer treibt da sein böses Spiel mit ihr? Wer – außer Sascha und vielleicht noch Hannah – kann überhaupt diese Nummer kennen?

»*Wuuawee* …«

Bechthold, fällt ihr ein. Sie hat mit dem Hausmeister in München per Orange Card telefoniert. Aber das war vor Monaten. Warum sollte der sie jetzt anrufen? Um dann nur unverständlich zu stöhnen?

»*Wuuawee* …«

Grete tippt erneut auf das Display und unterbricht die Verbindung.

Ihr ist heiß, sie fühlt sich benommen und schwindlig. Und doch tief innen immer noch eisig kalt.

Sie ist aufgestanden und weitergegangen, ohne es richtig zu bemerken. In Gedanken ist sie mal bei dem »Geist« – dem anonymen Gurgler und Stöhner –, dann wieder bei Henrik. Bei der »Spiegelbeziehung«, die sie ihm attestiert hat.

Trifft das Wort nicht irgendwie auch auf sie zu? Kommt sie deshalb in Gedanken immer wieder auf Henrik zurück? Weil sie in ihm etwas sieht, das auch sie selbst betrifft? Sicher nicht der vorzeitige Orgasmus – aber der sonderbare Positionstausch von Realität und Fantasie?

Bei Henrik haben die beiden definitiv die Plätze gewechselt, überlegt Grete. Reale Begegnungen fühlten sich für ihn wegen seiner krankhaften Schüchternheit unwirklich an. »Wie in einem Traum«, hat er ihr erklärt, »wenn alles um dich herum in Bewegung ist. Alle reden, lachen – nur du selbst kannst dich nicht bewegen und kriegst den Mund nicht auf.« Erst in seinen Büchern, in denen er die Ereignisse aus seiner Sicht schilderte und zurechtrückte, wurden sie für ihn real. Weil er dort erst daran teilhaben konnte.

Stimmt das?

Ihr Herz pocht ein aufgeregtes *Ja.* Weiter, Grete. Du bist auf dem richtigen Weg.

Okay, also weiter … Wie ist das bei ihr? Eigentlich ganz ähnlich, jedenfalls auf der einen Seite, die im Allgemeinen als Realität bezeichnet wird …

Auch Grete erlebt Begegnungen mit anderen Menschen wie irreales Theater, in das sie irgendwie hineingeraten ist. Aber so fantastisch kommt es ihr nicht deshalb vor, weil sie – wie Henrik – den Mund nicht aufbekäme. Im Gegenteil, sie versteht es fast immer, gewinnend und treffsicher zu sprechen. Nur kann sie dabei nie vergessen, dass sie sich verstellt. Dass es nie sie selbst ist, die redet, lächelt, Rollen spielt …

Und wie sieht es auf der anderen Seite aus? Die normalerweise Fantasie heißt und in der *Spiegelbeziehung* aber die Realität darstellen soll?

Mit seinen »autofiktionalen« Büchern hat sich Henrik dort eine eigene Version der Realität erschaffen. Aber letztlich ist es eben doch nur eine Vortäuschung von Realität. Eine Kunstwelt, von geisterhaften Doppelgängern bevölkert. Er selbst kann also wieder nicht teilhaben, nicht als realer, lebendiger Mensch. Die Tür zu seiner idealen eigenen Welt kann er zwar mühelos aufstoßen, einfach, indem er sein Buch aufschlägt. Aber der Durchgang bleibt für ihn versperrt wie durch eine zähe Membran.

Und wie ist das bei mir?, überlegt Grete fieberhaft weiter. Sie geht durch belebte Straßen, stößt mit Passanten zusammen und bekommt es kaum mit. Ihr Herz klopft wie verrückt, der Schweiß tropft ihr in den Kragen, doch ihre Gedanken fügen sich leicht und folgerichtig zusammen. Zumindest kommt es ihr so vor.

Ich habe meine eigene Welt inmitten der realen Welt gefunden … hinter meiner geheimen Tür … und darin Miko-Lenny, meinen Geliebten aus Fleisch und Blut … Stimmt das?

Ja, ja, ja, klopft ihr Herz. *Genauso ist es!* Und das Herz, sagt auch Henrik, hat immer recht …

Keine Ahnung, wie ihr das geglückt ist, denkt Grete, aber sie hat geschafft, was keinem Künstler je gelungen ist … Henrik Knusum sowieso nicht, doch auch den Göttern der Romantik nicht, zu Zeiten, als es noch einen Literaturhimmel gab … Dante nicht, Shakespeare, Novalis … Sie alle schufen ihre eigene, vollkommene Welt, aber sie selbst gelangten niemals hinein. Sie alle standen vor weit offenen und doch unüberwindlichen Türen.

Ich aber, sagt sich Grete, bin in meine Welt gelangt, ohne das Glas zu zerbrechen …

Wie zum Beweis stößt sie mit dem Ellbogen gegen einen gläsernen Schaukasten mitten auf dem Gehsteig. Sie bleibt stehen, reibt sich den Arm und schaut sich um.

Wo ist sie hier? Unter den Linden, nicht weit vom Brandenburger Tor. Vor dem *Adlon* ballt sich eine Menschenmenge. Eben fährt eine schwarze S-Klasse vor dem Hotelportal vor.

Grete beeilt sich, näher heranzukommen. Wer wohl in der funkelnd dunklen Karosse sitzt? Die Scheiben hinten sind undurchsichtig getönt. Vielleicht Sascha und Hannah?

Sie drängelt sich durch die Menge. Die Leute rufen einen Namen, immer wieder denselben Namen, aber sie kann nichts verstehen. Es ist wie im Traum, denkt Grete.

Sie versteckt sich in einer Tür direkt neben dem Vordach des Hotels. Eben stoppt die schwarze Limousine. Der Portier, mit Zylinder und weißen Handschuhen kostümiert, reißt den Schlag auf.

Aber das sind nicht Sascha und Hannah … natürlich nicht …

Eine großgewachsene Blondine in violetter Robe quillt aus dem Wagen. Gefolgt von einem kleineren, zierlichen Herrn im dunkelblauen Dreiteiler, mit Halbglatze und maliziösem Lächeln … Pia Lankowski und Stephan Steinfall … na klar … Er logiert hier, und gleich gehen sie zum Essen in den *China Club*, auf der Rückseite des Hotels.

Arm in Arm stolzieren die beiden über den roten Teppich in die Lobby, von der Menge auf dem Gehsteig kaum beachtet.

Das Gedränge wird immer ärger. Der Prominente, auf den diese hundert oder zweihundert bunt gekleideten jungen Leute warten, ist natürlich kein Romanschriftsteller, sagt sich Grete. Sondern vielleicht ein Rap-Sänger, eine Top-Influencerin oder eine Start-up-Ikone.

Sie hätte es Steinfall gegönnt, von enthusiastischen Fans mit *»Stephan, ich will ein Buch von dir«*-Bannern empfangen zu werden. Ihm jedenfalls eher als den meisten anderen Autoren, mit denen sie von Berufs wegen zu tun hatte. Immerhin gibt er sich Mühe, die versunkenen Zeiten zu repräsentieren, in denen Worte wie *Roman* und *Literatur* noch einen bronzenen Klang hatten.

In denen die *Fantasie* noch als Schöpferkraft galt und nicht bloß als eine Art mentaler Schweißdrüse.

Als Studentin wollte auch Grete kurzzeitig Schriftstellerin werden, aber sie gab es schnell wieder auf. Nicht, weil ihr Talent nicht gereicht hätte, es ergab für sie nur keinen Sinn. Ein Buch zu schreiben, durch das man in seine eigene, ideale Welt hinüberkriechen kann, ist ein uralter Autorentraum. Doch er hat sich nie erfüllt und wird immer unerfüllt bleiben.

Grete glüht noch wie im Fieber, doch sie weiß jetzt, was sie zu tun hat. Sie schiebt sich aus der Menge vor dem *Adlon* heraus und geht mit schnellen Schritten davon, in Richtung Ischtar-Tor.

Nächster Morgen, kurz nach halb zehn. Vor dem Pergamonmuseum hat sich bereits ein Pulk Touristen versammelt, aber die müssen warten. Genauso wie Grete. Das Museum macht erst um zehn Uhr auf, die Tom-Duncker-Stiftung schräg gegenüber auch.

Grete beschließt, noch ein paar Schritte zu gehen. Als Bittstellerin vor verschlossener Tür zu stehen käme ihr unpassend vor. Auch Parsifal lungert ja nicht vor der Gralsburg herum, bis der leidende Amfortas sich seiner erbarmt.

Sie geht die Bodestraße hoch, an der Spree entlang, mit schnellen, gleichmäßigen Schritten. Schiffe tuckern über den Fluss. Flohmarkthändler stochern in Kisten voller Krimskrams herum. Aus den Bäumen zwitschern Vogelchöre. Der Himmel ist hellblau, die Luft weich und warm.

Grete hat letzte Nacht kaum geschlafen, zwei, drei Stunden vielleicht. Aber sie fühlt sich leicht und frisch in dem Hängerkleid mit Dschungelmuster, das ihr vorhin aus ihrem Schrank entgegengesegelt kam. Grundfarbe nicht direkt Khaki, aber ganz ähnlich. An manchen Tagen entscheidet der Schrank, was sie anzieht. Dazu die schwarzen Sandaletten, in denen es sich wie auf Luftkissen läuft. Und natürlich der grüne City Bag, aus dem oben die zusammengerollte Bewerbungsmappe herausragt.

Leider ist Grete wieder leicht verkatert, doch das wird schon. Sie ist letzte Nacht noch ein bisschen abgestürzt – nicht buchstäblich, nur in einem Kreuzköllner Hinterhof, inmitten Hunderter kiffender Tänzer. Oder schwankender Kiffer, je nachdem. Der House-Sound aus schrankgroßen Lautsprecherboxen blies ihr fast das Gehirn weg. Jemand hielt ihr eine Tüte hin, sie sog gedankenverloren an dem vollgesabberten Mundstück … *wie an der Mutterbrust,* ging es ihr durch den Kopf, *Tüte, Titte, ganz genau …*

Dann dachte sie nichts mehr, zumindest nichts Genaues. Jauchzend tanzte sie durch den Hof, riss die Arme hoch, wie sie es bei Miko, bei Lenny gesehen hat, drehte sich schneller und schneller im Kreis. Schreiend, wirbelnd, kreiselnd durch die dunkle Tür, doch das klappte nicht so richtig. Ihr wurde schwindlig, fast wäre sie hingestürzt, irgendwer fing sie auf.

Grete hielt sich an ihm fest, eigentlich ganz angenehm, seine breite Brust, die starken Arme. Sie lehnte an ihm und träumte von Lenny. Doch als sie sich lösen wollte, hielt er sie weiter umklammert.

Sie legte den Kopf zurück, sah ihn an und erschrak. Schmale Augen, dunkles, rundes Gesicht – der Bullige aus dem Flieger? Das darf nicht wahr sein …

Sie wollte sich losreißen, doch er ließ nicht locker. »Lass mich!«, schrie sie zu ihm hoch, da lachte er, und Grete rammte ihm das Knie in den Schritt. Mit voller Wucht, wie sie das in ihrem Nahkampfkurs gelernt hat. »Bringt ihn zu Boden, Mädchen!«, hatte der Trainer die Kursteilnehmerinnen angewiesen, und das tat sie. Der Bullige ließ los und klappte vornüber wie zu einer tiefen Verbeugung. Sie verpasste ihm noch einen Side-Kick gegen die Schulter, und er kippte seitlich um.

Die Stunden danach sind in ihrer Erinnerung ein bisschen verschwommen, aber es war nicht direkt eine Absence. Eigentlich weit davon entfernt. Mehr so ein angenehmer Dämmerzustand, mit einem Hauch von Kontrollverlust. Sie erinnert sich sogar ziemlich genau, dass sie Unter den Linden eine Kleinigkeit gegessen hat, doch das muss vor der Sause im Hinterhof gewesen sein.

Sie saß hinter der Glaswand im *Berlin-Moskau* und schaute hinaus auf den wilhelminischen Prachtboulevard, wo sich Touristen aus allen Erdteilen gegenseitig auf die Füße traten. Was sie dort gegessen hat, weiß sie nicht mehr – irgendwas russisch Saures wahrscheinlich –, aber sie erinnert sich, was ihr dabei durch den Kopf ging.

Damals, vor viertausend Jahren, musstest du irgendwelche hochgeheimen Zaubertricks draufhaben, um von China nach Europa oder von Mittelamerika nach Nordafrika zu gelangen. *Heute* setzt du dich in einen Flieger, und schwupps! bist du schon da …

Na gut, so ganz schwupps geht es auch nicht, korrigierte sie sich, Fernreisen sind immer noch eine mühselige Angelegenheit. Aber sie war schon ein bisschen beschwipst, also ließ sie sich die kleine Übertreibung durchgehen. Als PR-Kraft ist sie sowieso darauf trainiert, es mit den Details nicht allzu genau zu nehmen, und was sie zuvor, beim Durchforsten der Stiftungs-Website, gefunden hatte, war so wundersam, dass ihr irgendwie fast alles möglich schien.

Oder war das Ganze doch ein riesengroßer Schwindel? Der ominöse Steuerrad-Kult, die genauso mysteriöse Tom-Duncker-Stiftung, die für ihr Berliner Büro diverse Mitarbeiter suchte … Und dann erst der geheimnisvolle Stifter, Tom Duncker senior, der – immer laut Website – *»den Grundstock seines märchenhaften Vermögens geträumt hat«* …

Wie bitte? Schwindel oder nicht, es war schlichtweg schwindelerregend. Genauso wie die endlose Flut der Touristen, die da draußen an der Glaswand des *Berlin-Moskau* vorbeischwappte.

Grete bestellte eine weitere Weißweinschorle. In Gedanken steckte sie noch bei dem Vergleich zwischen den Weltreisenden jetzt und vor viertausend Jahren fest. Also …

Damals blieben alle zu Hause hocken, bis auf ein paar Eingeweihte, die den Dreh mit der Geisterreise draufhatten … und *heute* sind so ziemlich alle rund um den Globus unterwegs. Aber ist das besser? Kriegen die da draußen, die sich die Nasen an der Glaswand plattdrücken, überhaupt irgendwas mit? Abgesehen von den in allen Reiseführern angepriesenen Sehenswürdigkeiten und, natürlich, den Souvenirläden, McDonald's- und Starbucks-Filialen, auf die sie sich mit dem Eifer von Eroberern stürzen?

Darüber dachte Grete längere Zeit nach. Stimmt das überhaupt, was ich mir da wieder zurechtgesponnen habe, ging es ihr durch den Kopf: Konnten die frühgeschichtlichen Zauberpriester wirklich von einem Land zum anderen reisen – vom Nil nach Yinxu, von Tikal nach Elam?

Wie kam sie überhaupt auf so eine Idee? Lenny hatte doch lediglich angedeutet, dass sie sich möglicherweise *im Geisterreich* getroffen hätten … und sogar das lasse sich mit den »bekannten Naturgesetzen« nicht vereinbaren …

Und wie ist das bei Mr Tom Duncker senior, der die präzise Position der Goldmine an der texanisch-mexikanischen Grenze angeblich *»im Traum empfangen hat wie eine übernatürliche Videobotschaft«*? Na gut, sagte sich Grete, das ist erst mal nur eine PR-Story, die man glauben kann oder auch eher nicht. Vielleicht hatte er einfach Dusel, als er gerade dieses Grundstück kaufte und dort nach Gold zu schürfen begann. Aber der Steuerrad-Kult ist schließlich ein anderes Kaliber – eine archäologische Sensation, auch wenn sie mit den bisherigen wissenschaftlichen Theorien nicht vereinbar zu sein scheint.

Mit jedem Schluck Weißweinschorle wurde das Nachdenken mühsamer, doch Grete verbiss sich geradezu in ihr Gedankenspiel. Also: Die Zauberpriester aus dem Land der Pharaonen, aus Yinxu und so weiter gelangten durch die jeweiligen »dunklen Türen« ins Geisterreich … durch »ekstatische Trance« oder sonst eine schamanische Technik … Dort fanden sie sich am vereinbarten Treffpunkt ein, um zu besprechen, was bei ihrem Steuerrad-Meeting eben gerade anlag … und anschließend kehrte jeder in sein jeweiliges Königreich zurück. Aber wieso eigentlich?

Grete starrte durch die Glaswand nach draußen, und die Touristen auf dem überfüllten Bürgersteig starrten zurück. Ganz genau, dachte sie. Es war ganz genau die Frage, die sich heutzutage auch die Hunderte Millionen Touristen in aller Welt stellten: Warum sollte ich mir nicht irgendwelche fernen Länder ansehen – *wenn ich es doch kann?*

Beispielsweise konnte der Zauberpriester aus Memphis beschließen, nicht spornstreichs durch seine dunkle Tür in sein Land am Nil zurückzukehren, sondern sich erst einmal seinem Kollegen aus Yinxu anschließen und mit ihm nach Zentralchina reisen … natürlich nur als Geist, denn sein Körper lag ja in einem Tempel am Nil … aber immerhin …

Grete furchte die Stirn. War das denkbar? War es nicht sogar viel mehr als das – *das eigentliche Geheimnis* des Steuerrad-Ordens?

Wenn ich schon herausgefunden hätte, wie ich meinen Geist von meinem Körper lösen und ins Geisterreich fliegen kann, sagte sich Grete, dann würde ich von dort doch nicht einfach brav zurück nach Hause schweben. Dann würde ich auch wissen wollen, was hinter all den anderen dunklen Türen ist …

Oder war das unlogisch? Natürlich immer vorausgesetzt, dass das mit den Reisen ins Geisterreich wirklich klappte … Aber Lenny hatte ihr ja gestern noch versichert, dass er nach seinem ekstatischen Tanz dort drüben gewesen sei … dass sein Geist durch die dunkle Tür hindurchgeschwebt sei, während sein Körper vor ihr auf dem Parkettboden gelegen hatte …

Gretes Gedanken schweiften ab. Das kam von der Schorle, aber auch von den hinter ihr liegenden Strapazen. Dem Schock der Quasi-Kündigung durch Pia und der miesen Bewertungen durch ihre Autoren … Rauch, Leitner, Henrik, aber mit dem war sie sowieso fertig …

Waren die Steuerrad-Priester eigentlich alles Männer? Das musste sie Lenny auch noch fragen … Unvermittelt kam ihr »Mr Sven Meier« in den Sinn, der wissenschaftliche Mitarbeiter, dessen Wohnung Lenny benutzen durfte, während Meier in der Reha war.

Wodurch hatte er sich gleich beide Knie so sehr beschädigt, dass sie durch künstliche Gelenke ersetzt werden mussten? Durch einen Unfall auf dem Ausgrabungsgelände? Das brachte sie auf die »hölzernen Puppenmänner«, von denen Lenny ihr erzählt hatte, die Hilfskräfte aus umliegenden Dörfern. Bei den Ausgrabungen im Isan waren sie fast umgekommen aus Angst vor den Geistern, deren Ruhe sie angeblich störten … bis ein Junge durch einen Unfall tatsächlich umgekommen war …

Hatte Mr Meier auf ähnliche Weise zwar nicht sein Leben, aber zwei gesunde Knie eingebüßt? Durch einen vermeintlichen Unfall auf dem Ausgrabungsgelände in der Uckermark? So wie Linda neulich nachts von den Schemen in Angst und Schrecken versetzt wurde, sodass sie die Flucht ergriff und nicht einmal Malte sagen will, wo sie sich versteckt hält …

Hat Lenny auf dem Ausgrabungsgelände eine dunkle Tür geöffnet und einer Anzahl rachsüchtiger Geister ermöglicht, hier drüben Angst und Schrecken zu verbreiten?

Plötzlich hatte Grete Gänsehaut, auf Armen, Beinen, überall. Doch das kam wohl nur von der Klimaanlage im *Berlin-Moskau,* das wie üblich auf russische Temperaturen heruntergekühlt war. Sie bezahlte, ging nach draußen, und danach fehlen ihr ein paar Meter Film.

Wie sie überhaupt in den Hinterhof in Kreuzberg oder Neukölln gekommen ist – und dann irgendwann viel später von dort nach Hause –, kriegt sie nicht mehr auf die Spule, aber was soll's. Kollegin Paula erzählt ihr einmal die Woche von Filmrissen in hippen Clubs, nach ein paar veganen Cocktails zu viel.

Ex-Kollegin, korrigiert sich Grete und bleibt abrupt stehen. Jemand rempelt sie von hinten an, sie dreht sich um. Das gibt es doch nicht …

Der Rempler ist einer der beiden, die gestern früh vor ihrer Wohnung auf der Lauer lagen. Undercut, weißblond, hellblaue Augen. Dazu schwarze Lederjacke und Designerjeans. Irrtum ausgeschlossen, genau der Typ hier saß auf der Beifahrerseite in der E-Klasse, bis Grete die beiden verscheuchte.

So ein Mist, denkt sie, aber sie ist nicht wirklich überrascht. Oder gar erschrocken. Sie muss endlich mit Sascha reden, damit das hier aufhört.

Kurzer Blickkontakt, dann marschiert der junge Russe weiter die Spree entlang. Roboterhaft, wie Sascha es von seinen Jungs erwartet. »Ihr sollt funktionieren, auf Knopfdruck funktionieren, das ist alles!« – wie oft hat Grete diesen Satz von ihm gehört. In zornigem, sachlichem, manchmal in fast schon flehendem Tonfall: »Herrgott noch mal, ihr sollt *funktionieren,* ist das wirklich so schwer?«

Ich hab's versucht, denkt Grete, als sie zurück zu dem Gebäude geht, in dem die Tom-Duncker-Stiftung residiert. Ich habe wirklich alles versucht, um zu *funktionieren,* aber jetzt kann und will ich nicht mehr.

»Ja, bitte?« Eine ältere Frau, der angerauten Stimme nach.

»Guten Morgen, mein Name ist Margarete Malström.« Grete lächelt in das Kameraauge über dem spiegelblank polierten Klingelbrett. »Ich wollte in Ihren Lesesaal – wegen der Doktorarbeit von Lenny Mong.«

»Sind Sie angemeldet?«

»Ich habe Ihnen eine Mail geschickt.« Eine Lüge, doch meistens kommt man mit so etwas durch. Zumindest in Berlin.

»Wie war noch mal der Name?«

Die Frau klingt schlecht gelaunt, der normale Berliner Sound. Gretes Zuversicht wächst. Sie wiederholt ihren Namen, der Summer ertönt, und sie drückt die dezent restaurierte Haustür auf.

»Schinkel-Bau, was sonst.« Sofort hat sie Friedrich Rauchs monologgewohnte Stimme im Ohr. »Treppenhaus mit Granitstufen, Plafonds mit Nachbildungen attischer Statuen, die Wände mit falschem Marmor dekoriert.«

Shut up, denkt Grete, und der Geschichtsprofessor in ihrem Kopf verstummt. Wenn der ihr noch mal über den Weg läuft, kriegt er ordentlich ein paar mit. Kurz köchelt die Wut in ihr hoch, aber mit Rauch und Konsorten ist sie durch.

Sie steigt in den altertümlichen Lift und drückt auf die 3. Wie im *Dusit Thani,* geht es ihr durch den Kopf, während sich das Sicherheitsgitter vor der Aufzugkabine rasselnd schließt.

Grete fühlt sich gut, kein bisschen müde, obwohl sie in den letzten zwei Nächten kaum geschlafen hat. Und nicht im Mindesten beunruhigt, obwohl sie den Job, wegen dem sie nach Berlin gekommen ist, praktisch schon wieder los ist. Natürlich könnte sie immer noch mit Maria telefonieren oder sogar nach München fliegen. Ihre Ex-Chefin beknien, damit sie mit Pia Frieden schließt. Die Frist, die Pia ihr gesetzt hat, läuft erst morgen Abend ab.

Kommt nicht infrage, denkt Grete im Lift nach oben. Eher würde sie sich die Zunge abbeißen, als Maria anzuflehen, das Kriegsbeil zu begraben.

Kein Wunder, dass sie in Indianer-Metaphern denkt. Schließlich heißt es auf der Stiftungs-Website, Menüpunkt »*Wer ist Tom?*«, ein »*Cherokee-Medizinmann*« sei Tom Duncker »*im Traum erschienen*« und habe ihm »*den Pfad zu Weisheit und Reichtum gewiesen*«. Ganz wie in Hannahs fantastischen Geschichten verlangte der indianische Schamane eine kaum zu erbringende Gegenleistung. Doch anders als bei Hannah versank anschließend nicht alles im Chaos, ganz im Gegenteil.

Tom Duncker senior, damals in seinen Zwanzigern, sollte verhindern, dass ein *»heiliger Berg der Cherokee«* in Westtexas durch die geplante Erweiterung einer Schweinezuchtfarm *»entweiht und geschändet«* würde. So lautete der Auftrag, den ihm der Medizinmann im Traum erteilte. Er selbst, fügte er hinzu, sei im Jahr 1839 bei der Schlacht von Neches gefallen, und seitdem wache er über den heiligen Berg. Scheinbar hätte er niemanden auswählen können, der zur Rettung des indianischen Heiligtums weniger geeignet war.

Tom war ein Mittelschichtkind aus Austin, in der Stadt aufgewachsen, Student der Psychologie. Der »heilige Berg« befand sich Hunderte Meilen westlich, Tom war nie zuvor in der Gegend gewesen. Er hatte sich auch nie mit der Geschichte der Ureinwohner beschäftigt; in den Spielen seiner Kindheit war er immer Cowboy oder Sheriff gewesen. Doch aus irgendeinem Grund ließ ihn der Traum nicht mehr los.

Der Besitzer der Schweinezuchtfarm gehörte der einflussreichen Familie Mulbrane an, deren Aufstieg in den texanischen Indianerkriegen begonnen hatte. Tom Duncker besaß weder die finanziellen Mittel noch sonst irgendeinen Hebel, um Brett Mulbrane IV von seinen Expansionsplänen abzubringen. Er hatte sogar Mühe, auch nur zu einem Gespräch empfangen zu werden. Das Treffen fand in frostiger Atmosphäre statt und wurde nach zehn Minuten abgebrochen.

»Doch Tom fand Mittel und Wege, um den Wunsch des Medizinmanns zu erfüllen«, heißt es auf der Website ein wenig vage. *»Er machte Mulbrane klar, dass es im besten Interesse aller Beteiligten sei, den heiligen Berg der Cherokee nicht zu entweihen.«*

Wie Tom dieses Kunststück gelungen war, darüber schweigt sich die PR-Abteilung der Stiftung aus. Doch die Antwort liegt auf der Hand: Er musste etwas über die Mulbranes ausgegraben haben, das sie nicht ans Licht der Öffentlichkeit gezerrt sehen wollten.

Brett Mulbrane lenkte ein, *»und der Medizinmann erschien Tom neuerlich im Traum, dankte ihm mit bewegenden Worten und zeigte ihm eine Landkarte aus Büffelleder, auf der die Position der Goldmine eingezeichnet war«.*

Der betreffende Landstrich galt als wertlose Ödnis und war entsprechend billig zu haben. Tom ließ sich sein Erbe vorzeitig auszahlen, nahm zusätzlich Kredite auf und kaufte hundertfünfzig Hektar Fels- und Wüstenland, sonnendurchglüht und karger als der Mond. Er gründete die *Bright Moon Company,* und nach zwei Fehlversuchen stießen seine Ingenieure auf eine der ergiebigsten Goldminen, die jemals entdeckt worden waren. Praktisch über Nacht wurde Tom Duncker zum Milliardär.

Was für eine Geschichte, denkt Grete in der zitternden Liftkabine, kann das wirklich so passiert sein? Gestern im *Berlin-Moskau* hat sie nicht nur die offiziellen Stiftungs-Infos gelesen, sondern sich auch durch eine Reihe kritischer Artikel geklickt. Dort wird Tom Duncker als *»schillernder Geschäftsmann«* bezeichnet, der *»unter undurchsichtigen Umständen«* sein Vermögen gemacht habe und dessen *»Methoden umstritten«* seien. Doch statt auf konkrete Vorwürfe stieß sie überall nur auf diffuses Unbehagen. *»Bei seinem Coup mit der Goldmine hatte er wohl einfach Glück und gefällt sich seitdem in der Rolle des Selfmade-Milliardärs mit angeblich ›übernatürlichem Gespür‹«,* hieß es in einem Blog.

Ist die Erklärung wirklich so banal?, fragt sich Grete. Warum lässt Duncker dann Außenseiter-Wissenschaftlern wie Lenny Mong so großzügige Unterstützung zukommen? Nur, um seinem bizarren Gründungsmythos Glaubwürdigkeit zu verleihen? Dafür ist der Aufwand mit einer weltumspannenden Stiftung, die unkonventionelle Forschung in allen Spielarten fördert, ein bisschen zu groß.

Unstrittig ist auch sein Engagement für den heiligen Berg der Cherokee. Tom ist Ehrenmitglied beim Verband der Cherokee-Nachfahren. In Interviews hat Brett Mulbrane mehrfach geschildert, wie ihm der junge Duncker *»die Augen geöffnet und ins Gewissen geredet«* habe, wofür er seinem *»guten Freund Tom von Herzen dankbar«* sei.

Das alles spricht doch sehr dafür, sagt sich Grete, dass der Cherokee-Schamane Tom wirklich erschienen ist und ihm Tipps gegeben hat, die sich als pures Gold erwiesen haben. Und deshalb unterstützt Duncker jetzt auch Lennys Forschung: weil er herausfinden will, was hinter seinen Traumerlebnissen steckt. Ihn selbst muss es damals ja auch ins Geisterreich verschlagen haben. Seitdem brennt in ihm die Frage, wie so etwas möglich ist – und wie es sich womöglich wiederholen lässt …

So wie auch Miko-Lenny, bewusst oder nicht, von der Frage angetrieben wird, wie er in den Tod stürzen und zurückkehren konnte aus dem Geisterreich …

Der Aufzug stoppt, Grete tritt auf die Plattform hinaus. Vis-à-vis ist eine schwarze Flügeltür, darüber eine weitere Kamera. Grete lächelt, der Summer ertönt, und sie tritt ins Reich der Duncker-Stiftung ein.

Die Frau ist Ende fünfzig, hat graue, schulterlange Haare und eine Haut wie gegerbtes Leder. An ihrem knochigen Körper hängt sackartig ein mehlfarbenes Kleid. Eine Squaw, denkt Grete im ersten Erstaunen, aber das liegt nur an dem Medizinmann, der ihr im Kopf herumspukt.

»Lilly Heller, Sekretariat« steht auf dem Namensschild neben der offenen Bürotür. Dahinter sitzt die ältere Dame hochaufgerichtet auf einem schwarzen Sessel mit hoher Rückenlehne. Der Schreibtisch vor ihr ist eine schwarze, blanke Fläche, mit einem

altmodischen, gleichfalls schwarzen Tischtelefon, auf dem ein halbes Dutzend bunter Lämpchen blinkt.

»Sie sind wegen der *Zauberpriester-Kulte* von Dr. Mong hier?« Frau Heller klingt gestresst. Ihre Stimme ist so rau, dass Grete den Drang verspürt, sich für sie zu räuspern.

»Ja, genau.« Sie bleibt in der Tür stehen und lächelt schüchtern. »Im Archäologischen Institut sind alle drei Exemplare ständig entliehen. Und seit ich seine Aufsätze gelesen habe, kann ich es kaum erwarten …«

»Da sind Sie nicht die Einzige, Frau …«

»Malström. Grete Malström. Das wundert mich nicht, Frau Heller. Er ist wirklich …« Grete reißt die Augen auf und gestikuliert. »Dr. Mong ist einfach sensationell!«

»Das ist er.« Frau Heller mustert sie, als nehme sie die Besucherin jetzt erst richtig wahr. »Kennen Sie ihn denn persönlich?«

»Ich hatte Gelegenheit, mich länger mit ihm zu unterhalten. Da ist mir erst so richtig klar geworden, wie genial Lenny ist. Und wie groß meine Wissenslücken sind.«

Wieder verstummt sie und sieht ihr Gegenüber vielsagend an. Ein verdruckster Kommunikationsstil, der Grete auf die Palme bringt, wenn sie selbst damit traktiert wird. Aber bei Lilly Heller bleibt die Scheue-Novizin-Masche nicht ohne Wirkung.

»Jeder hat mal klein angefangen«, sagt sie in gönnerhaftem Tonfall. »Sie haben Glück, von den ursprünglich zehn Exemplaren seiner *Zauberpriester-Kulte* ist genau eines noch da. Das müssen Sie allerdings im Lesesaal studieren. Ich habe es angekettet, sicherheitshalber.«

»Die anderen haben Beine bekommen?«

Lilly Heller nickt. »Alle neune.« Ein angedeutetes Lächeln zieht ihre Mundwinkel nach oben. »Nach Dr. Mongs letztem Vortrag am Freitag haben sie uns hier die Bude eingerannt. Journalisten, Spiritisten, was Sie wollen.«

Grete muss gleichfalls grinsen. Normalerweise hat sie gerade mit älteren Frauen so ihre Probleme. Irgendwie erinnern sie alle sie an Hannah, also geht sie automatisch auf Distanz. Aber bei Lilly Heller ist das anders. Wodurch?

Die Sekretärin schüttelt den Kopf, dass ihre dünnen grauen Haare in Bewegung geraten. »Normalerweise interessieren sich nur ein paar Spezialisten für unsere Publikationen«, fährt sie fort. »Aber Lenny hat in seinem Vortrag wohl etwas berührt, das auch die breite Menge fasziniert. Jedenfalls hat er eine Lawine an Anfragen losgetreten. Auf so etwas sind wir hier nicht annähernd vorbereitet, Sie sehen es ja selbst.«

Sie macht eine vage Handbewegung. Grete folgt ihr mit den Augen. Das Büro von Frau Heller ist nicht viel größer als ein geräumiger Schrank.

»Wir haben am Samstagvormittag sogar eine Pressekonferenz improvisiert, obwohl wir für so etwas hier eigentlich keine Ressourcen haben. Im Lesesaal, mit Getränken und Häppchen, stellen Sie sich das nur vor. Und dann ist auch noch Lennys Assistentin ausgefallen, und ich stand hier praktisch alleine da … Aber Gott sei Dank ist die Rettung ja unterwegs.«

Mit rauer Stimme spricht sie weiter, doch Grete hört ihr nicht mehr richtig zu.

Linda ist also noch nicht zurück … Gut so, denkt Grete, jetzt muss ich nur den richtigen Moment erwischen.

»Ich habe die Presseerklärung verlesen und Handouts verteilt«, fährt Frau Heller in heiserem Klageton fort. »Jeder Medienvertreter konnte sich in eine Liste eintragen, um ein Exemplar der *Zauberpriester-Kulte* zugeschickt zu bekommen, sobald die neue Auflage verfügbar ist. Aber einige Herrschaften haben es vorgezogen, unsere Präsenzbestände zu plündern – nicht nur Lennys Buch, sondern auch noch etliche Raritäten aus dem Lesesaal.«

Sie fährt sich mit der Hand übers Gesicht, das furchig und braun ist wie getrocknete Tabakblätter. »Aber ich rede und rede –

und Sie wollen doch endlich Ihren Wissensdurst stillen.« Sie macht Anstalten, sich zu erheben, sackt aber gleich wieder in ihren Sessel zurück. »Entschuldigen Sie, das ist hier eine Ausnahmesituation. Und ich muss gestehen, ich bin ein bisschen aus der Spur.«

»Das macht doch nichts.« Grete lächelt sie an.

Verborgen unter der rauen Schale, geht von der älteren Frau eine Wärme aus, wie Grete sie nie zuvor gespürt hat. Bei Hannah ohnehin nicht, aber auch nicht bei Maria Seliger oder Pia Lankowski.

Frau Heller starrt auf die in Dreierreihen blinkenden Telefonlämpchen. Grün, gelb, rot. Blau, lila, weiß. Drei Anrufer, schätzt Grete, und drei Anrufbeantworter mit nicht abgehörten Nachrichten. »Gehen Sie ruhig erst mal ans Telefon, Frau Heller. Machen Sie sich wegen mir keinen Stress. Ich habe Zeit.«

Frau Heller schüttelt den Kopf. »Die wollen doch alle nur wissen, was es mit dem Steuerrad-Kult in der Uckermark auf sich hat. Außer der Presseerklärung vom Samstag habe ich nichts zu bieten, und die ist ja mittlerweile ein alter Hut.« Sie hebt einen Arm und zeigt in Richtung Decke. »Solange es keine von ganz oben abgesegnete Sprachregelung gibt, werde ich einen Teufel tun und den Hörer in die Hand nehmen. Aber die Rettung, wie gesagt, ist unterwegs.«

Ein schwer zu deutendes Lächeln flackert über ihr Gesicht. »Tom Duncker junior persönlich. Er dürfte mittlerweile im Landeanflug sein. Wenn er es da unten durch den Pulk schafft, wird alles gut.«

Tom Duncker junior?

Grete hat nicht gewusst, dass Duncker überhaupt einen Sohn hat. Na gut, das ist nicht allzu erstaunlich, aber wenn er seinen Sohn nach Berlin schickt, muss der Fund in der Uckermark wirklich ein großes Ding sein. Aber vielleicht ist das nicht der einzige Grund?

Lenny will seine »Aufpasser« nicht bei den Ausgrabungen dabeihaben, überlegt Grete, Linda ist irgendwie »untergetaucht« … und jetzt haben sie Angst, die Kontrolle über das Projekt zu verlieren … so wie Lenny ja anscheinend auch befürchtet, dass sie ihm an der Ausgrabungsstätte irgendwie zuvorkommen. Aber womit? Was hast du dort gefunden, Lenny? Die dunkle Tür ins Geisterreich? Oder noch etwas anderes? Und was könnte das sein?

»Schauen Sie sich das an, Frau Malström.« Lilly Heller zeigt auf einen Punkt oberhalb der Tür. »Die Klingel ist glücklicherweise stummgeschaltet, sonst hätten wir beide schon einen Hörsturz.«

Grete tritt über die Schwelle und dreht sich um. Mit der Hinterseite ihrer Oberschenkel berührt sie die Schreibtischkante, so beengt geht es in Frau Hellers Vorzimmer zu.

Noch drangvoller ist die Enge auf dem Schwarz-Weiß-Monitor. Vor der Kameralinse unten an der Haustür wogen Köpfe auf und ab und fuchteln Hände hin und her, wie von Schiffbrüchigen in aufgewühlter See. Augen nähern sich der Kamera, Daumen drücken auf den Klingelknopf, Münder schnappen, alles verzerrt und schwankend wie vor einem Bullauge in schwappender Flut. Neben dem Monitor blinkt eine rote Lampe mit der Aufschrift *Türklingel!*.

»Ach du lieber Himmel«, bringt Grete hervor.

»Sie sagen es.« Frau Heller seufzt. »Jetzt habe ich Sie aber wirklich lange genug aufgehalten.« Abermals macht sie Anstalten, sich aus ihrem Sessel zu hieven.

Jetzt oder nie … Grete greift hinter sich und zieht die zusammengerollte Bewerbungsmappe aus ihrem Rucksack. »Vielleicht könnte ich ja helfen, Ihre Personalprobleme zu verringern?«

Sie dreht sich um die eigene Achse und legt die Mappe vor Frau Heller auf den Tisch. »Ich bin Kultur- und Medienwissenschaftlerin mit mehr als zehn Jahren Berufserfahrung in angesehenen PR-Agenturen. Zufällig bin ich gerade dabei, mich neu zu orientieren … Literatur-PR gibt mir nicht mehr so viel, wissen Sie? Ich würde mich gerne für etwas Konkreteres … oder besser, für etwas *Existenzielles* engagieren.«

Lilly Heller wirkt kein bisschen überrascht. »Sagten Sie *zufällig*, meine Liebe?« Ein spöttisches Lächeln flackert über ihr Gesicht. »Vielleicht kommen Sie wirklich wie gerufen. Ich lege Tom junior Ihre Bewerbung auf den Tisch, versprochen. Und ans Herz«, fügt sie hinzu, »schon in meinem eigenen Interesse.«

Sie zieht die Mappe zu sich heran, schlägt sie jedoch nicht auf. Unerwartet schwungvoll kommt sie aus dem Sessel und hinter dem Schreibtisch hervor. Grete kann eben noch in die kleine Vordiele zurückweichen.

Im flatternden Sackkleid eilt die knochige Gestalt ihr voran durch einen schmalen, düsteren Flur. Es riecht nach Staub und Leder. Vor einer Tür mit schwarzer Lederpolsterung bleibt sie stehen, rasselt mit einem Schlüsselbund und schließt auf.

»Bitte sehr. Über Mittag machen wir von eins bis halb drei zu, ansonsten können Sie da drinnen lesen, so viel Sie wollen. Die *Zauberpriester-Kulte* liegen auf dem Pult hinten links in der Ecke. Angekettet, wie gesagt.«

Grete tritt in den düsteren Lesesaal. Hinter ihr schließt Lilly Heller leise die Tür.

Lennys Doktorarbeit ist in dickes, schwarzes Leder gebunden, mit kreidefarbenen Schriftzeichen auf dem Umschlag, die tief eingekerbt und schwer zu entziffern sind.

Obwohl das Buch erst vor wenigen Monaten erschienen ist, wirkt es bereits abgegriffen, ja fast zerfleddert. Wie eine mittelalterliche Handschrift, die in den Katakomben eines Klosters mehr schlecht als recht die Jahrhunderte überdauert hat.

Den leicht morbiden Eindruck ruft vor allem der Ledereinband hervor, der an den Rändern eingerissen ist und stellenweise speckig glänzt. Die Eisenkette verläuft zwischen dem fadengehefteten Buchblock und dem schwartigen Buchrücken hindurch. Sie ist erstaunlich grobgliedrig und mehrfach um das Pultgestänge geschlungen; die Enden verbindet ein Vorhängeschloss.

Eine bizarre Inszenierung, die auch bei Grete nicht ohne Wirkung bleibt. Zumal der komplette Lesesaal, alle Wände bis hinauf zur Decke, mit solchen schwarzen Schwarten vollgestopft ist. Es ist eher ein Lesezimmer als ein Saal, und obwohl sich nur wenige kleine Tische zwischen den Regalen verlieren, wirkt es fast schon überfüllt. Das völlige Fehlen von Fenstern verstärkt den klaustrophobischen Effekt.

Grete fühlt sich wie tief in einem Berg. Was vor ihr auf der schrägen Pultfläche liegt, von der Leselampe angefunzelt, scheint weniger ein Buch als ein Klumpen puren Dunkels zu sein.

Wie das monströse *Necronomicon*, geht es ihr durch den Kopf, das »*verbotene Werk des geisteskranken Arabers Abdul Alhazred*«, gefüllt mit »*unermesslich schrecklichen Offenbarungen*«, das in der Welt des Horrorautors H. P. Lovecraft eine so ominöse wie verstörende Rolle spielt …

Ganz offensichtlich hat sich Tom Duncker beim Design seines Verlagsprogramms von derlei düsteren Vorbildern inspirieren lassen, sagt sich Grete. Der Gedanke beruhigt sie nicht halb so sehr wie erhofft.

Das hier ist nicht nur Schein: Es ist so viel mehr! Die Stimme in ihrem Kopf klingt wie Hannah. *Es mag in Szene gesetzt sein, aber es ist auf schreckliche Weise real …*

Der lederhäutige schwarze Klumpen erinnert sie an die Überreste eines Opfertiers. Hingeschlachtet in einem Ritual, bei dem düstere Prophezeiungen aus den Gedärmen herausgelesen wurden … *gelesen* im ursprünglichen Wortsinn: aus dem blutigen Geschlinge hervorgezerrt …

Grete läuft es kalt den Rücken herunter. Hat sich da drüben in der Ecke etwas bewegt?

Unsinn, nimm dich zusammen, Grete. Frau Heller wird ja niemanden über Nacht hier eingesperrt haben. Oder höchstens einen Geist … Schluss damit!

Ruckartig schlägt sie die *Zauberpriester-Kulte* an einer beliebigen Stelle auf. Die Kette klirrt, Grete beugt sich über das Buch und beginnt zu lesen.

Auch im *Poopol Wuuj*, dem heiligen Buch der Quiché-Maya, werden Reisen in die Welt der Totengötter und Todesgeister anschaulich beschrieben. Und noch heutzutage reisen Zauberpriester der Maya-Nachfahren auf den Spuren ihrer Altvordern ins Geisterreich.

Im Sommer 2007, als ich mich zu Ausgrabungen im Hochland von Guatemala aufhielt, sprach ich mit dem Schamanen einer

Gemeinde von Maya-Nachfahren, die auf traditionelle Weise in Holzhütten leben. Die Rituale und Gebräuche ihrer Ahnen sind bei ihnen noch verblüffend lebendig. Sogar das Steuerrad-Symbol halten sie in Ehren – in vielfältigen Abwandlungen taucht es in der traditionellen Musterung ihrer Kleidungsstücke auf, auch wenn ihnen die Bedeutung des Symbols nicht mehr gegenwärtig ist …

Ein Knarren lässt Grete zusammenfahren. Ist da doch jemand in der Ecke gegenüber? Sie kneift die Augen zusammen. Die Nische zwischen den Regalen ist voll schwarzer Schatten, sodass nichts weiter zu erkennen ist.

Blödsinn, da ist niemand. Grete beugt sich wieder über das Buch.

Der Schamane, ein heilkundiger, des Spanischen sowohl wie des Englischen mächtiger Mann um die fünfzig, erzählte mir bei mehreren Treffen, die sich jeweils über viele Stunden hinzogen, von seinen Reisen in die Welt der Geister.

Zunächst versetzt er sich durch eine überlieferte Selbsthypnose-Technik in Trance. Dazu benötigt er weder psychedelische Substanzen noch akustische Hilfsmittel wie Trommeln oder Flöten. Er legt sich auf die »Reisematte« in seiner Hütte, spricht in Gedanken eine überlieferte Formel und fällt binnen weniger Sekunden in tiefe Trance. Sein Geist löst sich von seinem Körper, nimmt die Gestalt einer weißen Schleiereule an und fliegt durch die »dunkle Tür«, die bei den Maya auch »Nachtpassage« heißt und meist als Krater eines erloschenen Vulkans erlebt wird.

Er schwebt durch labyrinthische Gänge und gelangt schließlich in die zentrale Halle, die – wie übereinstimmend von »Geistreisenden« aus aller Welt berichtet wird – von gewaltigen Ausmaßen und doch heillos überfüllt ist. Ein schreckliches Gedränge von Ankömmlingen und von ruhelosen Totengeistern, die durch Unglück oder Verbrechen ums Leben gekommen sind oder deren vorschriftsmäßige Verabschiedung seitens der Lebenden versäumt wurde.

Das Chaos in der »Ankunftshalle« – die zugige Kälte, das Geschrei und Geheule der umherirrenden Seelen – beschrieb mir der Schamane so eindrucksvoll, dass ich das Erschrecken und die Verzagtheit, die ihn als Novize überkommen hatten, noch nacherleben konnte, obwohl er längst zu einem erfahrenen Reisenden geworden war.

Jahre später konnte ich seine Schilderungen dieser beklemmenden Ankunftssituation durch eigenes Erleben bestätigen und ergänzen. Doch damals war ich von eigener »Feldforschung« noch weit entfernt; beziehungsweise, ich sah mich noch der sinnlosen Grenzziehung der herkömmlichen Archäologie verpflichtet, die »Feldforschung« nur an physischen Überbleibseln betreibt, in Grab- und Ruinenfeldern. Doch was sich jenseits der »dunklen Türen« oder »Nachtpassagen« abspielt, werden die hochgeschätzten Koryphäen niemals herausfinden, solange sie nur Überreste von Kulissen erforschen statt der dahinter verborgenen Welt.

Erneut ein Knarren in der Nische vis-à-vis. Die feinen Härchen in Gretes Nacken richten sich auf. Wieder kneift sie die Augen zusammen, doch außer geballten Schatten ist da drüben nichts zu sehen.

Das reicht jetzt, denkt Grete. Sie lässt sich doch nicht zum Narren halten!

Sie schlängelt sich hinter dem Lesepult hervor und geht mit schnellen Schritten an der Regalwand entlang, auf die dunkle Ecke zu.

Vielleicht hat sich dort Linda versteckt, denkt sie in hochbrodelndem Zorn. Der Hexe mit den starren Augen wäre es zuzutrauen, dass sie so einen Hokuspokus veranstaltet. Womöglich war sie auch die anonyme Anruferin, die immer nur *»Wuuawee!«* ins Telefon gestöhnt hat wie ein minderbemitteltes Gespenst … Kann das sein?

Gretes Gedanken rasen, gleichzeitig lauscht sie zu der schattenreichen Nische hin.

Woher sollte Linda denn meine Thai-Telefonnummer kennen? Nein, unmöglich … Oder, mal langsam, wie war das Freitagabend in dem Thai-Lokal?

Einmal war Grete auf der Toilette, ihren Rucksack nahm sie mit, und als sie zurückkam, lag ihr Handy neben ihrem Glas auf dem Tisch … Also könnte Malte, der direkt neben ihr saß, ihr Telefon gecheckt und sich selbst oder Linda ihre Daten geschickt haben … na klar …

Dann steht Grete vor der Nische, und in dem Winkel zwischen den Regalen ist nichts. Kein Schemen, auch keine Linda mit knochigem Körper und stechendem Blick. Nur ein altmodisches Beistelltischchen, mit einem leise surrenden grauen Apparat darauf, der Temperatur und Luftfeuchtigkeit reguliert. Eben springt das Gerät mit dezentem Ächzen an und pustet kühle Luft aus seinen Plastiklamellen.

Jetzt reiß dich aber zusammen, Grete. Den ganzen Spuk bildest du dir wieder mal nur ein …

Wie zum Beweis wird ihr bewusst, dass die Bücher in den Regalen einfache Pappeinbände haben. Alle schwarz, Schrift in mattem Weiß, aber von furchigem Leder keine Spur.

Alles nur in deinem Kopf, Grete …

Sie geht zurück zu ihrem Platz. Im Vorübergehen entziffert sie Buchtitel: *Die Zeitschleifen-Illusion … Untertunnelung des Unbewussten … Aufstieg und Fall der Wu … Das Geheimnis der Regengottpriester … Die Cheops-Pyramiden und die Unschärferelation …*

Alles ziemlich schräg, aber es klingt kein bisschen nach Lovecraft-Horror. Sondern nach den Forschungsansätzen der »unkonventionellen Wissenschaftler«, die Tom Duncker fördert und in seinem Verlag publiziert. Außenseiter-Wissenschaftler wie Lenny Mong.

Der Luftbefeuchter in der Nische schnarrt und röchelt, aber Grete schenkt ihm keine Beachtung mehr. Fast schon erwartet sie, dass sich auch Lennys Buch als simpler Pappband entpuppen wird, als sie hinter das Lesepult zurückkehrt.

Doch die *Zauberpriester-Kulte* sehen noch genauso unheimlich aus wie zuvor. Ein Klumpen dunklen Unheils, denkt Grete wieder, an das Pult angekettet in dem hilflosen Versuch, das Grauen zu bannen, das darin zusammengeballt ist.

Aber was für ein Unheil denn, Herrgott noch mal? Falls Lenny wirklich etwas – wie Lovecraft schreiben würde – *»unbeschreiblich Entsetzliches«* entdeckt hat, scheint er es in seiner Doktorarbeit genauso wenig preiszugeben wie in den Zeitschriftenartikeln.

Ist die gruselige Verpackung à la Lovecraft also einfach ein PR-Gag? Oder muss Grete nur genauer suchen, um herauszufinden, worauf Lenny gestoßen ist?

Aufs Neue vertieft sie sich in das Buch.

Kurz vor zwei, Grete sitzt in einem Biergarten an der Spree. Vor sich einen Krabbensalat und ein großes Mineralwasser, hinter sich ein kurzes, verwirrendes Gespräch mit Lilly Heller. Die Sonne scheint vom wolkenlosen Himmel. Selbst im Schatten der großen Linde ist die Luft dampfend warm.

Den ganzen Vormittag über hat Grete nichts von Frau Heller gesehen und gehört. Bis die ältere Frau auf einmal vor ihrem Lesepult stand.

»Leider müssen Sie jetzt gehen, Frau Malström.«

Sie kam Grete schon wieder enorm gestresst vor. Ihre Augen flackerten. Die knochigen Hände wanden sich umeinander wie kämpfende Fledermäuse.

»Ist Mr Duncker denn mittlerweile da?«, fragte Grete. All die Stunden über hatte sie keinen Laut von draußen gehört. Kein Telefon, keine Schritte, keinerlei Wortwechsel.

»Er ist vom Flughafen direkt zur Ausgrabungsstätte gefahren.« Lilly Heller warf ihr einen gehetzten Blick zu. »Bei uns brennt es gerade an allen Ecken und Enden. Aber da draußen ist …«

Sie verstummte. Grete konnte von ihrem Gesicht ablesen, was sie hatte sagen wollen: »Da draußen ist es am schlimmsten.« Oder sogar: »Da draußen ist der Brand außer Kontrolle.«

Fetzen aus ihrem Feuertraum stiegen in Grete auf … ihre Wohnung im Gutleutviertel, die prasselnd brannte … das Haus im Wald, aus dem die Flammen bis in den Himmel schlugen … und Sascha, der sich vor Lachen krümmte, als sie ihn anschrie, er solle den Brand mit seinem Feuerlöscher bekämpfen: »Ach, Gretchen, der ist doch viel zu klein …«

Ihr Mund war plötzlich trocken, ihr Herz schlug unangenehm schnell. »Wo ist das denn eigentlich?«, fragte sie. »Die Ausgrabungen, meine ich?«

Frau Heller schüttelte leicht den Kopf. »Darüber sprechen Sie mal besser mit Tom junior. Er will Sie kennenlernen.« Sie rang sich ein Lächeln ab. »Übrigens ist er Mitte fünfzig. Ich erwähne das nur, weil viele bei ›junior‹ an einen Jüngling denken. Morgen Nachmittag, geht das bei Ihnen? Wegen der genauen Uhrzeit rufe ich Sie noch an.«

Ehe Grete sichs versah, hatte Lilly Heller sie aus dem Lesesaal komplimentiert. Von ihrer Zusage, dass sie nach der Mittagspause wiederkommen dürfe, war keine Rede mehr.

»Ich weiß gar nicht, wo mir der Kopf steht«, sagte Frau Heller, während sie Grete zur Tür brachte. »Heute um achtzehn Uhr findet hier die nächste Pressekonferenz statt – mit Tom junior und diesmal auch mit Dr. Mong, falls es Tom gelingt, ihn aus seinen Katakomben hervorzuziehen. Sie können sich bestimmt vorstellen, was ich hier noch alles vorbereiten muss.«

Aus seinen Katakomben ... Grete sah einen unterirdischen Gang vor sich, mit Lenny darin, der tief und tiefer in einen Berg hineinlief. Dabei löste er sich langsam auf, wurde mit jedem Schritt mehr zum davonwehenden Geist ...

Sie zwang sich, gleichmäßig zu atmen. »Ich kann Ihnen doch helfen, Frau Heller.«

Die ältere Frau schüttelte den Kopf, ohne sich zu ihr umzudrehen. »Kommt nicht infrage. Sie gehören nicht zum Stall – noch nicht. Ihre Bewerbungsmappe ist aber wirklich beeindruckend. Ich habe Tom am Telefon entsprechend von Ihnen vorgeschwärmt. Also machen Sie sich keine Sorgen, meine Liebe. Genießen Sie den Tag. Die Sonne scheint, und die Meute unten auf der Straße hat sich verzogen, nachdem wir angekündigt haben, ihnen nachher Rede und Antwort zu stehen. Die reinsten Wegelagerer ...«

Damit schob Frau Heller sie aus der Tür und schloss hinter ihr zweimal ab. Grete lief eine halbe Stunde lang ziellos durch die Straßen. Sie wusste einfach nicht, wohin mit sich und ihrer Unruhe. Schließlich entdeckte sie den Biergarten an der Spree und fand sogar einen freien Tisch.

Seitdem denkt sie über ihr Gespräch mit Frau Heller nach. Sie ärgert sich, weil sie keine Weißweinschorle bestellt hat, ihr bewährtes Mittel gegen Nervosität. Aber sie hat immer noch einen leichten Kater, und den will sie nicht einfach so ersäufen, wie es Sascha sein Leben lang gemacht hat. Wenn auch mit sehr viel größeren Katern.

Wieso zur Hölle »brennt es« da draußen bei den Ausgrabungen?

Grete stochert in ihrem Krabbensalat. Das unbekümmerte Lachen am Nebentisch ärgert sie, die leiernden Lautsprecherstimmen von den vorbeituckernden Touri-Schiffen gehen ihr noch mehr auf die Nerven. »Genießen Sie den Tag, meine Liebe.« Sie hört Frau Hellers Stimme so deutlich, als säße die »Indianer-Squaw« neben ihr am Tisch. Sie fühlt eine verwirrende Sympathie für Lilly, wie nie zuvor für eine Frau ihres Alters. Oder überhaupt für irgendeine Frau.

Was soll das, Grete?

Gute Frage. Sie ist schließlich nicht auf der Suche nach einer Ersatzmutter. Unter Hannahs rekordverdächtiger Lieblosigkeit hat sie als Kind gelitten, aber das Thema ist längst abgehakt. Dachte sie jedenfalls bis gerade eben noch.

Anders sieht das bei den Männern aus. Zu Herren in fortgeschrittenem Alter hat sich Grete schon öfter mal hingezogen gefühlt. Auch vorhin, als Frau Heller auf Tom juniors Alter zu sprechen kam, ergänzte sie in Gedanken automatisch: *So alt, wie Daddy Leif jetzt ist. Oder wäre …*

Aber das ist doch alles uralter Kram, der ihr jetzt nicht weiterhilft. Bei der Frage, wieso es »da draußen brennt«. Was Lenny gefunden hat. Worüber er womöglich die Kontrolle verloren hat.

Hat er in den »Katakomben« eine dunkle Tür entdeckt und geöffnet? Ist von der anderen Seite etwas – oder jemand – hier herübergelangt, mit dem er nicht mehr fertigwird? Oder das er vor allen und jedem verbergen will?

Warum nur ist sie ihm Samstagnacht nicht heimlich mit dem Auto gefolgt?

Weil es ein Vertrauensbruch wäre, dachte sie da noch, aber damit lag sie falsch. Sie hat doch gesehen, wie er getötet wurde, und quasi seine Wiederauferstehung erlebt. Wer könnte mehr als sie dazu berufen sein, ihn zu beschützen? Notfalls auch vor sich selbst …

Sie könnte Lenny anrufen, na klar. Auch wenn er sich das verbeten hat, »außer es brennt«. Wieso reden eigentlich alle ständig in solchen Feuer-Metaphern? Als wollten sie sicherstellen, dass Grete ihren Flammen-Albtraum auf keinen Fall vergisst?

Nein, anrufen geht auch nicht, entscheidet sie. Was sollte sie zur Begründung denn sagen? »Bitte verrate mir, wo du bist, ich muss dich sofort sehen«?

Blödsinn, Grete. Solange dir nichts Besseres einfällt, lässt du die Finger vom Telefon.

Sie zwingt sich, ein paar Krabben aufzuspießen und mit dem lau gewordenen Wasser hinunterzuspülen. Als der Kellner vorbeikommt, bestellt sie ein Glas Weißweinschorle.

Nur ein paar Schlucke gegen die kribbelnde Nervosität …

Kurz vor halb fünf. Im Biergarten ist es mittlerweile rappelvoll, und Grete ist bei der zweiten Schorle. Zum Glück sitzt sie an einem Zweiertischchen. Notfalls wird sie behaupten, dass sie noch jemanden erwartet. Im Abwimmeln ist sie gut.

Schade, dass sie heute nicht mehr in Lennys Buch weiterlesen kann. Bei den Fragen, die ihr im Kopf herumgehen, helfen ihr die *Zauberpriester-Kulte* allerdings auch nicht weiter. Der Steuerrad-Orden kommt in Lennys Doktorarbeit nur am Rande vor.

Hauptsächlich weist er dort nach, dass Zauberpriester aus allen erdenklichen Kulturen *»mit ähnlichen Trance- und Ekstase-Techniken ins Reich der Geister gereist und dort auf strukturell vergleichbare Verhältnisse gestoßen sind«*. Chaos und Gedränge in der *»Ankunftshalle«*, Ruhe und Harmonie in den diversen, um die zentrale Halle herum angeordneten Sälen – sofern der Trance-Reisende es schafft, das Durcheinander im Eingangsbereich hinter sich zu lassen.

So weit, so gut, sagt sich Grete. Sie hat einen großen Teil des Buchs zumindest quergelesen, aber kein Wort dazu entdeckt, wie und wo sich die Steuerrad-Leute in der Geisterwelt getroffen haben. Und erst recht nichts zu dem Gedanken, den sie nicht wieder loswird, seit er ihr gestern im *Berlin-Moskau* zugeflogen ist:

Wenn ein Steuerrad-Priester – zum Beispiel aus Yinxu – durch »seine« dunkle Tür ins Geisterreich zu fliegen vermochte, konnte er doch bestimmt auch durch andere dunkle Türen wieder nach draußen gelangen – also beispielsweise nach Elam, Memphis oder Tikal. Dort stand er allerdings vor dem Problem, dass sein Körper am anderen Ende der physischen Welt zurückgeblieben war. Oder kannten die Steuerrad-Leute eine Technik – eine Zauberformel, was auch immer –, *um ihren Geist zu verkörpern, wo immer der sich gerade befand?*

Der Satz hallt in Grete nach. Benommen sieht sie zu, wie die Schatten der Lindenäste um sie herum auf der Wiese und dem Kiesweg tanzen.

Hast du jetzt völlig den Verstand verloren, Grete?

Wie kommt sie dazu, diesen Hokuspokus für bare Münze zu nehmen? Ihr Leben lang hat sie doch die Augen verdreht, wenn Hannah wieder mal davon anfing, dass sie »auf der anderen Seite« gewesen sei und »die Welt hinter dem Spiegel geschaut« habe.

Aber genau das ist mit Miko passiert, hält sie dagegen. Er wurde getötet und kehrte von wo auch immer – der Geister- oder Totenwelt – hierher zurück. Mit einer anderen Identität, aber mit einem Körper, der genau wie sein früherer Körper aussieht. Sich genauso anfühlt, genauso schmeckt und riecht. Seine Augen, seine Stimme, sein Lächeln … alles hundertprozentig er.

Dabei hat sie mit eigenen Augen seine Leiche, seinen zerschmetterten Schädel gesehen. Also bleibt nur diese eine Erklärung: Miko hat sich aufs Neue verkörpert. Wie um Himmels willen hat er das angestellt?

Grete sieht schaurige Szenen vor sich … Holzpuppen, die von schattenhaften Händen geschnitzt, von Schattenlippen angehaucht werden … Ströme dunklen Gemurmels fließen aus dem Schattenmund heraus … Formeln wie aus dem *Necronomicon* oder aus Hannahs Geschichten, aus dem *Poopol Wuuj* der Quiché-Maya oder aus dem *Altägyptischen Totenbuch* … bis sich die Puppe aufrappelt, verwandelt in lebendiges Fleisch …

Fröstelnd reibt sich Grete die Unterarme. Irgendwie muss Miko auf die uralten Geheimnisse des Steuerrad-Ordens gestoßen sein. Vielleicht wurden sie ihm durch einen Geist offenbart? Womöglich durch Tai Thong Klom … Schließlich war Miko so etwas wie ein Beschützer dieses Geistes einer schwangeren Frau. Und Zwiesprachen mit Geistern sind in Thailand an der Tages- oder eher wohl an der Nachtordnung …

So muss es gewesen sein, sagt sich Grete. Fast alles, was Miko ihr erzählt hat, ergibt erst dadurch einen Sinn.

Eine ungeheure Aufregung ergreift sie. Miko wollte mir so viel wie möglich von dem Geheimnis übermitteln, auf das er gestoßen war … Deshalb hat er mir so eindringlich von Tai Thong Klom erzählt und sogar versucht, mir die Kunst des ekstatischen Tanzens näherzubringen … Als ich ihm von den »unsichtbaren Türen« erzählt habe, war das für ihn ein Zeichen, dass auch ich mit dem Geheimnis in Berührung gekommen und seine »Seelengefährtin« sei …

Gretes Gedanken rasen, sie fröstelt und schwitzt. In großen Schlucken trinkt sie von ihrer Schorle, doch das elektrische Kribbeln hinter der Magendecke lässt nicht nach.

Irgendwie muss Miko gewusst haben, dass ihm nicht viel Zeit bleiben würde … Dass irgendwelche Widersacher hinter ihm her waren und ihm das Geheimnis zu entreißen versuchten. Oder ihn umbringen wollten, damit er dem Mysterium nicht weiter nachforschen konnte …

Er hat ja auch erwähnt, dass Anschläge auf seinen Bruder Santi und auf Mitarbeiter ihrer Geisterschrein-Manufaktur verübt worden seien. Warum habe ich das nicht ernst genommen?, klagt sich Grete an. Ich fand es niedlich, wie er sich als Geschäftsmann in einem knallharten Business aufspielte …

Sie hasst sich dafür, wie falsch sie da reagiert hat. Miko hatte schrecklich recht, sie waren wirklich hinter ihm her. Der Schattenmann mit den abnorm großen Händen hat ihn vor ihren Augen umgebracht – und dann?

Was ist dann passiert? Grete furcht die Stirn und starrt so konzentriert ins Leere, dass ein vollbärtiger Araber, der sich dem freien Stuhl an ihrem Tisch genähert hat, auf halbem Weg wieder abdreht. Grete hat ihn kaum bemerkt.

Wie hat es Miko geschafft, grübelt sie, nach seiner Ermordung in die physische Welt zurückzukehren und sich erneut zu verkörpern? Woher konnte er dieses dunkelste aller Geheimnisse kennen? Eigentlich doch nicht von Tai Thong Klom. Die ist ja dazu verflucht, für alle Zeiten als unverkörperter Geist im Zwielicht zwischen Leben und Tod umherzuirren …

Ihr Smartphone vibriert, Grete schreckt auf. Doch nicht wieder der anonyme Stöhner? Sie wühlt in ihrem Frog Bag.

Rufnummer unterdrückt, stellt sie fest, aber der Anrufer hat ihre deutsche Nummer gewählt …

»Hallo?« Ihre Stimme klingt zittrig.

»Grete?«

Ihr Herz setzt für einen halben Schlag aus.

»Mi… Lenny!«

»Hast du einen Moment für mich, Grete?« Lenny klingt gehetzt.

So viele du willst …

»Ja, klar.« Sie atmet tief durch. »Ich freue mich so, deine Stimme zu hören. Ich hätte dich auch längst angerufen, aber ich wollte dich nicht stören.«

Er räuspert sich. »Ich … weiß nicht so richtig, wie ich das fragen soll.« Erneutes Räuspern. »Also, erst mal: Das muss unter uns bleiben.«

»Okay, versprochen.« Erwartungsvoll pocht ihr Herz. »Worum geht es, Lenny?«

»Vor allem bei der Stiftung darf niemand davon erfahren. Versteh mich nicht falsch, das sind alles liebe Leute. Ohne Tom Duncker wäre ich nicht annähernd, wo ich heute bin. Wo ich *jetzt in diesem Moment* bin … Wenn du mich sehen könntest, du würdest staunen.«

»Wo bist du denn?«, fragt sie schnell zurück.

Er zögert, zwei, drei Sekunden lang. »An einem sehr finsteren Ort. Deshalb brauche ich eine ganz spezielle Lampe. Aber das darf niemand erfahren.«

»Okay«, sagt sie wieder. Ihr Herz rast, ihre Gedanken jagen noch schneller. Ein sehr finsterer Ort … hinter der dunklen Tür? Aber wieso braucht man dort eine Lampe?

»Tom Duncker ist ehrgeizig und ein bisschen naiv«, sagt Lenny. »Alle bei der Stiftung arbeiten in diesem Geist des ungestümen Vorpreschens. Wenn sie die Ersten sind, die bahnbrechende neue Erkenntnisse verkünden können, sind sie glücklich. Aber das ist brandgefährlich, zumindest in diesem Fall. Deshalb kann ich sie auf keinen Fall bitten, mir die Lampe zu besorgen. Obwohl es eigentlich eine Aufgabe für einen meiner Assistenten wäre.«

»Mach dir deshalb keine Sorgen«, sagt Grete. »Es passt sogar bestens: Ich habe mich bei deiner Stiftung gerade um eine Stelle beworben. Für PR in ihrer Berliner Niederlassung.«

»Das hast du gemacht?«

Er klingt überrascht, aber nicht unangenehm berührt. Grete hatte ein bisschen Angst, dass er es übergriffig finden könnte, wie sie sich in sein Leben hineindrängt. Aber da hat sie sich wohl umsonst gesorgt.

»Ich dachte, dir gefällt es bei dieser Kultur-Agentur?«

»Nicht so richtig. Und seit ich deinen Vortrag gehört habe, eigentlich gar nicht mehr. Weißt du, ich will für etwas arbeiten, das *echt* ist. Für etwas *Existenzielles,* nicht nur für den mehr oder weniger schönen Schein.«

»Etwas Echtes? Das ist gut, Grete«, sagt er mit einem Glucksen in der Stimme. »Dann habe ich ja quasi einen Maulwurf in Dunckers Bau. Also die Lampe …«

Übergangslos klingt er wieder angespannt und ernst. »Ich brauche eine Benzin-Sicherheitsgrubenlampe von *Friemann & Wolf.* Das Problem: Die wird seit über hundert Jahren nicht mehr gebaut. Du müsstest also bei Trödlern oder Sammlern herumfragen.« Sein Tonfall wird drängend. »Ich brauche die Lampe so schnell wie möglich. Spätestens, wenn ich nach Berlin komme. Freitagabend. Meinst du, das kriegst du hin?«

»Tja, gute Frage«, sagt Grete. »In Berlin kann man eigentlich alles kaufen, aber manchmal braucht man Geduld. Gib mir noch ein paar Informationen, Lenny: Warum muss es gerade diese Lampe sein? Warum nimmst du nicht eine moderne mit Batterie?«

»Also, wie soll ich das …« Erneut zögert er. »Anscheinend haben wir es hier mit einer geologischen Anomalie zu tun. In einem Randbereich der Ausgrabungen, eigentlich schon außerhalb. Eine Höhlen- und Tunnelstruktur, in der elektrische Geräte nicht funktionieren. Von Elektronik ganz zu schweigen, alles spielt verrückt und schaltet sich aus.«

Höhlen- und Tunnelstruktur … Gretes Augen werden immer größer. Geologische Anomalie …

»Die Lampe von *Friemann & Wolf* funktioniert ohne Elektrik«, erklärt er hastig weiter. »Anders als ihre Vorgängermodelle, die öfter mal explodiert sind, ist sie relativ sicher. Und einigermaßen hell. Reicht dir das, Grete? Ich muss jetzt Schluss machen. Tom junior ist irgendwo hier auf dem Gelände, er will mich mitschleppen zu seiner Pressekonferenz. Aber ich mache mich unsichtbar, bis er aufgibt und zurück in die Stadt fährt. Mittlerweile weißt du wahrscheinlich auch, dass es Tom Duncker zweimal gibt?«

Dich auch, Lenny-Miko ... Ihr Herz hämmert wie verrückt. *Geologische Anomalie,* geht es ihr durch den Kopf, oder *physikalische Besonderheit?* Wie sie ja zwangsläufig auftreten muss in den Übergängen zwischen der physischen und der Geisterwelt ... in *Nachtpassagen,* wie es in Lennys Buch heißt ...

»Tausend Dank, Grete – und einen heißen Kuss. Ich kann es kaum erwarten, dich zu umarmen.«

»Und ich erst.«

Doch Lenny hat schon aufgelegt. Auch Grete ist mehr bei dem, was er eben gesagt hat. Bei den Assoziationen, die seine Worte in ihr auslösen.

Untertunnelung des Unbewussten, der Titel aus dem Lesesaal... warum fällt ihr der gerade jetzt ein? Na klar, wegen der Tunnel ... Dieses Buch muss sie sich bald mal näher ansehen ... *Untertunnelung des Unbewussten ...*

Das *u* erlebt Grete als dunkles Braun, der ganze Titel ist ein Tunnel aus Umbra-Dunkelheit ... Sie sieht vor sich, wie Mikos Geist durch die Höhlen- und Tunnelstruktur schwebt ... durch Membranen aus braunem, nassem, porösem Gestein sickert, sich dabei mehr und mehr verdichtet ... vom Schatten zum nebelzähen Schemen wird, schließlich zum Körper aus Fleisch und Blut ...

War es so, Miko? Bist du auf diese Weise zurückgekehrt, Lenny?

Grete furcht die Stirn und starrt so finster vor sich hin, dass niemand es gewagt hätte, sich ihrem Tisch zu nähern. Aber selbst wenn sich Mikos Mörder auf den freien Stuhl gesetzt und die monströsen Pranken vor sich auf dem Tisch gefaltet hätte, Grete hätte ihn nicht bemerkt.

Wieder und wieder sieht sie vor sich, wie Mikos Geist durch Höhlen und Tunnel auf sie zugeschwebt kommt. Erst schattenhaft in weiter Ferne, bis er endlich die letzte Membran durchdringt und leibhaftig vor ihr steht.

Mit Feuereifer stürzt sich Grete in ihre Aufgabe. Sie hat Angst um Lenny, Angst, ihn aufs Neue zu verlieren. Aber er muss den »sehr finsteren Ort« erforschen, er hat keine andere Wahl. Ein dunkler Drang treibt ihn an, auch wenn er selbst es nicht weiß. Er muss herausfinden, wie er zurückkehren konnte aus der Geisterwelt.

Durch den *Tunnel unter dem Unbewussten* … Wie soll das gehen? Auch Grete brennt darauf, das dunkelste aller Geheimnisse zu erfahren. Sie wird Lenny unterstützen, so gut sie es vermag. Ihn beschützen, wenn es sein muss. Vor bösen Geistern, übereifrigen Stiftungsangehörigen, wer immer sich ihnen in den Weg stellen will.

Sie hat ihre Zeche bezahlt und ist auf dem Weg nach Hause. In die Wagnerallee 43, Apartment 21 … Es klingt nicht nach Zuhause, eher wie ein Countdown. Genauso fühlt es sich auch an. Obwohl sie sich monatelang einzureden versuchte, das hier sei ihr neues Leben.

Ist es nicht, Grete. War es nie.

Doch jetzt hat sie verstanden, warum sie hierhergekommen ist, nach Berlin. Wieso sie die Stelle bei Pia angenommen hat, obwohl sie mit der Literatur doch lange schon fertig war.

Es ist unser Treffpunkt, so einfach ist das … Irgendwie hat sie gewusst – geahnt, gespürt, wie auch immer –, dass er gerade hier zu ihr zurückkehren würde. Wie wenn du träumst, dass ein Zug eintreffen wird, und als du am Bahnsteig stehst, mit erwartungsvoll klopfendem Herzen, steigt die Liebe deines Lebens tatsächlich aus …

Genauso hat es sich angefühlt, als sie vor der Gedächtniskirche stand und Lenny an ihr vorbeifuhr. Fast kommt es Grete vor, als wäre das alles dort – die Kirchenruine, die Bar *Alte Zeiten* auf der anderen Seite des breiten Boulevards – zu einem Teil ihrer eigenen, inneren Welt geworden. Traumhaft und doch real, aber nur für Lenny und sie.

Am Hausvogteiplatz steigt sie in die U2, in Gedanken bei ihrer To-do-Liste für heute und morgen. Die Lampe, Pia, Tom junior …

Die Bahn ist rappelvoll, aber Grete ergattert einen Fensterplatz. Sie fischt ihr Smartphone aus dem Frog Bag und öffnet die Textverarbeitungs-App. Über die Cloud ruft sie ihr letztes Schreiben an Superbo auf, ihre Kündigung. Sie überfliegt die paar Zeilen – *»einvernehmliche Vertragsauflösung … in der Probezeit kein Problem«* –, ergänzt ein paar Halbsätze, ringt sich noch herzliche Grüße an Pia ab, fertig.

Wenn es nach ihr geht, wird sie nie mehr einen Fuß in den *Kultur Kokon* setzen. Das bisschen privater Krimskrams, das sich dort in ihrer Schreibtischschublade angesammelt hat – Müsliriegel, Tampons, Aspirin, auch ein Päckchen Kondome, was soll's –, kann ihre Nachfolgerin von ihr aus gerne haben oder eben entsorgen.

Ab mit Schaden, denkt Grete und tippt auf *Senden*. Marlon Lohwegner fällt ihr ein, der stoppelbärtige Autor, den sie vor Jahren in München betreut hat. Lohwegner war Fallschirmjäger bei der französischen Fremdenlegion, und in seinem Buch erzählt er von seinen abenteuerlichsten Einsätzen. Am eindrucksvollsten fand Grete, wie er die Zeitspanne erlebt, *»wenn du aus dem Flieger gesprungen bist und nicht weißt, ob der Fallschirm aufgehen wird«*.

Er beschrieb es als *»unglaublichen Starkstromkitzel, bis hinein in die innersten Eingeweide, weil du mit jeder Zelle spürst, dass du im freien Fall bist und wie ein Abfallsack zerplatzen wirst, wenn sich der verdammte Seidenpilz über dir nicht aufspannt«*. Obwohl er Tausende Male abgesprungen sei und sich der Fallschirm immer geöffnet habe, *»feuert dein Gehirn eine Milliarde SOS-Neuronenblitze ab wie ein sterbender Stern«*.

So ähnlich, dachte Grete damals, fühlt sich das Leben für mich praktisch immer schon an. So bis in alle Fasern alarmierend, weil der Aufprall immer wieder unabwendbar scheint. Und obwohl du dich jedes Mal im letzten Moment rettest, fühlst du dich einen Herzschlag später schon wieder im freien Fall.

Kein Wunder, dass sie in immer kürzeren Abständen ihren Job hinschmeißt. Es macht keinen Unterschied, ob sie sich irgendwo festklammert oder alles loslässt. Geburt ist, wenn du oben aus allen Wolken fällst. Dein Leben dann ein einziger freier Fall, ein bestürzendes Stürzen bis zum Zerplatzen …

Alex Blumfeld hat das Buch als Ghostwriter für Lohwegner geschrieben. Das weiß bis heute niemand, nur Grete, und auch sie hätte es nicht gemerkt, wenn Alex sie nicht mit der Nase darauf gestoßen hätte. Er ist ein Meister der Mimikry, eben weil für ihn alles nur aus Täuschung besteht. »Glaub mir, Grete, ich habe alles abgeklopft – Köpfe, Berge, Bücher, was du willst –, und alles klang gleichmäßig hohl.«

Damals hat sie ihm zugestimmt, jetzt sieht sie das anders. Auch mit Alex Blumfeld bin ich fertig, sagt sich Grete, als sie am Bahnhof Neu-Westend die U-Bahn verlässt.

Mit schnellen Schritten geht sie die Reichsstraße entlang und biegt in die Wagnerallee ein. Der Himmel hat sich mit schwarzen Wolken überzogen. Es ist stickig heiß, kein Lüftchen regt sich.

Mehrfach sieht sich Grete um, doch anscheinend folgt ihr niemand. Dabei käme es ihr heute sogar gelegen, wenn ein paar von Saschas Jungs hier herumlungern würden.

Aber egal, dann schickt sie Sascha eben eine Nachricht. Oder ruft ihn vielleicht sogar an. Wäre doch eigentlich ganz schön, mal wieder seine Stimme zu hören. Wie er vor Freude losbrüllt: »Gretchen, wo bist du?«

Schluss mit dem Kitsch, ermahnt sich Grete. Sie braucht seine Hilfe, das ist alles. Zum letzten Mal, geht es ihr durch den Kopf. Aber das ist weniger ein Gedanke als ein Gefühl.

Eine halbe Stunde später sitzt sie mit einem Latte macchiato im Wohnzimmer an ihrem Schreibtisch. Frisch geduscht, in Slip und XXL-Shirt mit der Aufschrift *»So nicht!«*.

Sie fährt ihr Notebook hoch und gibt den Namen der Lampe ins Suchfeld ein. »*Benzin-Sicherheitsgrubenlampe von Friemann & Wolf*«, so heißt das Ungetüm tatsächlich. Und hey, auf eBay werden gleich drei Exemplare angeboten, alle von Privatverkäufern.

Grete klickt die Angebote nacheinander auf, und mit jedem Klick wird sie skeptischer. »*Aus Familienbesitz*« heißt es beim ersten Anbieter, »*aus Nachlass*« beim zweiten, »*aus Erbschaft*« beim dritten. Auf den Fotos sehen die Lampen nicht gerade taufrisch aus, aber auch nicht direkt wie Sondermüll. Auffällig ist allerdings, dass in keinem Fall erwähnt wird, ob die Dinger einsatzbereit sind.

Sie überfliegt den Wikipedia-Eintrag zu der seinerzeit revolutionären Leuchte, dann schickt sie den Anbietern eine kurze Fragenliste. Ist der Glaszylinder dicht? Funktioniert der Magnetverschluss, der die versehentliche Öffnung des Geräts verhindern soll? Ist der Zünder intakt?

Während sie auf die Antworten wartet, durchforstet sie die Kataloge von Online-Versandhändlern. Scheinbar hat fast jeder von ihnen das gewünschte Modell auf Lager. Doch bei näherem Hinsehen sind es allesamt nur »*Dekorationsstücke*« oder »*nicht feuerfeste Imitate*«, mit Batterien im ehemaligen Benzintank und Glühbirnen statt Docht und Zünder unter dem Glaszylinder.

Die Stunden verfliegen. Mit Donner, Blitz und Wolkenbruch hat sich ein Gewitter entladen, und Grete hat die Fenster aufgerissen, um frische Luft hereinzulassen. Die eBay-Anbieter sind einer nach dem anderen mit dem Eingeständnis herausgerückt, dass ihre Fundstücke aus Opas Keller bloß noch Schrottwert haben.

Wäre auch zu schön gewesen … Grete reibt sich die Augen. Mittlerweile ist es nach Mitternacht, doch sie wird weitersuchen, bis sie vor Müdigkeit vom Stuhl fällt.

Als Nächstes wendet sie sich Spezialversendern für »*Antiquitäten und historische Accessoires*« zu. Während sie sich durch Kataloge mit bizarr bis pompös designten Raritäten klickt, sieht sie immer wieder sich selbst, wie sie mit Lenny in einen stockfinsteren Tunnel hineingeht. Lenny hält die Grubenlampe in der erhobenen Linken, leise quietschend schaukelt sie hin und her und gießt blasse Lichtpfützen vor ihnen ins Dunkel. Weit voraus, in der dunkelsten Tunnelschwärze, meint sie einen wehenden schwarzen Vorhang wahrzunehmen, dazu traumleises Stöhnen: »*Wuuawee* …«

Schluss jetzt, nimm dich zusammen, Grete …

Sie klickt sich weiter durch chaotische Kataloge. Schließlich stößt sie tatsächlich auf eine Lampe, die alle Kriterien zu erfüllen scheint. Auf der Abbildung sieht das Exemplar sogar ziemlich gut erhalten aus.

Grete atmet tief durch, klickt das Chat-Fenster auf und kopiert ihre Standardfragen hinein. Vor morgen Vormittag kommt bestimmt keine Antwort, denkt sie und gähnt so herzhaft, dass ihr die Augen tränen.

Als sie wieder klar sehen kann, steht die Antwort schon auf dem Bildschirm. *»Dicht ja, einsatzbereit nein. Das Äußere ist original, das Innenleben Deko.«*

Wie kann das *Innenleben* Kulisse sein und die Fassade *echt?* Die Antwort des Händlers klingt für Grete wie Hohn. Wie eine boshafte Verdrehung der Kritik, die Lenny an seinen *»geschätzten Kollegen«* geübt hat: dass sie nur *»Überreste von Kulissen«* erforschten und nicht die *»dahinter verborgene Welt«* …

Vor Enttäuschung kommen ihr neuerlich die Tränen.

Höchste Zeit, ein paar Stunden zu schlafen, beschließt Grete. Schließlich muss sie für das Vorstellungsgespräch morgen bei Tom junior fit sein.

Beim Zähneputzen überlegt sie, was Mr Duncker sie wohl alles fragen wird. Aber darüber kann sie sich jetzt nicht den Kopf zerbrechen. Bei Bewerbungsgesprächen ist sie sowieso immer in Hochform, das Problem ist der Alltag danach. Und irgendwie hat sie schon jetzt kein richtig gutes Gefühl mehr, wenn sie an die neue Stelle denkt.

Was soll das, Grete? Du hast bei Pia gekündigt, und auf deinem Konto sieht es wieder mal ziemlich mau aus.

Ist ja gut, weiß ich doch, denkt Grete. Aber erst mal muss sie die Lampe beschaffen, nichts anderes zählt jetzt.

Sie nickt sich zu und starrt ihr Spiegelbild an, bis sie nicht mehr weiß, wer von ihnen beiden die freie und welche die im Glas gefangene Grete ist.

Im Traum ist Grete in einem Trödlerladen, einer scheunengroßen Halle. Regale in endlosen Reihen, hoch oben an den Wänden umlaufende Balustraden, von denen weitere Räume abgehen, alles mit Trödel vollgestopft. Grete irrt in dem Labyrinth herum, mit jedem Schritt löst sie leises Klirren und Scheppern aus. Auf dem Boden, in den Regalen, überall türmt sich der Trödel. Körbe voller Messer und Gabeln, Service mit Goldrand oder Blumenmuster, Silberkännchen, Samoware, alles nach Sorten grob geordnet, dann Seekisten voll blitzender Krummsäbel, vor denen sie sinnend stehen bleibt.

Der Verkäufer, den sie aus der Tiefe der Halle näher kommen hört, ist bestimmt ein bärtiger Orientale, geht es ihr durch den Kopf. Doch im nächsten Moment ist sie oben auf der hölzernen Balustrade und schaut in die Halle hinab. Die Balken und Bretter knarren bei der kleinsten Bewegung. Vorsichtig beugt sich Grete über das Geländer, irgendwo hier muss es doch auch eine Abteilung für Lampen geben. Da hört sie hinter sich schwere Schritte, und als sie sich umwendet, ist es Sascha, im grauen Verkäuferkittel.

»Gretchen, was suchst du?«, brüllt er. Sie macht ihm Zeichen, auf keinen Fall näher zu kommen. Die Balustrade knirscht und kracht schon, aber Sascha ist nicht aufzuhalten. Er stürmt auf sie zu, drückt sie an sich, und da bricht die ganze Holzkonstruktion unter ihnen zusammen.

Sie stürzen in die Tiefe, und Grete spürt, wie Sascha im Fallen lacht. »Das gibt Glassalat, Achtung!«, brüllt er schnaufend, und Grete schaut nach unten, gerade als sie mit den Füßen voran in einen riesigen Stapel übereinandergetürmter Grubenlampen krachen.

Es klirrt und scheppert grauenvoll. Im Fallen bekommt Grete eine Lampe zu fassen. Sie windet sich aus Saschas Umarmung, rollt sich ab und achtet darauf, die Lampe nicht zu zerdrücken. Leichtfüßig springt sie auf und sieht sich um.

Alle anderen Lampen, Hunderte, Tausende, sind zerbrochen und vor der Hallenwand zu einer Pyramide aus Scherben und Splittern aufgehäuft. Balken und Bretter von der zusammengebrochenen Balustrade liegen kreuz und quer darauf oder ragen aus dem Scherbenberg hervor wie schwarze Stoßzähne. Von Sascha ist nichts mehr zu sehen.

Grete dreht die gerettete Lampe in den Händen hin und her. Eine ungeheure Freude steigt in ihr auf. Es ist eine *Friemann & Wolf*, und sie hat keinen Kratzer, keine Delle abbekommen. Der Glaszylinder blitzt, das Metallgehäuse glänzt.

Da plötzlich verdüstert sich die Lampe, die Halle, der ganze Traum. »Sascha?«, flüstert Grete. Ihr Herz klopft wie rasend, die Kehle schnürt sich ihr zu. Gebannt nähert sie sich dem Hügel aus Glas.

Sie beugt sich über die aufgeschichteten Scherben. Tief unten, verzerrt wie durch eine dicke, vielfach zersplitterte Eisschicht, liegt eine reglose Gestalt. »Sascha«, flüstert sie wieder. Seine grünen Augen starren zu ihr herauf.

Sie kniet sich vor den Hügel, gräbt wie rasend in den Scherben. Das scharfe Glas zerschneidet ihr die Hände, doch sie wühlt und wühlt und legt endlich den Leichnam frei.

Aber das ist nicht Sascha … Ein Grauen überkommt sie, eine furchtbare Beklemmung, und Grete reißt sich aus dem Traum heraus und erwacht mit einem Schrei …

Halb neun vorbei. Sie starrt auf den Wecker neben ihrem Bett und wagt nicht, sich zu bewegen. Nur langsam verblassen die Traumbilder. *Natürlich war das Sascha, ich habe ihn doch gesehen* …

Grete ist nassgeschwitzt, das Shirt klebt ihr am Körper. Sie zieht es über den Kopf, wirft es auf den Wecker, wie sie früher mal, mit fünfzehn, sechzehn, alle Spiegel in ihrer Umgebung zugehängt hat. Geholfen hat es nichts, im Gegenteil, sie fragte sich nur ständig, was hinter den Schleiern vor sich ging.

Was für ein furchtbarer Traum …

Sie setzt sich im Lotussitz auf ihr Bett, Rücken zur Tür, und starrt die Schriftzeichen an der Wand an. Ihre Vorgängerin hat auf diese Weise angeblich meditiert. Zumindest laut Paula, aber die fiel vor Lachen fast vom Bett, als sie Grete vormachte, wie die andere sich in Positur gesetzt habe.

Im Internet sehen die japanischen Zeichen für *Glück* und *Harmonie* sowieso ganz anders aus. Also vielleicht doch *Kälte* und *Chaos* …

Grete gibt es auf und geht ins Bad. Nach einer kalten Dusche und zwei Gläsern heißem Kaffee ist ihre Beklemmung so weit gewichen, dass sie weiter nach der Lampe suchen kann.

Im Traum hatte ich schon eine gerettet … Aber an den Traum will sie nicht denken.

Eine Lampe reicht sowieso nicht …

Wieso das denn? Sie schüttelt den Kopf. Fokussier dich, Grete.

Sie braucht eine Liste sämtlicher Trödler in Berlin.

Um halb zwei sitzt Grete wieder in der U-Bahn, auf dem Weg zur Stiftung. Davor hat sie den ganzen Vormittag telefoniert, mit Trödlern in Hinterhofläden und Lagerhallen am Rand der Stadt.

Sie hat alles im Griff, nur sich selbst nicht so ganz. Die Beklommenheit von ihrem Traum hängt ihr nach wie eine Schleppe. Kein Wunder, fast alle Trödler, mit denen sie telefoniert hat, sprachen mit osteuropäischem Akzent. Wie Sascha.

Praktisch jeder von ihnen behauptete, eine *Friemann & Wolf* auf Lager zu haben, »einsatzbereit, na klar«, und am Ende waren es doch wieder nur »Dekorationsstücke«. Entweder ganz ohne »Innenleben« oder zu Elektroleuchten umgebaut.

Grete telefonierte mit Polen, Bulgaren, Russen, Ukrainern. Sie ließ sich die Lampen schildern, und wenn die Beschreibung einigermaßen vielversprechend klang, bat sie den Händler, ihr Fotos zu schicken. »Warum nicht selber gucken?«, wanden sich die Trödler, und Grete antwortete, dafür fehle ihr leider die Zeit. Sie müsse heute noch fündig werden, ihr Chef mache Druck, ihr Job stehe auf dem Spiel.

Mit der Armes-Hascherl-Masche schaffte sie es meistens, die Männer am anderen Ende der Leitung zu erweichen. Murrend zogen sie los und kramten die Lampen aus ihren Lagern hervor, die in Gretes Fantasie allesamt aussahen wie die Halle in ihrem Traum.

Die Lampen auf den Fotos dagegen wirkten überwiegend solide. Doch die Bilder vom »Innenleben« machten Gretes Hoffnung jedes Mal wieder zunichte. Durchrostete Benzintanks, marode Zünder, gesplitterte Glasgewinde … Je genauer sie die Fotos unter die Lupe nahm, als desto schrottreifer erwiesen sich die Exponate.

Um halb eins war Grete kurz davor, aufzugeben. Sie hatte ihre Excel-Tabelle fast vollständig abgearbeitet, und unter Dutzenden vermeintlicher Treffer war kein einziger, der kritischer Nachprüfung standgehalten hätte. Genau genommen hatte sie nur noch einen halbwegs verheißungsvollen Kandidaten auf der Liste. Einen gewissen *»Kolja Pusztov, Antiquitäten u. Accessoires en gros & en détail«*, mit *»großzügigen Schau- und Verkaufsräumlichkei-*

ten« am südlichen Stadtrand. Er verfügte sogar über einen Online-Katalog, der allerdings nicht in Echtzeit aktualisiert wurde. »*Zwischenverkauf vorbehalten! Täglich neue Ware!*«, hieß es auf der Website. »*Rufen Sie an! Kommen Sie vorbei!*«

Ausrufezeichen hatte er schon mal reichlich auf Lager. Und nicht nur die.

Gretes Herz pochte hoffnungsvoll, als sie gleich zwei Exemplare der Sicherheitsgrubenlampe in Pusztovs Katalog entdeckte. »*Technisch okay, sofort betriebsbereit*«, stand unter den Abbildungen. Auf einem der Fotos war tatsächlich zu sehen, dass an dem Docht im gläsernen Zylinder ein Flämmchen brannte.

Grete rollte mit den Schultern, um ihre Muskeln zu lockern, und rief den Händler an. Sie lauschte dem Freizeichen und setzte ihr nettestes Lächeln auf. Das färbte erfahrungsgemäß auf ihren Tonfall ab und ließ speziell männliche Gesprächspartner schnell dahinschmelzen. Doch diesmal lächelte sie vergebens – bei Pusztov ging niemand ans Telefon.

Stattdessen bekam Grete, noch während sie ihm auf die Mailbox sprach, einen Anruf von Lilly Heller. »Tom junior will Sie schon um zwei sehen – passt das bei Ihnen, Grete?«

»Ja klar, das schaffe ich«, antwortete sie reflexhaft. So wie sie immer, so weit sie zurückdenken kann, versichert hat, das schaffe sie schon. Sich mit den widrigen Mächten da draußen gegen die wimmernde innere Grete zu verbünden, kein Problem. Deine Mutter ist ein Stein? Kein Problem, Grete, das schaffst du schon. Dein Stiefvater ist aus Sprengstoff? Kein Problem, Grete, das schaffst du schon. Und natürlich bekommt sie es auch diesmal auf die Reihe.

In der U-Bahn checkt sie auf ihrem Handy, wie sie am besten von der Bodestraße zu Kolja Pusztovs Schau- und Verkaufsräumen in Marienfelde kommt. Mit der S-Bahn ab Friedrichstraße, kein Problem. Laut Website hat er bis achtzehn Uhr geöffnet.

Mittwochabend, sechs Uhr, da war doch noch was? Sie furcht die Stirn. Ach so, ja, da läuft Pias Ultimatum ab. Schnee von gestern.

Nach dem Interview in der Stiftung wird sie also zu Pusztov brettern. Sie hat das Gefühl, dass es dort klappen könnte. Nicht nur könnte, ganz bestimmt sogar. Wenn ihr nur der Traum nicht immer noch nachhängen würde. In ihrer Vorstellung sehen Pusztovs Schau- und Verkaufsräume wie die Halle in dem grässlichen Traum aus. Und der Händler wie …

Schluss damit, Grete!

Bisher konnte sie sich nicht dazu durchringen, Sascha anzurufen. Jetzt sein begeistertes Geschrei zu hören, wäre nicht besonders hilfreich. Zumindest nicht für ihre seelische Statik, ansonsten natürlich schon.

Sie hat seine Stimme schon im Ohr, wie er ins Telefon brüllt: »Was suchst du, Gretchen?« Genau wie in ihrem Traum.

Sie braucht ihn. Sie hasst sich dafür. Und sie kann das jetzt nicht.

Fröstelnd starrt sie ihr Spiegelbild im U-Bahn-Fenster an. Großäugig starrt die Spiegelgrete zurück.

Dann Einfahrt im Bahnhof Zoo, eine halbe Hundertschaft jugendlicher Rucksacktouristen stürmt die Bahn. Auf ihrer Bank ganz hinten im Waggon wird Grete gegen die Wand gequetscht. Sie schließt die Augen und versucht, sich auf das Gespräch mit Tom Duncker zu konzentrieren. Doch ihre Gedanken schweifen zur Lampe ab.

Elektrisches Licht verscheucht die Geister, die flackernden Flämmchen von Kerzen, Laternen, Kandelabern ziehen sie an. Das wussten schon die romantischen Dichter. Kurzzeitig ließen sie sich von der neu entdeckten Naturkraft faszinieren, doch bald schon wurde ihnen klar: Elektrisches Licht, das alle Winkel und Nischen schattenlos ausleuchtet, ist wie der logische Verstand, der alles, was sich nicht messen und berechnen lässt, wie Staubfäden hinwegfegt.

Um in die Geisterwelt zu gelangen, sagt sich Grete, braucht Lenny also eine Lampe, die den Geistern behagt, ganz klar. Lennys Wunderlampe … Abermals sieht Grete ihn und sich selbst, wie sie durch den nachtfinsteren Tunnel gehen, auf den wehenden, schwarzen Vorhang tief im Innern des Bergs zu.

An der Tür steht »*Tom Duncker*«, ohne »junior«, »senior« oder irgendwelche Titel und Würden. Bevor Grete angeklopft hat, geht die Tür auf, und vor ihr steht ein schlaksiger Mann mit kahl geschorenem Kopf und jungenhaftem Lächeln.

»Kommen Sie herein.« Er reicht ihr die sonnengebräunte Rechte, die kaum größer ist als ihre Hand. »Ich bin Tom. Setzen wir uns da drüben ans Fenster, Grete? Ich darf doch Grete sagen?«

Er hat blassblaue Augen. Grete lächelt und nickt. Sie mag ihn auf Anhieb. Trotzdem wünscht sich ein Teil von ihr weit fort.

Warum? Woher dieses Unbehagen, Grete?

Ich weiß es doch auch nicht, verdammt!

Sein Büro ist fast so groß wie der Lesesaal nebenan. Deckenhohe Fenster bieten einen fantastischen Ausblick auf die Museumsinsel.

In schwarzen Jeans und schwarzem Sweatshirt marschiert Duncker voraus. Sein Gang ist federnd, der ganze Mann wirkt durchtrainiert. Für Mitte fünfzig ist er hervorragend konserviert.

»Bitte.« Er zeigt auf die Sitzecke, zwei schwarze Ledersessel, dazwischen eine kleine Holztruhe, wie eine Schatzkiste designt.

Eine Anspielung auf den »Schatz«, den Tom senior mit geisterhafter Hilfe gefunden hat? Vielleicht. Doch mehr noch erinnert sie der Kasten mit seinen verschnörkelten Blechbeschlägen an ihren Traum. Dort war die Kiste offen und mit Krummsäbeln gefüllt …

Warum ausgerechnet Krummsäbel? Das spielt doch jetzt keine Rolle, herrje!

Tom wartet, bis sie sich für einen Sessel entschieden hat, und nimmt in dem anderen Platz. Unter Gretes nackten Beinen fühlt sich das Leder kühl und rau an. Sie fröstelt in ihrem kardinalroten Etuikleid, das sie angezogen hat, ohne groß nachzudenken. Eine gute Wahl, wie sich jetzt zeigt. Der dramatische Farbton hebt sich effektvoll vom Kohleschwarz des Sessels ab.

»Wir bekommen viele Bewerbungen«, sagt Tom junior, »aber mit einer so hochqualifizierten Kandidatin wie Ihnen hatten wir es noch nicht zu tun.«

Er spricht ein klares Englisch, fast ohne Akzent. Nur leise klingt die Sprachmelodie seiner texanischen Heimat an, viel dezenter als bei Lenny.

»Das wundert mich, ehrlich gesagt«, gibt sie zurück. »In Berlin ist es fast schon ein Kunststück, jemanden zu treffen, der *nicht* Kultur- oder Medienwissenschaften studiert hat.«

»Guter Punkt. Ähnlich wie in Austin.« Tom junior bricht in Gelächter aus, das genauso abrupt endet, wie es eingesetzt hat. »Ich meinte auch mehr Ihre praktische Erfahrung – diese vielen Jahre bei großen Agenturen, für die Sie großartige Autoren betreut haben. Das ist genau die Kompetenz, die wir jetzt und hier brauchen.« Er beugt sich in seinem Sessel nach vorn, die Hände locker auf den Knien. »Wieso gerade wir, Grete? Was zieht Sie zu unserer Stiftung – nachdem Sie doch erst vor Kurzem zu *Kultur Kokon* gewechselt sind?«

Er lässt sie nicht aus den Augen. Hinter seiner relaxten Fassade spürt Grete eine lauernde Unruhe.

»Na ja, daran ist Dr. Mong nicht ganz unschuldig«, sagt sie mit arglosem Lächeln. »Ich war schon vorher auf der Suche nach einer neuen Herausforderung. Ich mache leidenschaftlich gerne

PR, wissen Sie, Tom, aber ich will meine Fähigkeiten in den Dienst einer Sache stellen, die es wirklich wert ist.« Sie schenkt ihm einen Blick aus bergseeblauen Augen. »Ein Projekt von *existenzieller Intensität*«, fährt sie fort, »nach so etwas halte ich schon seit einiger Zeit Ausschau – und da bin ich auf Dr. Mong aufmerksam geworden. Ich habe seinen Vortrag gehört und war sofort Feuer und Flamme.«

Feuer und Flamme ... Die Floskel bringt sie kurz aus dem Konzept.

»Ein Projekt wie die Erforschung des weltweiten Steuerrad-Ordens – dafür würde ich liebend gerne meine Kreativität und Erfahrung verwenden«, spricht sie weiter. »Das war mir sofort klar, nachdem ich Dr. Mongs Vortrag gehört und seine Aufsätze gelesen hatte. Dann bin ich auch noch auf die Website Ihrer Stiftung gestoßen und wollte meinen Augen nicht trauen: Sie haben sogar eine PR-Managementstelle hier in Berlin frei.«

Tom junior hat ihre kleine Bewerbungsrede mit ermutigendem Nicken begleitet. Nach wie vor beobachtet er sie so konzentriert, als suche er nach einer Botschaft, die weniger in ihren Worten als in ihrer Mimik verborgen ist.

Grete kann sich denken, was in ihm vorgeht. Dass Lenny niemanden von der Stiftung an seinen Ausgrabungen teilhaben lässt, muss Tom beunruhigen; gerade jetzt, da Lenny mit seiner Forschung – buchstäblich – vor einem Durchbruch steht. Falls er nicht sogar schon *durchgebrochen* ist ...

So oder so braucht Tom dringend einen Ersatz für Linda und Malte. Eine Person, der er vertrauen kann und der auch Lenny zumindest halbwegs vertraut. Also versucht er herauszufinden, ob Grete diese doppelte Bedingung erfüllt. Ob sie Dr. Mong nahesteht und sich gleichwohl der Stiftung gegenüber loyal verhalten würde.

»Was genau fasziniert Sie an Dr. Mongs Forschung?«, fragt Tom und lächelt noch breiter.

Sie überlegt kurz, ob sie Hannah erwähnen soll, und entscheidet sich dagegen.

»Alles daran ist faszinierend«, sagt sie. »Stellen Sie sich vor, Tom, wenn er erst den Nachweis erbracht hat, dass sich die Steuerrad-Priester aus allen Erdteilen im Geisterreich getroffen haben – die Geschichte der Menschheit muss dann neu geschrieben werden!«

Er starrt sie einen Moment mit offenem Mund an und bricht erneut in Gelächter aus. »Sehr gut, Grete. Und jetzt mal Hand aufs Herz: Wie stehen Sie persönlich zu Lenny?«

Er ist die Liebe meines Lebens …

»Ich bewundere ihn als Wissenschaftler. Auch als Mensch finde ich ihn sehr sympathisch – soweit man das nach der ersten Begegnung sagen kann. Aber ich habe ja eine gewisse Erfahrung, wie Sie selbst erwähnt haben …«

Sie bricht ab und bemüht sich um einen leicht verlegenen Gesichtsausdruck. »Es klingt vielleicht ein bisschen anmaßend, Tom, aber ich habe gleich gespürt, dass Lenny zwischenmenschliche Unterstützung braucht. Als Wissenschaftler ist er brillant, nur mit der profanen Alltagswelt kommt er nicht so gut zurecht. Ich glaube, er weiß das auch und wäre für entsprechende Hilfestellung dankbar. Man darf ihm nur nicht das Gefühl geben, dass er irgendwie instrumentalisiert werden soll. Glauben Sie mir, ich weiß, wovon ich spreche. Schließlich habe ich oft genug Ausnahmepersönlichkeiten begleitet. Keine von ihnen war allerdings so genial und faszinierend wie Lenny.«

Grete lässt ein schwärmerisches Lächeln über ihr Gesicht huschen. Sie spürt, dass sie Tom für sich eingenommen hat.

Nichts von dem, was sie gesagt hat, war ganz falsch. Und nichts von Grund auf wahr. Das perfekte PR-Puzzle, routiniert zusammengesetzt und auf Hochglanz poliert.

Fühlt es sich deshalb für sie so falsch an, hier zu sein? Weil sie das ganze PR-Bullshit-Bingo ganz einfach satthat? Auch wenn sie in Tom Dunckers Diensten nicht mehr nur Kunstphantome mit ihrer »kommunikativen Gabe« beflügeln würde?

Ja, vielleicht. Aber für dieses Unbehagen tief in ihr, diesen dumpfen Drang aufzuspringen und wegzurennen – *Versteck dich, Grete, verschwinde, bevor es zu spät ist!* –, muss es noch einen anderen Grund geben. Irgendwie hat es mit ihrem Traum zu tun …

Dabei ist ihr Tom Duncker wirklich sympathisch. Sie kann sich gut vorstellen, mit ihm zusammenzuarbeiten. Genauso wie mit Lilly Heller.

Tom lächelt und überlegt. Ohne Grete auch nur eine Sekunde aus den Augen zu lassen. Wie jung er aussieht, geht es ihr durch den Kopf. Kann er tatsächlich schon Mitte fünfzig sein? Wie alt ist sein Vater wirklich?

Laut Biografie auf der Stiftungs-Website kam Tom Duncker senior *»Ende der Dreißigerjahre in Austin«* zur Welt. Seltsam vage, dachte Grete schon, als sie zum ersten Mal auf diese Angabe stieß. In seinem Wikipedia-Eintrag ist ein ganzer Absatz der Frage gewidmet, ob er nun 1937, 38 oder 39 geboren sei. *»Wie so viele Prominente«*, heißt es dort, *»macht er ein Geheimnis um sein wahres Alter.«*

Aber genau betrachtet bleibt nicht nur das genaue *Jahr*, sondern auch das *Jahrhundert* seiner Geburt im Dunkeln …

Ein Schauer läuft Grete über den Rücken. Wie hat Lenny das eigentlich gemeint, dass es »Tom Duncker zweimal« gebe?

»Wir unterstützen unsere Forscher mit großzügig bemessenen Budgets«, sagt Tom in ihre Gedanken hinein. »Das gilt für Lenny sogar in besonderem Maß. Ich weiß nicht, ob Ihnen das bewusst ist.«

Einen Moment lang hat sie Mühe, sich auf ihre Umgebung zu konzentrieren. »Das ist mir allerdings bewusst«, sagt sie dann. »Lenny hat mich mehrfach darauf hingewiesen. Er ist Ihnen – und Ihrem Vater – sehr dankbar dafür.«

Tom starrt sie auf die gleiche Weise an wie vorhin, bevor er in Gelächter ausgebrochen ist. Doch diesmal bleibt er ernst.

»Im Gegenzug gehen unsere Schützlinge natürlich auch eine vertragliche Bindung ein«, fährt er fort. »Das betrifft vor allem ihre Pflicht, uns über neue Erkenntnisse umgehend zu informieren. Und sich *vorher* mit uns abzustimmen, falls sich aus den neuen Erkenntnissen relevante Änderungen für das Projekt ergeben. Also nicht einfach loszumarschieren und uns hinterher mitzuteilen« – er zieht eine ironische Grimasse –, ›kleine Planänderung, anstatt zum Mond geht es jetzt doch zum Mittelpunkt der Erde‹.«

»Nette Anspielung, Tom.« Grete beeilt sich, unbekümmert zu lachen. Sie kann sich beglückwünschen, dass sie vorhin Hannah nicht erwähnt hat. »Aber Lenny Mong ist doch ein etwas anderes Kaliber als Jules Vernes verschrobene Fantasy-Forscher.«

»Absolut.« Er lächelt sie an. »Ich stelle Ihnen jetzt eine Frage, Grete. Und ich möchte, dass Sie spontan antworten. Okay?«

Sie atmet tief durch. »Schießen Sie los, Tom.«

»Angenommen, Sie bekommen die Stelle als PR-Managerin und werden bei einem unserer Projekte vorübergehend auch als Assistentin des Forschungsleiters eingesetzt: Wie reagieren Sie, falls Sie auf Hinweise stoßen, dass es der betreffende Wissenschaftler mit seinen Verpflichtungen gegenüber der Stiftung – sagen wir – nicht so genau nimmt?«

»Ganz einfach: Ich laufe nicht sofort zur Geschäftsleitung. Erst einmal versuche ich, meinem Schützling ins Gewissen zu reden. So habe ich das immer gehalten, und meistens mit gutem Erfolg.«

Grete hat wie aus der Pistole geschossen geantwortet. Nicht, weil er um eine spontane Entgegnung gebeten hat, sondern damit sie hier endlich wegkann. Unter ihren Achseln sammelt sich kalter Schweiß. Die Stimmen in ihrem Kopf *schreien* auf sie ein. Sie ist kurz vor einer Angstattacke.

»Wenn wir ein Agreement finden, das mir für beide Seiten akzeptabel scheint, lasse ich das erst einmal ein paar Tage so laufen«, erklärt sie weiter. »Auch wenn es vielleicht den Buchstaben nach mit seinem Vertrag nicht ganz vereinbar ist. Wenn er dann erneut gegen die Abmachung verstößt, sehe ich es selbstverständlich als meine Pflicht an, meinen Vorgesetzten Bericht zu erstatten.«

»Perfekt.« Tom strahlt sie an. »Vor Ihnen sitzt ein großer Fan von Margarete Malström.«

Grete reibt sich die Unterarme. Die Stimmen in ihrem Kopf überschlagen sich. *Wegrennen, Grete, jetzt! Solange du noch kannst!* Sie fühlt sich wie eine Mondrakete kurz vor dem Start. *Vier, drei, zwei …*

»Über die Konditionen werden wir uns bestimmt einig«, fährt Tom fort. »Soweit ich weiß, werden in der Kulturbranche nicht gerade Traumgehälter bezahlt. Was immer Sie bei Ihrer Agentur verdient haben, bei uns bekommen Sie auf jeden Fall das Doppelte. Plus Fortbildungsangebote, Aufstiegs- und Einsatzmöglichkeiten rund um den Erdball. Was meinen Sie?«

»Das hört sich toll an.« Grete muss ihre ganze Willenskraft aufbieten, um nicht aufzuspringen und aus dem Zimmer zu stürmen.

»Wann können Sie bei uns anfangen? Ich will Sie nicht unter Druck setzen, aber Anfang nächster Woche wäre ideal.«

»So schnell?«

Grete krallt die Fingernägel in die gepolsterten Sessellehnen. Sie muss sich unter Kontrolle bringen. Sie kann nicht einfach aufspringen und davonstürzen, und das nicht nur wegen Tom … Vorher muss sie unbedingt noch einen Blick in das Buch werfen, dessen Titel ihr nicht mehr aus dem Kopf geht: *Untertunnelung des Unbewussten …*

»Ich gebe mein Bestes, um Montag startklar zu sein.«

Sie steht auf, Tom tut es ihr gleich. Grete sieht ihm an, dass ihr Verhalten anfängt, ihn zu befremden. Hatte sie Aussetzer? Hat sie unkontrolliert grimassiert? Ach was, bestimmt nicht.

Sie zwingt sich zu einem Lächeln. »Ich muss das noch mit meiner bisherigen Chefin besprechen. Aber das kriege ich schon hin.«

»Da bin ich mir sicher, Grete.«

Erneut schüttelt Tom ihr die Hand, und dann ist sie endlich aus der Tür.

Grete verdrückt sich sofort nach nebenan. Leise öffnet sie die Tür zum Lesesaal, noch leiser macht sie hinter sich zu.

Der Raum ist schummrig beleuchtet und menschenleer. Die Nischen und Winkel voller Schatten, alles wie beim letzten Mal. Lennys Buch liegt auf dem Stehpult wie ein angekettetes Tier.

Das Herz klopft ihr bis unter die Schädeldecke. Die Stimmen in ihrem Kopf schreien auf sie ein: *Weg von hier! Renn um dein Leben! Mach dich unsichtbar, sofort!*

Aber wieso denn, denkt Grete. Hier ist niemand, der ihr Böses will. Ganz im Gegenteil, sie fühlt sich in Tom Danckers und Lilly Hellers Gegenwart so wohl wie kaum irgendwo sonst. Trotzdem kommt sie sich wie das Reh auf der mondbeschienenen Lichtung vor.

Die kleinen Lesetische sind angeordnet wie zum Slalom. Im Zickzack hastet sie auf das Regal an der hinteren Wand zu. *Untertunnelung des Unbewussten …*

Sie überfliegt die Titel in den langen Buchreihen, alles schwarze Pappeinbände, die Schrift kalkig weiß. Je länger sie sucht, desto mehr glaubt sie, dass es diesen Titel gar nicht gibt. Sie muss ihn geträumt haben, oder sie hat sich verlesen, als sie die Bücherwand im Vorbeigehen flüchtig gescannt hat.

Untertunnelung des Unbewussten … Das ergibt doch sowieso keinen Sinn, sagt sich Grete. Im selben Moment greift ihre Hand zu und zieht ein schmales Buch heraus.

Ihre Fingerspitze fährt über die vordere Umschlagseite. Der Titel ist in einer mittig durchsackenden Schlangenlinie angeordnet, wie ein kopfstehendes Omega. Der Name des Verfassers – Samuel Eschen – steht ganz unten, knapp über dem Schriftzug des Verlags.

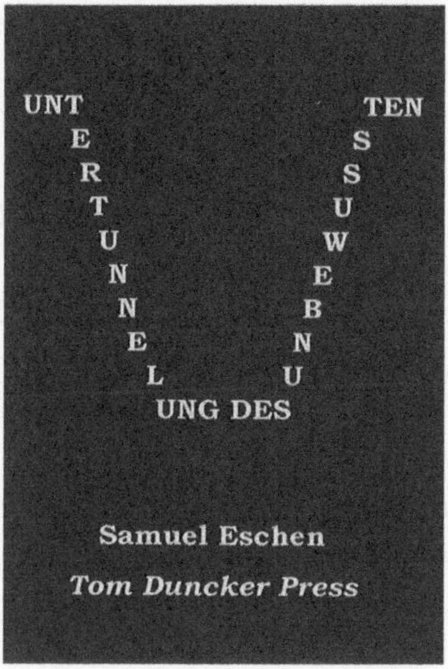

Ohne sich an eines der Lesetischchen zu setzen, blättert Grete fahrig in dem Buch herum. Es ist viel dünner als Lennys Doktorarbeit, gerade mal hundertsechzig Seiten. Auf der ersten Seite springt ihr der Untertitel förmlich entgegen: »*Quantenphysik und Doppelgängertum*«.

Doppelgänger? Wie Miko und Lenny? Sie vergisst zu atmen. In seinem Vortrag hat Lenny über die Studenten gespottet, die den Steuerrad-Orden mit Quantenphysik zu erklären versuchten …

Vielleicht wollte er die Fährte verwischen? Grete überlegt, schüttelt den Kopf. Erst mal lesen, worum es überhaupt geht.

Laut Biografie auf der Umschlagrückseite ist Samuel Eschen, geboren 1983 in Ipswich, Massachusetts, »*Teilchenphysiker und*

Transzendentalpsychologe« an einer Privatuniversität in Boston. Gleich zu Beginn der Einleitung stellt er eine tollkühne Hypothese auf:

> So, wie die physikalische Realität dreigeteilt ist – in die Astrophysik, die klassische »mittlere« Physik und die mikroskopische Quantenphysik mit ihren je eigenen Gesetzmäßigkeiten –, genau so ist auch unsere menschliche Psyche dreigeschossig strukturiert.

Wie bitte? Grete sträuben sich die Härchen im Nacken und entlang der Wirbelsäule. Was sagt er da?

Diese dreigeschossige menschliche Psyche könne man sich auch als *»mächtiges Ozeanschiff«* vorstellen, führt Samuel Eschen aus:

> Das Bewusstsein ist gleichsam der Kapitän auf dem Oberdeck; das Unterbewusstsein die Crew – vom Steuermann bis zu den Maschinisten unten im Schiffsrumpf –, während das Unbewusste schon viel mehr dem Ozean unter dem Schiff angehört. Mit diesem Unterbau ragt unsere Psyche – sozusagen wie ein Schiffskiel – in den universellen Energiepool hinein. Doch der ist unendlich viel größer.
> In der direkten Umgebung unseres Schiffes wird dieser Ozean des Unbewussten auch von unseren individuellen Strebungen beeinflusst, so wie jedes Schiff in Bewegung eine Bugwelle hervorruft. In seiner weiteren und tieferen Ausdehnung aber ist es das *Meer des »kollektiven Unbewussten«*, wie der große Philosoph und Tiefenpsychologe C. G. Jung schrieb.
> In dieser geisterhaften Sphäre, die seit jeher von Sehern und Schamanen bereist wird, haben die vertrauten Gesetze der »klassischen« Physik und des »gesunden Menschenverstandes« keine Geltung. Stattdessen herrschen dort verwirrende

Regeln, die mit unserer Alltagserfahrung von Ursache und Wirkung oder der Solidität physikalischer Körper unvereinbar scheinen. Das lineare Verfließen der Zeit – vom Gestern über das Heute zum Morgen – ist dort durch Gleichzeitigkeit ersetzt. Was eben noch Materie ist, verwandelt sich mühelos in Energie – und umgekehrt.

Die verblüffendste dieser Gesetzmäßigkeiten, die sowohl in der subatomaren Welt als auch in den »Geisterreichen« der Zauberpriester und Schamanen gelten, ist aber die – wie Albert Einstein es nannte – *»spukhafte Fernwirkung«:* Wenn ein Quantenteilchen gespalten wird, bleiben die beiden so entstandenen neuen Teilchen miteinander »verschränkt«. Das bedeutet, dass jede Zustandsänderung, die an einem von ihnen vorgenommen wird, gleichzeitig auch bei dem anderen eintritt. Dabei spielt es keine Rolle, ob sich beide Entitäten in räumlicher Nahdistanz befinden oder Tausende Kilometer – oder sogar Lichtjahre – voneinander entfernt sind.

Das mag unglaublich klingen, aber im Prinzip kennen wir solche »Verschränkungen« auch in unserer vertrauten physischen Welt. Denken wir nur an die Zwillingsforschung: Eineiige Zwillinge sind in genetischer Hinsicht identisch. Auch wenn sie keinen bewussten Kontakt miteinander haben, weisen ihre Lebensläufe oftmals rätselhafte Parallelen auf – bis hin zu zeitgleichen Unfällen, biografischen Brüchen oder plötzlichen Erkrankungen. Diese Art »spukhafter Fernwirkung« ist durch viele Studien gut dokumentiert. Weit weniger erforscht sind die vielfältigen Praktiken in esoterischen Kulten, mit denen versucht wurde oder wird, gleichsam einen *Doppelgänger* zu erschaffen.

Gretes Augen werden größer und größer. Die Stimmen in ihrem Kopf rufen ihr immer noch zu, dass sie wegrennen, sich in Sicherheit bringen soll, aber sie nimmt es kaum mehr wahr. Samuel Eschens Worte hallen wie Donnerschläge in ihr nach. »... *einen* Doppelgänger *zu erschaffen ...*«

Mit zittriger Hand blättert sie um.

Dabei geht man im Prinzip nicht anders als bei der erwähnten quantenphysikalischen Versuchsanordnung vor. Eine Energieeinheit – hier also der Geist oder, zeitgemäßer ausgedrückt, die Mentalstruktur einer menschlichen Entität – wird durch gewisse Hypnosetechniken in zwei Teile gespalten, die miteinander verschränkt sind. Die eine Hälfte bleibt im hypnotisch betäubten Körper zurück, die andere begibt sich an einen beliebigen anderen physischen Ort.

Dieses Kunststück gelingt nur den erfahrensten »Geistreisenden«. Dafür ist es unabdingbar, auf schnellstem Weg in das transzendentale Unbewusste hinabzutauchen, also in die Tiefensphäre weit unterhalb des »Schiffs«, um das Bild von vorhin aufzugreifen.

Diese Region wird von kundigen Schamanen und Zauberpriestern, die ich für dieses Forschungsprojekt interviewt habe, übereinstimmend als *»System von Gängen und Gräben«* am Grund eines unendlichen Ozeans beschrieben. Es handelt sich gleichsam um *Tunnel unter unserem Unbewussten*, eine Sphäre, in der die Gesetze von Raum und Zeit keine Geltung haben. Der »reisende Geist« kann hier ohne den kleinsten Zeitverbrauch beliebig große Entfernungen überwinden. Sobald er den Tunnel unter dem Unbewussten erreicht hat, befindet er sich bereits an dem vorher festgelegten Ziel.

Um ein Beispiel zu nennen: Ein Schamane kann sich in seiner Jurte in Sibirien in Trance versetzen – und im selben Augenblick, in dem ein Teil seines Geistes das »System von Gängen und Gräben« unterhalb seines Unbewussten erreicht hat, trifft diese geistige Hälfte von ihm bereits in einem – sagen wir – Cherokee-Langhaus in Texas ein.

Erwacht nun der sibirische Schamane in seiner Jurte, so muss sich – nach dem Gesetz der »Fernwirkung« – auch der zweite Geist-Teil in Texas materialisieren. Solange sie miteinander verschränkt sind, wird jede »fundamentale Zustandsveränderung« (Energie/Materie, wach/schlafend, lebendig/tot) des einen Teils vom anderen synchron mitvollzogen wie von einem *dreidimensionalen Spiegelbild.* Der Schamane erwacht also zeitgleich und mit identischem Körper sowohl in Sibirien in der Jurte als auch in dem Langhaus in Texas aus dem Hypnoschlaf.

»*… wie von einem …*«, Grete liest den letzten Absatz wieder und wieder und fühlt sich im Gegenteil immer mehr wie betäubt, »… *einem* dreidimensionalen Spiegelbild …«

Schwerfällig bewegen sich die Gedanken in ihrem Kopf. Aber wenn es so ist, überlegt sie, wenn Lenny ein von Miko erschaffener Doppelgänger ist, muss dann nicht auch Miko noch am Leben sein? Oder umgekehrt: Müsste nicht Lenny in dem Moment gestorben sein, in dem Miko seinen tödlichen Verletzungen erlegen ist?

Das ist doch alles Irrsinn! Grete schüttelt den Kopf. Quantenphysik betrifft nur die winzigsten Partikel, kleiner als Atome. Und ein *»System aus Gängen und Gräben«* … wo soll das denn sein? Auch Lenny hat eine »Tunnel- und Höhlenstruktur« entdeckt … aber in echt, in der Uckermark, und nicht irgendwo *»unter dem Unbewussten«*, am Grund eines imaginären Meers …

Ihre Augen irren über die eben gelesenen Zeilen und bleiben an einem unscheinbaren Wörtchen hängen: *»Solange …«*

Ja und? Was soll das jetzt, Grete?

»Solange sie miteinander verschränkt sind …«

Also gut … Sie beugt sich erneut über den Absatz.

Solange sie miteinander verschränkt sind, wird jede »fundamentale Zustandsveränderung« (Energie/Materie, wach/schlafend, lebendig/tot) des einen Teils vom anderen synchron

> mitvollzogen wie von einem *dreidimensionalen Spiegelbild.* Der Schamane erwacht also zeitgleich und mit identischem Körper sowohl in Sibirien in der Jurte als auch in dem Langhaus in Texas aus dem Hypnoschlaf.

Grete fährt sich mit dem Handrücken über die schweißnasse Stirn. Ihr Herz klopft wie verrückt.

»Solange sie miteinander verschränkt sind …« Das heißt doch, dass man die »Verschränkung« *auflösen* kann, oder? Wenn Lenny also die Verbindung zu Miko im allerletzten Moment irgendwie gekappt hat, konnte er in Mikos gespiegeltem oder verdoppeltem Körper weiterleben, während Miko gestorben ist …

Ja? Kann das sein? Und weil dabei auch die Verschränkung zwischen den beiden Geist-Teilen aufgelöst wurde, hat Lenny nur noch verschwommene Erinnerungen an früher, als er noch Miko war …

Wie gefangene Vögel flattern die Gedanken in Gretes Kopf herum. Sie blättert in Eschens Buch hin und her, überfliegt Passagen, ohne noch etwas aufzunehmen.

Eschen, seltsamer Name, woran erinnert der sie? Außer natürlich an den Künstler M. C. Escher, seine abgründigen Labyrinthe aus verflochtenen Treppen und sich spiegelnden Spiralen, die nirgendwo hinführen … Aber sonst? Eschen, Eschen, irgendwo hat sie den Namen in letzter Zeit gehört oder gelesen … Oder ein ganz ähnliches Wort, mit dem gleichen Grünton durch das doppelte *e.* Wie bei *Grete* …

O Gott, ich drehe durch … Erneut steigt Panik in ihr auf … Sie muss weg von hier, an einen sicheren Ort … bevor es zu spät ist …

Mit flatternder Hand stellt sie das Buch zurück ins Regal, dreht sich um.

Und erstarrt.

Vor ihr steht der Schattenmann.

Grete will schreien, doch kein Laut kommt heraus.

»Hier versteckst du dich!«, brüllt er. »Aber so kommst du mir nicht davon!«

Sein Gesicht ist verzerrt, die Haare sind gesträubt. Seine viel zu großen Hände schnellen nach vorn und legen sich um ihren Hals. Er schüttelt sie hin und her. Grete schlackert am ganzen Körper wie eine Gummipuppe.

Dabei ist es Malte.

In einer anderen Welt – ohne Steuerrad-Orden, ohne Untertunnelung des Unbewussten – wäre er einfach nur Lennys Assistent mit den zottelig abstehenden schwarzen Haaren. So aber ist er beides: Malte und der Schattenmann …

Warum hat sie nicht vorher bemerkt, was für grässlich große Pranken Malte hat?

Gretes Gedanken rasen … Von Mikos Mörder hat sie in Bangkok nur die Silhouette gesehen. Aber diese schaufelartigen Hände sind unverkennbar. Er muss es sein, der Schattenmann, der Miko vom Balkon geworfen hat. Und jetzt hat er sie gefunden, die einzige Zeugin seines Verbrechens. Wie sie es seit Monaten befürchtet hat.

Das ergibt keinen Sinn, Grete. Miko lebt doch … Na klar, aber nur, *weil er einen Doppelgänger von sich selbst erschaffen hat* … und die »Verschränkung« rechtzeitig aufgelöst … Ja, so muss es sich zugetragen haben … Deshalb ist auch der Schattenmann hier aufgetaucht: um zu beenden, was er in Bangkok begonnen hat …

O Gott, in was für eine Geschichte ist sie nur hineingeraten? In die Geschichte ihres Lebens, was sonst. Die Geschichte der *Liebe* ihres Lebens, das ohne Miko-Lenny nur Schutt und Asche wäre. Und ein Haufen Glas …

Malte schüttelt sie noch immer und schreit auf sie ein. Offenbar hochgradig erregt. Speichel sprüht aus seinem Mund.

Er wird mich töten … Ihr wird schwummrig. Sie bekommt zu wenig Luft. Fetzen aus ihrem Feuertraum explodieren in ihrem Kopf. Aber etwas ist anders …

Sie rennt aus ihrer Wohnung im Gutleutviertel ... die Treppe hinunter ... stürzt ins Freie ... und diesmal ist sie nicht vor dem fremden Haus irgendwo im Wald. Flammen schlagen aus den Fenstern ... Es ist eine alte Fabrikhalle, die Halle des Trödlers, *aber wie kann das sein? Jemand schreit, eine Frau, mit durchdringender Katzenstimme ... Die Fensterscheiben zerplatzen vor Hitze, es kracht und klirrt, wieder liegen die Scherben hoch aufgeschichtet ...*

Wie ist das möglich? Diese Vermischung zweier Träume, Feuer und Glas?

»Hörst du mir überhaupt zu?« Maltes Gesicht ganz nah vor ihrem. »Lass die Finger von Lenny, sonst geht es dir wie Linda!«

Was hat er da gesagt?

Benommen sieht Grete ihn an. »Was ist denn mit Linda?«

Wie um ein gutes Beispiel zu geben, lässt er sie los und tritt einen Schritt zurück.

Grete tastet sich über den Hals. Ihre Kehle schmerzt, aber nicht sehr. Wenn er mich töten wollte, hätte er fester zudrücken müssen. Aber das hat er sich vielleicht nur aufgespart. Wie die Katze sich erst noch ein bisschen mit der Maus amüsiert ...

Allerdings wirkt Malte alles andere als amüsiert.

»Was mit Linda ist?« Er reißt die Augen auf. »Sie ist zu Tode verängstigt! Nach ihrem ersten Anruf dachte ich noch, sie hätte Angst, mir zu sagen, wo sie sich versteckt. Aber ...« Er schlenkert mit den Armen. »Es ist schlimmer. Viel schlimmer. Ich glaube, Linda weiß gar nicht, wo sie ist.«

»Was heißt das, sie weiß es nicht?« Grete will seine Antwort nicht hören. Am liebsten würde sie sich die Fäuste auf die Ohren drücken. Nur würde es nichts helfen. Sie sieht die Schemen vor sich, die sich in jener Nacht auf Linda warfen ...

Was um Himmels willen haben die mit ihr gemacht?

Sie hat Mühe, sich zu konzentrieren. Nur langsam verhallt in ihrem Kopf die Katzenstimme der schreienden Frau. Spukhafte Traumvermischung ...

»Sie ist total durcheinander«, sagt Malte heftig. »Ist das so schwer zu verstehen? Lenny hat sie irgendwie bedroht oder eingeschüchtert, damit sie ihm da draußen nicht in die Quere kommt.«

Lenny? Grete schüttelt den Kopf. Warum sagt er das? Um mich zu verwirren? Ihm muss doch klar sein, dass Lenny so etwas nie tun würde …

»Willst du hören, wie sie am Telefon klingt?« Malte gräbt sein Smartphone aus einer Beintasche seiner Khakihose. »Beim ersten Mal war ich zu geschockt. Aber beim zweiten Mal habe ich auf Aufnahme gedrückt.« Er klickt auf dem Gerät herum und hält es Grete hin.

Murmeln und Glucksen wie von Wasser. Dann eine dünne, atemlose Stimme: »Malte? Ich … sie haben mich …« Dazu Kratzen wie von Krallen über Stein. »Ich komm hier nicht mehr weg … Es ist wie … ich, ah, ich, ich, es ist so unbeschrei… *wuuawee!*«

Abrupt bricht die Verbindung ab.

Grete reibt sich die Unterarme. Sie wird ihm nicht von den geisterhaften Anrufen erzählen, die auch sie bekommen hat. Ohne Gestammel zwar, doch mit dem gleichen langgezogenen *Wuuawee!*

»Wieso glaubst du, dass das von Linda ist?«

»Weil ich sie kenne«, sagt er prompt. »Das ist ihre Stimme, hundertprozentig. Und dir wird es genauso gehen, wenn du dich als ihre Nachfolgerin einspannen lässt.«

»Das ist doch lächerlich«, sagt Grete. »Ich lasse mich für gar nichts einspannen. Wie kommst du überhaupt darauf?«

»Durch Lilly, was denkst du denn? Sie war gerade dabei, den Vertrag für dich auszustellen, als ich vorhin ins Büro gekommen bin.«

Er klingt noch immer aufgebracht. Zur Untermalung seiner Worte fuchtelt er mit den tellergroßen Pranken vor Grete herum.

»Sie hat es mir gleich erzählt«, fährt er in anklagendem Tonfall fort. »Dass du Lennys neue Assistentin werden sollst, weil er dir – anders als Linda und mir – angeblich vertraut.«

Was hat Malte vor? Ohne ihn aus den Augen zu lassen, denkt Grete fieberhaft nach. Er redet und redet, aber sie hört ihm nur noch mit halber Aufmerksamkeit zu.

Irgendwie hat er – der Schattenmann – es geschafft, Mikos Spur wiederaufzunehmen. Beziehungsweise die Spur von Mikos Doppelgänger. Wenn sie halbwegs verstanden hat, wie der Steuerrad-Zauber funktioniert, sitzt oder läuft der Original-Schattenmann irgendwo in Thailand herum, und sein Doppelgänger Malte ist Lenny durch den »*Tunnel unter dem Unbewussten*« hierhergefolgt …

Aber warum hat er noch nicht vollendet, was er in Bangkok angefangen hat? Er hätte Lenny längst töten und sie, die Zeugin, gleichfalls beseitigen können … Worauf wartet er?

»Deine einzige Chance ist, mit mir zu kooperieren«, sagt Malte. »Wenn du dich mit Lenny triffst – und vor allem, wenn er dich zu den Ausgrabungen mitnimmt –, musst du mich unbedingt vorher informieren. Hast du das verstanden, Grete?«

Sie nickt, tief in Gedanken. Genau, das ist es … Er will durch mich herausfinden, was Lenny über das Geheimnis des Steuerrad-Ordens weiß … und wen er sonst noch eingeweiht hat. Der Zauberpriester-Kult muss auch heute noch aktiv sein. Der Schattenmann ist von ihnen ausgesandt worden, quasi als magischer Geheimagent. So ergibt das Ganze endlich einen Sinn …

Fieberhaft überlegt sie weiter. Deshalb hat er uns beide noch nicht getötet … Er soll sicherstellen, dass alle, die von dem Geheimnis wissen, ihr Leben verlieren … und zwar, *bevor* sie einen Doppelgänger ihrer selbst erschaffen können … Lenny und wer noch? Linda? Jetzt auch ich? Und was ist mit Duncker? Ist der vermeintliche Tom junior ein Doppelgänger von Tom senior?

Sein »*dreidimensionales Spiegelbild*«, wie es schaurigerweise in Eschens Buch heißt …

»Die Kunst besteht darin, in deine Welt hineinzugehen, ohne den Spiegel zu zerbrechen«, raunt Hannah in ihrem Kopf. Eben nicht, widerspricht ihr Grete in Gedanken, die Kunst besteht anscheinend darin, *dein Spiegelbild zu sein …*

»Dann sind wir uns also einig?« Malte verschränkt die muskulösen Arme.

Grete nickt erneut. »Meine Nummer hast du ja«, bringt sie hervor.

»Und meine schicke ich dir aufs Handy.«

Zu ihrer Überraschung sieht er fast ein bisschen verlegen aus. Aber das beweist ja nur, dass er ein hochgefährlicher Profi ist. Kundig nicht bloß in Magie und Mord, sondern auch in der Kunst der Verstellung.

Ohne ein weiteres Wort geht Grete an ihm vorbei aus dem Lesesaal. Auf einmal weiß sie, was sie zu tun hat. Schließlich ist die *Verstellung* ihr ureigenstes Metier.

Sie wird zum Schein mit ihm kooperieren. Und wenn er beschließt, dass es an der Zeit sei, sie und Lenny zu töten, werden sie beide verschwunden sein. An einem Ort, wo niemand sie finden kann.

Nicht einmal der Schattenmann.

Mit der S-Bahn fährt Grete erst einmal in die falsche Richtung. Rushhour, der Zug ist rappelvoll. Verstohlen beobachtet sie die Passagiere. Von Malte ist nichts zu sehen, aber in dem überfüllten Waggon könnte sogar jemand mit seiner Statur in einer Menschentraube verschwinden.

Es ist stickig heiß im Abteil. Der Schweiß strömt Grete aus allen Poren, auch ihre Zuversicht schmilzt dahin. Wie nur kann sie Lenny und sich selbst vor einem so mächtigen Gegner schützen?

Vielleicht ist Malte sogar imstande, sein Aussehen zu verändern. Bei einem Abgesandten des Steuerrad-Ordens scheint fast alles möglich zu sein.

Wie bei *Loge,* geht es ihr durch den Kopf, dem nordischen Gott der Zwietracht und des Zwielichts, der seine Gestalt nach Belieben wechselt. Zum Fisch wird, zur Flamme, was er will. Und auch wenn Malte solche Tricks nicht draufhaben sollte, kann er ja Helfershelfer ausgesandt haben, die Grete beschatten sollen … Schatten des Schattenmanns …

Mit Mühe hat sie einen Sitzplatz erwischt. Nervös blickt sie sich immer wieder um.

Fast schon fünf, auch die Zeit läuft ihr davon. Vorhin im Lesesaal hat sie Stunden mit der *Untertunnelung des Unbewussten* verbracht, ohne auf die Uhr zu achten. Als sie Malte schließlich stehen ließ und durch den schmalen Flur zum Ausgang lief, war Frau Hellers Schreibtisch verwaist. Auch von Tom war nichts zu sehen oder zu hören.

Als die S-Bahn in den Nordbahnhof einfährt, bleibt Grete sitzen, bis die Türen aufgehen, dann erst springt sie auf. Sie drängelt sich nach draußen, rennt über den Bahnsteig und schlüpft am Gleis gegenüber durch den Türschlitz in die Bahn Richtung Süden, die im selben Moment ruckend anfährt.

Nimm das, Schattenmann … Sie ist sehr mit sich zufrieden. Ein seltenes Gefühl, das im nächsten Moment schon wieder erstirbt. Vor ihr stehen zwei Asiaten in dunklen Anzügen und starren sie an.

O Gott, die schon wieder … Grete drängelt sich an den beiden vorbei zu einem freien Platz weiter hinten im Abteil. Wie hat sie die nur vergessen können? Schon bei ihrer Flucht aus Bangkok waren die doch mit ihr im Flieger. Oder eben ihre Doppelgänger, oder umgekehrt. Zusammen mit dem Bulligen, der genau solche Pranken hatte wie Malte.

Da hatte er zwar noch asiatische Gesichtszüge, aber das beweist nur, dass der Schattenmann eben doch sein Aussehen verändern kann. Ein Gestaltwechsler wie Loge, der den Schatz *»in der Tiefe des Wassers«* zu rauben half, wie es in Richards Wagners *Rheingold*-Oper heißt …

Die Parallele ist so verblüffend, dass Grete sekundenlang darüber nachdenkt. Der Tunnel am Grund des Ozeans … der Schatz am Grund des Rheins … Beide sollen denen, die das Geheimnis kennen, *»grenzenlose Macht«* verleihen … Hat Lenny das gemeint, als er erwähnt hat, wie sehr er Wagner-Opern liebt?

Grete schüttelt den Kopf. Das bringt sie jetzt nicht weiter.

Am Bahnhof Friedrichstraße steigen die beiden Thais – oder was sie sein mögen – aus und werden durch drei Asiaten von ganz ähnlichem Aussehen ersetzt. Jung, durchtrainiert, ausdruckslose Gesichter. Und dunkle Anzüge.

Zufall, Grete? Oder zieht sich das Netz um dich zu?

Woher soll ich das wissen, verdammt …

Am Bahnhof Südkreuz steht sie scheinbar ruhig auf, verlässt in einem Pulk von Feierabendheimkehrern die Bahn. Die drei Asiaten bleiben im Waggon zurück. Grete strebt dem Ausgang entgegen und schaut immer wieder über die Schulter nach hinten. Keine verdächtigen Gestalten zu sehen.

»Wenn ihr den Eindruck habt, dass niemand euch folgt«, hat Sascha einmal seinen Jungs erklärt, »kann das bedeuten, dass tatsächlich niemand hinter euch her ist. Oder er ist an seine Umgebung perfekt angepasst. Das merkt ihr dann, wenn ihr seine Klinge an der Kehle habt.«

Oder seine Pranken, steuert Grete bei.

Sie nimmt die Rolltreppe nach unten, geht bis zur anderen Seite der Bahnhofshalle und fährt mit dem Lift wieder zu den Bahnsteigen hoch. Eben hält die nächste S2, und mit dem Gefühl, ihr Möglichstes gegeben zu haben, steigt Grete ein.

Aber wer hätte es je geschafft, *seinem Schatten zu entkommen?* Höchstens der Schattenmann …

Was soll das, Grete? Du machst dich nur selbst verrückt!

Marienfelde, kurz nach halb sechs. Grete eilt die Treppe vom Bahnsteig runter, durch den Tunnel unter den Gleisen durch und auf der anderen Seite die Stufen zur Straße hoch. Laut Navi-

App braucht sie zu Fuß zwanzig Minuten bis zu der Halle, die hinter einem Mittelgebirge aus Siebzigerjahre-Mietskasernen am äußersten Stadtrand liegt.

Das wird zu knapp, verdammt … Glücklicherweise hält eben ein Taxi fünfzig Meter voraus am Straßenrand. Grete legt einen Sprint ein und wartet ungeduldig, bis sich die Passagiere – ein älteres Paar, er mit Gehstock, sie mit Rollator – aus dem Wagen gequält haben. Die absurde Taxi-Szene beim Archäologischen Institut kommt ihr in den Sinn, als sie und Lenny triefnass im Sturzregen standen. Noch keine Woche ist das her …

Auch in dieses Taxi, ein vorsintflutlicher 220er Diesel, würde Sascha nur unter massiver Gewaltandrohung einsteigen. Im Fond müffelt es ranzig, und die Sitzbank stöhnt auf, als Grete sich darauffallen lässt. Behutsam zieht sie die Tür zu. »Zum Antiquitätenhändler Pusztov, Lichterfelder Ring. Wissen Sie, wo das ist?«

Im Rückspiegel sieht der Fahrer sie ausdruckslos an. Araber, vollbärtig, Gebetsfleck auf der Stirn. Fast hätte sie aufgeschrien, aber sie kann sich gerade noch zusammenreißen.

Nervös späht sie aus dem Fenster. »Fahren Sie bitte los. Ich hab's eilig.«

Er nickt minimalistisch und fährt an. Die Achsfedern ächzen, der Motor dröhnt. Grete wird sich bewusst, dass ihre Muskeln am ganzen Körper krampfhaft angespannt sind.

Sie rollt mit den Schultern und erntet einen weiteren Blick im Rückspiegel.

»Nur weil ich paranoid bin, heißt das noch lange nicht, dass sie nicht hinter mir her sind …«

Den Spruch hat mal einer von Paulas Klienten bei *Kultur Kokon* losgelassen, als Grete gerade an den beiden vorbeiging. Ein Autor aus der Literaturhölle, zu erkennen schon an der ungelenken Formulierung, die wie eine Rohübersetzung aus dem Amerikanischen klang. Er krümmte sich vor Lachen, und Grete dachte, dass Typen wie er – und wie Paula, wie praktisch *alle* –

nie kapieren würden, was die eigentliche Pointe des vermeintlichen Jokes ist: Die Aussage trifft hundertprozentig zu.

Die Welt ist so verwirrend vieldeutig, dass sich fast jeder mit einer Schrumpfversion begnügt, genannt Realität. Alles, was da nicht hineinpasst, wird als Kunst, Glauben oder Wahn abgestempelt, *bamm!*, fertig …

Mit Alex Blumfeld hat sie sich deswegen einmal fast gestritten. »Was du *True Crime* nennst, ist doch bloß Simulation der Schmalspurwelt, in der die meisten sowieso schon leben«, hielt sie ihm vor.

Alex stimmte sofort zu. »Ich schreibe es so, wie meine Leser die Welt zu erleben wünschen. Obwohl du und ich wissen, dass Traum und Realität, Einbildung und Wirklichkeit wie Möbiusbänder ineinander verschlungen sind. Aber damit würde ich mein Publikum mehr erschrecken als mit den blutrünstigsten Mordschilderungen.«

Während er sprach, sah er Grete unentwegt an. Als würde ihn an seinen Gedanken vor allem deren Wirkung auf andere interessieren. Grete beneidete und verachtete ihn. Das eine wegen seiner Klarheit, das andere wegen seines »zynischen Verrats an der Kunst«, wie sie ihm im Stil ihrer Mutter vorwarf.

Zumindest in diesem Punkt hatte Hannah recht, sagt sich Grete, während farbenfroh bemalte Plattenbauten vor den Seitenfenstern vorbeiziehen. Ihr ganzes Berufsleben war ein einziger Verrat an der Kunst. Nicht erst ihre Flucht zu Superbo, sondern schon ihr Münchner PR-Job. Auch Literatur-PR und überhaupt fast alles, was heutzutage als Literatur durchgeht, ist nichts anderes als Verrat, sagt sich Grete. Hochverrat an der hohen Kunst, wie Hannah sie erlebt und wie ihre romantischen Literaturgötter sie vorgelebt haben: als bedingungslosen Ernst. Als tiefere, wenn auch unergründliche Wirklichkeit.

»Die Halle mit dem Plunder meinen Sie?« Der Fahrer reißt sie aus ihren Grübeleien. Er spricht Berliner Dialekt fast ohne ausländischen Akzent. Seine Augen fixieren sie im Rückspiegel – zwei schwarz, das mittlere grau.

»Ich hoffe, nicht nur.« Grete bemüht sich um ein lockeres Lächeln. »Laut seiner Website handelt es sich um Antiquitäten und hochwertige Accessoires.«

Das Gesicht im Spiegel verzieht sich zu einer Grimasse. *Du wirst schon sehen,* liest Grete von den vorgestülpten Lippen ab, die aus dem schwarzen Vollbart hervorzuquellen scheinen.

Sie muss an Abdul Alhazred denken, den *»geisteskranken Araber«,* der das *Necronomicon* verfasst haben soll. Gibt es da einen Zusammenhang? Zwischen dem fiktiven Buch voll *»unaussprechlicher Blasphemien«,* um das Lovecrafts düstere Storys kreisen, und den vielen Arabern – oder zumindest muslimischen Orientalen –, die meisten mit Gebetsfleck auf der Stirn, die ihr seit Bangkok andauernd über den Weg laufen? Beziehungsweise in deren Taxis Grete ein ums andere Mal landet?

Sie überlegt kurz, schüttelt den Kopf. Was soll das denn für ein Zusammenhang sein? Abdul Alhazred wird die ja kaum alle losgeschickt haben. Oder sich in ihnen wechselweise verkörpern …

Während das Taxi weiter zwischen blauen, gelben, grünen Betonblocks vorandröhnt, fällt Grete noch etwas Seltsames auf. Samuel Eschen kommt aus Ipswich und lehrt in Boston. Beides ist in Massachusetts gelegen, in dem Landstrich, in dem praktisch alle Horrorgeschichten von Lovecraft spielen …

Ja und, Grete? Das hat doch nichts zu bedeuten!

Umso besser, denkt sie und päppelt ihr Lächeln auf. Eben fahren sie vor einer lichtgrauen Lagerhalle vor. Ein fensterloser Zweckbau mit einer Laderampe an der Vorderfront, vor der das Taxi mit einem abschließenden Ächzen hält.

Erfreulicherweise hat das Gebäude keine Ähnlichkeit mit der Trödlerhalle aus Gretes Traum. Eine Metalltreppe mit Gitterstufen führt zur Rampe hoch. An der Stahltür oben steht in großen Lettern *K. Pusztov, Antiquitäten & Accessoires.*

Grete reicht dem Fahrer einen Zwanzigeuroschein nach vorne, verzichtet auf Wechselgeld und steigt aus. Es ist immer noch schwülwarm. Sie spürt den Blick des Arabers auf ihrem Rücken, als sie auf die Rampe zugeht. Doch gleich darauf hat sie den Fahrer und ihre verworrenen Überlegungen zu Arabern bei Lovecraft, in Berlin und Bangkok vergessen. Sie geht die fünf Stufen hoch und steht vor der zweiflügeligen Feuertür.

Unter dem Schriftzug *K. Pusztov, Antiquitäten & Accessoires* ist ein kleineres Schild angebracht, eigentlich nur ein DIN-A5-Blatt, in Plastikfolie eingeschweißt.

Zugang zum
SOZIALKAUFHAUS
in Halle 2

Wie bitte? Das darf nicht wahr sein! Grete wird schlagartig schlecht. Wieso *Sozial…?*

Sie muss sich an der blechverkleideten Hallenwand abstützen, so schwach und schwindlig fühlt sie sich mit einem Mal.

Sozial… Wie sie alle diese Wörter hasst, in denen die widerlichen Silben *so-zi-al* vorkommen. *Sozialamt, Sozialhilfe,* sie schwirren ihr durch den Kopf wie Hornissen. *Sozialbindung, Sozialbetrug…*

Denk an etwas anderes, Grete, sonst kotzt du hier noch vor die Tür.

Aber sie wird die widerlichen Wörter einfach nicht los. Im Gegenteil, es werden immer mehr. Mit Mühe schafft sie es, die Klinke herunterzudrücken und die Eisentür aufzuziehen. *Sozialgesetz, Sozialarbeit …*

Sie taumelt ins Innere der Halle, hinter ihr fällt die Tür mit einem Knall ins Schloss. Während Grete auf den hochlehnigen Holzstuhl fällt, der direkt neben der Tür steht. Mit einem Preisschild an der Armlehne, aber das ist ihr egal. *Sozial schwach, Sozialarbeiter …*

O Gott, was soll das? Sie wirft den Kopf hin und her. Wann hört das endlich auf? Doch es fängt gerade erst an. Irgendwo tief in ihren Eingeweiden löst sich ein Klumpen und wälzt sich nach oben. Ein Pfropf aus Kotze, denkt Grete, aber es ist etwas anderes.

»Mami, warum ist es dunkel?« Die piepsige Kinderstimme ist ihre eigene, mit sechs, sieben Jahren ... »Die haben uns den Strom abgestellt, verdammte Scheiße!« Hannah flucht und schreit. »Die wollen mich zwingen, in ihrem beschissenen Sozialamt Striptease zu machen! Auf die Knie zu gehen, um Sozialhilfe zu betteln!« Die tobende Mutter jagt Grete fast noch mehr Angst ein als die Dunkelheit. Dann plötzlich die Türklingel. »Ganz still, Grete! Wir sind einfach nicht da.«

Doch das Klingeln hört nicht auf. Grete hält sich die Hände vor die Ohren, dabei bräuchte sie mindestens eine Faust, um sie sich auf den Mund zu pressen. Die Mutter atmet keuchend ein und aus, in Gretes Kehle ballt sich ein Schrei, den sie nicht herauslassen darf und doch nicht zurückhalten kann ... Sie heult auf, ein gespenstisches Wuuawee!, Hannah hält ihr den Mund zu, aber zu spät ... Jemand hämmert gegen die Wohnungstür, eine Männerstimme dringt zu ihnen in die Dunkelheit: »Frau Malström? Machen Sie doch bitte auf. Ich bin Sozialarbeiter, ich will Ihnen helfen ...«

Abrupt versiegt der Schwall aus Bildern, Stimmen, Panik. Wo kam das plötzlich her?

Grete fühlt sich seltsam erleichtert, fast als hätte sie sich wirklich erbrochen. Dabei war das bloß ein Erinnerungsbrocken, aus inneren Katakomben emporgeschossen und in ihrem Kopf zerplatzt.

Vor ihr steht ein hagerer Mann in einem lichtgrauen Kittel, wie Verkäufer oder Lagerverwalter sie tragen. Sein von schütteren Haaren gerahmtes Gesicht deutet Besorgnis an. »Geht es Ihnen nicht gut?«

»Alles bestens.« Für einen Moment kam es ihr vor, als spräche er mit der Stimme des Mannes vor ihrer Wohnungstür. Damals, im Gutleutviertel, als sie ein kleines Mädchen war. Wie lange hat sie nicht daran gedacht? Fünfundzwanzig Jahre …

Sie beeilt sich aufzustehen, die Erinnerung hinter sich zu lassen wie eine Pfütze Erbrochenes. »Ich bin wegen der Lampen hier.« Sie schenkt ihm ihr professionelles Lächeln. »Herr Pusztov? Ich habe Ihnen auf die Mailbox gesprochen.«

»Ah, die Grubenlampe.« Jetzt lächelt er gleichfalls, wie in Vorfreude auf ein gutes Geschäft. Er ist etwa in Gretes Alter, und auch mit Sascha hat er keinerlei Ähnlichkeit.

Natürlich nicht. So, wie alles hier das genaue Gegenteil der Trödelhalle in ihrem Traum ist. Nüchterne Aufgeräumtheit statt wackligen Durcheinanders.

»Kommen Sie mit, ich zeige sie Ihnen.« Pusztov schaut diskret auf seine Armbanduhr.

Mit großen Schritten geht er voraus, und Grete folgt ihm, noch etwas unsicher auf den Beinen. Hohe Regale in schnurgeraden Reihen, in denen Hausrat aller Art nach Sorten geordnet auf neue Besitzer wartet. Gläser und Kelche, Silberbestecke, ganze Porzellanservice mit Blumenmuster oder Goldrand … Es blinkt und glitzert in den Regalen, unter anderen Umständen hätte Grete die Schauer funkelnder Sinnenreize genossen. Doch der Durchgang am anderen Ende der Halle verdirbt alles.

In ungelenken Großbuchstaben steht da *»SOZIALKAUFHAUS«* über einer breiten, weit offenen Tür. Grete würde am liebsten nicht hinsehen, aber sie kann nicht anders. Wie unter Zwang starrt sie immer wieder zu der schrecklichen Aufschrift. So als würde ein weiterer Erinnerungsschwall in ihr emporschießen, wenn sie die klaffende Öffnung da hinten auch nur einen Moment aus den Augen ließe.

Unmengen an Leuten quellen durch die Tür, trotten den breiten Mittelgang entlang auf den Ausgang zu. Einmal glaubt sie, Maltes Silhouette zu erkennen – die breiten Schultern, die zottelige Frisur –, aber sie ist zu weit weg für solche Details. Hier vorne, in den Seitengängen der vorderen Halle, ist außer ihr und Pusztov niemand unterwegs.

»Was soll da hinten dieses … dieses …«

Ihr wird wieder schlecht. Sie bleibt stehen, hält sich an einem Regalboden fest. Pusztov hat sich umgewandt und sieht jetzt mehr ungehalten als besorgt aus.

»Was meinen Sie?« Er folgt ihrem Blick. »Das Sozialkaufhaus?«

Grete schließt die Augen und stöhnt auf. »Ja. Das passt doch nicht.«

Er zuckt mit den Schultern. »Was soll ich machen? Das Geschäft geht schlecht.« Pusztovs Stimme ist auf einmal viel dunkler, sein russischer Akzent so ausgeprägt wie bei Sascha. »Ich muss untervermieten oder zumachen.«

Grete nickt, die Augen immer noch geschlossen. *Sie sieht, wie Hannah – jünger als heute Grete – mit hängenden Schultern durch den Flur zur Wohnungstür geht. Eine Silhouette nur, ein geisterhafter Schemen im Dunkeln. »In dein Zimmer, Grete. Und keinen Mucks!«*

Der Mann draußen im Treppenhaus hämmert gegen ihre Tür. »Machen Sie auf, Frau Malström. Das ist Kindeswohlgefährdung. So geht das nicht.«

Hannah bleibt vor der Wohnungstür stehen. Sekundenlang scheint sie mit sich zu kämpfen, dann drückt sie die Klinke herunter. Die Tür fliegt auf und knallt ihr gegen den Kopf. Sie stöhnt auf, der Mann stürmt herein, mit ihm ein Schwall Licht aus dem Treppenhaus. Er packt Hannah im Nacken wie eine Katze und kickt die Tür hinter sich zu. »Ganz ruhig, Mädchen.« Er holt etwas aus dem Mantel, schaltet es ein. Eine Taschenlampe. Er leuchtet Hannah ins Gesicht, zieht sie an sich, drückt ihren Kopf gegen seine Brust. »Ich helfe dir, deine Probleme zu lösen. Das habe ich dir versprochen, oder?«

Er schiebt sie ein Stück von sich weg und starrt sie an, bis Hannah zögernd nickt. »Na also, das ist mein Mädchen. Jetzt zeig mir dein Zimmer. Wenn du machst, was ich sage, habt ihr ab morgen wieder Strom. Und deine Kleine braucht nicht ins Heim. Na, kriegt Daddy jetzt einen Kuss?«

Diesmal zögert Hannah noch länger. Dann stellt sie sich auf die Zehenspitzen und …

Mit äußerster Willenskraft würgt Grete den Film in ihrem Kopf ab. Das ist doch alles uralter Kram …

Widerwillig öffnet sie die Augen. Sie sitzt an einem verbeulten Blechtisch, in einem Büro mit gläsernen Wänden, ohne die geringste Ahnung, wie sie hierhingekommen ist.

Das Büro ist mit einem Sammelsurium ausgemusterter Zweckmöbel vollgestopft. Zwei Aktenschränke voller Leitz-Ordner stehen bullig wie Bodyguards in den Ecken. Der große Schreibtisch, gleichfalls mit Blechplatte, ist mit Katalogen, Rechnungen, undefinierbarem Schreibkram überhäuft. Vor den Glaswänden ist es stockfinster. Die Leuchtröhren an der Decke verströmen gnadenlos weißes Licht.

Der gläserne Kasten muss irgendwo in Pusztovs Halle sein, denkt Grete. Und da draußen ist alles dunkel, weil er eigentlich längst geschlossen hat …

Der Antiquitätenhändler sitzt ihr gegenüber, vor sich eine altertümliche Lampe, die sie sofort wiedererkennt.

Eine *Friemann & Wolf*. Fasziniert sieht sie zu, wie er die Verschlüsse auf festen Sitz prüft, dann den Glaszylinder mit einem Lederlappen poliert.

Wieso hatte sie schon wieder eine Absence? So viele Jahre war sie vor solchen Aussetzern verschont geblieben. Warum fängt das jetzt wieder an? Und wie lange war sie diesmal *weg*? Körperlich zwar vorhanden, aber geistig einfach nicht da?

Die Angst und die Stimmen geistern noch in ihr umher, doch gedämpft, wie hinter einer Tür. Solange sie verhindern kann, dass die Tür wieder aufspringt, ist sie in Sicherheit. Zumindest fühlt es sich so an.

Als wäre der Schattenmann hinter dieser Tür. Was für ein Möbius-Blödsinn, Grete, aber genauso fühlt es sich an.

Pusztov nickt, sichtlich zufrieden. Er drückt den Hebel herunter, der an dem Messingtopf unter dem Glaszylinder angebracht ist. Ein Funke glimmt auf, in dem Glasgehäuse züngelt ein Flämmchen empor, schlank und beweglich wie ein Geist …

»Eine wahre Wunderlampe, jedenfalls für die damalige Zeit«, sagt er, jetzt wieder mit der früheren Stimmlage und fast ohne Akzent. »Die *Friewo 400* mit Messingtopf und dem Zylinder aus bruchsicherem Jenaer Glas. Mit der Verbreitung dieser Lampentechnik ging die Zahl der Grubenunfälle drastisch zurück. Dass das Feuer aus dem Gehäuse ausbricht, ist so gut wie ausgeschlossen.«

Er schiebt die leuchtende Lampe über den Tisch zu Grete hinüber.

»Wunderschön.« Gebannt beobachtet sie das tanzende Flämmchen. »Aber Sie haben doch zwei davon?«

Pusztov lehnt sich zur Seite und macht sich am Boden zu schaffen. »Dieses Exemplar hier ist auch von *Friemann & Wolf*, aber ein bisschen älter. Und technisch nicht ganz so raffiniert.«

Er richtet sich wieder auf und stellt eine weitere Lampe vor sich auf den Tisch. »Wenn ich Sie wäre, würde ich die da nehmen.« Er deutet auf die Lampe, die er zu Grete hingeschoben hat.

»Oder ich nehme beide.«

»Sie wollen sie doch benutzen?« Er wirft ihr einen raschen Blick zu. »Nicht nur zur Dekoration, meine ich?«

Grete nickt. »Bei einer Nachtwanderung mit den Kindern.« Sie lächelt spitzmündig, wie Mütter es ihrer Meinung nach tun würden.

»Und dafür brauchen Sie wirklich zwei?« Der Händler scheint mit sich zu ringen.

»Unbedingt.«

»Dieses Modell hier ist deutlich schwerer.« Er dreht es zwischen den Händen hin und her. »Das liegt an dem Topf aus Gusseisen.«

Mit dem dunklen Eisensockel, dem fast tränenförmig gezogenen Glasgehäuse und dem rußig schwarzen Blechschlot darüber sieht diese Lampe archaisch aus. Weniger wie ein technischer Apparat als wie ein magisches Requisit.

»Wenn sie einsatzbereit ist, nehme ich die auch noch«, sagt Grete.

Die Leuchtgasröhren an der Decke brummen und flackern. Fast unmerklich, aber wenn man sich darauf konzentriert, ist es wie ein Morsecode. Kurz, kurz, lang … Wenn du dich nur genügend fokussierst, ist *alles* ein geheimer Code.

»Gereinigt und geprüft.« Pusztov streichelt die Lampe mit dem Ledertuch. »Trotzdem ist das hier eher ein Museumsstück.«

Ah, darum geht es, denkt Grete. Anscheinend ist ihm klargeworden, dass der Wert der Lampe höher ist als der Preis, der auf seiner Website steht. Deshalb will er sie nicht mehr herausrücken.

»Keine Sorge, sie kommt in gute Hände. Ich nehme beide. Hundertzwanzig Euro pro Stück, laut Ihrem Katalog?«

Pusztov macht ein Gesicht, als hätte er plötzlich Zahnschmerzen. »Ja, okay.«

»Ich gebe Ihnen zweihundertfünfzig«, verkündet Grete. »Dafür dann bitte mit transportsicherer Verpackung.« Sie schiebt die *Friewo 400* auf seine Seite des Tischs zurück.

Der Händler sieht immer noch unglücklich aus. Nicht mein Problem, sagt sich Grete. Er wird darüber hinwegkommen, schließlich hat er eine ganze Halle voll museumsreifem Kram.

Pusztov steht auf und geht zur Tür. Im Hinausgehen drückt er auf einen Schalter, vor den Glaswänden flammt grelles Licht auf. Und Grete presst sich eine Faust vor den Mund.

Der Glaskasten hängt *unter der Hallendecke,* wie die wacklige Balustrade in ihrem Traum. Sie sind *hoch oben in der Luft,* sieben, acht Meter über dem Boden. Aber die Halle da unten hat sich grässlich verändert. Keine Regale voll funkelnder Accessoires mehr, sondern ein Durcheinander aus schäbigen Möbelstücken, die allesamt auf den Sperrmüll gehören. Schränke mit schiefen Türen, Sofas mit zerschlissenen Bezügen, Drehstühle mit nach vorn gesackten Rückenlehnen …

Fast rechnet Grete schon damit, dass Sascha gleich ins Büro kommen wird – Pusztov, in Sascha verwandelt –, und während er auf sie zustapft, wird der Glaskasten um sie herum zusammenbrechen und mit ihnen beiden in die Tiefe stürzen …

Aber wie kann das sein? Wieso sieht die Halle da unten auf einmal so anders aus?

Grete schreit beinahe auf, als Pusztov mit schnellen Schritten zurückkommt, eine Rolle Seidenpapier unter dem Arm. Sie traut sich nicht, ihm Zeichen zu machen, dass er draußen bleiben soll. Er würde sie für verrückt halten, oder vielleicht würde er sich gerade dann, wenn sie ihm Zeichen machen würde, in Sascha verwandeln und sie beide in die Tiefe reißen …

Blödsinn, Grete! Du bist *auf der anderen Seite,* das ist alles. Hinter der Zwischenwand, in Halle 2. Vielleicht sogar direkt über dem Durchgang mit der Aufschrift *SOZIAL*…

Um sie herum dreht sich alles, Grete muss die Augen schließen. Sie hört, wie sich Pusztov erneut an den Tisch setzt und mit dem Seidenpapier raschelt. So vieles geht ihr gleichzeitig im Kopf herum … der Tunnel unter dem Unbewussten … die dunkle Wohnung im Gutleutviertel, voll huschender Schatten, dem zuckenden Lichtschein der Taschenlampe, dem Gemurmel des Mannes in Hannahs Schlafzimmer, den Schlägen, ihren Schreien … das System aus Höhlen und Gängen, das Lenny entdeckt hat … die Balustrade, mit der sie in die Tiefe gerissen wurden …

»Hier, bitte.«

Grete öffnet die Augen. Eben schiebt der Antiquitätenhändler zwei längliche Päckchen über den Tisch, die beiden Lampen, in grünes Seidenpapier gehüllt.

Sie zwingt sich, gleichmäßig zu atmen. Ein und aus, ein und aus … Der Schwindel verfliegt, und mit ihm die Schatten, die Stimmen, Schläge, Schreie.

Das war alles nur in deinem Kopf, Grete.

Sie nimmt ihren City Bag von der Schulter, legt ihn neben die beiden Päckchen. Fast genau der gleiche Grünton, ein sattes, dunkles *e* …

Mit einem Mal fühlt sie sich zauberhaft leicht. Das ist doch alles Ewigkeiten her. Sie empfindet doch gar nichts mehr dabei. Wenn sie die verschwommenen Bilder sieht, die Stimmen hört, die beiden Figuren hinter dem Türspalt anstarrt, eine aufrecht stehend, die andere auf den Knien …

»Ich zahle in bar«, sagt Grete und nimmt ihre Brieftasche heraus. »Ich habe es passend.«

Auch das hat sie sich vorher überlegt, genauso wie die kleine Lüge mit der Nachtwanderung. Möglichst keinen Verdacht erregen, keine Spuren hinterlassen. Nur für den Fall, dass irgendwann einmal die Frage aufkommt, wer die Ausrüstung für Dr. Mongs geheime Expedition beschafft hat.

Unsere Tour unter dem untertunnelten Unbewussten. Grete wird ihn begleiten, so oder so. Sie sieht den dunklen Gang vor sich, wie er sich durch nacktes, nasses Gestein windet. Eine Lampe in der vorgereckten Rechten, geht Lenny unbeirrt voran …

Grete legt zwei Hunderter und einen Fünfziger auf den Tisch, verstaut die Lampenpäckchen in ihrem Frog Bag, quetscht auch die Brieftasche noch hinein und steht auf.

Nur nicht in die Halle hinunterschauen, sagt sie sich im Hinausgehen, dann wird alles gut.

Donnerstagfrüh. Am Abend zuvor hat Grete ein Zimmer in der Pension *Sultan* genommen, Richard-Wagner-Straße, nur ein paar Hundert Meter von Lennys Wohnung entfernt. Und von der Opern-Parkgarage, wo er am Wochenende den Geländewagen abstellt.

In der Pension interessierte sich niemand für ihren Personalausweis. Sie trug sich als *Marga Sakdusdottir* ein, wohnhaft in Reykjavik, und der graubärtige Fez-Träger hinterm Tresen schlug das Buch wieder zu, ohne einen Blick auf ihr Gekritzel zu werfen.

Fast war sie ein bisschen beleidigt, schließlich hatte sie sich bei ihrem Alias etwas gedacht. Auch wenn zu viele Assoziationen hineingeflossen waren, um sie Herrn Sultan – oder wie wiederum er mit echtem Namen heißen mochte – zu erläutern.

Zum Beispiel musste sie auf der Rückfahrt von Marienfelde immer wieder an Jules Vernes *Reise zum Mittelpunkt der Erde* denken. War das, was Lenny vorhatte – was sie *zusammen* durchziehen würden –, nicht etwas sehr Ähnliches wie die Expedition, die Professor Lidenbrock in Vernes Klassiker unternahm? Beide hatten eine uralte Geheimbotschaft entschlüsselt – Lenny den Steuerrad-Code, Lidenbrock die Runenschrift eines isländischen Alchemisten namens Arne Sakdussemm –, die ihnen den Weg durch eine unterirdische »Höhlen- und Tunnelstruktur« weisen würde.

Das erzählte Grete dem träge blinzelnden Orientalen hinter seinem Rezeptionstresen nicht. Es hätte ihn vermutlich auch nicht interessiert. Kaum hatte er fünfzig Euro im Voraus von ihr kassiert – eine Übernachtung, Einzelzimmer ohne Frühstück –, wandte er sich um und mischte sich lautstark in das Gespräch ein, das drei weitere Fez-Träger bei Tee und Wasserpfeife in einer Nische der kleinen Eingangshalle führten.

Auf Türkisch, Libanesisch oder was auch immer, es interessierte Grete umgekehrt genauso wenig. Wir alle benutzen die Personen um uns herum als Figuren in unserem eigenen Spiegelungsspiel, so wie diese Personen es umgekehrt auch mit uns selbst machen, ging es ihr durch den Kopf, während sie die schmale Steintreppe zu den Gästezimmern hochstieg. Und kaum haben wir sie hinter uns gelassen, hören sie wieder auf, Figuren in unserem Spiel zu sein ... Der Unterschied ist nur, dass für mich beides eins geworden ist. Spiel und Wirklichkeit, für uns beide, Lenny und mich, in unserer eigenen Welt ...

Alle Anspannung und Angst sind von ihr abgefallen, seit sie Pusztovs Halle gestern Abend hinter sich gelassen hat. Schon als sie zu Fuß zum S-Bahnhof Marienfelde ging, wurde ihr klar, dass sie nicht mehr in ihre Wohnung zurückkehren würde. Malte konnte dort auf der Lauer liegen, aber das war es nicht allein.

Ich habe das alles hinter mir, sagte sich Grete. Sie hatte ihren Kokon endgültig gesprengt und sich daraus hervorgeschlängelt. Viel zu lange war sie verpuppt gewesen, jetzt würde sie fliegen. Durch Raum und Zeit, ins Geisterreich, an jeden beliebigen Ort auf der Welt, zusammen mit Lenny.

Nie mehr zurückblicken, nur noch vorwärts schauen, nach vorne gehen, das würde fortan ihre Losung sein.

Paula Johansen, Pia Lankowski und Maria Seliger hatten jede Menge Nachrichten auf ihrem Handy hinterlassen. Grete löschte sie ungelesen noch in der Bahn. Für alle Fälle kopierte sie die Nummern in ihre *Blockiert*-Liste.

Mit euch habe ich nichts mehr zu schaffen ... Es fühlte sich großartig an.

Auch Lilly Heller hatte ihr eine Nachricht geschickt, mit dem Vertragsentwurf im Anhang. »*Bitte um kurze Rückmeldung*«, schrieb Dunckers Sekretärin, »*wenn Sie mit den Konditionen einverstanden sind, bereite ich alles so vor, dass Sie Montagfrüh unterschreiben und gleich hier anfangen können.*«

Grete schrieb prompt zurück: »*Alles bestens, bis Montag.*« Ohne das angehängte PDF auch nur überflogen zu haben.

Alles würde sich fügen, das spürte sie so klar wie noch nie. Dass sie die Stelle bei Duncker antreten würde, kam ihr eher unwahrscheinlich vor, aber im Moment schien fast alles möglich. Auch wenn sie sich viel eher an einem weit entfernten Ort sah, zusammen mit Lenny, sie beide als ihre eigenen Doppelgänger unterwegs. In Yinxu, China, in Tikal, Guatemala, wo auch immer. Während ihre bisherigen Körper irgendwo da draußen, in der uckermärkischen »Höhlen- und Tunnelstruktur«, im Hypnoschlaf liegen würden.

Das grandiose Gefühl trug sie bis zum U-Bahnhof Deutsche Oper. Hier schlug sie abermals ein paar Haken, um sicher zu sein, dass ihr niemand folgte.

Ganz ausschließen konnte sie es natürlich nicht. Malte brauchte nur ein paar Studis vom Archäologischen Institut auf sie anzusetzen, unter einem harmlos aussehenden Vorwand – er sei in Grete verknallt oder was auch immer –, dann hatte sie keine Chance, etwaige Beschatter zu entdecken. Im U-Bahnhof und oben auf der Bismarckstraße wimmelte es von jungen Männern und Frauen, und mindestens die Hälfte von ihnen kamen als studentische Amateurdetektive in Betracht.

Aber es machte ihr keine Angst mehr. Ihr Leben lang war die Angst ihre hartnäckige Begleiterin gewesen, ihr Schatten, ihr zweites Ich. Sich zu verstellen hatte sie im Grunde nur gelernt, um ihre Angst zu verbergen. Die Verstellung war ihr zur zweiten Natur geworden, doch jetzt versteht Grete kaum mehr, wovor sie sich gefürchtet hat. In all den Jahren und Jahrzehnten. Vor Hannah, vor dem Mann in Hannahs Zimmer, vor Sascha, vor Glas und Feuer, vor der Armut, vor dem Alleinsein?

Was auch immer ... Es ist alles weg. Der Weg ist frei, sagt sich Grete, für Lenny und mich. Nichts und niemand wird uns je wieder trennen.

Bevor sie sich das Zimmer in der Pension nahm, kaufte sie im Shopping-Center an der Wilmersdorfer Straße noch ein paar Kleinigkeiten ein. Neun Uhr abends, alles noch offen und hell erleuchtet. Mit ihren in Seidenpapier gewickelten Lampen auf dem Rücken eilte sie durch den Drogeriemarkt und sammelte ein, was sie für ein, zwei Nächte brauchte. Zahnputzzeug, Shampoo, Müsliriegel, Cola light. Sogar Unterwäsche hatten sie im Angebot, nicht gerade stylish, dafür im Dreierpack.

Mehr braucht kein Mensch, sagte sich Grete, vor allem, wenn er in Kürze auf Geistreise geht.

Mittlerweile ist es Viertel vor acht, Grete sitzt an dem kleinen Tisch im Pensionszimmer. Sie frühstückt Müsliriegel mit Cola und plant emsig ihren Tag. Sie hat geduscht und ihr kardinalrotes Kleid wieder angezogen. Sie fühlt sich frisch und fit nach acht Stunden tiefen, traumlosen Schlafs.

Für die Expedition mit Lenny braucht sie noch Outdoor-Ausrüstung. Daran hat sie gestern Abend nicht gedacht. Schließlich geht es erst mal eine gewisse Strecke durch Höhlen und Gänge unter der Erde, und dort wird es eher kalt sein. Auch festes Schuhwerk ist da von Vorteil.

Soll sie also doch noch mal zu ihrer Wohnung fahren? Schnell ein paar Sachen zusammenpacken, und ab durch die Mitte? Nein, auf keinen Fall. In München hat sie erlebt, wie übel das ausgehen kann. Ums Haar hätte der aufgehetzte Hausmeister Bechthold sie geschnappt und dem Schattenmann serviert.

Doch auch wenn Grete sicher sein könnte, dass sie unbemerkt in ihr Apartment und wieder hinaus käme, sie würde es nicht tun.

Ich habe das alles hinter mir, sagt sie sich wieder. Sie würde nie mehr rückwärts gehen, keinen einzigen Schritt mehr.

Das Zimmer in der Pension *Sultan* ist ganz okay. Im Grunde noch schäbiger als ihre Unterkunft im Bahnhofsviertel in München, aber das ist Grete egal. Der morgendliche Stoßverkehr von der nahen Bismarckstraße erfüllt den kleinen Raum mit Hupen, Rufen, Radgeklingel. Sie bekommt es kaum mit.

Gestern auf dem Rückweg von Pusztov hat sie sogar kurz überlegt, ob sie nicht in dem überdachten Eingang gegenüber

Lennys Wohnhaus nächtigen sollte. Eingehüllt in eine Decke oder einfach ein paar Lagen Zeitungspapier, wie sie es bei Obdachlosen gesehen hat. Die Nächte sind warm, und Grete ist nicht besonders anspruchsvoll.

Damals im Gutleutviertel hatte sie immer einen fertig gepackten Koffer unterm Bett, eigentlich nur eine kleine Sporttasche mit den nötigsten Siebensachen. Unterwäsche, Jeans, T-Shirt, Schlafanzug, Zahnputzzeug, Schokoriegel, Cola. Ständig drohte jemand damit, dass sie ins Heim müsse. Der Mann, dessen Gesicht sie nie zu sehen bekam, oder Hannah, die einmal pro Woche vor ihm knien musste, damit er in seine Akte schrieb, dass *»keine Kindeswohlgefährdung«* vorliege.

Aber das ist alles nur uralter Kram.

Okay, dann gehe ich also noch mal shoppen, beschließt Grete beim Zähneputzen. Outdoor-Shirt und -jacke, Funktionshose, Strümpfe, Wanderschuhe. Vorher wird sie aber den Anruf erledigen, den sie seit gestern vor sich herschiebt.

Sie spült sich den Mund aus, schenkt ihrem Spiegelbild ein vorsichtiges Lächeln und geht ins Zimmer zurück. Der Dielenboden ächzt bei jedem Schritt wie ein überdrehtes Gespenst.

Grete nimmt ihr Smartphone vom Nachttischchen, einem schnörkeligen Eisengestell mit zersprungener Glasplatte, das bei der kleinsten Berührung klappert und klirrt. So als wäre die angstvolle Erregung, die sie früher empfunden hätte, in das Möbelstück umgezogen.

Sie wird ihn über ihren deutschen Account anrufen, auch das hat sie schon gestern beschlossen, als sie mit den Lampen auf dem Rücken durch das bunt angestrichene Betongebirge zurück zum S-Bahnhof lief. Schluss mit dem Versteckspiel, sagt sich Grete, klickt ihre Kontaktliste auf und tippt auf *Sascha.*

Am frühen Nachmittag ist Grete mit allen Vorbereitungen fertig. Gerade hat sie die angekündigte Nachricht von Sascha bekommen und macht sich auf den Weg zur Parkgarage an der Oper. Die Einkaufstasche mit dem neuen Outfit ist schwer und sperrig, aber die Euphorie trägt Grete noch immer wie auf Flügeln.

Der Wagen steht ganz oben auf dem Parkdeck, laut Sascha ein waldgrüner Suzuki Jimny, geländetauglich, wenn auch mit gerade mal 100 PS mager motorisiert.

»Kein Problem, Kleines, mit dem Ding im Handschuhfach bleibst du an ihm dran.« Sascha brüllte ins Telefon, als müsste er die Entfernung von Schwalbach nach Berlin mit purer Lungenkraft überwinden. Bei ihm immer ein Zeichen der Freude, je lauter, desto freudiger, doch diesmal übertraf er sich selbst. »Wo bist du denn, Gretchen, wie geht es dir, jetzt sag doch was!«, schrie er, nachdem er die erste Überraschung über ihren Anruf weggesteckt hatte.

»In Berlin«, sagte sie ruhig. »Mir geht es gut, wirklich. Ich brauche noch mal deine Hilfe, Sascha. Ich will jemandem hinterher, ohne dass er es mitbekommt. Verstehst du?«

»Immer noch der …« Er räusperte sich und brummte, dass Grete die Vibrationen in ihrem Handy zu spüren meinte.

»Ja, immer noch der«, sagte sie, so ruhig wie zuvor. »Kann sein, dass es auch durch unwegsames Gelände geht.«

»Okay, verstehe. Ausgrabungen im Wald und so weiter.«

Er brummte erneut. Steckte sich ein Zigarillo an, sog den Rauch ein und hustete ausgiebig. Sein alter Trick, um Zeit zu schinden, wenn eine schwierige oder unangenehme Entscheidung anstand.

»Unter einer Bedingung.« Er pumpte sich erneut die Lunge voll mit schwarzem Qualm. »Ich sage das nicht gerne, Gretchen, aber deine Mutter besteht darauf.« Keuchend atmete er aus. »Wenn du willst, dass wir dir weiter unter die Arme greifen, musst du auch mal wieder nach Hause kommen.«

Mir unter die Arme greifen? Dass ich nicht lache …

Bevor sie ablehnen konnte, explodierte Saschas nächster Hustenanfall in ihrem Ohr. Grete war ihm fast dankbar dafür. Als sich sein Atem halbwegs beruhigt hatte, war auch sie wieder die Ruhe selbst.

Sie trat ans Fenster ihres Pensionszimmers und schaute auf die Richard-Wagner-Straße hinab. Es hätte sie nicht erstaunt, auf dem Parkstreifen eine schwarze Luxuskarosse zu sehen. S-Klasse oder Maybach, mit zwei von seinen Jungs auf den Vordersitzen und Sascha hinter den getönten Scheiben im Fond. Bestimmt wusste er von Anfang an, dass sie hier in Berlin war. Und dass sie selbst ihre angebliche Freundin Ina war, die sich in den Fahrer der G-Klasse verknallt hatte.

»Ja klar komme ich«, antwortete sie, »das wollte ich die ganze Zeit schon sagen.« Sie legte so viel Wärme wie möglich in ihre Stimme. »Ich komme nach Hause, Sascha, sehr bald schon. Richtest du das Hannah bitte aus?«

»Wirklich, Kleines? Da wird sie sich aber freuen!«

Grete hielt ihr Handy so weit wie möglich weg von ihrem Ohr.

»Und wann ist ›sehr bald‹?«, brüllte Sascha. »Nächste Woche, ja? Versprichst du's?«

»Versprochen«, sagte Grete schnell und beendete das Gespräch.

Sie hatte einen Kloß in der Kehle, wie immer, wenn sie mit Sascha geredet hatte. Aber verglichen mit früher war es nur ein sehr kleiner Kloß.

Hannah hat mir nie *unter die Arme gegriffen,* dachte Grete, ohne etwas dabei zu fühlen. Sascha schon, aber wenn er einen festhielt, fühlte es sich vor allem nach Überwältigung an. Viel mehr noch als nach Beschützt- und Geborgensein. So hatte sie es schon bei der Hochzeitsfeier in Schwalbach empfunden: Sie waren in die Gewalt eines wilden Steppenherrschers geraten. Ausgeliefert wie zuvor dem Mann, vor dem Hannah immer knien musste. Der sie erst schlug und zum Weinen brachte, dann zum keuchenden, gurgelnden, spuckenden Ein- und Ausatmen zwang, als steckte ihr etwas im Rachen und als wäre sie kurz vor dem Ersticken. Dagegen war Sascha immer großzügig und liebevoll, doch das machte die Abhängigkeit von ihm nur noch gefährlicher.

Schluss damit, Grete, das spielt alles keine Rolle mehr. Du hast dich entpuppt und kannst fliegen …

Im hallenden Treppenhaus der Parkgarage steigt sie bis zum obersten Deck, wo laut Sascha der Jimny-Geländewagen steht. Die Passage aus der *Untertunnelung des Unbewussten* kommt ihr in den Sinn, in der Samuel Eschen die *»dreigeschossige Mentalstruktur einer menschlichen Entität«* mit einem *»Ozeanschiff«* vergleicht.

Demnach wäre sie jetzt auf dem *»Oberdeck«* des klarsten Bewusstseins, bereit, bis in die tiefsten Tiefen des Unbewussten hinabzutauchen …

Lächelnd geht sie auf den kleinen Geländewagen zu, der wie eine geschrumpfte G-Klasse aussieht, genauso kantig und hochachsig, aber nicht mal halb so groß. Saschas Jungs haben das tannengrüne Vehikel mit der Schnauze voran geparkt, damit sie den Schlüssel aus dem Radkasten hinten rechts herausfischen kann, ohne Aufsehen zu erregen. Allerdings ist hier um diese Stunde ohnehin wenig los. Die Feierabendheimkehrer stecken im Stoßverkehr fest, und für die abendlichen Opernbesucher ist es viel zu früh.

Als Grete eben ihre Einkaufstasche an dem geradezu erhaben hässlichen Betonbau der Deutschen Oper entlangschleppte, registrierte sie nebenbei, dass heute tatsächlich Wagners *Rheingold* gegeben wurde. Es erstaunte sie nicht, aber es ließ ihr Herz auch nicht schneller schlagen. Sie braucht keine diskreten Zeichen mehr, um zu wissen, wo ihr Weg verläuft. Auch das hat sie hinter sich.

Sie löst den Schlüssel mitsamt Klebeband vom Blech ab und geht um den Suzuki herum zur Fahrertür. Der Wagen ist nicht mehr ganz taufrisch, aber gut erhalten, genau so, wie es laut Sascha sein soll. Unauffällig und zuverlässig. Im Wald wäre sie damit fast unsichtbar, prophezeite er. Wegen der Tannenfarbe und weil es das typische Gefährt von Forstmitarbeitern sei.

Vielleicht braucht sie den Wagen überhaupt nicht, sagt sich Grete, vielleicht fährt sie ja direkt mit Lenny mit, wenn er zu seiner Expedition aufbricht. Aber so ist sie auf alles vorbereitet.

Sie hievt die Tasche mit den Einkäufen auf den Beifahrersitz, nimmt den City Bag mit den Lampen von den Schultern und schiebt sich hinters Steuer. Leise zieht sie die Fahrertür zu und sieht sich um.

Viel Platz ist hier drinnen nicht, aber für sie reicht es.

Sie lehnt sich nach rechts und will eben das Handschuhfach öffnen, da meldet sich ihr Telefon.

Rufnummer unterdrückt ... Wer kann das sein? Lilly Heller? Oder etwa Linda? Hoffentlich nicht ...

»Hallo?«

»Grete? Hier ist Lenny.«

Im Hintergrund Tosen und Brausen.

»Hi, Lenny!« Sie schreit fast so laut wie vorhin Sascha.

»Kurze Frage: Hast du die Lampe schon aufgetrieben?«

Er klingt irgendwie unpersönlich. Bestimmt ist er schwer im Stress, sagt sich Grete. Aber da kann sie Abhilfe schaffen.

»Ja, habe ich«, sagt sie in einem Ton, als wäre nichts dabei. »Soll ich sie dir bringen?«

»Bringen? Um Himmels willen, nein. Aber wenn wir uns nachher treffen könnten? Ich muss schon heute kurz in die Stadt – Tom will mich unbedingt sprechen. Da würde ich die Lampe gleich mitnehmen.«

Grete spürt, wie in ihr etwas Hauchzartes reißt. Es ist nur ein kurzer Moment, ein kaum spürbarer Schmerz, den sie gleich wieder vergisst.

»Kein Problem«, sagt sie. »Wann wollen wir uns treffen?«

»Sagen wir, um acht? Ich bin schon fast in Berlin.«

Deshalb das Dröhnen im Hintergrund, denkt Grete. Er ist auf der Autobahn.

»Okay, gerne. Und wo?«

»Also, am einfachsten wäre es für mich, wenn du ...« Er räuspert sich. »Nein, Unsinn, ich würde mich freuen, wenn ich dich wieder bei mir bewirten dürfte. Heute allerdings nur mit Take-away.«

»Kein Problem«, sagt sie wieder. »Wie lang hast du vor zu bleiben?«

»Zu bleiben? Ja, also, Grete, was soll ich sagen ... Ich muss noch heute Nacht zurück.«

Beinahe hätte sie wieder »kein Problem« gesagt, aber plötzlich hat sie ein Brennen in der Kehle. Bestimmt hätte sie merkwürdig gekrächzt, also hält sie lieber den Mund.

Er will *diese Nacht noch* in die »Höhlen- und Tunnelstruktur« einsteigen, anders sind seine Worte nicht zu verstehen. Er will niemanden dabeihaben, nicht einmal sie. Aber das kann sie nicht zulassen. Sie muss ihn beschützen, wie auch immer sie das anstellen soll. Wenn Malte herausfindet, was er vorhat, wird er Lenny töten, wie er – der Schattenmann – in Bangkok Miko umgebracht hat.

Das muss sie um jeden Preis verhindern, sagt sich Grete. Aber kein Problem, sie ist zu allem bereit.

Als sie kurz vor acht bei ihm klingelt, drückt Lenny sofort auf den Summer. Grete rennt die Treppe hinauf, plötzlich hält sie es keine Sekunde mehr ohne ihn aus.

Die Tür ist offen, aus der Wohnung dringt eine Melodie, die ihr durch und durch geht.

»*Us*« von James Bay.

Miko und sie haben in Bangkok zu der Liebesschnulze getanzt. Eng umschlungen, lachend und nackt.

Erinnerst du dich jetzt, Geliebter?

Anders kann es nicht sein. Sie hat ihm von Miko erzählt, von Bird Thongchai, aber nie von James Bay. Da ist sich Grete sicher. Ihr vermeintlicher One-Night-Stand in Bangkok hat ihn im Übrigen nicht sonderlich interessiert, es löste nichts in ihm aus. Oder bloß ein vages In-sich-Hineinhorchen, das ohne Echo blieb.

Bis heute, denkt Grete. Jetzt ist er so weit …

Sie schwebt förmlich in die kleine Vordiele, schließt hinter sich die Tür. Eine der Lampen in ihrer grünen Umhüllung hat sie schon auf der Straße aus dem Rucksack genommen, die andere ist im Suzuki geblieben.

»Lenny?«

Keine Antwort, die Musik ist zu laut. Aber er weiß doch, dass sie gekommen ist, er hat ihr die Haustür geöffnet!

Oder war das gar nicht er?

Beunruhigt geht sie durch die Diele, zieht die Tür zu dem großen Zimmer auf, das als Wohnzimmer und als Küche dient.

Lenny steht hinter dem Frühstückstresen, mit der rot-weiß gestreiften Schürze von Mr Meier, einen Cocktailshaker in der Hand. Er schwenkt den Edelstahlbehälter im Rhythmus der Schnulze, und dabei singt er aus voller Kehle mit.

»Is there a secret?
Is there a code?
Can we make it better?
'Cause I'm losing hope …«

Seine Augen schleudern grüne Blitze, er strahlt sie an, und Grete versteht: Er hat das Geheimnis enträtselt, den Steuerrad-Code geknackt …

Wie gebannt geht sie auf ihn zu. Er verteilt den Cocktail in zwei Gläser, die vor ihm auf dem Tresen stehen. Nimmt Mangoschnitze von einem kleinen Teller und steckt einen auf jedes Glas.

Als Grete vor ihm steht, auf der anderen Seite des Tresens, überreicht er ihr eins der Gläser, nimmt das andere und prostet ihr pantomimisch zu. Dabei singt er weiter, in verblüffend harmonischem Duett mit James Bay:

»Tell me how to be in this world
Tell me how to breathe in and feel no hurt
Tell me how 'cause I believe in something
I believe in us …«

Sie trinken, und Lenny singt noch immer, obwohl James Bay inzwischen verstummt ist. Grete lässt den Rucksack von ihren Schultern gleiten und legt ihn auf die absurde Cordcouch von Mr Meier, daneben die verpackte Lampe. Der Cocktail schmeckt wundervoll, frisch gepresster Zitronen- und Mangosaft und von dem jamaikanischen Rum diesmal nur ein Hauch.

Na klar, wir brauchen diese Nacht noch einen klaren Kopf …

Erneut singt Lenny die Verse von Code und Geheimnis, und Grete ist sich ganz sicher: Er hat das Rätsel des Steuerrad-Ordens gelöst.

Gierig nimmt sie einen weiteren Schluck. Sie glaubt, nie etwas Köstlicheres getrunken zu haben. Sein Mango Daiquiri ist die perfekte Komposition aus Herb und Süß. So wie er selbst, denkt Grete, und diesmal ist sie es, die mit einem Sprung über den Tresen setzt. Lenny kann gerade noch sein Glas abstellen, dann hat sie ihn im Nacken gepackt und drückt ihre Lippen auf seinen Mund.

Sie küsst ihn, wie sie Miko geküsst hat, zu den Klängen von Bird Thongchai, die Lenny irgendwie aktiviert hat, per Fernbedienung oder einfach durch Gedankenkraft.

Grete zieht ihre Schuhe aus und stellt sich barfuß auf seine Füße. Unter der Schürze hat er nur ein T-Shirt und Boxershorts an, beides schwarz. Sie legt die Arme um ihn und küsst ihn unaufhörlich weiter, ihre Zungen so ineinander verschlungen wie ihre Körper, ihre Blicke, Erinnerungen und Fantasien. An Bangkok, von ihrer traumhaften Liebe, ihrem neuen Leben, das diese Nacht beginnen wird …

Er hebt sie ein wenig an, sodass sie in der Luft hängt, an ihn geklammert. So tanzt er mit ihr um den Tresen herum, im Slalom zwischen den viel zu vielen Möbelstücken, und legt sie sanft auf dem Sofa ab.

Grete hat die Augen geschlossen. Sie lächelt, alles in ihr summt und pulst. Bestimmt wird er sich gleich über sie beugen, ihr das Kleid vom Leib reißen, denkt sie, da hört sie ein seidiges Rascheln …

Blinzelnd hebt sie die Lider. Lenny kniet neben ihr auf dem Sofa, vornübergebeugt, als wollte er sie umarmen. Doch seine Blicke sind auf das funkelnde Etwas gerichtet, das er behutsam aus dem grünen Seidenpapier befreit. Die Grubenlampe …

»Großartig, Grete. Du weißt gar nicht, wie dankbar ich dir bin.«

Seine ganze Aufmerksamkeit gilt der Lampe, die er auf den niedrigen Glastisch vor der Couch gestellt hat. Grete geht es genauso.

Sie hat ihm die ältere der beiden Lampen mitgebracht, und so war das eigentlich nicht geplant. Vorhin im Auto hat sie beide Päckchen betastet und war sich ziemlich sicher, dass diese hier das neuere Modell sein müsse, mit dem Zylinder aus Jenaer Glas. Aber was vor ihnen auf dem Tisch steht, ist das altertümliche Exemplar mit dem gusseisernen Topf und einem tränenförmigen Glasbehälter, das laut Pusztov »nicht ganz so raffiniert« ist wie das Nachfolgemodell.

Das Pulsen und Summen überall in ihr hat sich zu einem Klopfen in der Herzgegend zusammengezogen, das sich weit weniger angenehm anfühlt.

Beruhige dich, ermahnt sich Grete, weniger raffiniert heißt ja nicht weniger sicher. In beiden Fällen handelt es sich schließlich um »Sicherheitsgrubenlampen«.

»Hast du auch Benzin besorgt?«, fragt Lenny und wendet die Lampe in der Hand hin und her.

Im Suzuki ist ein voller Reservekanister – *danke, Sascha* –, aber bevor Grete auch nur nicken kann, hat Lenny sich schon selbst geantwortet. »Ist ja vor Ort«, murmelt er geistesabwesend. »Dann kann es also losgehen.«

Losgehen? Jetzt schon?

Grete setzt sich aufrecht hin. Bird Thongchai schluchzt weiter leise im Hintergrund, aber die romantische Stimmung ist verflogen. Bei ihr genauso wie offenbar auch bei Lenny.

»Diese ›Höhlen- und Tunnelstruktur‹, die du entdeckt hast«, sagt sie zögernd. »Da willst du heute Nacht noch hinein?«

»Ich muss.«

Er schaut sie kurz an und fixiert wieder die Lampe. Im Gegensatz zu der neueren *Friewo 400* sieht diese hier wirklich altertümlich aus. Mehr wie ein Traum- oder Märchenrequisit als wie eine praktisch nutzbare Apparatur.

Aber sie hat mit eigenen Augen gesehen, wie Pusztov sie angezündet hat. Oder nicht? Soll sie Lenny von der anderen Lampe erzählen? Das würde sich seltsam anhören. Warum hat sie überhaupt zwei gekauft? Und dann wollte sie die bessere zuerst zurückhalten und hat sich jetzt umentschieden? Das würde ja fast schon nach schlechtem Gewissen aussehen.

Je mehr sie zu erklären versuchte, in desto schlechterem Licht würde sie dastehen. Also nein, beschließt Grete. Sie wird nichts sagen. Und wozu auch? Die Lampen sind beide sicher und einsatzbereit.

»Vorhin war ich bei Tom«, sagt Lenny in ihre Gedanken hinein. »Er hat gewaltige Pläne. Er will hier in Berlin eine weitere Duncker-Hochschule eröffnen. Ich soll einen Lehrstuhl für Archäologie bekommen, mit einem schwindelerregend hohen Budget.«

Er klingt begeistert, doch mehr noch besorgt. »*But there is no free lunch,* bestimmt kennst du die Redensart«, fährt er fort. »Nichts ist umsonst, auch nicht bei Tom. Im Gegenzug soll ich ihm vollen Einblick in meine Forschungsprojekte geben. Er kommt am Montag wieder raus ins Camp, und dann will er ›in alles eingeweiht werden‹, wie er sich ausgedrückt hat. Anderenfalls …«

Er schüttelt den Kopf und verstummt.

Grete rutscht näher zu ihm, legt einen Arm um ihn. Er kommt ihr vor wie ein trostbedürftiger Junge. Mit der absurden Schürze über Shorts und Shirt wirkt er irgendwie noch kindlicher. Wie ein kleiner Junge, der seine Mama imitiert. Dabei hat Lenny seine Mutter doch gar nicht gekannt …

»Tom hat es nicht direkt gesagt«, setzt er neu an. »Aber ich habe schon verstanden: Wenn ich nicht ›kooperiere‹, bin ich raus. Keine Stiftungsgelder mehr, Ende.«

Er schaut sie aus feucht schimmernden Augen an. »Mit meinem zweifelhaften Ruf bekomme ich auf der ganzen Welt keine finanzielle Unterstützung, geschweige denn eine Stelle an einer Hochschule. Ohne Tom bin ich erledigt, verstehst du? Und wenn ich seiner Forderung nachgebe …«

Wieder bricht er ab. Aber Grete hat schon verstanden: Es muss in dieser Nacht passieren.

Ich bin bereit, denkt sie wieder. Es gefällt ihr sogar, dass es plötzlich so schnell gehen muss.

»Ohne Toms Einwilligung hätte ich nicht mal mehr Zutritt zu meinen eigenen Ausgrabungen«, redet Lenny weiter. »Er hat da draußen ein riesiges Areal gekauft. Wälder, Sümpfe, seltsame Felsformationen. Das Ausgrabungsfeld macht nur einen Bruchteil davon aus. Vor ungefähr zwei Monaten bin ich auf gewisse Hinweise gestoßen, dass es in der Siedlung tatsächlich einen

Tempel der Steuerrad-Priester gegeben haben muss. Allerdings einige Meilen weiter nördlich.«

Er löst sich sanft aus Gretes Umarmung und steht auf. »Tut mir leid, dass ich nur von der Arbeit rede. Aber ich habe wirklich Stress.«

Lenny geht zu Mr Meiers Seventies-HiFi-Anlage und schaltet sie aus. Bird Thongchai lässt einen letzten Kiekser heraus und verstummt.

»Ich habe sogar vergessen, für uns Essen zu bestellen. Bist du mir sehr böse?«

Grete lächelt ihn an und steht gleichfalls auf. »Wenn du Sorgen hast, sind das auch meine Sorgen, Lenny. So einfach ist das. Also lass uns überlegen, wie ich dir helfen kann. Wenn du heute Nacht in diese Katakomben hinabsteigst, komme ich mit.«

»Um Gottes willen, nein.«

»Hör mir zu, Lenny. Ab Montag bin ich bei der Stiftung angestellt. Tom hat schon angedeutet, dass ich deine Assistentin werden soll, zumindest vorübergehend. Was spricht also dagegen, dass ich mitkomme? Gar nichts!«

Er macht ein skeptisches Gesicht. »Solange du nicht zur Stiftung gehörst, darfst du das Camp nicht mal betreten. Du würdest deinen Job verlieren, bevor du überhaupt angefangen hast. Und ich würde Tom einen weiteren Vorwand liefern, mich rauszuschmeißen, wenn ich dich auf das Gelände schmuggele.«

»Das kriegt er doch gar nicht mit. Warum wehrst du dich dagegen, dass ich dir helfe?« Sie spürt, wie Tränen in ihr aufsteigen. *Du wirst doch nicht heulen, Kind?*, höhnt Hannah in ihrem Kopf. *Heule ich etwa, wenn das Sozialmonster kommt?*

So-zi-al…, echot es in ihr. Grete schließt krampfhaft die Augen. Ihr wird übel, doch das kriegt sie unter Kontrolle. Genauso wie das Heulen.

»Aber du hilfst mir ja schon«, sagt Lenny in liebevollem Tonfall. »Ohne die Lampe wäre ich aufgeschmissen.« Er wendet sich ihr zu, nimmt sie in die Arme.

Grete öffnet die Augen und schmiegt sich an ihn. Ja, Lenny, halte mich fest. Wenn du mich umarmst, fühlt es sich nur nach Geliebt- und Geborgensein an. Nie nach Gefangensein. Aber du darfst nicht ohne mich gehen. Nirgendwo hin, schon gar nicht *dort hinab* …

»Auf so eine Tour geht man besser zu zweit, da hast du recht«, fährt er fort. »Aber nur, wenn beide entsprechende Erfahrung haben. Wie gefährlich das sein kann, siehst du schon daran, dass wir in dieser Wohnung sind.«

»Du meinst – Mr Meier …?«

Lenny nickt. »Als ich herausgefunden hatte, wo ich graben musste, habe ich ihn gebeten, mir diskret zur Hand zu gehen. Eine Woche lang haben wir jede Nacht bis vier Uhr früh geschuftet. Die Überreste des Steuerrad-Tempels sind zum Glück mehr als fünf Meilen vom Camp entfernt, und wir haben nur leichtes Gerät eingesetzt, um keinen Lärm zu machen. Kurz nachdem wir den Schacht über den Tempelgewölben ausgehoben und befestigt hatten, ist Meier hineingestürzt. Ich habe bis heute keine Ahnung, wie das passiert ist. Er hat langjährige Erfahrung als Mitarbeiter bei Ausgrabungen.«

Grete überläuft ein eisiger Schauder. Schon als Lenny eben nickte, kam ihr der Teenager im thailändischen Isan in den Sinn, von dem er ihr letzte Woche erzählt hat. Der Junge stürzte gleichfalls in ein Erdloch auf dem Ausgrabungsfeld, und für die einheimischen Arbeiter war die Sache klar: Die Geister hatten ihn getötet, aus Rache, weil ihre Ruhe gestört worden war …

»Und wie geht es ihm?«

Lenny zuckt mit den Schultern. »Beide Knie kaputt und schwerer Schock. Wie soll es ihm da schon gehen?«

Er lässt die Arme sinken und schaut an Grete vorbei zum Fenster. »Sven – Mr Meier – war ohne Bewusstsein. Ich habe ihn mit dem Flaschenzug aus der Grube gehievt und mit der Schubkarre zum Auto gebracht. Im Camp gibt es ein Erste-Hilfe-Zelt, und ich habe den Doc geweckt und ihm eine abenteuerliche Geschichte erzählt: Mr Meier hätte mir bei einer nächtlichen Exkursion assistiert, bei der ich aus dem Stand der Sterne Rückschlüsse auf die Anordnung der frühgeschichtlichen Sakralbauten ziehen wollte. Dabei sei er unglücklich in eine Schlucht gestürzt.«

Er schüttelt den Kopf. »Armer Mr Meier. Und jetzt wohne ich sogar in seinem Apartment, während er …« Lenny spricht nicht weiter und schaut Grete nicht an.

»Hat er denn nie irgendwem erzählt, was wirklich passiert ist?«

»Dazu hatte er bisher keine Gelegenheit.« Lenny fährt sich mit der Hand übers Gesicht. »Schockbedingte Aphasie. Die Ärzte wagen keine Prognose, ob er jemals wieder sprechen wird.«

»Ach, du liebe Güte. Und trotzdem willst du da runterklettern? Und wenn dir dasselbe wie Mr Meier passiert?«

»Warum sollte mir …« Für einen Moment wirkt Lenny genervt.

»Mach dir um mich bitte keine Sorgen«, setzt er neu an. »Ich bin in Tempelruinen herumgekrochen, in die sich nicht mal die lokale Affenhorde hineingetraut hat. Ich war in Grabkammern im Innern von Pyramiden, die man erst nach halbtägigem Robben durch ein Labyrinth aus Kriechgängen erreicht. Und mehr als ein paar Schrammen – oder halt, mal eine Verstauchung beim Abstieg von der Carstensz-Pyramide in Westpapua – habe ich bei all diesen Klettertouren nie abbekommen.«

Eine Pyramide in Papua? Geht dorthin unsere Reise, Lenny? Grete sieht schon vor sich, wie sie in der Pyramide zu sich kommen, im Dschungel von Papua, Hand in Hand …

Er lächelt sie an. »Beruhigt, Grete?« Seine Augen funkeln wie die Karibik in der Morgensonne.

»Na ja, ein bisschen.« Sie lächelt zurück. Soll sie ihm von Linda erzählen? Von den Schemen, die sich auf Linda stürzten, als sie bei ihm aus der Haustür kam? Von ihren gespenstischen Anrufen – *wuuawee!*

Nein, auf keinen Fall. Er würde sie für verrückt erklären. Und Grete will ihn ja auch nicht erschrecken – er soll nur einwilligen, dass sie mit ihm kommt.

»Dass du Erfahrung hast und vorsichtig bist, weiß ich natürlich«, redet sie weiter. »Aber was ist mit dieser ›geologischen Anomalie‹ – kann die nicht irgendwie mit Mr Meiers Unfall zu tun haben?«

Er zieht die Augen zusammen und runzelt die Stirn. Grete kann seinen Gesichtsausdruck nicht deuten. Wirkt er befremdet – oder eher wie ertappt?

»Okay, da besteht wohl noch Forschungsbedarf«, räumt er in dem forschen Tonfall ein, den sie von seinem Vortrag im Institut kennt. »Ich war schon ein ganzes Stück weit in der Struktur drin, und es ist wirklich sehr ungewöhnlich. Meine Stablampe hat kurz aufgeflackert und war tot. Elektronische Geräte – Handy, Entfernungsmesser und so weiter – spielen verrückt oder geben den Geist auf. Und damit nicht genug, das habe ich dir bisher nicht erzählt …« Er unterbricht sich und sieht sie an, als überlegte er, ob er besser den Mund halten sollte.

»Ja? Was noch?« Gretes Herz klopft auf einmal wie verrückt.

»Also, kurz gesagt, auch mein Kompass hat mich da unten im Stich gelassen. Die Nadel wirbelte wie irre im Kreis. Und meine Armbanduhr ist stehengeblieben.« Lenny schneidet eine Grimasse. »Dann fing ich auch noch an zu halluzinieren. Wie in einem Spiegelkabinett bin ich mir selbst von allen Seiten entgegengekommen – und da bin ich gerade noch rechtzeitig zurück ins Licht geflüchtet!«

Grete sieht ihn entgeistert an.

Lenny lacht auf und rollt mit den Augen. »Natürlich nicht! Die Lampenbatterie hat sich entladen, der Rest ist frei erfunden. Ich wollte dir nur beweisen, dass sich nicht nur deine Mutter düstere Fantasy-Plots ausdenken kann.«

Er nimmt sie wieder in den Arm und streicht ihr liebevoll übers Haar. »Vermutlich hat es mit der Gesteinszusammensetzung zu tun, aber ich bin kein Geologe. Dass Mr Meiers Absturz in irgendeiner Weise durch einen ungewöhnlich hohen Anteil seltener Metalle – oder von was auch immer – im Gestein verursacht worden sein könnte, lässt sich aber jetzt schon ausschließen. Die Anomalie ist völlig ungefährlich – wenn man die richtige Lampe dabeihat. Und die habe ich jetzt ja, dank dir, Grete.«

Er küsst sie, mehr zärtlich als leidenschaftlich, und Grete überlässt sich ganz dem gefühlvollen Moment.

»Morgen Abend bin ich schon wieder hier«, sagt Lenny geraume Zeit später. »Ich hoffe doch, dass wir uns dann sehen, Liebste?«

Liebste … Es ist das erste Mal, dass er sie so nennt. Grete nickt und lächelt.

»Dann bleibe ich auch garantiert das ganze Wochenende«, fährt er fort. »Ich koche für uns, was du dir wünschst, und mache überhaupt alles, was du willst. Ist das ein Angebot?«

Grete lächelt und nickt.

»Dann lass uns aufbrechen. Ich setze dich wieder bei dir zu Hause ab, okay?«

Sie lächelt noch immer wie in Trance. Fast hätte sie ein drittes Mal genickt, doch gerade noch rechtzeitig kommt sie zu sich.

»Nicht nötig, Lenny. Ich besuche noch eine Freundin – Ina, sie wohnt hier ganz in der Nähe. Vielleicht geht sie ja mit mir essen.«

»Treffer«, sagt Lenny und schaut schuldbewusst. »Was bin ich nur für ein Schurke. Aber ich mache alles wieder gut.«

Die Wahrheit über Ina ist, dass sie nicht existiert. Die Wahrheit über *euch alle* ist, dass ihr nicht existiert, denkt Grete. Alle außer Lenny und mir …

Sie hat den Suzuki-Geländewagen gestartet, das Tablet aus dem Handschuhfach geholt und die Navi-App aktiviert, die Saschas Jungs für sie eingerichtet haben. Das iPad ist in einen transparenten Outdoor-Case gehüllt, der sattgrüne, blinkende Punkt bewegt sich auf dem Kaiserdamm Richtung Westen. Während Grete selbst noch durch die enge Abwärtsspirale in der Parkgarage fährt, aber kein Problem.

Sascha hat dafür gesorgt, dass sie Lenny nicht aus den Augen verliert. Offenbar haben seine Jungs einen Tracker an Lennys Wagen angebracht. Wahrscheinlich schon letzte Woche, geht es ihr durch den Kopf, als sie Sascha gebeten hat, den Halter der G-Klasse herauszufinden.

Der Suzuki Jimny fährt sich unerwartet spritzig. Allerdings ist die kleine Kiste nicht gerade leise. Der Motor dröhnt, wenn Grete kräftig beschleunigt, und die Innenverkleidung knarzt wie ein Schlossgespenst.

Aber alles kein Problem. Hauptsache, sie bleibt an Lenny dran.

Eben am Parkautomaten durchstöberte ein tumber Tor endlos seine Taschen, auf der Suche nach dem fehlenden Euro. Für Grete war es die Suche nach der Zeit, die durch die Suche verloren ging. Wie in einer der paradoxen Grafiken von M. C. Escher.

Während sie hinter ihm stand und von einem Fuß auf den anderen trat, fiel ihr plötzlich ein, woran sie der Name Samuel Eschen noch erinnerte. Nicht nur an Eschers ausweglose Labyrinthe, sondern auch an die *Schlacht von Neches,* in der jener Medizinmann umgekommen war, der Tom Duncker senior angeblich im Traum erschienen ist. Der Doppelgänger, den der Schamane in Samuel Eschens Beispiel erschafft, ist ein Cherokee-Medizinmann aus Texas. Zufall? Wohl kaum …

Als der Automat endlich frei war, zahlte sie mit fliegender Hast und spurtete auf den engen, hallenden Treppen zum obersten Parkdeck hoch. Es war kurz nach halb zehn, das Parkhaus rappelvoll, *Rheingold* offenbar gut besucht.

Neches ist ein Anagramm von *Eschen*, sagte sich Grete, oder umgekehrt ... Okay, und was bedeutet das jetzt? Dass Eschen ein Doppelgänger des Medizinmanns von Neches ist? So wie Tom junior ein Double von Tom senior?

Sie furchte die Stirn. Keine Ahnung. Aber es spielt auch keine Rolle mehr. Wenn wir nur den Tunnel unter dem Unbewussten erreichen, bevor Malte ... Und genau das werden wir auch schaffen, schnitt sie sich selbst den Gedankenfaden ab.

Mittlerweile ist sie auf der Bismarckstraße, und Lenny fährt eben am Schloss Charlottenburg vorbei. Wenn er gleich auf der Autobahn ist und das Gaspedal durchtritt, wird sie noch weiter zurückfallen. Das kann zum Problem werden, sagt sich Grete, falls er den Wagen irgendwo in seinem Camp abstellt und den Rest der Strecke zu Fuß geht. Dummerweise hat sie nicht daran gedacht, ihn zu fragen. So wie Lenny es beschrieben hat, scheint seine geheime Ausgrabungsstätte eher nicht mit dem Auto erreichbar zu sein.

Auch nicht mit dem Geländewagen? Grete schaltet in den dritten Gang zurück, tritt aufs Gas und fährt bei Dunkelgelb über die Ampel am Theodor-Heuss-Platz. Der Suzuki hat Vierradantrieb, per Knopfdruck zuschaltbar, und das Fahrwerk lässt sich um 5,5 Zentimeter höherlegen. Am Telefon hat Sascha ihr umständlich alle Features erklärt. »Notfalls kannst du damit auch durch Sümpfe pflügen«, versicherte er ihr. Grete sah es vor sich, als orangefarbene Spur im braunen Sumpf, das *ü* erlebt sie seit jeher als feuriges Orange ...

Sie fährt über die Spreebrücke und am Charlottenburger Schloss vorbei, das wie immer nachts mit Panoramascheinwerfern angestrahlt wird. Sascha wusste bestimmt schon, überlegt sie, wo Lennys Camp in der Uckermark liegt. Deshalb hat er ein Fahrzeug ausgewählt, das für das dortige Gelände taugt. Und ihr genau erklärt, welche Schalter sie umlegen muss, damit sie nicht stecken bleibt.

Okay, so weit klar ...

Auf dem Tablet bewegt sich der grüne, blinkende Punkt beängstigend schnell Richtung Nordosten. Lenny rast die A100 entlang, ohne das Tempolimit von achtzig Stundenkilometern zu beachten. Er hat hundertzwanzig Sachen drauf, schätzt Grete, mindestens.

Warum fährt er so schnell? Weil er ahnt, dass ich mich an ihn dranhängen will? Eher rechnet er wohl damit, dass Tom ihn beobachten lässt, zum Beispiel durch Malte …

Es versetzt Grete einen Stich. Warum hat sie ihm nicht erzählt, was sie über Malte herausgefunden hat? *Er ist ein Doppelgänger des Schattenmannes …* Sie hört sich selbst, wie sie es zu Lenny sagt, und sieht, wie er seine ironische Grimasse zieht. *Um Himmels willen, Grete*, erwidert er in ihrem Kopf, *das meinst du doch nicht im Ernst?*

Sie schüttelt den Kopf. Er erinnert sich immer besser, aber noch ist er nicht ganz so weit. Sonst hätte er ja zugestimmt, dass sie mitkommt bei seinem Abstieg in die Höhlen- und Tunnelstruktur. Ihm wäre klar gewesen, dass sie beide zusammen dorthin gelangen müssen – zum *Tunnel unter dem Unbewussten …*

Auf der Stadtautobahn gibt sie gleichfalls rücksichtslos Gas. Sollen sie mich blitzen, das Bußgeld berappt doch irgendein Fjodor oder Kolja, und Sascha zahlt ihm alles dreifach zurück.

Sie hat diesmal nicht nachgesehen, auf wen der Wagen zugelassen ist. Am Ende ist es wieder dieser Maxim aus dem Gutleutviertel, und davon hat sie endgültig genug. Es spielt aber sowieso alles keine Rolle mehr.

An der Abfahrt Seestraße verlässt sie die Stadtautobahn, rast an der Charité vorbei, durch den Wedding, Gesundbrunnen, über die Bösebrücke, ihre liebste Brücke in ganz Berlin. Lebhafter Verkehr wie eigentlich immer, trotzdem kommt sie zügig voran. Lenny allerdings auch, der Abstand wird nicht kleiner.

Keine Sorge, Grete, alles wird gut. Das grandiose Gefühl, das sie seit gestern wie auf Flügeln schweben lässt, ist schwächer geworden. Aber es trägt sie noch immer über alle Hürden hinweg.

Sie wird Lenny beschützen, sie wird mit ihm in den Tunnel unter dem Unbewussten hinabsteigen, sie beide werden frei sein und für immer vereint. Alles andere ist bedeutungslos.

Als sie endlich die Stadt hinter sich hat und auf die A11 auffährt, hat Lenny einen Vorsprung von mehr als dreißig Kilometern. Grete tritt das Gaspedal bis zum Anschlag durch.

Bis Eberswalde wird sie zweimal geblitzt, hinter Britz ein drittes Mal. Es beunruhigt sie, aber nur kurz. Sie wollte keine Spuren hinterlassen, aber wieso eigentlich, es spielt keine Rolle mehr.

Und *Bußgeld,* was für ein absurdes Wort … Sie hat mehr als genug gebüßt, immer für fremde Sünden. Für ihren Vater, der angeblich Leif heißt, für ihre Mutter, die immer wie tot war, außer beim Tanzen mit Sascha. Und eigentlich auch erst, seit sie vor dem *Sozialmonster* knien und röcheln musste wie kurz vorm Ertrinken …

Grete macht die Augen mehrmals auf und zu. Der Spuk verblasst, gut so. Als sie erneut nach dem Tablet auf dem Beifahrersitz schaut, hat sich der Abstand zu Lenny drastisch reduziert.

Was ist los, Lenny? Der grüne Punkt bewegt sich nur noch im Schneckentempo die Autobahn entlang. Er ist kurz vor Groß Fredenwalde, dort irgendwo gibt es ein Grabungsprojekt der »schulmäßigen« Archäologie. Lenny hat es bei seinem Vortrag mit spöttischem Unterton erwähnt. Die »geschätzten Kollegen« graben auf einem steinzeitlichen Gräberfeld bis zu achttausend Jahre alte Skelette aus, und Lenny wünschte ihnen »viel Glück bei der Suche nach der ältesten Leiche auf deutschem Boden«.

Dass er abgebremst hat, weil er hier abfahren will, ist ausgeschlossen, sagt sich Grete. Er hat ihr doch erzählt, dass sein Camp mehr als zwei Stunden nördlich von Berlin liegt. Also noch dreißig Minuten weiter.

Er verlangsamt noch mehr, biegt auf einen Parkplatz ein und hält an. Was machst du da, Lenny?

Durch das Dröhnen des Motors hindurch hört sie ihr Telefon.

Ist er das? Warum ruft er an? Hektisch wühlt sie in ihrem City Bag herum, der neben dem Tablet auf dem Beifahrersitz liegt. Die Lampe ist ihr im Weg, sie schüttelt sie heraus, gräbt weiter in dem froschgrünen Lederbeutel. Da, endlich, das Smartphone.

Sie aktiviert es per Fingersensor, starrt aufs Display, ohne vom Gas zu gehen.

O Gott, er ist es wirklich. Was willst du, Lenny?

Sie kann da jetzt nicht drangehen. Er würde merken, dass sie mit dem Auto unterwegs ist, und ihn anlügen will sie nicht. Ihn überraschen, das schon, zumal es zu seinem eigenen Besten ist. Aber ihm etwas von Ina vorlügen, mit der sie angeblich im Taxi unterwegs ist, das kommt nicht infrage.

Ihr Leben lang hat sie allen ins Gesicht gelogen, Hannah, Sascha, ihren Chefinnen, Kolleginnen, Klienten, jedem, immer, auch sich selbst. Der Spiegelgrete, der vor allem. Aber damit ist jetzt Schluss.

Endlich hört das Klingeln auf. Grete öffnet ihre Nachrichten-App und überfliegt die Liste. Das gibt's nicht, er hat es schon vorher zweimal versucht. Und ihr außerdem eine WhatsApp-Nachricht geschickt: *»Ruf mich an, Grete, bitte! Ich muss deine Stimme hören.«*

Ach so, er hat ein schlechtes Gewissen ... Lächelnd liest sie seine Zeilen noch einmal.

Gedulde dich noch ein bisschen, Liebster, dann wirst du meine Stimme hören ...

Sie wirft ihr Smartphone zurück in den Rucksack. Die Lampe ist noch verpackt, Benzin muss sie auch noch einfüllen, und im Fußraum vor dem Beifahrersitz wartet die Outdoor-Ausrüstung darauf, von ihr angezogen zu werden. Das kostet alles Zeit, auch deshalb kann sie jetzt nicht mit ihm telefonieren. Während er auf dem Parkplatz steht und schon wieder ihre Nummer wählt, hält sie das Gaspedal durchgedrückt und holt Kilometer um Kilometer auf.

Als Grete beinahe zu ihm aufgeschlossen hat, gibt er den Versuch, sie ans Telefon zu kriegen, offenbar auf. Wieder setzt sich der grüne Punkt in Bewegung, der Abstand zwischen ihnen vergrößert sich erneut. Doch wenige Kilometer weiter verlässt Lenny die Autobahn. Auf immer kleineren Straßen fährt er in Richtung Westen, auf das Waldgebiet um den Unteruckersee zu.

Kurz nach Mitternacht, mitten im Nirgendwo. Grete ist jetzt so dicht hinter Lenny, dass sie aufpassen muss, nicht in seinem Rückspiegel aufzutauchen. Die Gegend hier ist praktisch unbesiedelt, nichts als Sümpfe, Seen, Wälder, und im Dunkeln sind Scheinwerfer weithin zu sehen.

Grete glaubt, nie zuvor so viele Sterne erblickt zu haben. Und wie hell sie funkeln und blinken, es ist überwältigend. Der Mond sieht dagegen fahl und fast hohlwangig aus.

Die ideale Nacht für unseren Geisterflug, denkt Grete.

Vorsichtshalber lässt sie sich ein, zwei Kilometer zurückfallen. Sie lenkt mit der linken Hand, mit rechts packt sie schon mal die Lampe aus. Das Seidenpapier raschelt, die *Friewo* glitzert im bläulichen Schein des Tablets.

Grete bettet die Lampe in den Knick zwischen Sitz und Rücklehne und beginnt, sich im Fahren aus ihrem kardinalroten Kleid zu schälen. Das ist gar nicht so einfach, es sitzt ziemlich eng, und der Sicherheitsgurt macht es ihr nicht unbedingt leichter. Aber irgendwie schafft sie es, für Sekunden mit angehobenem Hinterteil zu fahren, ohne dabei links in den Graben oder rechts in die mit gelben Blüten überwucherte Fläche zu rauschen, vor der Schilder mit der Aufschrift *Sumpfgebiet – Achtung, Lebensgefahr!* stehen.

Erst als sie sich aus dem Kleid genestelt hat, wird ihr klar, dass sie ihren BH nicht mehr anhat. Ausgezogen, bevor sie bei Lenny klingelte. Weil sie dachte, dass es wie beim letzten Mal sein würde, sie sich im Tanzen die Sachen herunterreißen würden …

Nackt bis auf ihren Slip sitzt sie auf dem Kunstledersitz und folgt weiter dem schmalen Sträßchen, eigentlich nur ein Planweg für land- und forstwirtschaftlichen Verkehr.

Lenny ist gut zwei Kilometer voraus, und plötzlich biegt der grüne, blinkende Punkt scharf rechts ab. Ins Sumpfgebiet, oder wie?

Im Kriechgang folgt er einem Weg, der laut Navi nicht existiert. Auch auf der digitalen Karte ist die Fläche rechts der kleinen Straße als unbefahrbar ausgewiesen, sogar mit Totenkopfsymbol.

Grete drosselt das Tempo und schaltet die Scheinwerfer bis aufs Standlicht aus. Sie lässt das Seitenfenster herunter und lauscht in die Dunkelheit. Ein Grunzen und Quaken aus unzähligen Kehlen erfüllt die Nacht. Der Sumpf muss voll mit Fröschen, Kröten, Unken, Lurchen sein …

Grete fröstelt, dabei ist die Luft, die durchs offene Fenster kommt, immer noch brütend warm. Ein süßer Geruch dringt mit herein, eine schwere Süße, bei der man ein Würgen in der Kehle spürt.

Lenny ist gut zwei Kilometer tief ins Sumpfgebiet hineingefahren und hat dann gestoppt. Der Punkt funkelt wie ein grüner Stern, aber er bewegt sich nicht mehr vom Fleck.

»Wagen immer so abstellen, dass du sofort abhauen kannst«, kommandiert Sascha in ihrem Kopf. Grete erreicht die Stelle, an der Lenny abgebogen ist. Ein beängstigend schmaler, unbefestigter Weg windet sich in den Sumpf hinein und verliert sich nach kaum zehn Metern in der Dunkelheit. Auf dem Schild davor steht *Privatweg – Zutritt verboten!*.

Für den Suzuki ist der Sumpfpfad vielleicht kein Problem, für Grete schon. Bei der Vorstellung, wie sie mit ihrem Blechgefängnis in der braunen Pampe versinkt, wird ihr ganz schwummrig.

Außerdem könnte Lenny sie sehen, falls er noch bei seinem Wagen ist, während sie in Zeitlupe den Pfad entlanggeschwankt kommt. Und was dann? Er würde sich erschrecken, ihr womöglich vorwerfen, dass sie ihn in Toms Auftrag ausspähen will.

Nein, sie wird ihm unbemerkt folgen und sich erst zeigen, wenn er ihren Beistand braucht. Grete spürt immer klarer, dass er dort drinnen in große Gefahr geraten wird.

Durch wen oder was? Durch Malte? Durch die Schemen, die sich auf Linda warfen? Und die schon Mr Meier in den Schacht gestoßen haben? Sie weiß es nicht, aber sie fühlt, dass sie zur Stelle sein muss, um ihn zu beschützen.

Sie rollt an dem Abzweig vorbei, setzt rückwärts hinein, nur eben weit genug, um zu wenden. Im Schein der Rücklichter schält sich ein wuchtiges Tor aus der Dunkelheit, vielleicht hundert Meter tief im Sumpf. Da wäre dann sowieso Endstation gewesen, sagt sich Grete.

Sie schaltet auch das Standlicht aus. Totale Finsternis, von Sternenflimmern gesprenkelt. Die Frösche, Unken, Kröten brüllen wie Sascha und seine Jungs im Rausch.

Unter dem Wagenboden gluckst es, Grete spürt förmlich, wie sie zentimeterweise versinkt. Schnell legt sie den Vorwärtsgang ein und gibt Gas. Die Räder drehen durch, Grete beinahe auch, dann fällt ihr der Allradantrieb ein. Sie drückt auf den Knopf, die Reifen bekommen Grip, und sie schießt zurück auf den Planweg. Geradeso kann sie den Lenker noch nach links herumreißen, sonst wäre sie auf der anderen Seite des schmalen Asphaltstreifens im Sumpf versackt.

Sie atmet durch und legt erneut den Rückwärtsgang ein. Gut fünfzig Meter hinter ihr steht ein mächtiger Baum am Wegrand. Sie manövriert den Suzuki direkt daneben und schaltet den Motor aus.

Eine Trauerweide, diese Bäume mag Grete sehr. Nicht nur wegen der tiefhängenden Äste, die ihr kleines Vehikel fast vollständig verdecken.

Auch bei Hannahs Literaturgöttern waren Trauerweiden beliebt. Grete erinnert sich an ein romantisches Poem, in dem eine Schlossruine, Schwäne und ein von Trauerweiden gesäumter See tragende Rollen spielten.

Der einzige schwarze Schwan verkörperte laut Hannah »das ewige Böse«. Grete sah das anders, sie sympathisierte mit dem finsteren Vogel, der *»in stolzer Melancholie einsam seine Kreise zieht«*, wie es der Dichter ausdrückte. Sie glaubt bis heute, dass sie besser als Hannah verstanden hat, worum es in dem Gedicht eigentlich geht. Aber natürlich hat sie mit ihr nie darüber geredet.

Während ihr das durch den Kopf geht, zieht Grete rasch die neu gekauften Sachen an, Funktionshose und Strümpfe, Mikrofaserhemd und Wanderschuhe, alles schwarz. Für den derben, gleichfalls schwarzen Anorak ist es viel zu warm, den nimmt sie erst mal über den Arm. Das ist lästig, aber im Innern der »Struktur«, wie Lenny immer sagt, wird sie für eine warme Jacke noch dankbar sein.

Grete steigt aus, die Lampe in der Hand, den Rucksack auf dem Rücken. Sie öffnet die Heckklappe, schraubt die *Friewo* auf, öffnet den Reservekanister und befüllt den Hohlraum im Sockel der Lampe mit Benzin. Kanister schließen, *Friewo* schließen, fertig.

Leise drückt sie die Heckklappe zu, geht wieder nach vorn und nimmt das Tablet vom Beifahrersitz. Das Ding mitzuschleppen ist auch lästig, aber besser, als sich im Sumpf zu verirren. Während Lenny längst in die Katakomben des Steuerrad-Tempels abgestiegen ist und von dort weiter in die Höhlen- und Tunnelstruktur. Und der Schattenmann womöglich hinter ihm her …

Aber nein, das kann nicht sein. Unterwegs hat Grete immer wieder in den Rückspiegel gespäht. Wenn sich jemand an sie drangehängt hätte, wäre ihr das doch aufgefallen. Oder nicht?

Die Nacht ist erfüllt vom ohrenbetäubenden Konzert der Sumpfbewohner und von noch viel betäubenderen Gerüchen. Die Sumpfblüten auf der weiten schwarzen Fläche schimmern im Dunkeln, als würde sich der Sternenhimmel in ihnen spiegeln.

Oder umgekehrt, denkt Grete, schließt den Wagen ab und macht sich auf den Weg.

Das Tor ist aus engmaschigem Sicherheitsdraht und fünf Meter breit. Auf beiden Seiten ragt es ein ganzes Stück weit in den Sumpf hinein. Aussichtslos, da vorbeizukommen, das erkennt Grete sofort.

Darüber hinwegzuklettern scheint auch kaum möglich, das Tor ist bestimmt zwei Meter hoch und oben mit gerolltem Stacheldraht gesichert.

Die Frösche und Kröten lärmen wie verrückt. Es müssen Zehntausende sein. Und Myriaden von Insekten, deren Surren und Sirren die Luft vibrieren lässt. Abgestorbene Bäume stehen in dramatischen Posen um Grete herum, wie erstarrte Ausdruckstänzer.

Sie hat die *Friewo* wieder im Rucksack verstaut und die Taschenlampen-App am Tablet eingeschaltet. Besser, sie hebt den Lampensprit für später auf und benutzt das Tablet, solange es noch funktioniert. Aber auch das App-Licht setzt sie nur sparsam ein. Für den Fall, dass auf der anderen Seite des Tors jemand auf der Lauer liegt.

Die tiefen Spurrinnen verraten ihr, dass Lenny hier schon oft entlanggefahren sein muss. Und dass sein wuchtiger Geländewagen nur geradeso auf den schmalen Weg passt.

Zweifellos hat er einen Schlüssel für das Tor. Auf der anderen Seite ist er noch etwa zwei Kilometer weitergefahren, ehe er den

Wagen abgestellt hat. Wenn sie auf die Navi-App umschaltet, blinkt der grüne Punkt unverändert auf ein und demselben Fleck.

Also halt dich ran, Grete. Lenny ist bestimmt schon tief in der »Struktur«, und du stehst immer noch hier draußen herum …

Der süßliche Sumpfgeruch schnürt ihr den Hals zu. Sie hat Mühe, klar zu denken. Aber sie wird das hier hinkriegen, keine Frage.

Sie verstaut das Tablet in ihrem Frog Bag und setzt ihn wieder auf. Den Anorak legt sie der Länge nach zusammen, fixiert den Stacheldraht über dem Tor und wirft das robuste Kleidungsstück darüber. Als Schutz vor Eisendornen ist es nicht gerade perfekt. »Aber du musst mit dem arbeiten, was du hast«, sagt Sascha in ihrem Kopf.

Grete stimmt ihm zu. Sie nimmt Anlauf, springt ab und hangelt sich am Torpfosten hoch. Mit beiden Händen krallt sie sich in den Wulst aus Jacke und Stacheldraht und zieht sich ganz nach oben. Stacheln bohren sich ihr in Hände und Knie. Sie springt auf der anderen Seite hinab, bekommt im Fallen den Anorak zu fassen und hält ihn fest.

Mit scharfem *Ratsch!* reißt ein Stück Stoff heraus. Gretes Hände bluten. Es fühlt sich trotzdem großartig an, fast schon wie fliegen.

Drüben kommt sie platschend auf und sinkt bis zu den Knöcheln ein. Auch wenn das eigentlich nicht sein kann, kommt es ihr auf dieser Seite noch dunkler vor.

»Privateigentum der Tom-Duncker-Stiftung« steht auf einem Schild außen am Tor. Und darunter: *»Betreten verboten!«*

Grete rappelt sich auf und schaut sich um. Keine Kamera zu sehen. Allerdings ist es so finster, dass sich ihre eigene Hand nur schemenhaft abzeichnet.

Apropos Schemen … Hektisch späht sie nach links und rechts. Aber eigentlich glaubt sie nicht, dass irgendwelche Geister sich hier auf sie stürzen werden. An Lennys Reaktion vorhin in seiner Wohnung hat sie ja gemerkt, dass sie für ihn nicht gefährlich sind. Und sie gehört zu ihm, also gilt das bestimmt auch für sie.

Grete fischt ihr Smartphone aus der Hosentasche und schaltet die Lampen-App ein. Sie hält das Handy so, dass der Lichtschein ein, zwei Schritte vor ihr auf den Boden fällt, und folgt dem Pfad so schnell, wie sie sich das im Dunkeln gerade noch traut.

Nach einer guten Viertelstunde hat sie Lennys Geländewagen erreicht. Die G-Klasse steht auf einem ovalen kleinen Platz, gesäumt von totem Wald. Dahinter hebt sich eine hügelartige Formation ab, Felsgestein oder auch Überreste uralter Monumentalbauten, mit Gestrüpp und Efeu bedeckt.

Der Geländewagen glänzt silbrig im Licht der Sterne. Grete umrundet ihn, fasst kurz auf die Motorhaube – noch warm.

Langsam geht sie auf die überwucherte Formation zu. Ihre Sinne sind überwach, aber sie spürt keine Angst. Keinen Fluchtimpuls. Das Getöse der Frösche und Kröten ist so ohrenbetäubend, dass sie keine etwaigen Verfolger hören könnte, selbst wenn die direkt hinter ihr durch den Sumpf stapfen würden.

Aber hier ist niemand, Grete. Nur du und Lenny tief im Fels. Oder im Tempel, oder was immer es sein mag.

Sie geht vorsichtig um die Formation herum, gegen den Uhrzeigersinn. Mit der Lampen-App leuchtet sie den Boden ab, doch den Schacht, den Mr Meier und Lenny gegraben haben, nimmt sie erst wahr, als sie direkt davorsteht.

Perfekt getarnt. Es sieht aus wie totes Gebüsch. Das dunkle Loch darunter bemerkt sie nur, weil einige der kreuz und quer darüber gebreiteten Äste beiseitegeschoben worden sind.

Zweifellos von Lenny. Grete kauert sich hin. Der Schacht ist quadratisch, mit einer Seitenlänge von vielleicht eineinhalb Metern. Sie leuchtet hinein, doch der Lichtschein reicht nicht bis zum Boden.

Zwanzig Meter tief, hat Lenny gesagt. Die Verschalung und die Holzreling darüber sehen fachmännisch, wenn auch recht handgemacht aus. Eine einfache Strickleiter hängt an der gegenüberliegenden Seite in den Schacht hinab.

Jetzt wird Grete doch mulmig, allerdings nur kurz. Im Klettern hat sie wenig Übung, da hat Lenny recht. Aber an einem Seil sich hinabzuhangeln kann ja nicht so schwer sein.

Die Frage ist nur, was da unten, am Grund des dunklen Brunnens, auf sie wartet.

Alles hier unten trieft und glitscht. Grete steht bis zu den Waden im Wasser. Irgendetwas bewegt sich schlängelnd und hüpfend um ihre Fußknöchel herum. Es beunruhigt sie nicht halb so sehr wie das kreisrunde Loch im Fels, in Höhe ihres Nabels.

Ein breitschultriger Mann hätte Mühe, sich hindurchzuzwängen. Es glotzt sie an wie ein schwarzes, boshaftes Auge. Doch irgendwie erinnert es sie auch an eine Körperöffnung. In einem gewaltigen, urzeitlichen Unterleib.

Vielleicht liegt das an der groben Ritzzeichnung, die das Loch im Fels umgibt. Grete leuchtet es mit der Handy-App an. Zwei zittrig eingemeißelte Kreise, zweifach diagonal durchkreuzt. Es sieht aus wie runzlig zusammengezogene Haut rund um einen monströsen Schließmuskel.

Dabei ist es das Steuerrad-Symbol. Lenny hat es sorgsam freigelegt, Moos und Modder aus den Ritzen gekratzt. Die Ringe und Speichen heben sich von der Umgebung ab wie Knochen von fauligem Fleisch.

Da soll ich jetzt hindurch? Was denn sonst, Grete …

Aber wie? Mit den Füßen voran? Sie leuchtet in die Felsöffnung hinein.

Der Lichtschein versickert nach Millimetern. Es ist, als schaute man gegen eine kohleschwarze Wand.

Erst als sie den Kopf weiter in den Schlund aus Stein schiebt, nimmt sie so etwas wie eine Tiefendimension wahr. Einen schemenhaften Abhang, Fels oder Mauer, der wie eine Rampe abwärts führt.

Das verheißt weitere Schrammen, aber damit kommt sie klar, kein Problem. Der Anorak, den sie vor dem Abstieg noch übergezogen hat, wird die ärgsten Abschürfungen verhüten.

Grete kämpft den Drang nieder, Lennys Namen in das Loch hineinzurufen. Sie nimmt den Rucksack ab, hängt ihn sich an der Vorderseite über. Das Tablet hat sie oben im Gestrüpp versteckt, die Lampe ist sperrig genug. Sie dreht sich mit dem Rücken zu dem Loch, schiebt ein Bein, dann das zweite hinein. Mit den Händen findet sie Halt auf dem glitschigen Grund, bis zu den Ellbogen im Wasser. Sie spannt Rücken- und Bauchmuskeln an, reckt die Arme hoch und windet sich in den Hügel hinein … oder den Tempel, oder was immer es sein mag …

Im Hineingleiten dreht sie sich in Rückenlage, dann geht es rasend schnell hinab. Zwanzig, dreißig Meter, zumindest fühlt es sich so an. Früher hätte Grete geschrien, jetzt hat sie sich unter Kontrolle. Hart prallt sie mit den Füßen gegen waagrechten Stein. Ende der Rutschpartie.

Außer Tropfen und Glucksen und ihrem eigenen Keuchen ist nichts zu hören. Grete setzt sich aufrecht hin, tastet ihre Umgebung ab. Glitschiger Stein, wohin sie auch fühlt. Von Wasser oder was auch immer glattgeschliffen, stellenweise bemoost.

Was ist das hier? Eine natürliche Höhle? Ein urzeitliches Gewölbe?

Sie kramt in ihren Hosentaschen, findet das Handy und zieht es heraus. Sekundenlang drückt und klickt sie auf dem Bildschirm und den Tasten am Gehäuse herum.

Tatsächlich, mausetot. Genauso hat Lenny es ja angekündigt: die »geologische Anomalie«. Allerdings war der Akku sowieso schon ziemlich leer.

Alles um sie herum ist schwarz. Die totale Dunkelheit presst Grete in sich selbst hinein. Da draußen ist nichts, die ganze Welt in deinem Kopf, versiegelt in schwarzem Glas …

Aber Gott sei Dank, fällt ihr ein, sie hat ja die *Friewo*. Sie fischt die Lampe aus dem City Bag und betastet sie im Dunkeln. Da, die Schraube für den Docht, und hier, der Schalter zum Zünden. Im Innern des Messingtopfs gluckst das Benzin.

Grete dreht den Docht hoch, drückt auf den Schalter, sofort züngelt ein Flämmchen im Glaszylinder auf. Im flackernden Licht zeichnet sich ein Tunnel ab, gerade hoch genug, um darin zu stehen. Der Gang verläuft leicht aufwärts und verliert sich in der Dunkelheit.

Sie rappelt sich auf. Hoffentlich reicht der Sprit … Vorsichtshalber dreht sie den Docht ein bisschen zurück.

Das Tropfen und Glucksen überall im Gestein ist wie beruhigendes Murmeln. Schlimm sind die Stimmen in ihr. Hannah, Sascha, Henrik, sogar Flori, alle *schreien* durcheinander. Alle in Gretes Kopf.

Aber ihr macht mich nicht kirre, und irre schon gar nicht …

Sie hält die Lampe am Eisenhaken, mit der rechten, vorgereckten Hand, wie Lenny in ihrem Traum. Zögernd geht Grete los. In der dichten Dunkelheit reicht der Lichtschein kaum einen Schritt weit.

Anfangs lauscht sie immer wieder nach vorn und hinten. Doch außer ihrem Atem und ihren Schritten, außer dem Glucksen und Murmeln, außer dem lautstarken Durcheinander in ihrem Kopf ist nichts zu hören.

Sie muss das hier hinter sich bringen. So schnell wie möglich. Ihre Gedanken verwirren sich, wie es in großer Dunkelheit geschieht.

Ich bin nicht allein, natürlich nicht, sagt sich Grete. Lenny ist mir nur ein paar Minuten voraus, höchstens eine halbe Stunde. Und mein Schatten ist sowieso immer bei mir …

Auch wenn er im Dunkeln unsichtbar ist. Er war immer bei mir, wird immer bei mir sein. Einer, zwei, noch mehr. Wie die

Jungs immer bei Sascha sind. Immer für ihn da. Niemand ist je allein. Ausgeliefert, i wo. Im Kinderzimmer, zähneklappernd. Wo gibt es denn so was. Nicht bei den Malströms, im Gutleutviertel, hier sind nur gute Leute, wie schon der Name …

Sie kommt ins Stolpern, schrammt mit der Schulter über die Wand. Die Lampe schaukelt, kratzt blechern über Stein. Grete starrt auf die schwarze Wand.

Wieso sieht sie das jetzt erst? Sie bleibt stehen, leuchtet die Tunnelwand an. Die ist mit Mustern bedeckt, über und über. Ritzzeichnungen, Reliefs, alles in fahlem Weiß. Ineinander verschlungene Ornamente, in denen Grete immer mehr Figuren entdeckt. Kleine Szenen sogar, Jäger mit erhobenem Speer, die ein zottiges Urvieh umkreisen, Gläubige bäuchlings vor einer Götterstatue … Und was ist das?

Grete kneift die Augen zusammen, die Nase so nah vor der Wand, dass ihr von dem Schimmelgeruch schwindlig wird.

Das gibt es nicht, das sind *Runen* … Diese altertümlichen Schriftzeichen, wie sie Jules Vernes Alchemist im Innern der Erde in Felsgänge gekratzt hat.

Sie starrt die Zeichen an.

Blödsinn, Grete … Sie wendet sich ab, geht vorsichtig weiter. Durch den Tunnel aus Bildern, Zeichen, Ornamenten. Wände und Decke sind komplett damit bedeckt.

Das alles muss uralt sein … Sie weiß es ja von Lenny, aber zum ersten Mal spürt sie es selbst, mit einem Schauder: Sie ist hier in einem frühgeschichtlichen Bauwerk, das vor viertausend oder noch mehr Jahren entstanden sein muss. Aus Mauern gefügt oder in den Fels geschlagen, auf jeden Fall von Menschenhand erbaut.

Wieder bleibt sie stehen, fährt mit der Fingerspitze über die Wand. Da, was ist das? Sie führt die Lampe näher heran.

Eine Figur, menschliche Umrisse. Anscheinend ein Mann, mit Kinnbart und langem, weitem Umhang, der genau wie Grete in dem Tunnel aufwärts strebt.

Was hat das zu bedeuten? Die Figur ist stark stilisiert, mehr Symbol als lebensnahe Zeichnung. Fast wie die Icons auf Schildern, die Fluchtwege markieren …

Grete geht weiter, mit heftig klopfendem Herzen. *Was beunruhigt dich so, mein Herz?*, ruft Henrik in ihrem Kopf, aber sie kennt die Antwort nicht.

Im Vorüberhasten mustert sie die Wände … Da ist er wieder, der Mann im Umhang, der wie sie selbst aufwärts schreitet. Wozu ist das gut? Wieso geht es hier eigentlich bergauf? Müssten sie nicht in die tiefsten Tiefen hinab? Der Durchlass zum Tunnel unter dem Unbewussten muss doch ganz unten sein. Aber bisher gab es keinen Abzweig.

Grete eilt weiter, fünfzig Schritte, siebzig Schritte, im murmelnden Fels, mit blechern quietschender Lampe, dann kommt sie zu einer Kreuzung und bleibt stehen.

Der Mann im Umhang zeigt mir den Weg … Stimmt das?

Zwei Gänge zweigen ab, der eine führt nach links, der andere nach rechts, beide abwärts. Genau gegenüber führt der Gang, dem sie bisher gefolgt ist, weiter aufwärts. Was jetzt? Wieder spürt sie den Drang, Lenny zu rufen, aber wer weiß, welche Mächte sie dadurch wecken würde … *Ganz still, Mädchen!*, zischt Hanna in ihrem Kopf. *Keinen Mucks!*

Grete geht links und rechts ein paar Schritte weit in jeden Gang hinein, untersucht die Wände, aber da ist nichts. Kein Mann im Umhang, überhaupt keine Zeichnung, nur zufällige Ritze und Risse.

Sie geht zurück, untersucht den dritten Tunnel. Schon nach wenigen Schritten stößt sie wieder auf den Mann im Umhang. Aber etwas ist anders …

Grete starrt ihn an, die Lampe nah vor der Wand.

Er ist vornübergebeugt. *Wieso das?*, schreit Flori in ihrem Kopf. *Woher soll ich das wissen?*, schreit Grete zurück.

Sie geht weiter, mehrfach stolpernd. Scannt die Wände, links, rechts, und da ist er wieder, so stark vorgebeugt, dass seine Hände fast den Boden berühren.

Warum nur, mein Herz, warum? Es hämmert so hart, dass ihr die Brust wehtut. Grete starrt den Mann im Umhang an, fixiert ihn noch im Weitergehen, mit zurückgedrehtem Kopf, und knallt mit der Schläfe gegen Stein.

Dröhnender Schmerz. Wild schaukelt die Lampe in ihrer Hand. Das Donnern in ihrem Schädel lässt alle Stimmen verstummen.

Grete reibt sich die Schläfe. Der Tunnel wird immer *niedriger*, denkt sie, und na klar, der Mann im Umhang weist darauf hin. Sie dankt ihm mit einem Lächeln.

Vorgebeugt setzt sie ihren Weg fort. Die Decke senkt sich mehr und mehr hinab. Der Mann im Umhang kriecht jetzt auf Händen und Knien, und Grete macht es ihm nach.

Längst hat sie den Rucksack abgenommen und schiebt ihn im Robben, zusammen mit der Lampe, vor sich her. Das ist kein Tunnel mehr, bloß eine Rattenröhre. Die kriechende Figur an den Wänden sieht kaum noch wie ein Mann im Umhang aus. Mit jedem Bild hat sie sich weiter verändert, anfangs kaum merklich, und doch gleicht sie immer mehr einem urzeitlichen Reptil. Neben Grete kriecht es grinsend dahin. Mit gezacktem Panzerrücken und plattem Schädel, der in eine spitze Schnauze ausläuft …

Du musst herausfinden, was hier los ist!, schreit Flori.

Ich verstehe es doch auch nicht!, schreit Hannah.

Das Herz hat immer recht!, schreit Henrik Knusum. Und Gretes Herz rast …

O Gott, die Kreatur ist aus den *Bergen des Wahnsinns*, durchzuckt es sie. Blödsinn, Grete, das kann doch nicht sein!

Im Kriechen lässt sie das Kriechwesen nicht aus den Augen. Je länger sie hinstarrt, desto mehr wird es zu dem Ungeheuer, vor dem sie sich als kleines Mädchen unter ihr Kinderbett verkroch …

Schluss damit, Grete! Kreaturen aus einem Buch von Lovecraft, wie sollen die sich hier verewigt haben? Und die Horrorbilder, die du dir als Kind zusammengesponnen hast, wie sollen die denn hier auf die Wände geraten sein?

Darauf gibt es keine vernünftige Antwort, und doch hämmert Gretes Herz, als wollte es ihr die Brust zersprengen. Als wären die Wesen aus den *Bergen des Wahnsinns* wirklich hinter ihr her.

Die Wahrheit ist nicht menschengemäß, das ist die Wahrheit, sagt Alex Blumfeld in ihrem Kopf. Er sieht sie aufmerksam an, bis sie seinen Blick erwidert.

Wirklich, Alex? Sie beide lachen. Wieder mustert Grete die Wände, und es sind keine Zeichnungen mehr da. Keine Figuren, Symbole, Ornamente, nichts. Nur ein Netz aus Ritzen und Furchen, von Wasser, Frost, was auch immer in den Stein genagt.

Alles nur in deinem Kopf, Grete …

Nach einer scharfen Linksbiegung hört der Kriechgang plötzlich auf.

Wo bin ich hier? Grete rappelt sich auf. Eine geräumige Kammer, gerundete Wände, fast wie bei einer Kapelle. Hoch über ihr eine Kuppel mit einem kreisrunden Loch, durch das Sternenlicht fällt.

Im Hintergrund ist ein Durchgang zu einem weiteren Raum. Aber der liegt im Dunkeln, Grete beachtet ihn kaum. Sie stellt sich in die Mitte der Kapelle, legt den Kopf zurück. Ein großer, blinkender Stern steht hoch über der Kuppel. Er strahlt so hell, dass sie das eingeritzte Zeichen in der Decke sogar aus dieser Entfernung erkennen kann.

Zwei Kreise um das Loch herum, von je zwei Linien diagonal gekreuzt. Das Steuerrad-Symbol …

So boshaft schwarz das Auge draußen am Eingang zu starren schien, so strahlend hell leuchtet dieses hier. Als schaute eine

Gottheit von hoch oben hinab und verklärte alles durch ihren Blick.

Das hier muss das Heiligtum der Zauberpriester gewesen sein, sagt sich Grete. Hier haben sie sich in Hypnoschlaf versetzt – durch ekstatisches Tanzen oder wie auch immer –, um ins Geisterreich zu reisen …

Ja, so ergibt alles einen Sinn. Deshalb auch das Loch, die Schräge, der Tunnel, in dem man gebeugt, dann auf allen vieren gehen muss, schließlich wie ein Baby kriechen … eine Art Lebenslauf, nur rückwärts … symbolische Rückabwicklung der eigenen Geburt …

Ist es so gemeint? Ja? Grete spürt, dass sie den Geist dieses Ortes erfühlt hat. Lächelnd sieht sie zu dem strahlenden Auge hinauf. Da löst sich etwas hinter ihr, stürzt an ihr vorbei zu dem dunklen Raum.

Was war das? Was passiert da? Sie hört einen dumpfen Laut, wie bei einem Tritt oder Schlag. Einen Schrei, dann ein Klatschen, wie wenn ein Körper aus großer Höhe aufschlägt. Dazu Beben und Grollen, wie von brechendem Stein, und dann Scheppern und Klirren, von Metall und splitterndem Glas …

Wie in meinem Traum … Grete vergisst zu atmen. Sie steht noch, wo sie stand, in der Säule aus Licht. Und doch hat sie alles *gesehen,* als wäre sie dabei gewesen.

Sie eilt hinüber in den dunklen Raum. Mit zittriger Hand dreht sie den Docht an ihrer Lampe bis zum Anschlag hoch. Im aufflammenden Licht ist alles so, wie sie es im Voraus gesehen hat. Der Boden zur Mitte hin eingestürzt, vorsichtig geht sie auf die Bruchstelle zu. Sie beugt sich vor, zwölf, fünfzehn Meter geht es hinab, so tief, dass der flackernde Lichtschein geradeso hinunterreicht.

»Lenny.« Sie flüstert es. »Das darfst du nicht …«

Da unten liegt er, zwischen herabgestürzten Trümmern, in einer Grube aus grauem Stein. Eine Wange in sein eigenes Blut gedrückt, und sein rechtes Auge, weit offen, starrt zu ihr hinauf.

Seine Lampe ist fünf, sechs Schritte neben ihm aufgeschlagen, der Glaskolben zerplatzt. Benzin fließt in dünnen, wie Finger sich verzweigenden Rinnsalen auf ihn zu, und das Flämmchen aus der Lampe kriecht gierig hinterher …

»Lenny?« Keine Antwort. Oh, wie sie es hasst, keine Antwort zu bekommen, verlassen zu werden, allein gelassen zu sein. »Lenny? Hörst du mich?«

Er sagt nichts und regt sich nicht.

Was soll sie nur tun? Grete kann nicht klar denken. Sie springt auf, hebt die Lampe, dreht sich fahrig um sich selbst.

Sie bräuchte eine Leiter, wenigstens ein Seil, um sich zu ihm hinabzuhangeln. Aber hier ist nichts, nur uraltes Gestein. Nicht mal ein Balken, an dem sie hinunterklettern könnte.

Und wenn sie springt? Aus einer Höhe wie von einem fünfstöckigen Haus … So einen Sprung überlebst du nicht.

»O Gott, Lenny!«, schreit sie. »Komm zurück! Bitte komm doch zurück!«

Unter ihr knirscht der Boden. Steinbrocken poltern in die Grube hinab. Erschrocken weicht Grete zurück.

Was kann sie nur tun? Aber sie kennt ja die Antwort. Gar nichts, Grete. Du bist zu spät, wieder zu spät …

Lenny liegt da unten, wie Miko unter dem Hotelbalkon lag. Sein Schädel zerplatzt, sein Auge weit offen, doch er kann dich nicht mehr sehen. Alles wie in Bangkok …

Nur langsam sickert die furchtbare Botschaft in sie ein. Der Schattenmann … wie in Bangkok … Er muss hier noch irgendwo sein … Malte?

Sie sieht sich hektisch um. Der Lichtschein ihrer Lampe malt ein großes O auf den Boden. Ringsum ist alles schwarze Nacht.

Grete schluchzt auf und presst sich die Faust vor den Mund. Das Feuer flackert immer höher auf in Lennys Gruft. Es riecht nach Rauch und Benzin.

Sie muss die Flammen löschen, irgendwie! Vielleicht lebt Lenny ja doch noch und kann sich nur nicht rühren … oder sie nicht hören, weil er ohnmächtig ist … Sie kann doch nicht einfach zusehen, wie er da unten verbrennt. Hätte sie ihm nur die gute Lampe gegeben, aus bruchsicherem Glas …

Sie ist wie versteinert. Innerlich rasend, doch äußerlich wie Stein. Irgendetwas muss sie tun. Zum Eingang eilen, die Strickleiter aus dem Schacht holen und so schnell es geht zurück? Ja klar, Grete, worauf wartest du? Auch Hilfe kann sie von dort aus rufen. Wenn sie erst draußen ist, muss ja das Handy wieder funktionieren …

Sie tastet über ihre Hosentaschen. Wo ist ihr Smartphone überhaupt? Vielleicht geht es auch hier drinnen, unter der offenen Kuppel? Sie stellt die Lampe ab, wühlt in ihrem City Bag. O Gott, sie hat das Handy verloren … irgendwo unterwegs …

Also los jetzt, Grete, geh Hilfe holen … mach irgendwas!

Aber wenn es wieder der Schattenmann war, das gleiche Muster, derselbe Mörder, dann muss sie hier verschwinden, auf der Stelle, bevor er sie diesmal doch erwischt … oder die Polizei erkennt, dass dieselbe Frau hier wie dort am Tatort war …

Ein heiseres Fauchen, Grete fährt herum. O Gott, was ist das? Ein Schemen, riesenhaft, mit zottig abstehenden Haaren, die abartig großen Hände zu Grete hin vorgereckt. Malte …

Sie schreit auf, die Lampe neben ihr flackert.

Und geht aus.

Totale Dunkelheit. Nur von tief unten in der Grube flackert es matt herauf.

Bitte, bitte nicht … Grete geht in die Knie, betastet die Lampe, drückt auf den Zündschalter, dreht den Docht runter und wieder hoch …. nichts!

Sie horcht in die Dunkelheit. Außer ihrem hämmernden Herzen und dem Blut, das ihr in den Ohren rauscht, ist nichts zu hören.

Grete nimmt die Lampe und geht so leise sie kann in den vorderen Raum. Auch hier völlige Dunkelheit. Der Himmel muss sich bewölkt haben, das Auge oben in der Kuppel ist schwarz.

So weit hat die Euphorie sie getragen, bis an diesen bizarren Ort. Doch von dem grandiosen Gefühl ist nichts geblieben. In ihr ist nur noch flatternde Angst. Und Hannahs Hohn.

Was hast du dir eingebildet, Mädchen? Dass du es auf die andere Seite geschafft hättest, ohne den Spiegel zu zerbrechen? Dass ich nicht lache, Kind. Du bist in einem dreckigen Rattenloch, sieh dich doch um. Und wenn du dich nicht ganz schnell verdrückst, bist du endgültig am Arsch.

Hannah hat recht, denkt Grete. Oder nicht? Sie schlägt sich mit der Faust gegen die Stirn. Sie ist so durcheinander, sie hat das Gefühl, etwas Wesentliches zu übersehen. Aber was?

In Bangkok hat Miko noch einen Doppelgänger erschaffen, irgendwie, im letzten Moment … Vielleicht ist ihm das wieder geglückt?

Ja, ganz bestimmt, denkt Grete. Sein Geist hat sich rechtzeitig befreit. Er kommt zu mir zurück … *Lenny lebt!*

Sie sagt es sich wieder und wieder, doch sie fühlt nichts dabei. Nur Leere und Angst.

»Dein Lover hat final ausgecheckt«, höhnt Hannah in ihrem Kopf. Im Jargon der Literaturhölle-Autoren, die sie für kleines Geld im dreckigen Dutzend redigiert. *»Aber träum ruhig weiter, Kiddo!«*

Grete schüttelt den Kopf. Das Schütteln löst einen Schauder aus, am ganzen Körper, als liefen Spinnen über ihren Rücken, ihre Brüste, über Bauch und Beine, Dutzende Spinnen mit haarigen Körpern und langen, beim Rennen abknickenden Beinen, wie damals in der *Abseite,* in der sie sich vor dem Sozialmonster versteckt hat. Und Grete will schreien, aber sie darf nicht schreien. *Keinen Mucks, Mädchen! Sonst holt er dich auch!*

Sie drückt sich eine Faust zwischen die Zähne, tastet sich im Stockdunkeln die Wände entlang, zu dem Kriechgang, wo das Ungeheuer wartet, und kriecht hinein.

Stampfende Schritte, noch weit hinter ihr. Grete kriecht auf Händen und Knien, stößt den Frog Bag und die Lampe vor sich her. Der Messingtopf scharrt über den Boden. Die Finsternis ist so kompakt wie das Gestein um sie herum. Dunkle Materie, die nur widerwillig zurückweicht, wenn du mit der Stirn dagegenstößt.

Das Blut rauscht Grete in den Ohren, pulst ihr durch die Adern, durch jede Faser. Ihre Sinne sind geschärft wie nie zuvor, sie spürt jede kleine Welle im glattgeschliffenen Boden, jeden winzigen Grat. Ihr Herz schlägt schnell, aber sie ist stark. Sie hat den Schattenmann schon einmal abgehängt, in Bangkok, als sie in die Besenkammer geschlüpft ist. Sie wird ihm auch diesmal entkommen.

Nur wie, Grete, wie? Hier ist doch nichts als Nacht und Stein …

Das Stampfen kommt näher, viel zu schnell. Schon hört sie ein Schleifen und Schaben, wie von einem schweren Körper auf dem Boden, dann sein Keuchen irgendwo hinter ihr im Gang. Noch weit zurück, aber wie Grete sich auch müht, der Schattenmann holt auf. Sie sieht ihn vor sich, wie er die abartig großen Fäuste auf den Boden stemmt. Wie er die Schultern durch die Felsröhre drückt, sich drehen und winden muss, um nicht stecken zu bleiben. Und doch kommt er näher, unaufhaltsam, und Grete hat immer noch keine Idee, wie sie ihn abschütteln kann.

Ihre Gedanken verwirren sich, wie es in großer Bedrängnis geschieht … *Sie ist wieder sieben, und sie kriecht in die Abseite hinein. Den Hohlraum unter der Dachschräge in ihrem Zimmer im Gutleutviertel, der so niedrig ist, dass sie nur robbend vorankommt. Und so schmal, dass der Mann, vor dem Hannah immer knien muss, ihr ganz bestimmt nicht folgen kann.*

Hannahs Schreie sind von hier aus nur gedämpft zu hören, ihr Gurgeln und Keuchen gar nicht mehr. Weiter, Grete. Du musst tiefer in die Abseite hinein …

Aber Abseite, *was für ein grausiges Wort. Noch schauriger als die Staubfäden, die von den Dachschindeln herunterhängen, der*

Spinnendreck, die knarrenden Bretter unter Händen und Knien. Krampfhaft unterdrückt Grete den Hustenreiz und das Wimmern in ihrer Kehle. Es ist brütend heiß, sie schwitzt, obwohl sie nur ihr ärmelloses Lieblingsshirt mit den Pandabären darauf und eine kurze Hose anhat.

Sie kriecht um die Ecke, hält die Luft an und lauscht. Jetzt muss sie bei ihrem Kinderbett sein, unsichtbar hinter der Sperrholzwand. Beim letzten Mal wurde sie unter ihrem Bett ohnmächtig, und als sie zu sich kam, zog der Mann ohne Gesicht sie gerade an den Füßen aus ihrem Versteck hervor. Er hatte einen weiten Mantel mit einer übergroßen Kapuze an. Wo sein Gesicht sein sollte, war nur Dunkelheit, als wäre die Kapuze mit Schatten ausgestopft. Grete schrie: »Bitte, bitte lass mich …«, und er drehte sich zu Hannah um, die hinter ihm in der Tür stand, und sagte: »Die hätte es im Heim nicht leicht, die würde einfach durchgereicht.«

Der Staub und die Hitze, Angst und Ekel schnüren ihr die Kehle zu. Sie spürt, dass sie wieder das Bewusstsein verlieren wird, aber diesmal macht es nichts. Wenn sie sich nur still verhält, kann der Mann ohne Gesicht sie nicht finden.

Sie ist schon dabei wegzudämmern, da spürt sie ein Kribbeln überall auf der Haut. Sie tastet über ihren Arm – eine riesige Spinne, o Gott. Mit haarigem Körper und langen, dicken Beinen. Grete wischt sie von sich herunter, aber da sind überall solche fetten Spinnen, in ihren Haaren, im Genick, auf den Armen. Sie schlüpfen ihr ins Hemd und in die Hose, es kribbelt überall.

Grete schüttelt sich und schreit. Erschrocken drückt sie sich eine Hand auf den Mund, da krabbelt ihr eine Spinne über die Lippen und die Wange hinauf. Sie wischt sich die Spinne aus dem Gesicht und kriecht durch die Abseite schreiend zurück bis zu der Stelle, wo sich die Sperrholzwand wie eine Schranktür aufdrücken lässt. Sie wirft sich in ihr Zimmer, rappelt sich auf, sie muss sofort ins Bad, die Spinnen, den Dreck, den Ekel von sich herunterspülen. Aber ihre Tür ist abgeschlossen, und sie wagt nicht, zu rütteln und zu rufen. Aus Hannahs Zimmer ertönen noch immer die Schläge, die Schreie und dann wieder dieses Gurgeln und Keuchen und Spucken, als wäre Hannah kurz vor dem Ersticken.

Wimmernd irrt Grete in ihrem Zimmer umher. Was soll sie jetzt nur tun? Das Spinnengekribbel macht sie verrückt. Wie wird sie die Viecher wieder los? Sie kann nicht denken, sie rennt zum Fenster, will aufs Dach hinausklettern, da verfängt sich ihr Blick im Spiegel, der neben ihrem Bett an der Wand hängt. Gebannt starrt sie ihr Spiegelbild an. Die Spiegelgrete lächelt. Sie ist ein bisschen zerzaust, aber sie hat keine einzige Spinne auf der Haut oder im Haar. »Komm zu mir«, flüstert sie, »hier bist du in Sicherheit.«

Was soll das jetzt, Grete? Das ist doch alles uralter Kram …

Sie taucht aus dem Kriechgang hervor und richtet sich vorsichtig auf. Noch ist die Tunneldecke so niedrig, dass sie nur gebückt stehen kann. Die Schleifgeräusche hinter ihr, das Keuchen und Schaben sind deutlich zu hören.

Sie hängt sich den Rucksack über die Schultern, die Lampe behält sie in der Hand. So rasch wie in der Finsternis möglich, folgt sie dem leicht abschüssigen Gang. Sie weiß jetzt, wie sie den Schattenmann abschütteln kann.

Mit den Fingerspitzen fährt sie im Gehen die nasse Wand entlang, bis sie ins Leere greift. Die Kreuzung, gerade noch rechtzeitig …

Irgendwo hinter ihr wühlt sich der schwere Körper aus dem Kriechgang hervor, richtet sich schnaufend auf und stapft den Tunnel hinauf.

Grete tastet sich über die Wegkreuzung, zu dem Gang hinüber, der weiter zum Ausgang führt. Mit einer Hand stützt sie sich an der Wand ab, mit der anderen holt sie Schwung und wirft die Lampe in den Tunnel hinein. Die *Friewo* knallt gegen Fels, kollert noch einige Schritte und bleibt liegen. Es klirrt und scheppert, durch Echos verstärkt. Grete fährt herum und taucht in den Gang zu ihrer Rechten, der steil abwärts führt.

Zum Tunnel unter dem Unbewussten, denkt sie, und wie zum Beweis tönt von tief unten Murmeln und Glucksen herauf. Faulgase wabern ihr entgegen, weben gelbgrünlichen Schwefelschein in die Dunkelheit.

Da unten kriegt er mich nie …

Sie tastet sich voran, mit Händen und Füßen im Dunkeln stochernd. So steil geht es hier bergab, dass sich in ihr alles zusammenzieht. Auf dem glitschigen Boden wäre es schon im Hellen schwer, sich auf den Beinen zu halten. Ihre Fantasie malt ihr einen fast senkrechten Hang vor, den sie hinabstürzen wird, wenn sie das Gleichgewicht verliert.

Doch sie zwingt sich, Schritt für Schritt tiefer in den Tunnel zu gehen. So weit, dass der Schattenmann sie von der Kreuzung aus garantiert nicht sehen kann. Sie drückt sich mit dem Rücken gegen die Wand, hält den Atem an und lauscht.

Das gibt's nicht. Da kommt er schon. War er so dicht hinter mir?

Grete presst sich noch fester gegen den Fels. Irgendwie hört es sich an, als würde er *in die falsche Richtung* laufen, vom Ausgang kommend in Richtung »Kapelle«, aber das kann ja nicht sein. Das Echo verzerrt alle Geräusche.

Das Echo und das Hämmern in ihrer Brust. Reglos steht sie da, lauscht den langsam verhallenden Schritten.

Los jetzt, Grete, raus hier!

Doch sie steht da, als wäre sie selbst aus Fels. Sie spürt den saugenden Abgrund unter ihr. Wenn du da runterfällst, bist du tot …

Aber es macht ihr keine Angst. Seltsame Gedanken gehen ihr im Kopf herum. *Du musst sterben, um zu leben …*

Was heißt das?

Der Schattenmann hat ihn nicht ermordet … hier nicht und in Bangkok auch nicht …

Weiter, Grete! Du musst abhauen!

Vor wem denn abhauen, denkt sie, doch nicht vor dem Mann mit den Schaufelhänden. Malte oder wer auch immer … Er hat Lenny nicht ermordet … Getötet ja, aber das Sterben, auf diese ganz bestimmte Weise, gehört eben dazu. Nur im Sterben konnte Lenny in den Tunnel unter dem Unbewussten gelangen … seinen Doppelgänger erschaffen, die Verschränkung auflösen, seinen Geist aus dem sterbenden Körper befreien … Das alles gehört zusammen. Und damit der heikle Übergang gelingt, muss der Schattenmann ihm helfen – wie der Priester beim Ritual.

Stimmt das? Hat sie es jetzt verstanden? Ja, so muss es sein …

Tief in Gedanken löst sich Grete von der Felswand und tastet sich zur Kreuzung zurück. Außer ihrem eigenen Atem und dem wieder ruhigeren Pochen ihres Herzens hört sie nichts. Sie folgt dem Tunnel, der mit leichtem Gefälle zum Ausgang führt. Die Dunkelheit macht ihr schon kaum mehr etwas aus.

Lenny wollte mich nicht allein zurücklassen, denkt sie, natürlich nicht. Er hat herausgefunden, wie die Steuerrad-Priester zu weit entfernten Orten gelangen. Sie erschaffen einen Doppelgänger, doch ihren vorherigen Körper lassen sie nicht lebendig zurück. Sonst bliebe ja ein Teil ihres Geistes an diesen Körper gebunden, der schutzlos im Hypnoschlaf liegen würde. Deshalb stürzen sie sich in den Tod, auf diese besondere Weise, sodass ihr Schädel halb zerschmettert wird und die andere Hälfte heil bleibt … ja, genauso … Und wie so viele fanatische Forscher vor ihm hat Lenny beschlossen, im Selbstversuch auszuprobieren, ob es wirklich funktioniert.

Lenny lebt … Er wird wiederkommen, wie er schon einmal zurückgekehrt ist. Und diesmal wird er sich an alles erinnern, was zwischen uns vorher war. In Bangkok und hier in Berlin …

Grete geht weiter durch die steinerne Nacht. Erst als sie mit dem Fuß gegen ein Hindernis stößt, wird ihr bewusst, wo sie ist. Sie steht vor dem Abhang, den sie vor Stunden hinabgerutscht war, nachdem sie sich durch den Einschlupf hindurchgewunden hatte. Sie beugt sich vor, betastet die Schräge nach Rissen oder Graten, die ihr beim Hochklettern Halt geben könnten. Da stößt sie mit dem Schuh gegen einen Gegenstand, der auf dem glatten Boden zur Seite rutscht.

Sie geht in die Knie und greift nach dem Ding … ihr Handy! Hier also hat sie es vergessen, als sie die Lampe aus dem Rucksack holte.

Apropos … Wieso ist sie unterwegs nicht auf die *Friewo* gestoßen? Die hat sie doch vom Kreuzweg aus in den Tunnel hier hineingeworfen. So schmal, wie der ist, hätte sie eigentlich darüberstolpern müssen. Seltsam …

Kurz denkt sie darüber nach. Aber bei dem Gedanken, umzukehren, den dunklen Tunnel nach der Lampe abzusuchen, wird ihr beinahe übel. Das schafft sie jetzt nicht auch noch, sagt sich Grete, und wofür soll das überhaupt gut sein? Sie muss von hier verschwinden, so schnell wie möglich.

Wenn Lenny morgen nicht im Camp erscheint, werden seine Mitarbeiter nach ihm suchen. Bald schon werden sie seinen Geländewagen entdecken, und sowie die Leiche aufgefunden wurde, tritt die Polizei auf den Plan. Schnell wird sich herausstellen, dass Grete die Lampen gekauft hat. Dieselbe Margarete Malström, die am Montag ihren neuen Job bei der Stiftung antreten sollte, nun aber unauffindbar ist. Ihre Fingerabdrücke werden die Ermittler zu einem vermeintlichen Mordfall führen, der sich letztes Jahr in Bangkok ereignet hat. Und der verblüffende Übereinstimmungen mit der mutmaßlichen Ermordung von Dr. Mong aufweist …

So schnell sie kann, klettert Grete den glitschigen Hang hinauf. Das Handy hat sie in der Hosentasche verstaut, den Frog

Bag trägt sie wieder vor dem Bauch, wie junge Mütter ihre Babys tragen. Schon als Mädchen war sich Grete sicher, dass sie niemals Mutter werden wollte. Tochter sein war schlimm genug …

Sie windet sich durch den Durchschlupf ins Freie und landet auf allen vieren im Schlammwasser, das kniehoch den Boden des Schachtes bedeckt.

Das Steuerrad, das den Einschlupf umkränzt, ist in der Morgendämmerung deutlich zu sehen. Grete fährt mit der Fingerspitze den inneren Reif entlang. Wenn man nicht wüsste, was es darstellen soll, könnte man auch etwas anderes darin sehen, einen Schild zum Beispiel, mit gekreuzten Pfeilen … Sie schnappt sich die Strickleiter und klettert auf die Erdoberfläche zurück.

Plötzlich weiß sie, wohin sie jetzt gehen muss. An keinem Ort wird die Polizei sie weniger vermuten, und gerade dort wird sie Lenny wiedersehen, das spürt sie mit großer Klarheit.

Auf zum Geisterschrein, Grete …

EINS

Ubon, Sonntagmorgen. Die »königliche Lotusblüte« ist eine schläfrige Provinzstadt im Isan, dem bitterarmen Nordosten Thailands. Graue, ein- bis zweigeschossige Zweckbauten säumen den schmucklosen Platz in der City, an dem mit pneumatischem Seufzen der Fernbus zweiter Klasse aus Bangkok hält.

Drei Dutzend Asiaten quellen aus dem altersschwachen Gefährt, Familien mit quengeligen Kindern, junge Frauen in freizügiger Kleidung, hagere Männer in abgetragenen Hemden und Hosen, etliche mit lückenhaftem Gebiss. Alle sind übernächtigt nach der zehnstündigen Fahrt. Während sie sich vor dem Gepäckfach drängeln, aus dem der Fahrer ihre Koffer und Taschen hervorzieht, sitzt Grete noch auf ihrem Platz und schaut nach draußen.

Sie hat sowieso kein Gepäck dabei, außer dem zerschrammten Frog Bag. Sie ist übermüdet und durcheinander, kein Wunder nach fast vierzig Stunden auf Achse. Mit dem Flieger via Singapur nach Bangkok, dann mit dem Bus achthundert Kilometer über Land. Und dazwischen jedes Mal stundenlanges Warten, mit dem Gefühl, dass alle sie anstarren, weil sie ihr Gesicht von irgendwelchen Fahndungsfotos wiedererkannt haben. Oder vielleicht auch nur, weil sie mit den gelben Sneakers und den blutig geschürften Knien unter dem blutroten Kleid auffällig aussieht.

So zerschlagen sie sich fühlte, bei der Hitze im Bus war an Schlaf nicht zu denken. Es gab keine Aircondition, und die Rückenlehne ließ sich nicht verstellen. Alle redeten durcheinander, die ganze Nacht lang. Kinder lachten und tollten im Mittelgang herum. Die jungen Frauen in der Bank hinter ihr steckten die Köpfe zusammen und schauten sich Musikvideos auf ihren

Smartphones an. Einmal glaubte sie, Bird Thongchai schluchzen zu hören. Beinahe hätte sie mitgeschluchzt, aber sie hielt sich die Ohren zu und dachte schnell an etwas anderes. Ihr Gesicht war ohnehin schon nass vor Schweiß, da brauchte sie nicht auch noch Tränen.

In der Nacht zuvor, wieder bei ihrem Geländewagen, hatte sie sich mit dem Sixpack winziger Wasserflaschen behelfsmäßig gesäubert und erneut die Kleidung gewechselt. Am Flughafen Tegel hatte sie die verdreckte Outdoor-Ausrüstung im Auto zurückgelassen, darum würden sich Saschas Jungs kümmern. In einer Flughafentoilette hatte sie sich gründlicher gewaschen, aber ihre Haut roch immer noch modrig, zumindest kam es ihr so vor.

Doch im Grunde war es ihr egal. Genauso wie der mangelnde Komfort im Bus, in dem sie die einzige ausländische Reisende war. Alle anderen Passagiere sahen aus, wie Lenny die Hilfsarbeiter bei seinen Ausgrabungen irgendwo im Isan beschrieben hatte. »Braune, knochige Puppenmänner«, sie hörte seine Stimme, als säße er neben ihr.

Aber er ist tot. Und von ihrer Gewissheit, dass sie ihn hier wiedersehen wird, ist nicht viel mehr geblieben als die Worte, die sie seit vierzig Stunden wieder und wieder denkt, flüstert, vor sich hin summt: *Lenny lebt … Er kommt zurück … Lenny lebt …*

Grete rappelt sich von ihrem Sitz auf und geht zur Tür. Sie fühlt sich schwach, sie ist am Ende mit ihren Kräften, womöglich auch mit allem anderen. Mit ihren Ausflüchten und Verstellungskünsten. Aber vielleicht braucht sie nur ein paar Stunden Schlaf.

Doch auch das ist ein Problem, sie hat kaum noch Geld. Der Expressbus erster Klasse wäre zwei Stunden früher in Ubon angekommen und hätte viel mehr Komfort geboten, Klimaanlage, Toiletten an Bord und bequeme Sitze, aber schon die paar Hundert Baht Aufschlag waren zu viel für sie. Am Flughafen Tegel hatte sie ihr Konto geplündert, mehr als zweihundert Euro spuckte der Automat nicht mehr aus. In Bangkok wechselte sie alles in Thai-Scheine um. So fühlte es sich üppiger an, aber mit den fünf Tausendern kann sie sich höchstens noch zwei, drei Tage über Wasser halten.

Als ihr klar wurde, dass sie praktisch mittellos war, in der Fremde, verfolgt und verloren, bekam sie kurzzeitig Panik. Sie überlegte sogar, Sascha anzurufen, damit er ihr einen dicken Stapel Dollarnoten schickte – per American Express, wie in den *Ripley*-Romanen. Aber dann schüttelte sie den Kopf über sich selbst.

Mit alledem war sie ein für alle Mal durch. Mit Romanen sowieso, mit Sascha auch und irgendwie sogar mit Geld. Klingt nicht logisch, dachte Grete, ist aber so. Ihre Panik flaute ab.

Erst Freitagfrüh, als sie den Suzuki Jimny auf dem Flughafen-Parkplatz in Tegel abgestellt, den Schlüssel wieder in den Radkasten geklebt hatte, wurde ihr bewusst, dass das Tablet im Gebüsch zurückgeblieben war. Mit ihren Fingerabdrücken und Saschas Tracking-Software, aber auch das spielte keine Rolle mehr.

Nachdem sie ihr Handy in der Ankunftshalle notdürftig aufgeladen hatte, buchte sie online den nächstmöglichen Flug nach Bangkok. Theoretisch hätte sie auch gleich einen Anschlussflug nach Ubon reservieren können, aber das kam noch weniger als ein Erste-Klasse-Busticket infrage. Zu teuer, außerdem wäre ihr Name in der Passagierliste aufgetaucht.

Margarete Malström. Auf einmal kam es ihr seltsam vor, dass das jetzt ihr Name war. Warum nicht gleich *Hannah Malström*? Absurd, dachte sie, aber auch dieses Durcheinander interessierte sie nicht mehr.

Für das Busticket brauchte sie ihren Pass nicht vorzulegen, nur darauf kam es jetzt an. Noch im *Suvarnabhumi International Airport* in Bangkok schloss sie sich in einer Toilettenkabine ein, fischte beide SIM-Karten aus ihrem Smartphone, brach sie in der Mitte durch und spülte sie in der Kloschüssel herunter. Nach kurzem Zögern knallte sie das Galaxy gegen die gekachelte Wand und hörte zufrieden, wie das Display zerbrach. Sie legte das Handy auf den Boden und trampelte mit dem Absatz ihrer Sandalette darauf herum, bis auch die Rückseite zersprang und die empfindlichen Innereien kollabierten.

Wer auch immer nach ihr suchte, würde hier ihre Spur verlieren. Es würde aussehen, als hätte sich die Erde aufgetan und Grete Reiter alias Margarete Malström ganz einfach verschluckt. Wie Doktor Faust, den Teufelsbeschwörer.

Doch da steht sie nun, um halb sieben in der Frühe auf dem irgendwie konturlosen Platz in Ubon. Bei dreißig Grad und drückender Schwüle. Reptilwetter, denkt sie und schaut sich unschlüssig um.

Was willst du hier, Grete? Wieso glaubst du, dass er gerade hier wieder auftauchen wird?

Gute Gretchenfrage. Aber glaubt sie es denn? Sie ist sich längst nicht mehr sicher.

Am anderen Ende des Platzes, auf einem der gleichförmig grauen Häuser, steht in blauer Neonschrift *HOTEL*.

Na also, das passt doch, ermuntert sich Grete. Ihr Plan sieht vor, dass sie nach der strapaziösen Anreise erst einmal ein paar Stunden Schlaf nachholt.

Sie hakt die Daumen unter die Riemen ihres Rucksacks und marschiert auf den flimmernden Schriftzug zu. In dieser Umgebung – Schlaglöcher im Asphalt, schimmelfleckige Hausfassaden – kann ein Zimmer für ein, zwei Nächte nicht viel kosten.

Wie zu eng stehende Augen stieren die beiden Fenster über dem Eingang ihr entgegen. Je näher Grete dem Gebäude kommt, desto unheimlicher wird ihr zumute.

Was ist hier los, verdammt noch mal? Sie bleibt stehen, starrt das Hotel an, und der graue Bau starrt zurück.

Oben im zweiten Stock sind zwei Fenster weit offen, zwei Männer lehnen in den Rahmen. *Puppenmänner*, sagt Lenny in ihrem Kopf, *sieh nur die knochigen Konturen, wie aus Holz geschnitzt.* Sie schauen zu Grete herunter, wechseln Blicke. Erschrocken, ja entgeistert.

Aber weshalb? Rasch blickt sie hinter sich. Der Platz ist menschenleer.

So unheimlich, denkt Grete. Haben die einen Geist gesehen, oder wie?

Ein Schauer läuft ihr den Rücken herunter. Was immer hier vorgeht, in diesem Hotel wird sie sich nicht einquartieren. Sie könnte keine Minute schlafen. Oder unter die Dusche gehen, während da draußen irgendwelche Schemen herumschleichen, völlig unmöglich.

Im Augenwinkel nimmt sie eine Limousine wahr, die von links her über den Platz gleitet. Ein Hyundai, froschgrün und kanariengelb lackiert. »*Taxi-Meter*« steht auf dem Schild über dem Wagendach.

Grün und gelb, *e* und *i*. Wie in *Lenny*, denkt sie, und in *Liebe* …

Sie winkt das Taxi zu sich heran. »Nach Ruaeng. Zum Schrein von Tai Thong Klom.«

Bis zum Geisterschrein brauchen sie laut Fahrer zwanzig Minuten. Für Grete hätte die Strecke auch viel länger sein dürfen. Das leuchtende Grün der Reisfelder, die sich terrassenförmig gestaffelt bis zum Horizont dehnen, ist überwältigend schön. Grete hat Tränen in den Augen und einen Klumpen in der Kehle. Die grünen Wellen sind wie ein märchenhaftes Meer, ein vielstimmig singendes, im Sonnenlicht flimmerndes *e*. Sie möchte sich hineinwerfen, eins werden mit dem glühenden Grün. Es ruft nach ihr – *Grete! Grete!* –, es greift nach ihr, mit Myriaden grünen Armen.

Doch dann schon das Dorf. Sie wischt sich über die Augen, setzt sich aufrecht hin. Hier hat Miko gelebt …

Dürftige Häuschen säumen die Straße, dazwischen Holzhütten mit Wellblechdächern. Sie hat keine Villen und Alleen erwartet, aber auch nicht solche Armut. In ihrer Fantasie war Ruaeng mehr Tempelstadt als profane Siedlung, mit Pagodendächern, qualmenden Weihrauchfässern und Mönchen in goldgelben Kutten, die leiernd singen und den Gong schlagen.

»Ruaeng?«, sagt sie. Vielleicht ist das hier erst noch ein anderes Dorf?

Der Fahrer nickt. Ihre Blicke treffen sich im Rückspiegel. Grete lächelt, doch sein Gesicht bleibt unbewegt.

Widerwillig schaut sie wieder nach draußen. Was macht sie hier eigentlich? Was hat sie mit diesen Hungerleidern zu schaffen, die unter schütter belaubten Bäumen am Straßenrand hocken oder auf selbst gezimmerten Bänken liegen, mit Blechdächern darüber, deren Schatten sogar für die mageren Kerle zu schmal ist?

Sie lehnt sich zurück und schließt die Augen. Hierherzukommen war ein Fehler. Dass sie nicht vorher wenigstens ein paar Stunden geschlafen hat, macht es noch schlimmer. Grete fühlt sich zerfranst und zerfasert, fast wie ein Gespenst.

»Tai Thong Klom.« Der Fahrer tritt auf die Bremse.

Grete macht die Augen auf. Das gibt es doch nicht … Träumt sie, oder ist sie wach?

Sie rollen auf einen weiten, unbefestigten Platz zu, der von Holzbuden und Blumenständen gesäumt ist. In der Mitte erhebt sich ein goldverzierter Tempel im Pagodenstil. Riesenhaft ragt am anderen Ende eine kalkweiße Skulptur auf. Tai Thong Klom …

Um diese frühe Stunde sind die meisten Buden noch geschlossen, nur eine Handvoll Händler hat geöffnet. Etliche junge Paare und einzelne Männer schlendern umher, mustern die angebotenen Opfergaben und feilschen oder scherzen mit den Verkäufern.

Grete ist ausgestiegen und reicht dem Fahrer dreihundert Baht durchs Seitenfenster. »Warten Sie hier«, sagt sie. »Ich will später zurück nach Ubon.«

Ein Gespinst aus exotischen Gerüchen, nach Weihrauch und Fischsud, Blumen und Gewürzen, schwebt über dem Areal. Gedämpft klingen die Gongs und Sprechgesänge der Mönche vom Tempel herüber. »Buddhismus und Geisterglaube schließen sich strenggenommen gegenseitig aus«, hat Lenny ihr erklärt, »doch in Thailand gehören sie zusammen. Buddha verkündet, dass alles nur Illusion ist, und die Geister helfen dir, bei der großen Illusionslotterie nicht immer nur Nieten zu ziehen.«

Eine Allee aus Palmen führt rechter Hand am Tempel vorbei zu der kolossalen Figur. Wie gebannt geht Grete auf sie zu. Tai Thong Klom ist wenigstens fünfzehn Meter hoch. Der Geist steht auf einem Holzpodest und trägt ein weißes, knöchellanges Kleid, das den vorgewölbten Babybauch umspannt. Alles an ihr ist kalkweiß, außer den türkisgrünen Augen und der klaffenden Wunde in ihrer linken Brust. Ihre Augen sind aufgerissen, das Gesicht verzerrt in einer Mischung aus Entsetzen und Wut.

Wenn du unglücklich verliebt bist oder wenn du einen unerfüllten Kinderwunsch hast, sagt Miko in Gretes Kopf, *bitte Tai Thong Klom um Hilfe.* Nicht nur aus ganz Thailand, auch aus Nachbarländern wie Laos oder Kambodscha kämen die Menschen nach Ruaeng.

Das Podest, auf dem die Geisterriesin steht, ist zwei Meter hoch und nach vorne offen wie ein Puppenhaus. In den Zimmerchen stehen unzählige kleine Figuren, die offenbar gleichfalls den Geist der Ermordeten darstellen sollen. Aus glühend grünen Murmelaugen starren sie Grete an. Münzen, Blüten, Bananenscheiben, Kokosnuss- und Mangoschnitze liegen als Opfergaben in den Kämmerchen und vor dem Podest aufgehäuft. Geldscheine stecken zusammengerollt zwischen Balken und Brettern.

Zwei junge Paare kauern in einigem Abstand vor dem Sockel, die Köpfe gesenkt, die Hände zum *Wei* zusammengelegt. Ein schmächtiger älterer Asiat reckt die Arme zu der hölzernen Riesin empor und beginnt, seine Klage oder Bitte hervorzuleiern. Als Grete näher an den Sockel herantritt, bricht er seinen Jammergesang ab und starrt sie von der Seite an.

Grete dreht sich zu ihm um. »Was wollen Sie?«, fragt sie auf Englisch.

Sein Gesicht verzerrt sich auf die gleiche Weise wie vorhin bei den beiden Männern im Hotel. Erschrocken, ja entgeistert.

Aber weshalb? Was sehen die in mir, verdammt noch mal?

Der Mann, vielleicht Ende fünfzig, in zerschlissenen Jeans und langärmligem weißem Shirt, stottert etwas, das Grete nicht annähernd versteht. Vermutlich im lokalen Khmer-Dialekt, der auch die meisten Thais aus anderen Landesteilen vor Rätsel stellt.

»Lass mich in Ruhe!«, sagt sie heftig.

Der Mann stößt einen weiteren Wortschwall hervor. Speichel sprüht durch sein lückenhaftes Gebiss. Die jungen Paare heben die Köpfe, starren Grete gleichfalls an. Ihre Blicke gehen zu Tai Thong Klom hoch und zu Grete zurück, und so mehrfach hin und her, mit immer erschrockeneren Gesichtern. Bis Grete den Kopf in den Nacken legt und die Geisterfrau da oben zum ersten Mal genauer ansieht.

Das gibt es nicht. Die sieht aus wie ich, nur in schwanger …

Sie bekommt eine Gänsehaut. Die gleichen hellen Haare, die weiße Haut, aber kein Wunder, alles an ihr ist ja geisterweiß … Doch sogar der Gesichtsschnitt ist ähnlich, nur die Augenfarbe nicht. Und die Frisur, eine Art Pagenschnitt, fast wie bei Hannah …

Grete wird schwindlig. Mit Gewalt reißt sie sich von der Geisterfrau los. Als sie den Kopf wieder senkt und sich umdreht, steht sie vor einer Wand aus Asiaten, zwei Dutzend oder mehr. Alle glotzen sie an, mit diesem Erschrecken in den Gesichtern.

Was wollen die von mir? Die glauben doch nicht, dass ich das Geisterweib *bin?*

»Ihr spinnt doch«, sagt Grete leise auf Deutsch und macht abermals kehrt.

Hinter ihr rufen alle durcheinander, »Tai Thong Klom« versteht Grete, sonst nichts. Aber es ist ihr egal, sollen sie schreien, was sie wollen.

Alles um sie herum beginnt sich zu drehen, der Geist, die Menge, der Tempel. Kurz muss sich Grete am Podest festhalten, dann geht sie entschlossen weiter. Auf das Holzhaus mit geschwungenem Dach in traditionellem Thai-Stil zu, das sich einige Hundert Meter hinter dem Schrein in einem parkähnlichen Garten erhebt.

Noch ein ganzes Stück weiter zeichnen sich zwei langgezogene Flachbauten ab. Dort muss die Geisterschrein-Manufaktur sein, von der Miko ihr erzählt hat.

Das Gelärme hinter ihr lässt langsam nach, sie achtet nicht mehr darauf. Miko hat ihr das Anwesen seiner Familie beschrieben, aber etwas stimmt nicht. Sein Bruder Santi und er hätten identische Häuser gebaut; in dem Haus links wohne er selbst, in dem Hauszwilling rechter Hand sein Bruder. Doch von Santis Haus ist nichts zu sehen.

Was hat das zu bedeuten? Laut Miko haben Unbekannte den privaten Geisterschrein vor Santis Haus in Brand gesteckt. Aber doch nicht auch das Haus selbst?

Grete geht jetzt so schnell, dass sie fast schon rennt. Der Frog Bag hüpft auf ihrem Rücken auf und ab, im gleichen Rhythmus hüpft ihr Herz.

Wurde auch das Haus abgefackelt? Oder hat dort nie ein Haus gestanden? Was bedeuten würde, dass Miko gar keinen Bruder hat. Und wenn Grete gleich an die Tür klopft, steht *er* vor ihr: Miko …

Ergibt das Sinn? Grete kann nicht klar denken. Sie ist müde und durcheinander. Vielleicht ist es ja wirklich so einfach, sagt sie sich. Vielleicht muss sie nur anklopfen, die richtige Frage stellen, wie Parsifal, und – *pling!* – hört dieser ganze Albtraum auf …

Das Gartentor ist angelehnt. Sie drückt es auf, geht hindurch und zwischen Bananenstauden, Limonen- und Mangobäumen auf das Haus linker Hand zu. Im Garten ist niemand zu sehen, hinter den Fenstern auch nicht.

Grete geht die Stufen vor der Haustür hoch – *drei, zwei, eins* – und klopft an.

Knarrend geht die Tür auf, eine ältere Frau erscheint und sieht Grete abweisend an. Graue Haare, füllige Figur, gehüllt in einen weißen Sarong.

Die Haushälterin? Wer sonst? Mikos Mutter ist ja seit Langem tot.

Die Frau stößt zwei, drei Silben hervor, es klingt mehr wie Knurren. Grete stammelt den thailändischen Satz, den sie sich zurechtgelegt hat: Ob der Hausherr zu sprechen sei, eine dringende geschäftliche Angelegenheit …

Die Grauhaarige mustert sie von oben bis unten. Kurz bleibt ihr Blick an Gretes verschrammten Knien hängen, so wie vorher an ihrem Haar. Grete verspürt den Drang, sich den Halbpony zurechtzuzupfen, den Kleidsaum über die Knie zu zerren, aber sie bleibt reglos stehen und lässt die Musterung über sich ergehen.

Schließlich verzieht die ältere Frau das Gesicht. Es ist mehr eine hämische Grimasse als ein Lächeln, doch sie tritt zur Seite und fordert Grete mit einer Handbewegung zum Eintreten auf.

Grete legt die Hände vor der Brust zusammen. Der landesübliche *Wei,* reichlich verspätet, aber immerhin. Sie soll hier im Vorraum warten, weist die Frau sie gestisch an. Hinter Grete schließt sie die Haustür und verschwindet durch die Tür gegenüber in den Tiefen des Hauses.

Unbehaglich sieht sich Grete um. Der Raum ist kahl, eng, fensterlos, mit dunklem Holz ausgekleidet. Es ist stickig heiß. Sie fühlt sich wie in einen Schrank gesperrt. Oder in einen Sarg.

In einer Nische hängt ein einzelnes Bild, nicht viel größer als ein Taschenbuch. Ein Schwarz-Weiß-Foto, silbern gerahmt. Erst als sich Grete der Nische nähert, erkennt sie, was es darstellt. Ein junger Mann, vielleicht Ende zwanzig, hält eine blühend schöne junge Frau in den Armen. Sie lächeln sich an, wie entrückt durch ihre Liebe.

Miko und seine Frau Nuengthida. Grete macht einen Schritt rückwärts und dreht sich ruckartig weg. Sie meint die Blicke der jungen Thailänderin auf sich zu spüren. Dabei hat Nuengthida Augen nur für ihren Geliebten.

Für Miko vor zwölf, dreizehn Jahren. Ehe sie schwanger wurde und mitsamt dem ungeborenen Kind verstarb. Wie Tai Thong Klom …

Hektisch geht Grete auf und ab. Drei Schritte hin, drei her. Mit dem Handrücken wischt sie sich über die schweißfeuchte Stirn. Sie kämpft gegen den Drang an, etwas Unsinniges zu tun – die Flucht zu ergreifen, das Bild abzuhängen –, da geht die Tür abermals auf. Ein Mann in weißem Anzug und weißem Hemd tritt ein und begrüßt sie mit einem angedeuteten *Wei*.

Auch Grete legt die Hände aneinander. »Herr Luang? Santi Luang?«

Er nickt und hebt eine strichdünne Augenbraue. »Worum geht es?«

Santi ist ungefähr in Gretes Alter, und die Familienähnlichkeit mit Miko ist nicht zu übersehen. Dennoch würde ihn niemand mit seinem älteren Bruder verwechseln. Er ist kleiner und zierlicher. Und seine Augen sind dunkelbraun.

»Entschuldigen Sie«, bringt sie hervor. »Mein Name ist Grete Malström. Ich wollte eigentlich zu Miko …«

Sie hatte so sehr gehofft, ihn hier wiederzufinden. Doch das Foto in der Nische hat sie grausam ernüchtert. Auch wenn sie nicht im Entferntesten versteht, wieso der Anblick des jungen Paars, beide so verliebt, so makellos schön, sie derart treffen konnte. Fast wie ein Stich ins Herz.

»Sie kannten meinen Bruder?« Santi sieht sie fragend an.

Grete nickt. »Wir haben uns in Bangkok kennengelernt – letztes Jahr«, präzisiert sie, wie sie es sich im Flieger überlegt hat.

Wieso hat sie überhaupt gehofft, dass sie ihn hier wiederfinden könnte? Dass er quasi den Bahnsteig wechseln und im Tunnel unter dem Unbewussten zwei Stationen zurückfahren könnte – nächster Halt Lenny, dann wieder Miko?

Grete versteht sich selbst nicht mehr. Wenn er wiederkommt, dann doch mit einem neuen Namen, einer neuen Identität …

»Mein Bruder ist Anfang des Jahres verstorben«, sagt Santi in stockendem Englisch.

»Miko ist tot? Wie schrecklich.« Grete bricht in Tränen aus. »Wie ist das denn passiert?«

Sie hasst sich für ihre Verstellungskünste, dabei sind die Tränen echt. Die Bestürzung, der wütende Schmerz. Echt, aber unangemessen, denkt Grete, auch wenn Santi Weiß trägt, die asiatische Farbe der Trauer.

»Ein Unglück«, sagt Santi vage. »Kannten Sie Manitho denn näher?« Sein Gesicht wirkt maskenhaft, doch in seinen Augen bemerkt sie nun eine lauernde Unruhe.

Grete fährt sich mit dem Handrücken über die Augen. Manitho und Santi, was sind das eigentlich für seltsame Namen? Untermalt von ein paar letzten Schluchzern, erzählt sie ihm, was sie sich im Flieger zurechtgelegt hat, für den Fall, dass nicht Miko ihr öffnen würde.

Letzten Herbst seien Miko und sie im Lumpini-Park in Bangkoks Businessviertel ins Gespräch gekommen. Sie habe zufällig mit angehört, wie er am Telefon mit einem Geschäftspartner über Liefertermine gesprochen habe.

»Für Geisterpüppchen und Geisterschreine in allen Größen, das hat mich elektrisiert«, fährt sie fort. »Meine Firma hatte mich nach Bangkok geschickt, um neue Handelsbeziehungen zu knüpfen, speziell für ethnisch-spirituelle Produkte. Also habe ich die Gelegenheit genutzt und ihn angesprochen: Ob er sich vorstellen könne, auch nach Europa zu liefern?«

»Und was hat er geantwortet?«

»Er war sehr interessiert«, sagt Grete rasch. »Miko hatte gerade erst gelesen, dass der Markt für spirituelle Produkte in Europa sprunghaft wächst.«

»Ist das so?« Santi verschränkt die Arme vor der Brust. »Ich möchte Ihnen nicht zu nahe treten, aber ich könnte mir vorstellen …« Er unterbricht sich, sucht anscheinend nach passenden Vokabeln. »Ich nehme an, dass er vor allem an *Ihnen* interessiert war.«

Grete sieht ihn verwundert an. »Wie kommen Sie darauf?«

Er mustert ihr Gesicht, ihre Frisur. »Vielleicht hatten Sie es nicht darauf angelegt, aber die Ähnlichkeit muss ihm ins Auge gesprungen sein.«

»Die Ähnlichkeit mit wem?« Grete hält die Luft an.

»Manitho war … kompliziert. Er hatte eine Schwäche für Frauen, die … wie soll ich das sagen …«

Sie kämpft gegen den Drang an, sich die Ohren zuzuhalten. In ihrem Kopf schwillt ein Schrei an. Schnell stellt sie sich vor, wie sie eine Tür hinter sich zuknallt, und der Schrei verhallt.

»Bitte reden Sie weiter.«

Santi nickt. »Sie sind doch gerade am großen Geisterschrein vorbeigekommen. Also, kurz gesagt, Miko hatte eine Vorliebe für Frauen, die ihn auf die eine oder andere Art … an Tai Thong Klom erinnerten.«

»An diesen Geist? Und Sie glauben, dass ich …?«

»Es ist offensichtlich, Frau …«

»Sakdus… Malström.«

»Ich weiß nicht, wie viel Miko Ihnen erzählt hat.« Santis Blick huscht zu dem Foto in der Wandnische. »Seine Frau ist vor zehn Jahren verstorben. Sie war schwanger, ihr ungeborenes Kind ist mit ihr umgekommen, wie bei Tai Thong Klom. Danach hat Miko …«

Wieder sucht er nach Worten. »Es hat ihn verändert«, fährt er fort. »Er fing an herumzuerzählen, dass er irgendwie von Tai Thong Klom abstamme; seine grünen Augen seien der beste Beweis. Nun ja …«

Er wiegt den Kopf. »Ich habe nie verstanden, was er damit eigentlich sagen wollte. Manitho ist mein Halbbruder, seine Mutter ist kurz nach seiner Geburt gestorben. Aber eben *nach* der Geburt, das ist doch ein entscheidender Unterschied: Er selbst war doch am Leben. Er war doch kein Geist wie …«

Santi unterbricht sich, als würde ihm plötzlich bewusst, dass er einer Fremden seine Sorgen anvertraute.

Grete bekommt es kaum mit. »Wussten Sie, dass er Trance-Techniken angewendet hat, um ins Geisterreich zu reisen?«

Vielleicht hat sie ihn noch nie so geliebt wie in diesem Augenblick. *Der Countdown läuft,* geht es ihr durch den Kopf. Drei, Miko … zwei, Lenny … eins, sehr bald schon …

»Das ist in unserer Kultur nicht ungewöhnlich.« Santis Augen haben wieder diesen lauernden Ausdruck. »Drehen Sie vorne auf dem Tempelplatz eine Runde, da finden Sie sofort ein paar Geisterkundige, die Ihnen derartige Dienste anbieten. Ob Miko wirklich an so etwas geglaubt hat, weiß ich nicht. Auf jeden Fall hatte er eine Schwäche für Frauen, die ein bisschen wie Tai Thong Klom aussehen. Eher großgewachsene, schlanke Frauen mit sehr weißer Haut und weißblonden Haaren … wie Sie, Frau …«

Er macht eine Handbewegung, als wären Namen nur Schall und Rauch. »Bei Ihnen – nehmen Sie es mir nicht übel – wird er sogar den Gesichtsausdruck von Tai Thong Klom wiedergefunden haben, diese besondere Mischung aus …«

Wieder unterbricht er sich, und diesmal spricht er nicht weiter.

Entsetzen und Wut, ergänzt Grete. Sie hat es selbst so empfunden, als sie vorhin vor der kolossalen Holzfigur stand.

Aber was hat das mit ihr zu tun?

»Wenn Sie mich jetzt entschuldigen würden«, sagt Santi. »Ich kann Sie leider nicht hereinbitten, hier herrscht völliges Chaos. Das ist eigentlich Manithos Haus, aber nachdem mein Haus Anfang der Woche abgebrannt ist, musste ich kurzfristig hierher umziehen. Mein Bruder braucht es ja nicht mehr …«

Nun verliert auch er ein wenig die Fassung. Er nestelt ein schneeweißes Taschentuch aus der Anzugjacke und putzt sich umständlich die Nase.

»Abgebrannt?«, wiederholt Grete. »War das Brandstiftung?«

»Wie kommen Sie darauf?« Er stopft sein Taschentuch in die Jacke zurück, ohne Grete aus den Augen zu lassen.

»Nur so.« Sie zuckt mit den Schultern. »Entschuldigung, es geht mich nichts an.«

Beinahe hätte sie sich verplappert. Der private Geisterschrein vor Santis Haus wurde laut Miko Anfang des Jahres niedergebrannt. Davon kann sie nichts wissen, da sie ihre Begegnung für alle Fälle auf den letzten Herbst vorverlegt hat.

Doch die Frage lässt ihr keine Ruhe. Was ist mit Santis Haus passiert? Wenn es vor wenigen Tagen in Flammen aufgegangen ist, warum hat sie im Garten keine Überreste davon gesehen? Und keinen Geruch nach Ruß und Rauch wahrgenommen, der doch nach so kurzer Zeit noch in der Luft hängen müsste?

Also hat hier doch immer nur ein Haus gestanden – das von Santi? Weil Miko und alles, was zu ihm gehörte, nur ein *dreidimensionales Spiegelbild* war … Ja? Ergibt das Sinn? Und was weiß Santi von alledem?

Nachdenklich sieht ihn Grete an. Gehört er zum Steuerrad-Orden?

»Soll ich Ihnen einen Wagen rufen lassen?« Santi hat es jetzt offenbar eilig, sie loszuwerden.

»Nicht nötig. Mein Taxi wartet vorne am Tempelplatz.« Grete lächelt ihn an. »Nur eine Frage noch, dann sind Sie mich los.« Sie leckt sich die trockenen Lippen. »Hat Miko irgendwann einmal von der *Untertunnelung des Unbewussten* geredet?«

»Der *was?*« Santi sieht sie mit großen Augen an.

Vielleicht ist es ein Fehler, denkt Grete, aber sie muss es riskieren. Es muss eine Verbindung zwischen dem Geisterschrein und dem Steuerrad-Orden geben. Miko ist durch den Kult um Tai Thong Klom irgendwie auf das Geheimnis gestoßen, anders kann es nicht sein.

Also versucht sie es noch einmal. Sie artikuliert extra langsam und lässt Santi nicht aus den Augen. »*The tunnel under the unconscious – you ever heard about it?*«

Das verschlägt ihm die Sprache. Sekundenlang starrt er vor sich hin, dann schüttelt er leicht den Kopf. Vor Erstaunen? Oder war das ein Nein?

Grete fragt nicht noch einmal nach. Sie spürt, dass er ihr keine Antwort geben wird.

»Warten Sie noch kurz. Ich lasse Ihnen etwas bringen – zu Ihrem Schutz.« Er vermeidet es, sie anzusehen. »Denn wissen Sie, die Leute reagieren manchmal sonderbar.«

Er dreht sich um und verschwindet im Inneren des Hauses. Grete erhascht einen Blick in den angrenzenden Raum – eine Art Empfangssalon, mit prachtvoll verzierten Möbeln und golden gerahmten Wandgemälden –, dann fällt die Tür hinter ihm zu.

Von Umzugschaos keine Spur, denkt Grete. Es erstaunt sie nicht im Geringsten.

Die Tür geht wieder auf. Die ältere Frau tritt ein, auf den Armen einen Sarong, schimmernd grün mit gelbem Streifenmuster.

Sie solle das Gewand überziehen, weist sie Grete gestisch an. Ungeduldig hilft sie ihr, sich so in das knöchellange Tuch zu hüllen, dass auch Gretes Haare bedeckt sind und ihr Gesicht weitgehend verborgen ist.

Grete bedankt sich, plötzlich wieder mit einem Kloß in der Kehle. Die Grauhaarige zieht eine Grimasse, öffnet die Haustür und zeigt nach draußen.

Durch den weitläufigen Garten zurück in Richtung Tempelplatz. Grete ist durcheinander und erschöpft. Es ist schwülheiß, der Himmel bedeckt mit schwarzen Wolken.

Zwei Papageien streiten sich krächzend um Kokosnussfetzen, die im Gras liegen wie herausgerissenes Fleisch. Von dem angeblich niedergebrannten Haus ist nichts zu sehen. Grete macht sich nicht die Mühe, etwaige Überreste hinter Bäumen und Hecken zu suchen. So groß ist der Garten auch wieder nicht, sagt sie sich. Wenn es hier irgendwo eine Brandruine – oder eine vom Feuer kahlgefressene Fläche – gäbe, müsste die vom Weg aus wahrzunehmen sein.

Sie lässt das Tor hinter sich offen und geht auf die kolossale Rückseite von Tai Thong Klom zu. Vor dem schwarzen Himmel sieht die Riesin umso schauriger aus. Wie aus der Finsternis gestanzt …

Hunderte Geistergläubige drängen sich vor dem Schrein, murmelnd und lamentierend. Sie werfen sich vor Tai Thong Klom auf die Knie, stopfen ihre Opfergaben in die unzähligen Holzkämmerchen, recken die aneinandergelegten Hände zu der Gigantin empor, die mit dem unveränderlichen Ausdruck von Entsetzen und Wut über sie alle hinwegschaut.

Für einen Moment spürt Grete die totale Nichtigkeit dieses Illusionstheaters – hier beim Schrein und überall im All –, aber *»die vollkommene Klarheit können«*, wie Buddha lehrte, *»auch Erleuchtete nur nach langer Übung ertragen«*. Grete vergisst es gleich wieder und geht durch die Palmenallee am Tempel vorbei, dankbar für den Sarong, der sie vor zudringlichen Blicken schützt. Auch wenn sie unter dem dicht gewobenen Stoff fast erstickt.

Der ganze weite Platz ist überfüllt mit Menschen. Liebespaare, einzelne Männer, auch Frauen, jung oder schon mittleren Alters, viele in ärmlicher Kleidung, dazwischen prunkvoll aufgeputzte Paare, schieben sich auf den Geisterschrein zu.

Nur mühsam kommt Grete gegen den Strom voran. Eine zerlumpte Alte hat sich an ihre Fersen geheftet, bietet ihr murmelnd weiß der Himmel was an – Opfergaben für Tai Thong Klom oder vielleicht eine Geistreise in ekstatischer Trance. Grete schüttelt den Kopf und wedelt mit den Armen, doch es hilft nichts. Erst als sie das Tuch zurückschlägt und der Alten kurz ihr Gesicht zeigt, lässt die von ihr ab. Der zahnlose Mund klappt auf wie zu einem stummen Schrei.

Das Taxi ist verschwunden. Vergeblich sucht Grete die Straße vor dem Tempelplatz ab. Tuktuk-Fahrer bieten ihre Dienste an, aber sie geht wortlos an ihnen vorbei. Vorgebeugt hastet sie die Straße entlang, den Sarong mit einer Hand am Hals zusammenraffend. Sie kommt sich wie eine wandelnde Mumie vor. Die grauhaarige Frau hat das Tuch so straff um sie gewickelt, dass sie nur ganz kleine Schritte machen kann.

Doch Grete fühlt sich sonderbar geborgen, als sie die lärmende Menge, die vielerlei Gerüche, das Gongen und Singen der Mönche hinter sich lässt. Sie wird der Straße folgen, beschließt sie, wohin auch immer die führt. Anscheinend ist es nicht dieselbe, auf der sie vorhin mit dem Taxi gekommen ist. Es handelt sich eher um einen Feldweg, breit, aber unbefestigt, mit Spurrinnen und Schlaglöchern voll Wasser, in denen sich der schwarze Himmel spiegelt.

»*Oder ist es dein Blick, der den Himmel verdunkelt?*« Von wem stammt das? Sie wischt die Frage beiseite.

Reisfelder dehnen sich bis zum Horizont. Ihr leuchtendes Grün bringt Grete erneut zum Weinen, doch es sind Tränen überquellender Freude, die sie nie zuvor empfunden hat.

Plötzlich zerfetzen Blitze den Himmel, dröhnender Donner lässt den Boden unter ihr erbeben. Fast im selben Moment beginnt es sturzflutartig zu regnen.

Grete bleibt stehen, hebt das Gesicht zu den tobenden Mächten empor. Das Donnerwetter ist wie Sascha, der sie urgewaltig umarmt. Sie lacht und weint in sein Brüllen hinein. Nie war sie glücklicher als hier im endlos grünen Meer, mit dem sie mehr und mehr in eins zerfließt. Ihr Sarong, mit Regen vollgesogen, ist schwer wie ein Mantel aus Stein. Doch sie wirft ihn nicht ab, sondern geht weiter den Weg entlang, der sich in einen schlammigen Fluss verwandelt.

»Is there a secret?
Is there a code?
Can we make it better?
'Cause I'm losing hope …«

Grete singt, wie Lenny an ihrem letzten Abend gesungen hat. Ja, es gibt den geheimen Code, mein Geliebter, denkt sie, und du hast ihn für uns gefunden. Das Geheimnis, wie du wiederkehren wirst und nichts mehr uns trennen kann …

»*I believe in us*«, singt sie aus voller Kehle, trotzdem ist nichts zu hören als tosender Regen und metallisch dröhnende Donnerschläge.

Sie rutscht in ein Schlagloch und rudert mit den Armen. Erst als sie wieder festen Stand hat, bemerkt sie den nebelgrauen Hyundai-Van, der von links her, auf einem schmalen Weg im Reisfeld, auf sie zugeschlingert kommt.

Sascha? Nein, er kann es nicht sein. Sascha weiß ja gar nicht, dass sie hier ist, in diesem grünen Meer unter dem prasselnden Regen. Und mit so einer Karre, denkt sie lächelnd, würde er sowieso nicht durch die Gegend fahren.

Der Van stoppt direkt vor ihr, eine Schiebetür fliegt auf. Hilfreiche Hände ziehen Grete hinein. Sofort fährt der Wagen wieder an, die Tür knallt zu, und da erst wird ihr bewusst, dass der Mann, der sie ins Innere gehievt hat, noch immer ihre Unterarme umklammert hält. Und dass seine Hände unnormal groß sind.

Er legt die Arme um sie, und alles um Grete herum wird schwarz.

Als Grete zu sich kommt, liegt sie auf einem Bett in einem schmalen, karg möblierten Raum. Durch Fensterluken strömt dampfend warme Luft herein, vermischt mit gelblichem Dämmerlicht.

Ihr Kopf ruht auf einem kleinen Kissen mit einem sauberen weißen Bezug. Den Sarong hat sie nicht mehr an, nur ihr flammend rotes Kleid, das von dem Unwetter erstaunlich wenig mitgenommen scheint. Eine gewobene Decke, mit vielfarbigem Spiralmuster ohne Anfang und Ende, liegt über ihre Beine gebreitet. Grete stellt sich vor, wie der Mann mit den abnorm großen Händen sie fürsorglich zugedeckt hat.

Aber die Decke braucht sie nicht. Obwohl sie reglos auf dem Bett liegt, ist ihre Haut mit Schweiß bedeckt. Sogar die Wand, aus grob behauenen Steinen, fühlt sich warm an, als sie mit der Hand darüberfährt.

Grete streift die Decke ab, setzt sich auf und schwenkt die Beine über den Bettrand.

Es ist mehr eine Zelle als ein Zimmer, denkt sie, fast klösterlich. Neben dem Bett ein einfacher Stuhl, darauf ein Glas mit Wasser, eine Kerze und ein Zündholzbriefchen. An der Wand gegenüber ein Schrank ohne Türen. Alles aus dunklem Holz, von Feuchtigkeit gewellt.

Grete steht auf und geht zur Tür. Auch der Steinboden unter ihren bloßen Füßen ist warm. Wie der Körper eines riesigen Tieres.

Die Tür ist abgesperrt. Das verwundert sie, aber es macht ihr keine Angst. Der Mann mit den Schaufelhänden hat sie eingeschlossen. Doch er wird ihr nichts tun. Tief in sich fühlt sie eine große Ruhe.

Es muss derselbe Mann sein, den sie von Mikos Hotelbett aus bemerkt hat. Seinen Schatten eigentlich nur, wie er Mikos Körper anhob und über die Balkonbrüstung warf. Sein Gesicht hat sie auch diesmal nicht gesehen, jedenfalls bis jetzt. Aber die abnorm großen Hände sind unverkennbar.

Sie wendet sich um und spürt, wie ihre Augen sich ruckartig weiten. Durch die drei schießschartenschmalen Fensterschlitze sind Ausschnitte einer gewaltigen Tempelanlage zu sehen. Rasch tritt Grete vor eine der Luken, hebt sich auf die Zehenspitzen und späht hinaus.

Wohin sie auch schaut, überall ragen Pagodentürme auf, Säulenportale, palastartige Strukturen mit gewaltigen Plattformen, zu denen Treppen wie für Riesen emporführen. Es sieht aus wie eine düstere Traumlandschaft, aber es ist alles real. Die Mauern fast schwarz, von Alter und Nässe zernagt, und doch sind viele kunstvolle Reliefs und Giebelfiguren gut erhalten. Grete unterscheidet mächtige Vögel mit gespreizten Flügeln, würdig schreitende Priester und ekstatische Tänzer, und schlagartig wird ihr klar, warum sie hierhergebracht worden ist.

Hier wird er zurückkehren, denkt sie. Es muss einer der Orte sein, an denen die Kundigen des Steuerrad-Kults wieder in die physische Welt eintreten. Aus dem Geisterreich beziehungsweise aus dem Tunnel unter dem Unbewussten.

Vielleicht ist hier sogar die Ausgrabungsstätte, von der Lenny ihr erzählt hat? Umgeben von Dörfern voll geistergläubiger »Puppenleute« … Womöglich ist eines dieser Dörfer Ruaeng?

Grete lächelt bei diesem Gedanken. Ihr Herz schlägt ruhig und stark. *Komm, mein Geliebter,* denkt sie, *ich bin bereit für dich …*

Müsste er nicht sogar schon hier sein? Im selben Moment sich aus der Verschränkung gelöst haben, in dem sein vorheriger Körper – Lenny – hinter der »Kapelle« in der Uckermark verstarb?

Grete balanciert auf den Zehen und verrenkt sich fast den Hals. Gleich wird er da draußen erscheinen, denkt sie, wie er in der Hotelhalle in Bangkok und vor der Gedächtniskirche in Berlin vor ihr aufgetaucht ist. Miko … Lenny … und dieses Mal …?

Doch vor den Fensterluken tut sich nichts. Nur die Sonne versinkt, und Affen zetern irgendwo in den Ruinen.

Plötzlich polternde Schritte vor ihrer Tür. Auch dieses Stampfen erkennt sie wieder, genauso hat es gedröhnt, als der Schattenmann vom Hotelbalkon sie im Treppenhaus verfolgt hat.

Diesmal kann sich Grete nirgendwo verstecken. Aber wozu auch, sie kann es kaum erwarten, mit ihm zu sprechen. Von dem Mann mit den abnorm großen Händen zu hören, wann ihr Geliebter zu ihr zurückkehrt.

Die Tür fliegt auf, ein bulliger Mann in Jeans und weißem Shirt tritt ein, legt die Riesenhände zu einem *Wei* zusammen. »Sie sind durch die Reisfelder gelaufen, als wären Sie auf der Flucht«, sagt er. »Vor einer traurigen Erinnerung vielleicht«, setzt er mit diskretem Lächeln hinzu, »wie so viele, die zu Tai Thong Klom pilgern.«

Er breitet die Arme aus. Seine Hände wedeln auf und ab, wie Überreste von Flügeln. Grete bringt kein Wort heraus.

»Was es auch sein mag, vor dem Sie weggelaufen sind, hier sind Sie in Sicherheit.« Er spricht Amerikanisch mit breitem Südstaaten-Akzent. »Ich heiße Jack Harbor«, fügt er hinzu. »Meine Vorfahren mütterlicherseits stammen von hier, ich selbst bin in Texas aufgewachsen.«

Wie Lenny, denkt Grete. Aufmerksam schaut sie ihn an. Den runden, kahlgeschorenen Schädel, die schmalen Augen, die weichen, fast verschwimmenden Gesichtszüge, die so wenig zu der wuchtigen Statur zu passen scheinen. Die monströsen Hände, die er jetzt vor der Brust ineinanderschiebt. Eine fast schon priesterliche Gebärde …

Es muss der Mann sein, den sie als Letztes in der Hotelhalle in Bangkok gesehen hat, sagt sich Grete. Als sie an ihm vorbei zum Taxi eilte, um außer Landes zu fliehen. Der Schattenmann …

Sie spürt weder Angst noch Zorn. Sie will nur eines: dass er sie zu ihm bringt. Zu Miko, Lenny, oder wie immer ihr Liebster sich jetzt nennt.

Der Name Jack Harbor klingt erfunden, doch er ist gut gewählt. Der Mann mit den Schaufelhänden ist jedes Mal zur Stelle, um dafür zu sorgen, dass sein Schützling den vorgesehenen Hafen erreicht. In Bangkok, in der Uckermark und nun hier. Wie ein übernatürlicher Geburtshelfer …

Bei diesem Gedanken lächelt auch sie. »Gre…«, setzt sie an, doch er schüttelt leicht den Kopf, und so verstummt sie wieder.

Er hat recht, denkt Grete, auch ich brauche einen neuen Namen. Bestimmt ist Lennys Körper mittlerweile gefunden worden. Die Polizei in Deutschland wird untersuchen, ob bei seinem Tod jemand nachgeholfen hat. Bald schon werden sie auf eine gewisse Margarete Malström stoßen, die offenbar am Ort des Geschehens war und anschließend untergetaucht ist. Der Antiquitätenhändler wird aussagen, dass sie die Grubenlampen bei ihm gekauft hat, und die Ermittler werden folgern, dass sie das Feuer in dem Gewölbe – der Höhle oder was auch immer – absichtlich gelegt hätte …

All das geht ihr sekundenschnell durch den Kopf. Aber es macht ihr keine Angst. »Ich heiße Mary«, sagt sie, immer noch lächelnd. »Wo ist er?«

Nun macht Jack große Augen. Wozu noch die Mühe, Überraschung vorzutäuschen, denkt Grete. Sie wird sich nie wieder vor irgendwem verstellen.

»Sie haben eine gute Intuition, Mary«, sagt Jack. »Ich wollte Ihnen tatsächlich jemanden vorstellen. Aber vorher muss ich Ihnen etwas erzählen … Keine Sorge«, fügt er hinzu, »es ist nur eine kurze Geschichte, und sie ist wahr.«

Er tritt neben ihr vor die Fensterwand und schaut hinaus. »Dieses Haus hier habe ich von Santi Luang gemietet, ihm gehört das ganze Areal. Ich wollte in der Nähe von Tai Thong Klom sein und trotzdem meine Ruhe haben. Ach ja, das sollte ich noch erwähnen: Santi Luang ist der Mann, dem die Geisterschrein-Manufaktur gehört.«

Er spricht, ohne Grete anzusehen. Seine Stimme ist volltönend und tief. Grete erinnert sich, so hat der Schattenmann sich angehört, mit dem Miko auf dem Balkon gesprochen hat.

Worüber haben sie gestritten? So viele Fragen gehen ihr durch den Kopf. Doch Grete behält sie für sich und hört schweigend zu. Alles fügt sich zusammen, denkt sie, wie ein Haufen Scherben, die wieder zur Scheibe werden …

»Ich bin ein einsamer Mensch, müssen Sie wissen«, fährt Jack fort. »Und wie so viele, die zu Tai Thong Klom pilgern, hoffte auch ich, meine Einsamkeit zu überwinden, indem ich den mächtigen Geist durch Opfer gnädig stimmte. Das ist auch geglückt, allerdings auf andere Weise, als ich erwartet hatte.«

Er wirft ihr einen Blick zu, schaut wieder nach draußen. Die Fensterluken sind nicht verglast, sondern bloß mit Moskitonetzen bespannt. Die offene Zimmertür verursacht einen leichten Durchzug, aber die einströmende Luft ist so feucht, dass Grete heiße Spritzer im Gesicht zu spüren meint.

»Ich war gerade erst hier eingezogen«, erzählt Jack weiter, »als ich ihn da drüben gefunden habe.« Er zeigt auf den monumentalen Flachbau, der sich in einer Entfernung von zwanzig Metern am Rand des großen Platzes erhebt. »Oben auf der Plattform, neben dem kaputten Turm.«

»Gefunden?«, wiederholt Grete. Plötzlich hat sie doch wieder ein mulmiges Gefühl. »War er …«

Tot, wollte sie sagen, doch sie bringt es nicht heraus. Das Herz pocht ihr bis in den Hals hinauf.

»Starr wie ein Stein.« Jack hebt die mächtigen Schultern. »Außerstande, sich zu bewegen, zu sprechen, sich auch nur ansatzweise mitzuteilen. Aber offenbar am Leben. Und sogar körperlich unversehrt, wie ich mittlerweile weiß.«

Grete starrt ihn an. Um Himmels willen …

»Kommen Sie, Mary«, sagt Jack. »Ich stelle Sie vor.«

Sie stolpert hinter ihm her, aus dem Zimmer, die düstere Treppe hinab.

»Ich nenne ihn Mike, auch wenn er wahrscheinlich ganz anders heißt«, sagt Jack. »Vorsicht, die Treppe hat ihre Tücken.«

Die Stufen sind so schmal, dass Gretes Füße nur zur Hälfte daraufpassen. Jack poltert seitwärts hinab wie ein kolossaler Krebs. Seine Pranken suchen an den Wänden Halt.

»Unten gibt es elektrisches Licht«, sagt er. »Wir lassen den Generator immer vormittags laufen, das reicht für die paar Lampen und Geräte, die wir abends brauchen. Sie werden schon sehen, Mary. Es ist alles einfach, aber zweckmäßig eingerichtet. Wasser kommt aus der Zisterne. Gekocht wird mit Flaschengas.«

Warum erzählt er ihr das? Sie hört sowieso kaum hin.

Mike wie *Miko,* denkt Grete. Er wollte nach Hause, das hatte sie ja im Gespür. Aber etwas muss schrecklich schiefgegangen sein.

Unten ist ein schmaler Flur, sie wankt auf weichen Knien hinter Jack Harbor her. »Hier links ist die Küche«, sagt er im Plauderton und zeigt auf eine halb offen stehende Tür. Im Vorbeigehen nimmt sie die tanzenden blauen Flämmchen auf dem Gasherd wahr. »Ich habe ein Gemüsecurry gekocht, das mögen Sie doch? Sie müssen ausgehungert sein. Wir begrüßen nur rasch noch Mike, dann wird gegessen.«

Er deutet auf eine Tür rechter Hand. »Dahinter ist … na ja, nennen wir es das Bad. Mit dem landesüblichen Plumpsklo, aber die Dusche funktioniert tadellos.«

Der Gang endet vor einer zweiflügeligen Tür, schwarzes Holz, mit Schnitzereien verziert. Wie die Tür zum Lesesaal in der Duncker-Stiftung, denkt Grete. Fast schon erwartet sie, dahinter die Bibliothek vorzufinden, mit Lennys angekettetem Buch auf dem Lesepult.

Doch als Jack die Tür aufstößt, kommt ein großer, heller Raum zum Vorschein. Etliche Steh- und Leselampen verbreiten angenehmes Licht. Den Steinboden bedecken seidig schimmernde Teppiche. Sessel, Vitrinen und Bücherregale laden dazu ein, es sich bequem zu machen. Und nichts davon kann der Mann im Krankenbett benutzen.

Es steht am anderen Ende des Zimmers, ein wuchtiges Eisengestell auf dünn bereiften Rädern. Wie in Trance geht Grete darauf zu. Am Fußende bleibt sie stehen, hält sich an dem kalten, weiß lackierten Gestänge fest. Ihr Herz schlägt so schnell, so hart, dass es ihr fast die Brust zerreißt.

Da liegt er vor ihr, Miko … Lenny … Mike … die Liebe ihre Lebens, aber hilfloser, hinfälliger, als sie ihn je gesehen hat. Puppenhaft reglos unter dem dünnen Laken, und seine intensiv grünen Augen starren zur Decke hoch, als hätte er sie nicht bemerkt.

»Tai Thong Klom hat dich zu mir – zu uns – geschickt, davon bin ich überzeugt«, sagt hinter ihr Jack. »Damit du Mike umsorgst und alles Erdenkliche tust, damit es mit ihm vorwärtsgeht. Versprichst du es? Dann kannst du hierbleiben, so lange du willst. Wenn nicht …«

Er spricht nicht weiter, aber wozu auch. Wenn er sie vor die Tür setzt, wird sie in einem thailändischen Gefängnis landen. Doch er braucht ihr nicht zu drohen, damit sie bei ihrem Geliebten bleibt.

»Ich bin es«, flüstert Grete. Sie setzt sich zu ihm auf den Bettrand, beugt sich über ihn, sucht seinen Blick. »Ich bin es, Mikey …«

Sie streicht ihm übers Haar, weinend vor Kummer und Glück.

Die Tage vergehen, gleichförmig und doch unwirklich schnell. Jack ist häufig unterwegs, zusammen mit Sirkhit, dem jungen Thai, der auch bei jener Sturzflut am Steuer des grauen Vans war. Zwischen den beiden herrscht eine ruhige Vertrautheit, als hätten sie schon manche Abenteuer gemeinsam erlebt.

»Wir erkunden den Isan«, erklärte ihr Jack. »Es gibt hier unglaublich viele Tempelstädte aus der alten Khmer-Kultur. Einige sind noch größer und besser erhalten als diese Anlage hier. Und anders als drüben in Angkor Wat, wo sich die Touristen auf die Füße treten, begegnet man in den Ruinenstädten auf dieser Seite der Grenze höchstens mal einem Geist.«

Jack wedelte mit den Händen und lachte unbekümmert. Er stand in der Küchentür und versperrte Grete den Weg. Sie lächelte und entschuldigte sich, sie müsse nach Mikey schauen. Immer noch lachend trat er zur Seite, und sie eilte in Mikeys Zimmer zurück, mit der Tasse voll Gemüsebrühe, die sie für ihn geholt hatte.

Sie trat an sein Bett, und wie jedes Mal brach es ihr fast das Herz, ihn so zu sehen. Seine strahlend grünen Augen blicken immer nur starr geradeaus. Er kann keinen Finger, keinen Zeh, auch keinen Gesichtsmuskel aus eigener Willenskraft bewegen.

Laut Jack leidet Mike an einem »traumatisch bedingten Locked-in-Syndrom«. Angeblich hat er ihn »per Fernuntersuchung testen« lassen. Körperlich fehle ihm nichts; die einzigen Arzneien, die ihn von der »schockhaften Versteinerung« heilen könnten, seien liebevolle Zuwendung und viel Geduld. »Beides sind nicht unbedingt meine größten Stärken.« Wieder lachte er laut und wie befreit. »Vielleicht ist ihm hier in der Tempelanlage ein Geist erschienen«, setzte er noch hinzu, »angeblich spuken hier übelwollende Dämonen herum. Aber mit deiner Hilfe kommt er bestimmt darüber hinweg.«

Grete hört kaum mehr zu, wenn Jack so daherredet. Sie versteht nicht, warum er sich noch immer vor ihr verstellt. Wieso er nicht offen ausspricht, was sie doch beide wissen: dass bei der Erschaffung von Lennys Doppelgänger etwas furchtbar schiefgegangen ist. In schrecklichen Qualen liegt Mikey da, stumm leidend wie Amfortas, und nur Grete kann ihn erlösen.

Aber wie, um Himmels willen, wie?

Noch immer fühlt sie das tiefe Glück, ihn wiedergefunden zu haben. Doch mehr und mehr mischt sich schlechtes Gewissen hinzu. Irgendwie hat sie eine Mitschuld an seinem Zustand. Aber wodurch?

Sie grübelt darüber nach, ohne einer Antwort näher zu kommen. Liebe und Zuwendung erhält Mikey von ihr im Übermaß, doch viel Geduld kann Jack nicht von ihr erwarten. Sie muss Mikey von seinen Qualen erlösen, so schnell wie irgend möglich. Aber was kann sie tun, um ihn aus der »schockhaften Versteinerung« zu befreien?

»Du musst aufwachen«, flüstert sie ihm zu, »hörst du mich, du musst zu dir kommen. Bitte, Mikey!«

Sirkhit hat ihr auf dem Nachtmarkt in Ubon Wäsche und Kleidung gekauft, alles billig und bunt. Anfangs kam sie sich verkleidet vor, aber das ging schnell vorbei. Es gibt hier keine Spiegel, nicht einmal Fensterscheiben, in denen sie sich bei Dunkelheit spiegeln könnte. Nur Mikeys Augen, in denen sich ihr miniaturisiertes Gesicht verdoppelt, wenn sie sich über ihn beugt.

Grete umsorgt ihn bei Tag und Nacht. Sie wechselt die Tücher, die als Windeln dienen, wäscht und rasiert ihn, bettet ihn um und cremt ihn ein. Sie befeuchtet seine Augen und Lippen, flößt ihm löffelweise Brühe ein, liest ihm vor und erzählt ihm alles, was ihr gerade durch den Kopf geht. Sie streichelt ihn und küsst ihn, legt sich zu ihm und umarmt ihn, doch er reagiert nie.

»Du musst aufwachen, Mikey«, raunt sie ihm ins Ohr. »Aus dem dunklen Ozean hochtauchen, bis du durch den Wasserspiegel brichst.«

Sie schiebt ihn in seinem Eisenbett auf quietschenden Rädern von Fenster zu Fenster, sodass er die Tempel und Paläste, Pagoden und Portale aus allen Blickwinkeln bewundern kann. Damit er aufrecht sitzen bleibt, schnallt sie ihn mit Riemen am Kopfende seines Bettes fest. Der Rücken mit Kissen ausgepolstert, ein Gurt um seine Brust, ein zweiter um seine Mitte, ein Riemen um seine Stirn. So schiebt sie ihn im Zimmer herum, erklärt ihm, was vor den Fenstern zu sehen ist.

Dann wieder erinnert sie ihn an ihre gemeinsamen Stunden, in Bangkok und Berlin. »Weißt du noch, Miko, wie wir getanzt haben?«, fragt sie etwa. »Weißt du noch, Lenny, der Mango Daiquiri, den du bei Mr Meier gemixt hast?« Sie erzählt ihm, wie er sie im *Dusit Thani* abgeschleppt hat oder wie sie ihn vor dem Archäologischen Institut angesprochen hat, sie singt ihm *»Us«* von James Bay vor, und er reagiert nie. Nur manchmal fließt eine Träne aus einem seiner smaragdgrünen Augen.

Grete verfällt in einen Trott aus Kummer und Pflichterfüllung. Sie ist bekümmert, weil sich sein Zustand nicht verbessert, und in gewisser Weise auch zufrieden, weil sie jetzt immer bei ihm sein kann.

Nur manchmal, wenn er schläft, schleicht sie aus dem Haus und läuft in der Ruinenstadt herum. Ob Mikey wach ist oder nicht, ist ihm nicht anzusehen, seine Augen sind immer weit offen. Aber Grete spürt es, wenn er noch tiefer versinkt, und dann eilt sie hinaus.

Sie muss herausfinden, wie alles zusammenhängt. Der Geisterschrein und der Steuerrad-Kult. Die Tempelstadt hier, die Santi Luang besitzt, und die Ausgrabungsstätte in der Uckermark, die der Duncker-Stiftung gehört. Und dann die Ruinenstadt nicht weit vom Mekong, in der Lenny letztes Jahr zu Ausgrabungen war … Ein Junge aus einem der umliegenden Dörfer ist dort tödlich verunglückt, angeblich durch rachsüchtige Geister, und Grete fragt sich immer wieder: Ist das hier auf dem Gelände passiert?

Es wäre der Beweis, dass alles so zusammenhängt, wie sie es sich zurechtgelegt hat. Im Grunde weiß sie längst, dass sie die

Mosaiksteinchen richtig zusammengefügt hat, nur manchmal noch fühlt sie einen nagenden Zweifel.

Vielleicht bist du ja verrückt, Grete? Und dein kunstvolles Mosaik ist nichts als ein wüster Scherbenhaufen?

Sie glaubt der zweiflerischen Stimme nicht, und doch hastet sie immer wieder durch die weitläufige Ruinenstätte, über gepflasterte Höfe, durch Wildwiesen und Trümmerfelder, im Schatten von Türmen und monumentalen Mauern, die mit Reliefs bedeckt sind. Fantastische Kreaturen, halb Drache, halb Löwe, Reptilwesen mit ledrigen Flügeln und senkrecht geschlitzten Augen, Priester mit Kutten und Kapuzen voll wabernder Schatten, Grete nimmt sie kaum noch wahr. Ein Museum menschlicher Albträume, denkt sie höchstens, aber das alles habe ich hinter mir.

Sie muss die Grabungsstätte finden, die Lenny ihr beschrieben hat, nur darauf kommt es jetzt an. Mit dem Loch, in das damals der Junge aus dem Dorf gefallen ist, so wie der unglückliche Mr Meier in der Uckermark. Es würde alles beweisen, denkt Grete. Die Augen würden ihr aufgehen, und sie würde verstehen, was sie tun muss, um Mikey aus der schockhaften Versteinerung zu befreien. Aus seiner Verzauberung zum Puppenmann …

Doch wie unermüdlich sie um Tempel- und Palastruinen streift, sie entdeckt nichts, was einem Schacht oder einer Grube über verschütteten Gewölben ähneln würde.

So vergehen die Tage. Als Grete eines Abends nachrechnet, wird ihr klar, dass Jack seit über einer Woche nicht mehr hier war. Und dass Sirkhit die Regale in der Vorratskammer bis unter die Decke gefüllt hat, bevor die beiden aufgebrochen sind. Mit Reis und Konserven, Tee und Kaffee. Jack hat den Tank am Stromgenerator überprüft und die Gaskartusche unter dem Herd ausgetauscht. Dann fuhren sie in dem nebelgrauen Van davon.

Er kommt nicht mehr zurück, denkt Grete.

Seltsam ist nur, dass er sein Notebook bei Mikey zurückgelassen hat. Auf einem der Tischchen, die normalerweise mit Büchern überhäuft sind. Anscheinend hat Jack den Computer absichtlich dort platziert.

Hin und wieder hat sie gesehen, wie er das Notebook aufklappte und eine Nachricht schrieb oder las. Anfangs überlegte sie, ob sie ihn bitten sollte, ihr den Computer kurz zu überlassen. Doch es ekelte sie bei der Vorstellung, mit irgendetwas oder irgendwem da draußen in Berührung zu kommen, und so bat sie ihn nie.

Aber seit sie weiß, dass Jack nicht zurückkommen wird, schleicht sie – buchstäblich oder in Gedanken – ständig um den silbrig schimmernden Apparat herum. Dabei verursacht ihr die Vorstellung, das Notebook auch nur aufzuklappen, fast schon Brechreiz. Sie hat schwitzige Hände. Ihr Herz hämmert. In ihrem Kopf schreien die Stimmen durcheinander wie schon lange nicht mehr.

Na los, mach schon, ruft Flori.

Die Wahrheit ist ein Chamäleon, ruft Alex Blumfeld.

Tu's nicht, Mädchen, murmelt Hannah mit Grabesstimme.

Grete fährt den Computer hoch und gibt *»Dr. Lenny Mong«* in die Suchmaske ein.

Du machst dich unglücklich, Kleines, brüllt Sascha, aber zu spät.

»Umstrittener Archäologe Lenny Mong (41) weiter im Koma – seine Geliebte Margarete M. (37) unter Verdacht«

Grete starrt die Schlagzeile an, die ihr von der Startseite der *Brandenburger Abendpost* entgegenflammt. Was soll das heißen? Wieso Koma?

Auf dem Foto unter dem Aufmacher ist Lenny kaum zu erkennen. Er trägt die Haare bis über die Ohren, und seine Wangen sehen rundlich aus. Dafür wirkt Grete auf dem zweiten Bild geradezu ausgezehrt. Beinahe wie Hannah, nachdem sie tagelang mit ihren Fantasy-Dämonen gerungen hat.

Grete fragt sich, woher die Zeitungsheinis das Foto haben. Vielleicht haben sie Hannah gefragt, und die hat ihnen ein Bild von sich selbst gegeben … Wie auch immer, Grete begreift gar nichts. Fahrig überfliegt sie die ersten Absätze des Berichts.

Auf den Archäologen Dr. Lenny Mong, der sich vor drei Wochen in einer steinzeitlichen Höhle in Brandenburg bei einem Sturz aus dreizehn Metern Höhe massive Schädel-Hirn-Verletzungen zugezogen hat (lesen Sie **hier** unseren ausführlichen Bericht), wurde möglicherweise ein Mordanschlag verübt. Bislang gingen die Ermittler vom LKA Potsdam von einem Unfall ohne Fremdverschulden aus. Neue Erkenntnisse zwingen nun aber zu einer radikalen Neubewertung der Geschehnisse.
Der US-amerikanische Forscher ist umstritten wegen seiner »Theorie frühgeschichtlicher globaler Netzwerke«, deren Mitglieder möglicherweise »Trancemeetings im Geisterreich« abgehalten hätten. In der Nacht zum 19. Mai dieses Jahres brach Dr. Mong allein zu einer Expedition in das labyrinthische Höhlensystem in der Uckermark auf. In der labilen Gesteinsstruktur geriet er auf eine teilweise kollabierte Felsschicht und stürzte in den darunter befindlichen Hohlraum.

Das Geheimnis um die Grubenlampen

Aus bisher nicht geklärten Gründen hatte der erfahrene Ruinen- und Höhlenforscher auf professionelle Ausrüstung verzichtet und führte lediglich eine Grubenlampe aus dem 19. Jahrhundert mit sich, ein museumsreifes Modell, das mit Benzin betrieben wird und teilweise aus nicht bruchfestem Glas besteht. Bei dem Sturz aus großer Höhe zerbrach der Glaszylinder, das austretende Benzin geriet in Brand, und die Flammen fügten Dr. Mong, der aufgrund seiner Schädel-Hirn-Verletzungen ohne Bewusstsein war, zusätzlich schwere Verbrennungen zu. Doch dasselbe Feuer sorgte dafür, dass der Wissenschaftler wenige

Stunden nach dem tragischen Ereignis entdeckt und in einer spektakulären Rettungsaktion lebend geborgen wurde. Am frühen Morgen des folgenden Tages bemerkte ein Forstmitarbeiter den Brandgeruch und die Rauchsäule über der Felsformation in dem unbesiedelten Sumpfgebiet. Er verständigte die Feuerwehr, wobei zunächst die Sorge im Vordergrund stand, dass ein Schwelbrand in tiefer gelegenen Torfschichten immense ökologische Schäden verursachen könnte. Dann wurde der Geländewagen des Wissenschaftlers entdeckt, man drang in die Höhlenstruktur vor, stieß auf den Schwerverletzten und die Überreste des Feuers, das mangels brennbarer Materialien weitgehend erloschen war.

Ein für das Nothilfe-Team unpassierbarer Kriechgang im Innern der Felsformation wurde durch kontrollierte Sprengung erweitert, der Archäologe per Helikopter ins Bergmann-Klinikum in Potsdam gebracht und durch eine sechsstündige Not-OP so weit stabilisiert, dass nach Auskunft der behandelnden Ärzte »derzeit keine akute Lebensgefahr« besteht. Jedoch liegt Dr. Mong seither im Koma, und die »durch zwischenzeitliche Unterbrechung der Sauerstoffversorgung bereits eingetretenen Hirnschädigungen« sind, so die Klinikärzte, »nach menschlichem Ermessen weitgehend irreversibel«.

Im Klartext: Der streitbare Forscher, der die etablierte Archäologie durch kühne Hypothesen herausgefordert hat, wird für den Rest seines Lebens körperlich und geistig schwerbehindert sein.

O Gott, das ist alles ihre Schuld … Grete bekommt kaum noch Luft. Ihr Herz rast, sie schwitzt am ganzen Körper. Jetzt endlich versteht sie, was so schrecklich schiefgelaufen ist. Wegen mir, denkt sie, nur wegen mir … Sie hatte es doch im Gespür!

Grete stöhnt. Sie hat sich einen der Sessel so zurechtgerückt, dass sie Mikey im Auge behalten kann, doch sie starrt nur ungefähr in seine Richtung, ohne ihn bewusst wahrzunehmen.

Also weiter … Was für *»spektakuläre neue Erkenntnisse«* denn, Herrgott noch mal … Ungeduldig scrollt sie weiter nach unten.

Die Spionin, die aus der Literaturszene kam

Laut Kriminalhauptkommissar Moritz Liebig (48) vom LKA Potsdam wurde kürzlich bei einer erneuten Begehung des Geschehensortes in der Uckermark ein Outdoor-tauglicher Tablet-PC mit einer illegalen Tracking-Software entdeckt. Bei der daraufhin angeordneten forensischen Untersuchung des von Dr. Mong benutzten Mercedes-Geländewagens wurde der entsprechende Tracker sichergestellt, »ein schwer zu detektierendes Profi-Tool«, so Liebig, »das man eher bei einem Geheimdienst-Einsatz erwarten würde«.

»*Geheimdienst-Einsatz*«? Grete schüttelt den Kopf. Was soll der Blödsinn?

Die auf dem Tablet gesicherten Fingerabdrücke stimmen mit Abdrücken auf der altertümlichen Grubenlampe überein, deren mangelnde Bruchfestigkeit zum Ausbruch des Feuers geführt hat. In dem Höhlensystem wurde zudem eine weitere museale Grubenlampe aufgefunden, die jedoch mit einem Zylinder aus bruchfestem Jenaer Glas ausgestattet war, der sogar die Teilsprengung der Gesteinsstruktur unbeschadet überstanden hat.

Was hat es mit dieser zweiten Lampe auf sich? Gab es doch einen weiteren Teilnehmer der nächtlichen Expedition? Aus welchem Grund wurden überhaupt derart altertümliche Leuchtmittel eingesetzt?

Auf der Suche nach Antworten stießen die Ermittler auf den Antiquitätenhändler Kolja P. (39) in Berlin-Marienfelde. Der Deutsche mit russischen Wurzeln erinnerte sich an eine etwa 35-jährige Frau, der er beide Lampen verkauft hat – just an dem Tag, bevor Dr. Mong zu dem verhängnisvollen Höhlentrip aufbrach. Durch weitere Nachforschungen konnte die Kulturwissenschaftlerin und PR-Expertin Margarete M. (37) als Käuferin der Lampen identifiziert werden.

Damit wird der Fall vollends mysteriös. Am selben Tag, an dem Margarete M. die Grubenlampen erstand, akzeptierte sie ein Stellenangebot der Berliner Niederlassung der US-amerikanischen Tom-Duncker-Stiftung, die Dr. Mongs Forschungsaufenthalt in Deutschland und seine archäologischen Ausgrabungen in der Uckermark finanziert. Nach Auskunft von Lilly H. (58), Leiterin des Berliner Stiftungsbüros, sollte Margarete M. zunächst als persönliche Assistentin von Dr. Mong eingesetzt werden.

Bei der kriminaltechnischen Untersuchung von Dr. Mongs Berliner Wohnung fanden sich Hinweise auf eine sexuelle Beziehung zwischen dem Archäologen und der PR-Expertin, die in der Verlagsbranche einen Ruf als Literaturvermittlerin hat, zuletzt aber vor allem durch häufige Stellenwechsel und unzufriedene Autoren von sich reden machte.

Als sicher gilt laut Hauptkommissar Liebig unterdessen, dass Margarete M. ihrem Geliebten und designierten Vorgesetzten Dr. Mong in der fraglichen Nacht heimlich gefolgt ist. Ihre Fingerabdrücke wurden nicht nur auf beiden Grubenlampen – beziehungsweise deren Überresten – sichergestellt, sondern auch auf dem Tablet-PC mit der Tracking-Software. DNA-Spuren, die Margarete M. zugeordnet werden konnten, fanden sich außerdem an mehreren Stellen innerhalb der Höhlenstruktur.

Hatte Margarete M. den Auftrag, Dr. Mong zu töten?

Ihre Stelle bei der Stiftung hat Margarete M. nie angetreten. Unmittelbar nach den Geschehnissen im uckermärkischen Sumpfgebiet bestieg sie in Berlin-Tegel ein Flugzeug und flog über Singapur nach Bangkok, wo sich ihre Spur verliert.

Derzeit werde, so Hauptkommissar Liebig vom LKA Potsdam, »der gesamte Fall mit Hochdruck neu aufgerollt«. Die Tracking-Technik und das professionelle Vorgehen der Margarete M. ließen einen Spionagehintergrund denkbar erscheinen. Möglicherweise wurde Margarete M. durch einen ausländischen Geheimdienst gezielt in die Stiftung eingeschleust. Aktuell gehe man »diversen biografischen Auffälligkeiten« im Lebenslauf von Margarete M. nach, zu denen man aus ermittlungstaktischen Gründen im Moment keine näheren Angaben machen könne.

Für einen Spionagefall bietet die Tom-Duncker-Stiftung eine geradezu perfekte Kulisse. Ebenso wie der umstrittene Wissenschaftler Dr. Mong haben auch die Stiftung und ihr Gründer, Tom Duncker, ein schillerndes Image. Bei vielen Forschungsprojekten, die von der Stiftung unterstützt werden, geht es um »›alternative Kommunikations- und Realitätsdimensionen« wie Telepathie, Fernhypnose oder »schamanisches Reisen« in außerkörperliche Welten, in denen Duncker-Stipendiaten angeblich sogar »spiritistische Konferenzen« abhalten.

Kritiker von der NGO »Follow the Science« betonen, dass das Forschungskonzept der Stiftung »mit dem wissenschaftlichen Grundkonsens unvereinbar« sei. Insbesondere Dr. Mong wird vorgeworfen, »irrationale Narrative« zu konstruieren, denen er durch »absichtliche Dekontextualisierung und willkürliche Collage empirischer Exponate einen Anstrich von Plausibilität« zu geben versuche …

Ein Stöhnen schreckt Grete auf. Was ist das? »*Wuuawee …*« Es klingt wie dumpfes Rufen aus traumverlorenem Schlaf.

Mikey?

Grete stellt das Notebook auf das Tischchen zurück und eilt zu seinem Bett.

Er liegt da wie immer. Mager, fast knochig unter dem dünnen weißen Laken. Den starren Blick zur Decke gerichtet.

»Mikey? Du hast eben … gerufen.« Gretes Herz klopft wie wild. »Das habe ich mir doch nicht eingebildet, oder?« Sie streicht ihm übers Haar.

Keine Reaktion.

»Bitte wach doch auf«, flüstert Grete. »Es ist alles meine Schuld, ich weiß ja. Aber bitte wach auf, damit ich …«

Sie starrt ihn an. Hat er eben die Lider bewegt? Ja! Flatternd und nur ein winziges bisschen, aber er hat sie bewegt …

»Mein Liebster, alles wird gut. Ich verspreche es dir.« Sie flüstert es, über ihn gebeugt. Ihre Tränen tropfen ihm aufs Gesicht.

Alles, was sie in der Zeitung über kriminelle Motive oder angebliche Spionagehintergründe geschrieben haben, ist reine Fantasterei.

»Es ist genau andersherum«, flüstert Grete. »Sie glauben, dass ich Lenny umbringen wollte. Dabei bin ich schuld daran, dass ihr beide noch am Leben seid … auf diese schreckliche, puppenhafte Art …«

Schluchzend bricht sie auf ihm zusammen. »Was soll ich nur machen, Mikey?«

Sie spürt, wie etwas über ihre Wange streicht, zart wie Schmetterlingsflügel. Seine Wimpern! Er hat wieder die Lider bewegt …

Eine ungeheure Aufregung ergreift sie. Er will mir etwas sagen, denkt Grete. Er kennt die Lösung, natürlich kennt er sie. Mikey weiß genau, was ich jetzt machen muss.

Aber wie kann er sich ihr verständlich machen? Er kann ja nicht sprechen, sich nicht bewegen, nur die Lider heben und senken …

Oder nicht einmal das? Plötzlich ist sie sich nicht mehr sicher. Hat sie sich nur eingebildet, dass er die Augen geschlossen und wieder geöffnet hat? Und dieses Stöhnen eben, kam das etwa von ihr selbst?

Grete hebt den Kopf, sieht Mikey lange an. Ohne eine Wimper zu regen, starrt er durch sie hindurch.

Trotzdem, sie hat sich nicht getäuscht. Sie hat es mit eigenen Augen gesehen. Und gespürt, wie seine Wimpern ihr hauchzart über die Wange fuhren.

Bestimmt war das schrecklich anstrengend für ihn. Jetzt muss er erst einmal neue Kräfte sammeln.

»Schlaf schön, Mikey.« Sie haucht ihm einen Kuss auf den Mund. »Und schick mir eine Traumbotschaft, wenn du kannst.«

Sie lächelt ihn an. Ihre Augen werden wieder feucht. Bevor sie ihn erneut mit ihren Tränen volltropfen kann, richtet sie sich auf und kehrt zu ihrem Sessel zurück.

Schon die Nächte davor hat Grete in seinem Zimmer verbracht. Die Füße auf einem Schemel, die Decke mit dem Spiralmuster über den Beinen, fällt sie in dem Sessel meist rasch in Schlaf, aus dem sie genauso schnell wieder hochfährt.

Wie immer gehen die Lichter um elf mit einem Knacken des Zeitschalters aus. Vor den hohen Fenstern funkeln die Sterne über den schwarzen Ruinen. Sichelscharf senst der Mond durch die weichen Wolkenbäuche.

Im Dunkeln weiß Grete nicht, ob ihre Augen offen oder zu sind. Sie hört die Rufe der Nachtvögel und das Trappeln kleiner Beutetiere auf der Flucht. Sie sieht den Schatten des geflügelten Jägers, der über den weiten Platz zwischen ihrem Haus und dem monumentalen Gemäuer gegenüber streicht. Schon stößt er hinab, mit dem gebogenen Schnabel voran. Gleich darauf ertönt der Todesschrei des Kaninchens oder Hasen, dann kehrt wieder Stille ein.

Grete dämmert vor sich hin. So einfach, wie sie es vorhin zu Mikey gesagt hat, wird es nicht gehen. Aber sie müssen einen Weg finden, um miteinander zu kommunizieren. Er muss ihr mitteilen, wie sie ihn da herausholen kann. Aus dem Ozean des Unbewussten, aus dem er allein nicht aufzutauchen vermag.

Wenn irgendwer das schaffen kann, sagt sich Grete, dann doch wohl sie beide. So weit sie zurückdenken kann, wurde sie immer für ihre »kommunikative Gabe« gelobt. Von ihren Chefinnen und Klienten, von Kolleginnen und Lehrern, ab und zu sogar von Hannah. Und von all dem kostbaren Wissen, das Lenny über »alternative Kommunikationsdimensionen« herausgefunden hat, muss doch ein wenig auch in Mikeys Bewusstsein gelangt sein. Techniken für Gedankenübertragung, Fernhypnose, was auch immer. Genug, um zwischen ihnen beiden eine Verbindung herzustellen, die es möglich macht, die entscheidenden Informationen zu übertragen.

Er ist schließlich Lennys Doppelgänger, da ist sich Grete sicher. Lenny hat ihn erschaffen, und sein Plan war es, die »Verschränkung« zwischen ihm und Mikey zu lösen, kurz bevor sein Körper durch den Sturz in der Höhle den Tod gefunden hätte. So hätte er seine vollständige »Mentalstruktur« – sein Bewusstsein, sein Ich, wie auch immer – auf Mikey übertragen und wäre mit diesem neuen Körper zu ihr zurückgekehrt.

Doch sie hat es grauenvoll verpfuscht. Aus Liebe zwar, um ihn zu beschützen, aber das ändert nichts daran, dass sie an seiner schrecklichen Lage schuld ist. An seiner Entzweiung in Lenny und Mikey, zwei identische Körper im Koma, und in jedem von ihnen ist ein Teil seines Geistes eingesperrt …

Grete drückt sich eine Faust vor den Mund, um nicht zu schreien. Hätte sie sich doch nicht eingemischt! Sie, allein sie hat den Übergang seiner »Mentalstruktur« in seinen Doppelgänger blockiert. Nur durch ihren Fehler mit der Grubenlampe wurden die ungebetenen Helfer herbeigerufen, die Lennys Körper am Leben halten.

Ja? Stimmt das so? Sag doch etwas, Mikey …

Grete horcht in sich hinein. *Gib mir ein Zeichen*, beschwört sie ihn. Doch außer seinen mühevollen Atemzügen und den Rufen der Nachtvögel ist nichts zu hören.

In Gedanken stellt sie ihm die nächste Frage.

Warum bringt der Schattenmann nicht zu Ende, was – wegen mir – in der Höhle unvollendet geblieben ist? Sein Doppelgänger – Malte – war doch auch dort. Ich habe ihn ja gesehen, als flackernden Schemen, und im Kriechgang hinter mir schnaufen und schleifen gehört.

Warum, Mikey? Bitte erkläre es mir. Warum ist er nicht längst schon in die Klinik in Potsdam gegangen, hat sich Zutritt zu Lennys Zimmer verschafft und es zu Ende gebracht?

Sie sieht vor sich, wie Malte durch Hallen und Flure schleicht, sich über Lennys Bett beugt, mit den abartig großen Händen das Kissen unter seinem Kopf wegzieht und auf Lennys Gesicht drückt. Sekundenlang zuckt und zappelt der geschwächte Körper noch, dann ist es vorbei. Die Apparate hören auf zu blinken und zu piepen. Ein Dauerton zeigt das Erlöschen von Herz- und Hirnfunktionen an.

O Gott, wie grauenhaft … Es zerdrückt ihr fast das Herz. Und doch würde Malte damit zu Ende bringen, was er in der Höhle nicht abschließen konnte. Durch ihre Schuld.

Aber so funktioniert es offenbar nicht, sagt sich Grete. Sonst hätte er es doch längst getan. Anscheinend muss da, wo der Absturz erfolgt, auch der physische Tod eintreten … wie bei Miko … wie ein Taucher durch den Wasserspiegel bricht und ins Meer eintaucht, mit dem Kopf voran …

Wieder sieht sie es vor sich, in zerhackten, wie überbelichteten Bildern. Miko, wie er, vom Schattenmann geworfen, kopfüber in die Tiefe stürzte. Wie er auf dem Asphalt lag, die eine Schädelhälfte zerschmettert, die andere Seite unversehrt, und sein Auge starrte zu ihr hinauf … Und genauso hat auch Lenny in der Grube hinter der »Kapelle« gelegen … weil er genauso kopfüber hinabgestürzt ist … wie ein Taucher, der sich per Kopfsprung in die Tiefe katapultiert …

Nie zuvor hat Grete so klar gesehen. Mit klopfendem Herzen sitzt sie im Dunkeln und weiß, dass es so und nicht anders war.

Drei: Er springt in die Tiefe, mit dem Kopf voran. *Zwei:* Er schlägt unten auf, der Schädel zerplatzt. *Eins:* Sein Geist durchbricht den Spiegel und taucht zum Grund des Ozeans hinab. *Null:* Er erreicht den Tunnel unter dem Unbewussten …

Es geht um diese *Durchlasspunkte,* die du präzise treffen musst, sagt sich Grete. Nicht drei Meter links oder rechts, sondern ganz genau den Punkt, der für deinen Geist durchlässig ist. Die *»Nachtpassage«, die »dunkle Tür«,* wie auch immer … Sodass du hinabjagen kannst, im nächsten Moment unter dem untertunnelten Unbewussten bist und von dort *»ohne den kleinsten Zeitverbrauch«* in den Körper deines Doppelgängers gelangst, dessen Geist mit deinem verschränkt ist …

Doch dafür muss der Körper, mit dem du gesprungen bist, *sterben*, sonst bleibt ein Teil von dir darin eingesperrt. Und weil der Doppelgänger dein dreidimensionales Spiegelbild ist, fällt er der gleichen Starre anheim wie du selbst.

Ja, Mikey? Ist das richtig so? Habe ich es jetzt verstanden?

Grete lauscht im Dunkeln zu ihm hinüber. Er antwortet nicht, aber das ist auch nicht nötig.

So aufgeregt sie eben noch war, so ruhig fühlt sie sich jetzt. Lenny hatte den Steuerrad-Code entschlüsselt und wollte testen, ob er funktioniert. Und er hätte funktioniert, da ist sich Grete sicher.

Bestimmt kannten die Eingeweihten vom Steuerrad-Orden eine Formel, um zu berechnen, wo genau die Durchlasspunkte sind. Die »Wurmlöcher« oder wie auch immer, hauchfeine Röhren, die von der Erdoberfläche ins Geisterreich führen …

Einer dieser Punkte ist in Bangkok, auf dem Hinterhof des *Dusit Thani*, ein anderer in der Höhle in der Uckermark. Und der Schattenmann ist tatsächlich so etwas wie ein spiritueller Geburtshelfer, das hat sie also ganz richtig erahnt. Er soll dafür sorgen, dass sein Schützling beim Kopfsprung exakt die richtige Stelle trifft. Damit nichts schiefgeht, wirft er selbst ihn mit seinen Riesenpranken hinab.

Wie falsch sie lag, hält sich Grete vor, als sie glaubte, der Schattenmann hätte Miko ermordet. Das Gegenteil stimmt doch: Er hat Miko in sein neues Leben katapultiert. Bei Lenny dann genauso, doch jetzt hat sie es ja kapiert. Und mit ihrer Suche nach dem Schacht hier in der Ruinenstadt war sie sogar schon vorher auf der richtigen Spur.

Irgendwo hier auf dem Gelände muss der Schacht sein, auf den jetzt alles ankommt. Nur ist er unendlich viel *kleiner*, als sie bisher geglaubt hat. Eine *»unsichtbare Tür«* wie in Hannahs Geschichte, die nur derjenige sehen kann, der die Steuerrad-Formel kennt.

Und doch muss sie diesen Durchlasspunkt finden, denkt Grete, um Lenny-Mikey aus der albtraumhaften Verpuppung zu befreien. Ihn finden und zu Ende bringen, was durch ihre Schuld so schrecklich ins Stocken geraten ist.

Mit der ersten Morgendämmerung legt Grete los. Sie hat die Nacht schlaflos verbracht, doch sie fühlt sich frisch und klar. Sie weiß jetzt, was sie suchen muss, und sie wird nicht damit aufhören, bis sie es gefunden hat.

Sie füttert und säubert Mikey, zärtlich wie immer, auch wenn sie ihre Ungeduld nur mühsam zügeln kann. »Ich liebe dich«, flüstert sie ihm ins Ohr, als sie seinen Oberkörper anhebt, um das Laken unter ihm glattzuziehen.

Sie bettet ihn zurück auf das Kissen, das sie für ihn aufgeschüttelt hat. »Das weißt du doch, Mikey? Dass du die Liebe meines Lebens bist?«

Er senkt die Lider, nur kurz und flatternd, aber sie hat es gesehen. Ihr Herz flattert im gleichen Takt.

»Wenn du einmal die Augen schließt«, sagt sie, »heißt das *Ja*. Okay?«

Er blinzelt erneut.

»Und wenn du zweimal die Augen zumachst, heißt das *Nein*. Okay?«

Wieder blinzelt er. Grete holt tief Luft.

»Hast du Hunger, Mikey?«

Er starrt zur Decke hoch, als hätte er nichts gehört.

Grete beobachtet ihn unruhig. Wenn er wieder nur einmal blinzelt, heißt das, dass er sie nicht versteht. Mikey hat nie Appetit, sie schafft es nur selten, ihm über den Tag verteilt mehr als ein paar Löffel Brühe einzuflößen.

»Bist du hungrig, Mikey?«, wiederholt sie lauter.

Diesmal reagiert er. Er blinzelt einmal, zweimal, Grete sieht es klar und deutlich. Dann starrt er wieder zur Decke hoch.

Sie beugt sich über ihn und küsst ihn auf die Stirn. »Großartig, Liebster«, flüstert sie. »Ich bin bald wieder da.«

Grete ist schon fast aus der Tür, da zieht etwas sie wie an unsichtbaren Fäden zurück. Sie geht zu ihrem Sessel, fährt das Notebook hoch und ruft die Startseite der *Brandenburger Abendpost* auf.

»Umstrittener Bewusstseinsforscher immer noch bewusstlos«, schreit ihr die Schlagzeile entgegen.

Grete stöhnt auf. O Gott, Lenny, wie du leiden musst durch meine Schuld …

Obwohl Dr. Mongs Zustand weiterhin stabil ist, schlagen die behandelnden Mediziner immer pessimistischere Töne an. Bisher sei es nicht gelungen, ihn aus dem Koma aufzuwecken, heißt es in der jüngsten Pressemitteilung des Klinikums in Potsdam. Möglicherweise werde der Archäologe noch viele Jahre mithilfe der modernen Apparatemedizin weiterleben, ohne das Bewusstsein wiederzuerlangen. Es wäre die tragische Pointe im Leben des schillernden Wissenschaftlers, der nach Überzeugung seiner Kritiker durch fragwürdiges Forschungsdesign suggerieren wollte, dass sich der menschliche Geist vom Körper losgelöst durch Raum und Zeit bewegen könne. Stattdessen scheint der abgestürzte Bewusstseinsforscher nun für den Rest seiner Tage bewusstlos in seinem schwerstgeschädigten Körper eingesperrt zu sein.

Das wird garantiert nicht passieren, Liebster … Grete knirscht mit den Zähnen. Wie sie diese Zeitungsschmierer verachtet. Und die neunmalklugen »Kritiker«, die keine Ahnung haben, was Lenny herausgefunden hat!

Ihr werdet euch alle noch wundern … Fahrig scrollt sie weiter nach unten. ***»Doppelmord-Verdächtige mit internationalem Haftbefehl gesucht«,*** flammt ihr die nächste Schlagzeile entgegen.

Kurz fährt Grete der Schreck in die Glieder, doch dann muss sie lachen. Sie sieht Sascha vor sich, wie er sich immer über Floris »Enthüllungsstorys« amüsiert hat. »Oh, der Herr Sensationsreporter hat wieder mal Abgründe aufgedeckt«, lobte er höhnisch seinen Schwiegersohn, und Flori wand sich vor Wut, die er nicht offen zu zeigen wagte.

»Die Hinweise haben sich verdichtet«, heißt es in dem weitschweifigen Artikel, *»dass Margarete M. bereits im Februar dieses Jahres in einem Luxushotel in Bangkok in einen mysteriösen Todesfall verwickelt war, der auffällige Parallelen zu dem mutmaßlichen Mordanschlag auf Dr. Lenny Mong aufweist.«*

Es folgen wolkige Spekulationen, was sich *»in der möglichen Mordnacht in der Hotelsuite abgespielt hat«*. Der Name des vermeintlichen Opfers wird ebenso wenig genannt wie der Name des Hotels, in dem *»Margarete M. allem Anschein nach ihr argloses Opfer heimtückisch vom Balkon in die Tiefe stieß«*. Beim LKA Potsdam gehe man davon aus, *»dass die in beiden Fällen dringend tatverdächtige Margarete M. in Thailand oder einem Nachbarland untergetaucht ist und über kurz oder lang den örtlichen Polizeibehörden ins Netz gehen wird«*.

Neben dem Artikel ist ein Foto, auf dem Grete sich nur mit Mühe erkennt. Es muss im Februar in Bangkok aufgenommen worden sein, beim ersten Superbo-Meeting im *Dusit Thani*, als sie alle in die Kameras smilen sollten. Zwei Fotografen machten Gruppenfotos und Einzelaufnahmen, und auf dem Porträt, das die Redaktion ausgewählt hat, wirkt Grete so erstarrt wie ein Reh, das bei Nacht von Scheinwerfern erfasst worden ist.

Ich bin kein Reh, denkt sie mechanisch, aber es spielt sowieso keine Rolle mehr. Weder die Zeitungsschmierer noch die Polizisten haben auch nur die blasseste Ahnung, was wirklich passiert ist. Und weiterhin geschieht, denn der Countdown ist noch lange nicht vorbei.

Der Tod ist eine Illusion, sagt sich Grete. Zumindest für die, die das Geheimnis des Steuerrad-Ordens kennen …

Sie stellt das Notebook auf den Tisch zurück und eilt nach draußen.

Als Erstes geht Grete zum Geräteschuppen hinter ihrem Haus. Es steht auf der großen Plaza, die Jack zufolge vor zweitausend und mehr Jahren das Zentrum der einstigen Palast- und Tempelstadt bildete. Zwischen den monumentalen Bauten wirkt das eingeschossige Häuschen mit dem roten Wellblechdach kümmerlich und deplatziert.

Laut Jack wurde es erst vor wenigen Jahren errichtet, wobei herumliegende Ruinentrümmer als Baumaterial dienten. Eigentlich sollten hier auf der Plaza weitere solcher Häuschen entstehen, als Unterkünfte für Touristen, die die ausgedehnte Ruinenstadt erkunden wollten. »Aus irgendeinem Grund hat Santi Luang diesen Plan nicht weiterverfolgt«, erzählte Jack, als er Grete auf dem Gelände herumführte.

»Vielleicht wollte er die Geister nicht verärgern«, warf sie ein.

Jack sah sie mit großen Augen an. »Wie auch immer«, sagte er und zeigte ihr den Schuppen hinter dem Haus, der den Stromgenerator beherbergt und Unmengen an Baumaterialien, Werkzeugen und sonstiger Gerätschaft enthält.

Sie braucht ein Fernglas und ein Seil, und beides hat sie damals im Schuppen gesehen. Grete zieht die einfache Holztür auf und tritt ein.

In der Luft ein Geruch nach feuchtem Holz, Schimmel und Benzin. Ritze und Spalten in den Bretterwänden malen Muster auf die Regale voller Kästen mit Nägeln und Schrauben, die säuberlich aufgereihten Hämmer und Sägen. An einer Wand sind Bretter gestapelt, daneben liegt ein rostiger Flaschenzug, halb begraben unter einem Haufen Wellblech. Der Generator, ein dunkler, wuchtiger Kubus, steht vor der rückwärtigen Wand, eingepfercht zwischen Benzintanks.

Grete nimmt ein aufgerolltes Seil vom Haken, hängt es sich über die Schulter und sieht sich suchend um. Wo ist das Fernglas, das hat sie doch nicht nur geträumt?

Seit sie hier ist, träumt sie kaum noch, als hätte sie auch das hinter sich. Oder ist das alles hier ein nach außen gestülpter Traum?

Blödsinn, Grete … Sie schüttelt den Kopf, nimmt sich die nächste Regalreihe vor.

Farbeimer und Pinsel, Lampen und Glühbirnen … Das reinste Warenlager, und die Schuppentür lässt sich nicht einmal abschließen. Ein Wunder, dass das Zeug noch nicht geklaut worden ist, allerdings hat sie hier in der Ruinenstadt noch nie einen anderen Menschen gesehen.

Ah, da ist es ja … Ein *Nikon Monarch,* das gleiche Modell, das Sascha immer im Handschuhfach hatte. Grete nimmt es aus dem Regal, poliert die Okulare mit dem Ärmel ihres bunt bedruckten Leinenhemdes. »Ein solides Jagdglas, wetter- und stoßfest«, sie hat Saschas Stimme noch im Ohr. Und der Name, *Monarch,* gefiel ihm natürlich auch.

Grete macht, dass sie weiterkommt. Das Seil über der Schulter, das Fernglas am Riemen um den Hals, marschiert sie durch Gras und Gestrüpp zu dem monumentalen Flachbau auf der anderen Seite der Plaza. Dort wird sie mit der Suche beginnen.

Es ist die Stunde, in der die Vögel den neuen Tag begrüßen, ein tausendstimmiges Tirilieren, das alle Sinne vibrieren lässt. Dabei ist von der Plaza aus kein einziger Vogel zu sehen. Sie müssen in den Ruinen versteckt sein, in den Bäumen, die aus Dächern und Fenstern ragen, in den Gehölzen, die sich – wie Negative von Lichtungen – auf den kleineren Plätzen zwischen Tempeln und Palästen drängen.

Anfangs spürte Grete den Drang, gleichfalls zu schreien, wenn – immer zum Sonnenauf- und -untergang – die Kakofonie der Vögel losbrach, doch mittlerweile irritiert es sie kaum mehr.

Auch den kolossalen Bauwerken um sie herum schenkte sie bisher wenig Beachtung. Wenn sie in der Tempelstadt umherstreifte, war ihr Blick meist auf den Boden gerichtet. Sie suchte ja einen Schacht ähnlich dem vor der Felsformation in der Uckermark.

Doch nun weiß sie, dass sie einen viel *kleineren* Durchlasspunkt finden muss, und eigentlich ist diese Aufgabe sogar leichter. Das gesamte Areal umfasst laut Jack hundertdreißig Hektar, und der Schacht, den sie bislang gesucht hat, könnte irgendwo auf dem Gelände sein.

Der Durchlasspunkt aber, den sie nun finden muss, weist zwei auffällige Merkmale auf. Er muss sich unter einer hinreichend hohen Absturzstelle befinden – einem Turm, einem Tempel, was auch immer –, und er muss mit dem Steuerrad-Symbol markiert sein.

Auf dem Parkplatz hinter dem *Dusit Thani* war diese Markierung natürlich von Asphalt und was sonst noch allem überlagert, und in der Höhlenformation hat Grete nicht darauf geachtet, ob da, wo Lenny hinabgestürzt ist, ein Steuerrad-Zeichen in den Boden eingemeißelt war. Aber auch diese beiden Punkte müssen ursprünglich markiert gewesen sein, damit die Reisenden ihre *dunkle Tür* nicht verfehlten. Und hier in der Tempelstadt, die seit Jahrtausenden im Dornröschenschlaf liegt, muss die ursprüngliche Kennzeichnung heute noch sichtbar sein.

Ihre Aufgabe ist also nicht leicht, aber lösbar, macht sich Grete Mut. Ein hoch aufragendes Bauwerk, in dessen nächstem Umkreis das wohlbekannte Symbol in den Boden eingemeißelt ist, müsste aufzuspüren sein. Eigens dafür hat sie das Fernglas und das Zwanzigmeterseil aus dem Schuppen geholt. Die Treppen an den altertümlichen Gebäuden sind vielfach in schlechtem Zustand, die Stufen wild übereinandergetürmt, das zumindest ist ihr auf ihren Streifzügen aufgefallen. Mit dem Seil kommt sie trotzdem überall hinauf, und mit dem *Monarch* kann sie von Türmen und Dächern aus nach dem Steuerrad-Zeichen Ausschau halten.

Das mächtige Bauwerk an der Schmalseite der Plaza wirkt aus der Nähe noch beeindruckender als von ihrem Fenster aus. Grete legt den Kopf in den Nacken und schaut an dem schwarzen Gemäuer empor. Zwölf, fünfzehn Meter hoch ragt es vor ihr auf. Die gleichförmigen Bogenfenster, jeweils sieben auf drei Etagen, sind mit Säulen untergliedert, die das Reliefband unter dem Dachfirst zu tragen scheinen.

Laut Jack handelt es sich um den einstigen Königspalast. Ursprünglich diente er auch als Plattform für diverse Tempel und Türme, in denen »die mächtigsten Götter« verehrt wurden. Von den Bauten auf dem Dach seien aber nur noch einige Überreste vorhanden, während der Palast selbst erstaunlich gut erhalten sei.

Das Hauptportal ist geformt wie ein aufgerissenes Maul und an den Seiten mit Skulpturen geschmückt, die wie Zähne aufgereiht sind. Daneben führt eine kolossale Treppe zum Dach empor.

Grete klettert mühevoll hinauf. Schon um diese frühe Stunde ist es wieder drückend schwül. Der Schweiß tropft ihr aus den Haaren. Um auch für schwierige Kletterpartien gerüstet zu sein, hat sie die pinkfarbenen Jeans mit Glitzerstrass und die Fake-Puma-Schuhe angezogen, dazu das schreiend bunte, langärmlige Hemd, alles vom Nachtmarkt in Ubon.

Als sie das Dach erreicht hat, ist ihr ein wenig schwindlig. Träge ziehen Wolken vorüber, dunkel und so nah, dass sie fast hineingreifen könnte. Schwer atmend schaut sie sich um.

Der Pagodenturm linker Hand ist zur Hälfte eingestürzt. Zu ihrer Rechten verteilen sich die Überreste einer Art Kapelle auf dem Palastdach, umgeben von Säulengängen wie bei einem Kloster.

Ihr Häuschen mit dem rostroten Blechdach sieht von hier oben noch mickriger aus. Grete richtet das Fernglas auf Mikeys Fenster, doch in seinem Zimmer ist es so düster, dass nur ein paar Umrisse zu erahnen sind. Warum hat sie nicht daran gedacht, ihn vors Fenster zu schieben, aufrecht sitzend und angegurtet? Dann könnte er ihr bei der Suche zusehen.

Grete tritt vor die niedrige Brüstung am Rand des Daches und richtet das *Monarch* nach unten. Zwischen Gras und Gestrüpp ragen geborstene, ineinander verkeilte Steinplatten empor. Wie soll sie in diesem Durcheinander das Steuerrad finden? In einem Wirrwarr wie aus verklumpten Schatten und borstigem Haar … Auch wenn das Zeichen dort irgendwo eingemeißelt ist, hat sie keine Chance, es von hier oben aus zu erspähen.

Was für ein Irrsinn, denkt Grete, ihr Plan kann nicht aufgehen. Was hat sie sich nur dabei gedacht? Anstatt vom Dach aus mit dem Fernglas Ausschau zu halten, müsste sie unten auf allen vieren um den Palast herumkriechen und die Bodenplatten eine nach der anderen absuchen. Wie das grinsende Reptil in der Höhlenstruktur, nicht wie der Steuermann auf dem Kommandodeck, mit dem Samuel Eschen in der *Untertunnelung des Unbewussten* das logisch planende Bewusstsein vergleicht …

Aber das wäre noch aussichtsloser, wird ihr dann klar. Sie würde Tage brauchen, um auch nur den Boden im unmittelbaren Umkreis dieses einen Gebäudes zu untersuchen. Und warum wollte sie eigentlich gerade hier beginnen? Das ergibt erst recht keinen Sinn.

Der Palast ist zwar hoch genug für einen Sprung oder Sturz nach Art der Reisenden vom Steuerrad-Orden. Doch die werden ihr spektakuläres Ritual ja nicht gerade hier auf der zentralen Plaza durchgeführt haben, unter den Augen der staunenden Menge …

Aber wo sonst?

Grete tritt von der Brüstung zurück und sieht sich neuerlich um. Endlos erstreckt sich die Stadt in alle Himmelsrichtungen. Sie hebt das *Monarch* vor die Augen, doch in der Vergrößerung sieht alles noch labyrinthischer aus. Eine unabsehbare Abfolge von Palästen, hoch aufragenden Tempeln und Türmen, deren Kuppeln wie Möbiusbänder in sich verschlungen sind. Wie soll sie das Steuerrad-Symbol aufspüren im Tohuwabohu aus Trümmern und Gestrüpp, das überall den Boden bedeckt? Wieso hat sie überhaupt geglaubt, dass sie diese Aufgabe lösen könnte? Mit Fernglas und Seil, wie Sascha bei seinen »Nachtmanövern«. Entmutigt setzt sie sich auf die oberste Treppenstufe und schaut über den Platz.

Das »Nachtmanöver« … So lange hat sie nicht mehr daran gedacht, doch jetzt wird es in ihr wieder lebendig. Durch das *Monarch* vielleicht, sein Gewicht an ihrem Hals, die kühle Glätte des schwarzen Apparates in ihrer Hand. Oder durch das Klappmesser in ihrer Jeanstasche, das sie in der Küche entdeckt hat und bei ihren Streifzügen in der Ruinenstadt immer mit sich führt. Nur für alle Fälle. Es erinnert sie an das Schweizer Armeemesser, das Sascha ihr geschenkt hat, als er Hannah und sie zum ersten Mal in ihrer Dachwohnung besuchte.

Ach, Sascha, denkt Grete, sehnsüchtig und mehr noch schaudernd.

Das Nachtmanöver fand jedes Jahr im Sommer statt und dauerte ein ganzes Wochenende. Sascha teilte die Jungs in zwei Gruppen auf, die im Taunus durch Waldschluchten schleichen und einander ausspähen mussten. Mit zwölf durfte Grete einmal mit, im Schlepptau von Sascha, der die Aktion als »Oberbefehlshaber« leitete. Sie schlief in seinem Zelt, allerdings kamen sie kaum zum Schlafen. Sascha war so stark, so liebevoll. Er war ihr König, sie war hingerissen von ihm. So wie er von Hannah. So starrten sie jeder die angehimmelte Person an, ohne sich jemals an ihr sattzusehen. Und ohne sie je zu verstehen.

Auf dem Höhepunkt des Nachtmanövers wurde die eine Gruppe von der anderen umzingelt. Es gab einen heftigen Kampf, im flackernden Licht mehrerer Feuer, mit Schreien und Flüchen und dem trockenen Ton der Schwerter, die aufeinanderschlugen.

Grete sah vom Hochstand aus zu, mit glühenden Wangen, Schulter an Schulter mit Sascha, das Jagdglas an die Augen gedrückt. Die Umzingelten waren schnell besiegt; allzu schnell, fand Grete. Die Schwerter waren aus Holz, nach dem Kampf warfen die Jungs sie ins Feuer, und hoch loderten die Flammen auf in der ohnehin schon heißen Nacht …

Vielleicht ist es die Sonnenhitze über der Plaza, die diese Erinnerungen in Grete weckt. Sie kann das Feuer auf der Haut fast spüren, sie hat den Brandgeruch in der Nase und hört das Fauchen der Flammen unter sich im Wald.

Saschas Stimme schallte durch die Nacht, als er den Anführer des Verlierer-Teams zu »strafweisem Hängen« verdonnerte. Wie der »Gehenkte« im Tarot wurde er aufgeknüpft, kopfüber, halbnackt am Fußknöchel baumelnd und zappelnd. Sascha wies die anderen Jungs an, ihn zu beschimpfen, zu schlagen, anzuspucken. »Der Sieger kriegt alles, vergesst das nie«, rief er vom Hochstand hinab. »Verlieren heißt *alles* verlieren …«

In Gretes Augenwinkeln jetzt ein Flackern beim halb eingestürzten Turm. Sie fährt herum, auf der Mauer zeichnet sich ein Schemen ab, schwärzer als schwarz, *der Schattenmann* … Fast turmhoch steht er da, und die Arme mit den irrsinnig großen Händen zeigen auf einen Punkt unten auf der Plaza.

Das gibt es nicht, denkt Grete. Sie schließt die Augen, einmal, zweimal. Als sie wieder hinschaut, ist der Schattenmann nicht mehr da. Aber sie hat ihn gesehen, ihn und das Zeichen, das er ihr geschickt hat: *Dort unter dem Turm ist die dunkle Tür …*

Minuten später. Grete ist an der Palastmauer hinabgeklettert, gesichert durch ihr Seil, das sie an den Überresten einer Steinfigur festgezurrt hat, einem Priester im Umhang, dessen Kopf samt Kapuze neben dem Sockel am oberen Ende der Treppe liegt.

Sie kauert vor dem Königspalast, exakt neben dem Punkt, auf den der Schattenmann gezeigt hat. Grete reißt Gräser und Strünke aus dem Boden. Sie fischt ihr Messer aus der Jeanstasche und klappt es auf. Behutsam schabt sie die Schicht aus Erde, Moosflechten, undefinierbarem Gewimmel herunter, mit der die Bodenplatte bedeckt ist.

Alles fügt sich zusammen, denkt sie, viel leichter und rascher, als sie eben noch geglaubt hat. Da oben hat Jack ihn gefunden, er hat es ihr ja selbst gezeigt. Neben dem Turm, in schockhafter Versteinerung, die Mikey zweifellos in dem Moment befallen hat, als Lenny ins Koma gefallen ist.

Hätte sie nur ruhig überlegt, sie wäre auch von selbst darauf gekommen. Genau hier muss die dunkle Tür sein, der Durchlasspunkt, die Nachtpassage, wie auch immer. Unter einer dieser Steinplatten, im Schatten des Turmes, der über ihr auf dem Palastdach aufragt. Etwas in ihr hat es anscheinend geahnt. Deshalb wollte sie gerade hier mit der Suche beginnen …

Schmerzhaft klar sieht sie jetzt alles vor sich: Nach seinem Sturz in der Höhle muss Lenny noch mitbekommen haben, dass sein Experiment gescheitert war, weil ungebetene Helfer seinen Körper am Leben hielten. Daraufhin versuchte er, seinen Doppelgänger zum Sprung durch die hiesige dunkle Tür zu bewegen. Solange sie miteinander verschränkt sind, ändert sich ja der Zustand des einen, sowie der des anderen geändert wird. Wenn Lenny ihn also dazu gebracht hätte, genau hier kopfüber auf den Durchlasspunkt zu springen, hätte auch sein eigener Körper augenblicklich aufgehört zu leben, und sein gespaltener

Geist hätte sich im Tunnel unter dem Unbewussten wieder vereint …

Doch er hat es nicht mehr geschafft, diesen Impuls zu übermitteln, sagt sich Grete. Es zerdrückt ihr fast das Herz. Lenny fiel ins Koma, und im selben Moment setzte Mikeys schockhafte Versteinerung ein.

Tränen quellen ihr aus den Augen. An alledem ist sie schuld, sie allein. An Lennys Qualen im Koma und an Mikeys Leid hier bei ihr … Aber sie wird es wiedergutmachen. Anders als Parsifal wird sie nicht stumm zusehen, wie Lenny-Mikey ohnmächtig daliegt und immer nur wartet, hoffend und bangend, dass sie die erlösende Frage stellt.

Gretes Blick fällt auf den Boden, und der Atem stockt ihr. *Das gibt es nicht, das Steuerrad …*

Während sie in Gedanken bei Lenny war, hat sie mit der Klinge mechanisch über den Stein gekratzt. Verwittert, ein wenig zittrig im Umriss, aber klar genug zeichnet sich das Symbol auf der Bodenplatte ab. Die beiden eingemeißelten Kreise und die diagonal sich kreuzenden Doppellinien, säuberlich freigeschabt.

Ich habe es gefunden … Jubel steigt in Grete auf, und während sie noch mit der Klinge daran herumkratzt, wird ihr klar, was das Zeichen eigentlich darstellt: ein Fadenkreuz …

Grete steht an seinem Bett und lächelt ihn an, doch sie bringt die Frage nicht heraus.

Willst du sterben?

Sie weint und verbirgt ihr Gesicht vor ihm, dabei blickt er wie immer starr zur Decke hinauf. Aber sie spürt seine angespannte Erwartung.

Fast schon glaubt sie, ihn schreien zu hören: »So frag mich doch! Bitte, Grete, frag mich endlich!«

Es sind nur drei Wörter, wie in »Ich liebe dich«, aber die bringt sie nicht heraus.

Willst du sterben?

Sie schleicht um ihn herum, setzt sich zu ihm. *Ich kann nicht, ich kann es nicht …*

Sie füttert ihn, wäscht und bettet ihn. *Soll ich dich, Mikey …* Ihr Mund ist trocken, selbst wenn sie wollte, es käme kein Wort heraus. Höchstens ein Krächzen.

Sie küsst ihn, streichelt ihn, legt sich neben ihn. *Willst du …* Nein, es geht nicht.

Sie zieht sich aus, schlüpft zu ihm unters Laken, umarmt und liebkost ihn. Ihre Schluchzer erschüttern sie beide im gleichen Rhythmus, wie bei der Liebe.

»Willst du, dass es wieder so wird?«, flüstert Grete, und er blinzelt einmal.

So verwehen die Stunden. Erst als fast schon der Abend dämmert, löst sich Grete von ihm. Sie steht auf, geht unter die Dusche, kehrt lächelnd zurück.

»Lass uns aus dem Fenster schauen, das magst du doch.«

Sie hilft ihm, sich aufrecht hinzusetzen, polstert ihm den Rücken aus und gurtet ihn fest. Ihr Herz klopft heftig, wieder kommen ihr die Tränen. Doch sie bleibt standhaft und rollt sein Bett auf quietschenden Rädern zu dem Fenster, von dem aus er den Palast sehen kann.

»Da drüben hat Jack dich …« Ihre Stimme bricht. Sie räuspert sich und beginnt von Neuem. »Da drüben hast du gelegen, weißt du noch, Mikey?«

Sie zeigt zu dem geborstenen Turm hinüber. Mikey sieht starr geradeaus und schließt einmal kurz die Augen.

»Willst du wieder dorthin?« Ihre Kehle brennt, ihr Herz schlägt so hart, dass ihr die Brust wehtut. »Willst du, dass ich dich dorthin bringe, Mikey?«

Er bejaht, und sie beide beginnen zu weinen.

Auch in dieser Nacht bleibt Grete schlaflos. Sie sitzt in ihrem Sessel, lauscht seinem mühsamen Atmen und legt sich Schritt für Schritt zurecht, wie sie weiter vorgehen muss.

Sie liebt ihn so sehr, und sie weiß, dass er recht hat. Es muss geschehen, so schnell wie möglich.

Grete kann den Sonnenaufgang kaum erwarten.

Im Morgengrauen ist sie wieder draußen. Sie schafft die Bretter aus dem Schuppen zum Palast hinüber und stapelt sie vor der Treppe auf. Die massiven Planken, jede drei Meter lang, sind so schwer, dass Grete sie einzeln über den Platz schleppen und ziehen muss. Sie arbeitet unermüdlich und gönnt sich nur kurze Pausen, um zu trinken und Mikey zuzuwinken, der am Fenster sitzt und alles mit ansieht.

Als sie genügend Bretter beisammen hat, geht die Plackerei erst richtig los. Grete zerrt eines nach dem anderen die Treppe hoch und legt sie paarweise zu einer Rampe zusammen, die von der Plaza zum Palastdach hinaufführt.

Gegen Mittag ist sie total ausgepumpt. Die Sonne brennt vom blauen Himmel. Die Luft flimmert vor Hitze, fast wie über einem lodernden Feuer. Gretes Haut ist verbrannt, im Nacken, auf der Stirn. Jeder Muskel tut ihr weh, und an den Händen hat sie Unmengen Blasen.

Als sie auf der Rampe nach unten läuft, kommen die Bretter ins Rutschen.

Grete landet auf dem Hinterteil und schreit vor Wut. »Das darf nicht wahr sein!« Die Hälfte der Hölzer holpert an ihr vorbei nach unten, die andere Hälfte bleibt kreuz und quer auf den zyklopischen Stufen liegen.

Ich schaffe das nicht, wimmert die kleine Grete in ihrem Kopf. *Und ob du das schaffst,* röhrt Sascha, packt sie mit seinen enormen Händen unter den Achseln und stellt sie wie eine Puppe auf die Füße. *Weiter geht's, Gretchen!*

Aber erst mal Pause. Sie läuft nach drüben und stellt sich unter die Dusche. Das Wasser ist viel zu warm und riecht modrig, aber sie nimmt es kaum wahr. In Gedanken ist sie – schon wieder – bei Sascha.

Warum fällt ihr gerade jetzt ein, wie sie ihn zum ersten Mal gesehen hat? Sie war zwölf und saß in der Buchhandlung *Grimm* unter den Zuhörern. Hannah las vorne auf einem Podest aus ihren Storys vor. Es war ein Desaster, wie immer, fast alle Stühle leer. Hannah war damals noch eine junge Frau, jünger als Grete heute. Schlank und straff, mit weißblonder Helmfrisur, saß sie hinter dem kleinen Holztisch und las aus *Kälte und Chaos*. In einschläferndem Tonfall, ohne auch nur einmal von ihrem Manuskript aufzublicken.

Dann Auftritt Sascha. Er stürmte durch die Glastür, dass die Glöckchen nur so bimmelten. Alle fuhren herum, auch Grete. Er war großgewachsen, breitschultrig, von kräftiger Statur, die durch den knöchellangen, schwarzen Ledermantel noch betont wurde. Rabenschwarz auch sein Haar, das ihm auf den Kragen fiel und wie seine Bartstoppeln metallisch glänzte. Grete staunte ihn an. So strahlend grüne Augen hatte sie nie zuvor gesehen, oder höchstens bei wilden Tieren.

Hannah las mit eintöniger Stimme weiter, als hätte sie nichts bemerkt. Grete aber verrenkte sich fast den Hals, um nur ja nichts von seinem Glanz zu verpassen. Hinter ihm traten noch zwei jüngere Männer in den Buchladen, der auf einmal fast überfüllt wirkte. Der Riese im schwarzen Mantel wies sie pantomimisch an, bei der Tür Posten zu beziehen. Die Hände auf dem Rücken, schlenderte er an den Regalen entlang und tat so, als entziffere er einzelne Titel.

Grete durchschaute ihn sofort. Er gehörte in eine ganz andere Welt. Bestimmt war er nie zuvor in einem Buchladen gewesen. Was wollte er hier?

Als er bei der Nische war, in der Hannah vor leeren Stühlen las, blieb er wie versteinert stehen. Er starrte sie an und machte große Augen. Offenbar verstand er kein Wort von dem, was sie in betäubendem Tonfall vortrug. »*Aber ich sage euch, sie lügen. Ich war oftmals dort, und immer war alles nur Düsternis, Kälte und Chaos …*«

Der Platz außen in der dritten Reihe war frei, wie fast alle anderen auch. Er sackte darauf, ohne den Blick von Hannah abzuwenden. Die Reihen davor und dahinter hätte er ganz für sich gehabt, aber er setzte sich direkt neben Grete.

Er roch nach Tabak und Leder. Grete streckte sich im Sitzen, um näher an sein Ohr heranzureichen. »Das da vorne ist meine Mutter«, flüsterte sie.

Er wandte den Kopf, und sein Blick traf sie wie ein grüner Doppelblitz. »Sie ist ein Wunder«, brummte er. Ihre Schulter berührte einen Arm, Gretes ganzer Körper vibrierte. »Aber um ehrlich zu sein, ich habe keine Ahnung, worum es hier geht.« Er zwinkerte ihr zu.

»Ich auch nicht«, flüsterte Grete. Eine wilde Zärtlichkeit wallte in ihr auf. Nie zuvor hatte sie etwas Ähnliches gefühlt. Doch sie spürte auch, damals schon, wie gefährlich er für sie war.

Und was soll das jetzt, Grete? Keine Ahnung …

Sie stellt die Dusche ab, zieht sich wieder an und schaut kurz bei Mikey vorbei. Er sitzt wie vorhin am Fenster, die Augen starr auf den Turm gerichtet.

»Diesmal schaffe ich es, Mikey.«

Sie küsst ihn und zieht erneut in die Schlacht. Auch Parsifal hat schließlich nicht gleich aufgegeben, wenn er mal einen Kampf verloren hat.

Grete holt die Schubkarre aus dem Schuppen und sammelt Unmengen an Steintrümmern ein, die sie zum Palast karrt. Sie legt die Bretter abermals auf der Treppe aus und füllt die Hohlräume zwischen Stufen und Planken mit den Steinbrocken.

Als sie die Rampe ein zweites Mal vorsichtig ausprobiert, geht der Tag schon zur Neige. Diesmal bleiben die Bretter stabil auf der Schräge liegen. Grete springt darauf herum, aber die Rampe erzittert nur leicht.

Sie läuft aufs Dach hinauf und stellt sich neben den Turm. Eben brechen die Vögel in ihr abendliches Crescendo aus, es klingt wie ein Mix aus *Shadow Man* und *Verklärte Nacht.* Sie winkt zu Mikey hinüber und wirft ihm Kusshände zu. Das *Monarch* hat sie drüben bei ihm gelassen, aber das braucht sie nicht, um zu sehen, wie er freudig blinzelt. Und jedes Senken seiner Lider bedeutet: *Ja, Grete, ja!*

Sie schaut zu dem Steuerrad-Symbol hinab. Fünfzehn Meter unter ihr zeichnet es sich knochenfahl auf der fast schwarzen Steinplatte ab.

Diesmal sieht es wie ein Totenschädel aus.

Mit dem ersten Vogelschrei ist Grete wieder draußen. In der Nacht hat sie wie ein Stein geschlafen, ja, wie eine ganze Totenstadt.

Sie eilt zum Schuppen und zieht den Flaschenzug unter den aufgestapelten Wellblechen hervor. Im fahlen Morgenlicht schleppt sie den altertümlichen Apparat nach draußen. Das Stahlseil mit den massiven Haken am unteren Ende ist beruhigend gut erhalten, auch die hölzernen Rollen machen einen soliden Eindruck. Doch die Metallscheiben und die Kurbel sind verrostet.

Grete stöbert im Schuppen herum und findet eine Bürste mit Stahlborsten. Sie krempelt die Ärmel hoch und schrubbt die vier Scheiben im Schatten des Schuppens, bis ihre Handgelenke schmerzen. Das Kurbelrad bürstet sie nur oberflächlich ab. Es sieht aus wie ein altertümliches Steuerrad, die gebogenen Speichen ähneln einer Swastika. Dem uralten Zeichen für Leben oder Tod, je nachdem, wie das Rad gerade steht.

Grete packt alles in die Schubkarre und schippert über die Plaza, im Zickzack zwischen Gestrüppinseln, Schlaglöchern und ineinander verkeilten Bodenplatten.

Im zweiten Anlauf schafft sie es mit der Karre über die Rampe bis ganz nach oben. Behutsam kippt sie den Flaschenzug neben die Turmruine und zurrt ihn an einem der Steinsockel fest, die den oberen Abschluss der Treppe bilden. Auf dem rechten Sockel steht der geköpfte Priester im knöchellangen Umhang, doch Grete zieht den linken vor, mit dem aufrecht auf seinen Hinterbeinen stehenden Riesenreptil, das die spitze Schnauze Richtung Himmel reckt.

Die Steinfiguren sind stark verwittert, und manchmal ist sich Grete nicht sicher, was genau sie darstellen sollen. Aber während sie das Seil mit einem Klemmknoten sichert – abgeschaut bei Sascha –, spürt sie keine Zweifel mehr. Weder an der Bedeutung der Figuren noch an ihrem Plan.

Sie läuft auf der Rampe nach unten und zieht das Stahlseil hinter sich her. Wieder wird es ein heißer Tag werden, die Sonne steht noch tief hinter Türmen und Bäumen, und doch flimmert die Luft wie im Umkreis eines Feuers.

Vorhin, nach dem Aufwachen, glaubte Grete minutenlang, dass sie wieder unten in der Mulde wäre, hinter den leeren Ölfässern, am äußersten Rand von Saschas Grundstück in Schwalbach. Sie hörte die Flammen prasseln und sah den Widerschein des Feuers, der den Nachthimmel orangerot verfärbte. Sie hörte den langgezogenen Schrei – eine Katze, dachte sie zuerst – und dann den hellen, scharfen Knall, mit dem das Fenster an Hannahs Schreibzimmer zersprang. Der Schrei brach ab, kehrte als Winseln wieder, verebbte ganz. Millionen Scherben und Splitter flogen durch die Nacht, schimmernd in allen Farben des Feuers, das fauchend aus dem Fensterloch hervorschoss. Plötzlich tauchte die bullige Frau in der dunklen Uniform über den Ölfässern auf. »Bist du Grete? Herrgott, Mädchen, wir suchen dich überall …«

Gretes Herz pochte heftig, in diesem Moment war sie wieder das dreizehnjährige Mädchen, das eben aus der Absence erwacht war. Doch der Bann wich, und sie rappelte sich aus dem Sessel auf. Mikey schlief noch, das schloss sie zumindest aus seinen flachen Atemzügen. Auf Zehenspitzen schlich sie hinaus …

Vor der Palasttreppe liegen drei übrig gebliebene Bretter. Grete stapelt sie unten auf der Rampe übereinander, windet das Stahlseil darum und zurrt es fest. Neuerlich läuft sie die Rampe hoch und kauert sich hinter den Sockel mit dem steinernen Reptil.

Sie fürchtet sich vor dem, was auf die Generalprobe folgen soll, und doch kann sie ihre Ungeduld kaum mehr bezähmen. Immer wieder sieht sie Lenny vor sich, ohnmächtig auf der Intensivstation, und schüttelt stöhnend den Kopf. Nicht mehr lange, Liebster, ich schwöre es dir …

Gleichmäßig dreht Grete die Kurbel und hört, wie der Bretterstapel die Rampe hochgerumpelt kommt. Das rostige Rad ist schwergängig, und sie muss sich gehörig anstrengen, um es weiter und weiter zu drehen.

Als sie innehält, um Kraft zu sammeln, rastet mit einem Knacken die Rücklaufsperre ein. Alles funktioniert genau so, wie sie es sich vorgestellt hat. Auch wenn sich ihr planender Verstand gerade jetzt weigert, an den nächsten Schritt zu denken. An das Ziel ihrer Mühen, für das sie sich seit Tagen bis zur Erschöpfung plagt.

Das Eisenbett mit Mikey darin ist natürlich viel schwerer als die paar Bretter, aber dafür rollt es auf Rädern. Es wird also gehen, denkt Grete, und ein Schauder überläuft sie, als der Bretterstapel oben über die Rampe schlingert und vor ihr auf das Palastdach kracht.

Sie hat ihn wieder ans Fenster geschoben, aufrecht hingesetzt und angegurtet. »Siehst du, Mikey? Da drüben ist alles bereit.«

Er blinzelt, also *Ja.*

»Sollen wir weitermachen?«

Ja.

»Okay, Mikey. Wie du willst.«

Sie zieht ihn vom Fenster zurück, geht um sein Bett herum und montiert den Aufbau am Fußende ab. Er besteht aus Eisenrohren, die sich aus dem Untergestell herausziehen lassen, wenn man die kleinen Metallstifte nach innen drückt.

Die Aufbauten am Kopf- und Fußende sollen verhindern, dass der Patient vorne oder hinten aus dem Bett rutscht. Das wird Mikey aber trotzdem nicht passieren, weder auf der Rampe noch oben auf dem Dach. Ganz im Gegenteil, Grete hat alles überlegt.

»Soll es heute noch passieren?«

Er blinzelt.

»Dann lass uns gehen.«

Ihr Herz ist schwer, aber sie zwingt sich, ihn anzulächeln. Er soll es doch leicht haben, so leicht wie möglich.

Sie tritt hinter die Kopfseite seines Bettes, schiebt ihn aus dem Zimmer, durch die Vordiele und zur Haustür hinaus. Die Sonne sinkt bereits, doch immer noch ist es stickig heiß. Die Vögel schweigen, aber die Zikaden zirpen so durchdringend, dass Grete ihre eigenen Gedanken kaum versteht.

Aber wozu noch denken. Alles ist dutzendfach durchdacht, durchträumt, durchwacht. Jetzt heißt es handeln.

Die Strecke hinüber zur Treppe – im Slalom zwischen Büschen, Trümmern, tückischen Löchern – kennt Grete im Schlaf. Behutsam steuert sie auf die Turmruine zu, die ihren gezackten Schatten über den Platz wirft, wie um ihnen den Weg zu weisen.

Aufrecht sitzt Mikey vor ihr auf dem Bett, sicher festgegurtet, nur sein Kopf wackelt ein wenig hin und her. Grete spürt seine freudige Erwartung. Endlich ist es so weit. Die Erlösung ist nah …

Das Quietschen der Räder zerrt an ihren Nerven. Aber nicht mehr lange, dann hat es sich ausgequietscht. Grete lacht und weint. Eines der vorderen Räder verkeilt sich in einem Bodenloch, stöhnend stemmt sie sich gegen das Eisengestell, und für einen Moment sieht sie sich von außen. Eine durchgedrehte Pflegerin, die ihren gelähmten Patienten im museumsreifen Krankenbett zwischen Ruinen herumfährt …

Was ist das hier?, durchzuckt es sie. Die Wirklichkeit kann es ja nicht sein … Und doch fühlt es sich ganz genauso an. Ihre schmerzenden Arme, der Sonnenbrand auf Nacken und Stirn. Das Quietschen des verfangenen Rades, das aus dem Schlagloch freikommt, worauf das Bett ächzend vorwärtsschnellt. Fast hätte es Grete umgerissen, und Mikey wird gehörig durchgeschüttelt, aber die Gurte und Riemen halten ihn fest.

Nicht nachdenken, Grete, jetzt nicht mehr. Du hast alles bedacht, jeden Zweifel, jeden möglichen Irrtum, und das Ergebnis steht fest.

Und doch weint sie, und doch wird sie trauriger mit jedem Meter, den sie der Treppe näher kommen. Immer drückender, schwerer, schwärzer liegt der Turmschatten auf ihr und Mikey. Sie bewegen sich in ihm wie in einem Tunnel auf die Stufen zu.

Und wenn du verrückt bist?

Aber wie denn, Grete. Das alles hier ist doch die reale Welt. Die kolossalen Ruinen, die verwitterten Steinfiguren. Du kannst sie berühren, fühl doch den porösen Stein unter den Fingerspitzen, die Schmierschicht von Schimmel und schwarzen Moosen, die sich wie haarige Haut darüber spannt. Wie kann es da Irrsinn sein?

»Der Königspalast. Wir sind da, Mikey.« Sie geht ums Bett herum, setzt sich zu ihm, lächelt ihn an. »Siehst du, Liebster? Alles startklar.« Sie zeigt auf die Rampe. »Da ziehen wir dich jetzt hoch. Okay?«

Er blinzelt, also *Ja*.

Grete sitzt mit dem Rücken zum Steuerrad-Symbol, das sie auf der Bodenplatte freigekratzt hat. Eigentlich wollte sie es Mikey zeigen – »Siehst du, der Durchlasspunkt« –, aber sie bringt es nicht über sich.

Wozu auch, denkt sie, es reicht doch, wenn einer weiß, wo die dunkle Tür ist. Und sie, Grete, ist jetzt die Flößerin, die ihm helfen soll, ins Schattenreich überzusetzen.

»Ich bin gleich wieder da.« Sie steht auf, schiebt das Bett nah vor die Rampe und arretiert die Räder. Dann eilt sie nach oben, schnappt sich das Seilende mit den Eisenhaken und ist im Nu zurück.

»Siehst du, Liebster, damit schleppe ich dich ab.« Sie lässt die Karabinerhaken links und rechts am Bettgestell einschnappen, hängt zusätzlich den massiven Winkel, der an einen Enterhaken erinnert, an der Querstange ein und zieht prüfend am Seil. »Das hält ganz bestimmt.«

Sie sucht seinen Blick. »Alles okay, Mikey?«

Ja.

»Dann geht es jetzt los.« Sie löst die Bremse, rennt die Rampe hoch und kauert sich hinter den Sockel. Noch einmal atmet sie durch, dann beginnt sie, die Kurbel zu drehen.

Quietschend setzt sich unten das Bett in Bewegung. Mit beiden Händen zwingt Grete das Eisenrad im Kreis. *Na los, Kleines, streng dich an,* brummt ihr Sascha zu. *Dann kriegst du das auch hin.*

Und ob sie das hinkriegt. Auch wenn es viel schwerer geht als bei dem Test mit den drei Brettern. Sie hat immer alles hingekriegt, sogar mit Hannahs »Jetzt bist du mal dran, Mädchen, ich kann das nicht mehr« ist sie klargekommen. Da wird sie sich doch von dem verdammten Swastika-Rad nicht unterkriegen lassen.

Die Rampenbretter rumpeln, das Bett ächzt und schwankt wie ein Boot in schweren Gewässern, doch unbeirrbar nähert es sich seinem Ziel. Grete wagt es nicht, eine Pause einzulegen, aus Sorge, dass die Rücklaufsperre versagen könnte. Mit aller Kraft dreht sie am Rad, ihr Gesicht glüht, ihr Atem geht keuchend, Arme und Handgelenke brennen höllisch, doch schließlich schlingert das Bett in ihr Sichtfeld.

Laut stöhnend dreht Grete weiter an der Kurbel, bis das Gefährt oben über die Bretterkante holpert und, vom eigenen Schwung mitgerissen, gegen den Sockel des geköpften Priesters rollt. Dort kommt das sonderbare Totenfloß zum Stehen.

Grete rappelt sich auf und geht auf Mikey zu. Sie keucht, ihr ist schwindlig, der Schweiß läuft ihr aus den Haaren. »Alles okay, Liebster?« Sie rollt mit den Schultern und schüttelt die Hände aus, um die schmerzenden Muskeln zu lockern.

Mikey sitzt noch da wie zuvor, mit dem Rücken ans Bettgestell gegurtet. Doch seine Augen unter dem Stirnriemen, der seinen Kopf fixiert, sind geschlossen.

»Mikey?«

Flatternd heben sich seine Lider.

»Wir haben es geschafft, Liebster. Schau nur, wo du bist.«

Sie macht ihn von den Haken los, dreht sein Bett langsam im Kreis.

»Der Turm, Mikey. Weißt du noch? Und da drüben … unser Haus.«

Grete lächelt unter Tränen. Der Abend dämmert schon, sie dürfen es nicht länger hinausziehen. Auch wenn es ihr fast das Herz zerreißt.

Sie löst seine Gurte, fasst ihn unter den Achseln und dreht ihn um die eigene Achse. Sie bettet ihn in Rückenlage, sein Nacken auf dem Matratzenrand, sodass der Kopf am Fußende überhängt. Vor lauter Schweiß und Tränen kann sie ihn nur verschwommen sehen.

Sie gurtet ihn fest, wie sie es sich überlegt hat. Damit es gelingt, müssen das Bett und Mikeys Körper unbeweglich miteinander verbunden sein. Mit einem Gurt um seine Brust, einem um seine

Mitte, dem dritten unter den Knien. Zuletzt bindet Grete den schmaleren vierten Riemen wieder um Mikeys Stirn und fixiert seinen Kopf straff in Seitenlage. Damit er aufkommt, wie es sein muss. Wie Miko in Bangkok und Lenny in der Felsstruktur.

Ich kann das nicht, wimmert es in ihr. Doch in ihrem Kopf hat sie es schon getan.

»Gibt es wirklich keine andere Lösung, Mikey?«, fragt sie.

Er blinzelt zweimal, also *Nein.*

Grete schiebt ihn zum Rand des Daches. Unmittelbar neben dem Turm ist eine Lücke in der Brüstung, breit genug für Mikeys Bett. Und genau über dem Zeichen, dem Steuerrad, dem Fadenkreuz, wie auch immer.

Mikeys Kopf hängt schon über den Dachfirst. Behutsam schiebt Grete weiter, bis die vorderen Räder über die Kante rutschen und das Bett metallisch ächzend vornüberkippt.

Die Vögel schreien, Geliebter. Ich schreie mit ihnen, vor Liebe und Schmerz …

Sie gibt ihm einen zärtlichen Schubs und lässt los.

Dann beginnt sie zu rennen.

Sie hastet die Rampe hinab, als wollte sie vor ihm unten sein. Um zu sehen, wie sein Geist durch die dunkle Tür schwebt? Oder gar, um ihn zu retten, wie Sascha sie einmal auffing, mit ausgebreiteten Armen, als sie schlafwandelnd aus einem Baum fiel?

Doch dann der Aufprall, lange bevor sie unten ist. Metallisches Scheppern, ein dunkler Schrei. Lauter als das Rumpeln der Bohlen unter ihren Sohlen, lauter sogar als das Höllenkonzert der Vögel, in das Grete schreiend einstimmt.

»O Gott, was habe ich getan?«

Eben noch sieht sie, wie das Bett, auf dem Fußende stehend, traumartig langsam vornüberkippt. Mikey, auf der Matratze fixiert wie der Gehenkte im Tarot, scheint sie vorwurfsvoll anzusehen. Sein Schädel ist zerplatzt, genau auf dem Steuerrad, sein Gesicht blutüberströmt, und doch starrt das rechte Auge wie anklagend zu ihr herauf.

»Um Himmels willen, Mikey …«

Sie macht einen Satz rückwärts, im nächsten Moment schlägt das Bettgestell vor ihr auf und begräbt Mikey unter sich. Oben drehen sich die Räder im Leeren, Grete hört sie quietschen, obwohl der kakofonische Vogelchor alles übertönt, auch ihre eigenen Schreie.

»Mikey!«, schreit sie und wirft sich auf die Knie. Sie kriecht zu ihm unters Bett, sein Körper ist warm und nass, sein Blut rinnt auf sie herab. Fieberhaft sucht sie nach den Gurten und findet sein aufgeplatztes Fleisch.

Grete dreht sich auf den Rücken, kriecht weiter, bis sie ganz unter ihm liegt. Ihr Gesicht unter seinem Kopf, von dem es warm auf sie herunterrieselt.

Hastig betastet sie seinen Körper und erfühlt den Gurt um seine Hüften. Sie löst ihn mit bebenden Fingern und tastet weiter nach oben, zu seiner Brust. Hier ist alles klebrig feucht, aber o Gott, was ist das? Sein Herz schlägt …

»Mikey …«

Er lebt. Sein Herz pocht nur schwach, wie aus weiter Ferne, aber es schlägt. Sein Auge blinzelt, das Lid flattert, nur das andere Auge darf Grete nicht ansehen. Ein roter Pfropf, aus dem es auf sie herabtropft.

Schreiend löst sie seine Riemen, und sein Körper legt sich auf sie wie bei der Liebe. Nein, schwerer, erdrückender, erstickender, sie bekommt keine Luft mehr, seine zerplatzte Wange liegt auf ihrem Gesicht, sie atmet sein Blut ein, sie spuckt und hustet, sie schmeckt Splitter auf den Lippen, sie keucht und kämpft, sie weint, sie bettelt, wie damals, als er sie am Fuß unter ihrem Bett hervorzog, *Bitte, bitte, ich mache auch alles …* Sie schlägt um sich, sie stemmt sich gegen die Matratze, mit beiden Fäusten, doch es reicht nicht, sie spreizt die Beine, um die Füße freizubekommen, sie strampelt und boxt, und endlich kippt das Bett über ihr weg. Aber noch immer bekommt sie keine Luft.

Sachte hebt sie ihn von sich herunter und legt ihn so hin, wie es das magische Ritual verlangt. Eine Wange auf das Steuerrad-Zeichen gebettet, und sein heiles Auge starrt zum Himmel hinauf.

Grete keucht noch immer. Sie hustet und schluchzt. Nur langsam beruhigt sich ihr Atem.

»Bald ist es vorbei«, bringt sie hervor. »Bald bist du wieder bei mir, Liebster.«

Sie legt sich neben ihn, küsst ihn und betastet sein Herz, das schlägt und schlägt.

Der Himmel ist schwarz, die Vögel schweigen. Grete weint, bis sie keine Tränen mehr hat, dann schläft sie ein.

Als sie erwacht, ist es immer noch Nacht. Donner grollt, Blitze zerfetzen die Dunkelheit. Es schüttet wie aus Fässern.

Sie tastet nach seinem Herzen. Es schlägt noch immer, aber stockend und matt.

Es geht zu Ende, denkt Grete, und es geht weiter. Leise beginnt sie zu singen. Das Lied, mit dem für sie beide alles angefangen hat.

»Is there a secret?
Is there a code?
Can we make it better?
'Cause I'm losing hope …«

Sie singt es ihm ins Ohr und spürt, wie sein Herz unter ihrer Hand schneller schlägt. *»Dieser gefangene kleine Vogel«*, wie Henrik Knusum schrieb, *»den wir alle lebenslang in der Brust tragen. Oder ist es umgekehrt und er trägt uns, solange er lebt?«*

Henrik, was willst du denn noch, denkt Grete. Irgendwann in den letzten Tagen oder Wochen hat sie ein Buch von ihm in Jacks kleiner Bibliothek entdeckt und musste lächeln.

Sie haucht Mikey einen Kuss auf die Wange und singt weiter, wie sie in Bangkok gesungen haben und in Berlin, in Mikos Suite, in der Wohnung von Mr Meier, tanzend, nackt, eingehüllt in ihr vollkommenes Glück.

»Tell me how to be in this world
Tell me how to breathe in and feel no hurt
Tell me how 'cause I believe in something
I believe in us …«

Der Regen stürzt hinab, bald schon liegen sie in knöcheltiefem Schlamm. Doch Grete singt und singt.

Als die Sonne aufgeht, die Vögel mit irrem Jubilieren den Tag begrüßen, schlägt sein Herz noch immer.

Seine Beine sind gebrochen, seine Rippen, die Schultern. Knochensplitter stehen aus seiner Haut, dem blutgetränkten Hemd hervor. Grete liegt bei ihm und wagt nicht, sich zu bewegen. Im Dunkeln hat sie nicht bemerkt, wie zerstört sein Körper ist.

Moskitos stürzen sich auf ihn, Schmeißfliegen schlürfen aus seinen Wunden. Sie stellt sich vor, wie sich sein Geist aus dem zerplatzten Schädel, dem fast schon leergebluteten Körper löst und durch die dunkle Tür zum Tunnel unter dem Unbewussten hinabschwebt. So liegt sie bei ihm, bis die Vögel wieder verstummen und auch sein Herz endlich, endlich aufhört zu schlagen.

Sie ist von Kopf bis Fuß mit Schlamm verschmiert, mit seinem Blut bedeckt, mit Moskitostichen übersät. Sie ist ausgedörrt und schwindlig vor Erschöpfung. Die Kehle schmerzt ihr von all den

Schreien und all den Tränen, die sie in der Nacht geweint hat. Aber sie gönnt sich keine Pause.

Während sie im Dunkeln bei ihm lag, überlegte sie, wie sie seinen Körper bestatten sollte. Sie stellte sich vor, wie sie ihn in der Erde vergrub oder auf das Palastdach bettete, den Würmern oder den Aasvögeln zum Fraß. Doch beides war ihr ekelhaft, wie die Spinnen mit den haarigen Körpern und den langen, im Gehen abknickenden Beinen, die sich in der Abseite über sie hergemacht hatten. Vor so vielen Jahren, und doch spürte sie wieder das grässliche Kribbeln und Kriechen auf ihrer Haut.

Schauer überliefen sie, und plötzlich sah sie die Lösung vor sich. *Feuer …*

Die Sonne brennt vom blauen Himmel, und Grete läuft rastlos hin und her. Vom Palast schleppt sie Bretter herbei und stapelt sie kniehoch neben Mikeys Körper auf. Sie schlingt ihm ein Seil um die Brust und zieht ihn über eine seitlich angelegte Planke behutsam auf den Stapel hinauf. Sie legt seine Hände auf der Brust zusammen und schließt sein heiles Auge, das im Sonnenlicht noch immer smaragdgrün erstrahlt.

Aus dem Schuppen holt sie Schubkarren voll kleinerer Holzstücke, die sie kreuz und quer zwischen die Bretter schiebt. Nebelschwaden schweben über der Plaza, ein geisterhafter Anblick, aber Mikeys Geist ist nicht mehr hier.

Diesmal hat er es geschafft.

Mit der leeren Karre schippert sie über den schlammigen Platz zu ihrem Haus. Alles ist nass, die Bretter, ihre Kleider, auch das Holz aus dem Schuppen fühlt sich klamm an. Sie braucht trockenes, gut brennbares Material, um den Scheiterhaufen zu entfachen.

In Mikeys Zimmer fällt ihr Blick auf den leeren Fleck, an dem sein Bett gestanden hat. Ein kalter Schreck durchfährt sie, *es war alles ein Irrtum, von Anfang an …*

Sekundenlang ist sie wie gelähmt. Dann geht sie zu dem Regal in der Ecke, wo Jack seine kleine Bibliothek untergebracht hat. Sie zieht die Bücher heraus, die ihr am besten geeignet scheinen. Alles Romane, je dicker, desto besser, was in den Wälzern drinsteht, ist den Flammen egal.

Hinter den Büchern kommt ein Spiegel zum Vorschein, und wieder erschrickt sie. Ihr Spiegelgesicht ist eine Fratze aus Entsetzen und Wut. Stirn und Wangen rot verbrannt, die Augen wie schreckgeweitet.

Sie lässt alle Bücher zu Boden fallen. Sie muss wieder sie selbst werden, sofort. Wie soll er sie sonst erkennen, wenn er zurückkehrt?

Sie geht ins Bad, säubert sich sorgsam, zieht wieder das scharlachrote Kleid an, in dem sie – wann war das? – hier angekommen ist; dazu die gelben Sneakers. Ihren Frog Bag hat sie längst mit dem Nötigsten gepackt, Pass und Visum, der dünnen Decke und ein paar Flaschen Wasser. Sie hängt ihn sich über die Schultern und geht zurück in Mikeys Zimmer.

Eigentlich will sie nur rasch die Bücher einsammeln und wieder nach draußen eilen, doch erneut fängt der Spiegel sie ein. Wie gebannt geht sie auf das Regal zu. Die gespiegelte Grete starrt sie durch die Lücken zwischen den Büchern an, und Grete starrt zurück. *Du schaffst es nie auf meine Seite, ohne das Glas zu zerbrechen,* höhnt Hannah in ihrem Kopf.

Grete macht drei Schritte rückwärts, ohne die Spiegelgrete aus den Augen zu lassen. Mit Anlauf rennt sie auf das Regal zu, stößt sich ab und rammt ihren linken Fuß mit einem perfekten Flying Side-Kick in den Spiegel hinein. Es klirrt und scheppert, Scherben und Splitter fliegen umher, Bücher stürzen zu Boden, mit ihren Lederschwingen flatternd wie plumpe Vögel.

Hinter dem Spiegel ist die schwarze Mauer, gefügt aus Ruinentrümmern, was sonst.

Und dahinter?, fragt Hannah mit lauerndem Unterton. *Was glaubst du, was hinter dieser uralten Wand ist?*

Einige Sekunden starrt Grete noch die schwarzen Steine an, die Scherben, die Bücher auf dem Boden, die sie aus dem Regal gekickt hat.

Ich bin längst auf der anderen Seite, Hannah. Warte, ich zeige es dir …

Sie wendet sich um, geht zum Sessel, in dem sie so viele Nächte verbracht hat, und fährt das Notebook hoch.

Geister-Forscher tot. – In der Nacht zum 11. Juni ist der exzentrische Archäologe Dr. Lenny Mong (41) den schweren Verletzungen erlegen, die er sich in einer steinzeitlichen Höhle in der Uckermark zugezogen hat. Die genaueren Umstände seiner mutmaßlichen Ermordung durch seine Geliebte Margarete M. (37) sind nach wie vor unklar. Der umstrittene Forscher lag seit mehr als drei Wochen im Koma …

Lächelnd stellt Grete das Notebook weg. Auch Lenny muss nicht länger leiden. Sein Geist ist wieder frei …

Sie wusste es, doch nun hat sie es schriftlich. Gretes Herz ist so leicht wie seit Langem nicht mehr, ja, wie vielleicht noch nie. Bald wird sie ihn wiedersehen.

Sie nimmt ein Zündholzbriefchen von dem Tisch mit Jacks Rauchutensilien und sammelt so viele Bücher auf, wie sie tragen kann. Sie geht nach draußen, wirft die Bücher in die Schubkarre. Im Schuppen sucht sie ein paar Lumpen heraus, die sie mit Benzin aus dem Generatortank tränkt, dann kehrt sie zum Scheiterhaufen zurück. Sie stopft die Bücher unten in den Bretterstapel, knotet die Lumpen zu einer Lunte zusammen und setzt sie in Brand.

Versonnen schaut Grete zu, wie die Feuerechse auf den Holzhaufen zukriecht, wie die Bücher eines nach dem anderen in Flammen aufgehen, *Königsdramen, Schuld und Sühne, Das Schloss,* und wie sie alle heißen mögen. Auch Lovecrafts *Berge des Wahnsinns* spucken Flammen, als wären es die Vulkane aus Vernes *Reise zum Mittelpunkt der Erde,* und Henrik Knusums Hauptwerk, *Vergehen,* löst endlich ein, was der Titel hintersinnig verspricht: Es vergeht zu Asche und Glut.

Die Bretter brennen, die Bohlen verlodern, die Flammen erfassen die sterblichen Überreste von Mikey, der Lennys Doppelgänger war, wie Miko wohl ihn als sein Spiegelbild erschuf.

Wer war er davor? Wer wird er als Nächstes sein?

Grete lächelt. Wie er diesmal heißen wird, weiß sie noch nicht. Aber sie ahnt, wo sie sich wiedersehen werden.

Zeit zu gehen, Grete.

Sie legt die Hände vor der Stirn zu einem *Wei* zusammen und verbeugt sich vor dem Feuer. Dann geht sie gen Osten davon, ohne sich umzusehen.

NULL

Sie zieht eine Flut aus murmelnden Menschen hinter sich her. Es fühlt sich an wie eine Schleppe, die sie über den schlammigen Weg schleift. Als wären all diese zerlumpten Puppenleute durch ein Gewirr von Fäden mit dem bunten Tuch verbunden, das sie als Umhang um die Schultern trägt.

»Die junge Königin ist zurück«, raunen sie einander zu. »Seht nur, wie geisterweiß ihr Haar, wie feuerrot ihr Kleid.« Sie reden in ihrem Khmer-Dialekt, mit Knall- und Schnalzlauten wie im Sumpf gurgelnde Krokodile. Und doch versteht sie dem Sinn nach, was die Puppenleute über sie sagen.

»Wie stark sie wurde, als der Geist in ihre Glieder fuhr. Wie sie den König packte und vom Palastdach warf. Was für eine Schmach.« Eine Welle aus Seufzern läuft durch die Menge. »Und was für ein Entzücken …«

Sie hört das Raunen und sieht alles ganz genau vor sich. Es geschah in der Morgenröte des alten Khmer-Königreichs. Die Stadt war ein Meer aus goldenen Dächern, umgeben von Regenwald. Der König stand auf dem Dach seines Palastes, neben ihm das halbwüchsige Mädchen. »Seht hier, eure neue Königin!«, rief er mit weithin dröhnender Stimme. Die auf der Plaza versammelte Menge erschrak. Die eigene Tochter zur Frau zu nehmen, war gegen das Gesetz der Götter.

Der König wandte sich seiner neuen Gemahlin zu und beugte das Haupt, um sie zu küssen. Da fuhr der mächtige Geist in das Mädchen, sie packte den König um die Mitte und warf ihn auf den Platz hinab. In seinem Blut lag er vor dem Palast, und sterbend verfluchte er die Mörderin: »Niemals sollst du Ruhe finden, als Strafe für deine verbrecherische Tat.«

Die Priester ergriffen sie und banden sie an den Leichnam des Königs. Sie errichteten einen Scheiterhaufen, legten die Körper darauf und zündeten das Gebinde unter Gebeten und Gesängen an. So starb sie in Qualen, die Gattin des Königs, die Tochter und Mörderin des Königs und Mutter seines ungeborenen Kindes. Und ihr Geist streift noch heute, nach Tausenden von Jahren, durch die Stadt, die längst verlassen und zerfallen ist …

Sie hat alles Zeitgefühl verloren. Unklar, wie lange sie durch die Geisterstadt streifte, zwei, vielleicht drei Tage oder mehr. Längst waren ihre Wasserflaschen leer, und nach dem Unwetter in jener Nacht fiel kein Tropfen mehr vom Himmel. Taumelnd schleppte sie sich den Weg entlang, der immer Richtung Osten geht. »Die Hauptachse der alten Tempelstadt«, hatte Jack ihr erklärt, oder war es Lenny? »Sie führt geradewegs zum Mekong.«

Was zog sie dorthin, zu dem mächtigen Strom, der Thailand von seinen Nachbarn scheidet? Sie grübelte darüber nach, fand die Antwort nicht mehr, vergaß die Frage. Schier endlos erstreckte sich die Ruinenstadt, mit Palästen und Pagoden, umgeben, halb verschlungen von wucherndem Wald.

Die Vögel jubilierten, und sie stimmte in ihren Gesang ein, früh und spät, lachend und weinend. Sie nächtigte auf Dächern, aus Sorge vor den Krokodilen, die zahlreicher wurden, je näher sie dem großen Strom kam. Sie hörte ihr Schnauben und das Scharren ihrer gepanzerten Schwänze im Schlamm. Die Luft roch faulig, der Tau auf den fleischigen Blättern der Bäume war klebrig und schmeckte nach süßen Sekreten, die sie schwindlig machten.

Abseits der Straße war bald nur noch glucksender Sumpf. Einmal kam sie zu einem Platz, der war übersät mit rostigen Wellblechbuden und den Überresten von Zelten, die hastig verlassen worden waren. Sie wusste sofort, dass es die Grabstätte war, von der Lenny ihr erzählt hatte. Die abergläubischen Puppenmänner hatten überall Schreine aufgestellt und Opfer gebracht, um die Geister zu besänftigen, deren Ruhe gestört worden war.

Vor der tiefsten Grube in der Mitte des Platzes blieb sie stehen. Hier musste der Junge aus einem der umliegenden Dörfer hinabgestürzt sein. Die Grube war vielleicht vier Meter tief, mit sanft abfallenden Wänden, der Boden aus Erde und frei von größeren Steinen. Wie hatte sich der Teenager hier das Genick gebrochen? Oder war er auf andere Weise umgekommen: zu Tode erschrocken, als ihm ein Geist erschien?

Der Geist der jungen Königin, denkt sie nun, während sie den Mekong schon als flimmernden Streifen vor sich in der Ebene sieht. Jemand hinter ihr behauptet, die junge Königin sei niemand anderes als Tai Thong Klom. Eine Frau widerspricht, die Königin spuke schon viel länger umher, und nur selten verlasse sie ihr Reich, während Tai Thong Klom im ganzen Land – »und darüber hinaus, auch in Kambodscha oder Amerika« – anzutreffen sei. »Vielleicht war *sie* ja der mächtige Geist«, wirft ein weiterer Puppenmann ein, »der in die junge Königin fuhr und ihr die Stärke verlieh, um den König vom Dach zu werfen.«

Im Gehen, im Taumeln schaut sie zurück. Wer hat das eben gesagt? Die Stimme klang jung, keines der Gesichter scheint dazu zu passen. Sie sehen alle so alterslos aus, »wie aus Holz geschnitzt und mit braunem Leder überzogen«, hat Lenny gesagt, und das trifft es genau. Aber nicht nur hier, denkt sie, bei diesen Dörflern in Flipflops und bunten Lumpen, sondern immer und überall, wo sie jemals war, in Frankfurt oder Bangkok, Ubon oder Berlin. Alles nur Puppen, Liebster, alle außer dir und mir …

Das Murmeln der Menge und das Geraune in ihrem Kopf vermischen sich zu vielstimmigem Geflüster. Sie versteht kein Wort mehr, sie schleppt sich voran und die Schleppe hinter sich her. Wie mühsam das ist, sie geht vorgebeugt, eine Puppenspielerin, die das ganze Welttheater hinter sich herzieht. Bis zum Ufer des Mekong.

Schwindlig schaut sie auf den schlammbraunen Strom hinab, das felsige Ufer, das vier, fünf Meter unter ihr liegt. Sie steht auf einem asphaltierten Dammweg, die Menge gedrängt hinter ihr. Einige Schritte rechter Hand eine Holzbank, hellblau lackiert, daneben ein Schaukasten mit Aushängen hinter Glas.

Zögernd geht sie darauf zu. Die Szenerie kommt ihr unwirklich vor, wie falsch in die Landschaft kopiert. Auch die Imbissbude auf der Terrasse darüber, mit Tischen und Stühlen im Schatten belaubter Bäume, gehört irgendwie nicht hierher.

»Schuld war die alte Königin«, sagt jemand hinter ihr, »sie hat die Tochter vorgeschickt, dabei liebte der König nur sie.«

Sie fasst sich an die Stirn. Ihr Gesicht glüht, die Augen sind entzündet, sie kann nur verschwommen sehen.

So schleppt sie sich vor den Schaukasten und erblickt sich selbst. Ein Spiegel, denkt sie im ersten Erschrecken. Aber es ist nur ein altes Bild von ihr, und darüber steht: »*Wanted – wegen Doppelmordes gesucht*«.

Aus der Imbissbude tritt ein schmächtiger, schon älterer Asiat mit bunt bedruckter Küchenschürze. Er legt die Hände zum *Wei* zusammen und kommt lächelnd auf sie zu.

Sie zeigt auf den Aushang neben dem Blatt mit ihrem alten Bild. Unter dem verblassten Foto eines Kajütboots steht auf Thai und auf Englisch: »*Mekong-Touren für kleines Geld*«.

»Rufen Sie mir ein Boot, ich muss zum Flughafen«, krächzt sie mit ausgedörrter Kehle.

Der Mann mit der Schürze starrt sie an – im Glaskasten und davor – und vergisst zu lächeln. Seine Arme fallen kraftlos herab, und wie auf dieses Zeichen hin sackt sie in sich zusammen. Eben bekommt sie noch mit, wie der Mann ein Handy aus der Schürzentasche zieht und aufgeregt hineinschnattert, dann wird um sie herum alles schwarz.

»Wenn Sie erlauben, Frau Malström, stelle ich mich erst einmal vor. Wir hatten ja bisher keine Gelegenheit dazu.«

Der athletische Mittvierziger in der sandfarbenen Uniform erhebt sich von der Sitzbank und richtet sich auf, soweit das in dem Kleinbus möglich ist.

»Polizeimajor Wannakit, *Royal Thai Police*, Abteilung Verbrechensbekämpfung.« Er deutet eine Verbeugung an, die Uniformmütze beidhändig vor die Brust gedrückt. »Wir sind übrigens auf dem Weg nach Bangkok.« Er nimmt wieder Platz, zieht ein Blatt Papier aus der Innentasche seiner Jacke und faltet es auseinander.

Der Motor dröhnt, die Gittertür zwischen ihnen klappert bei jeder Unebenheit im Straßenbelag. »Ich lese Ihnen jetzt den Haftbefehl und Ihre Rechte vor«, sagt er mit erhobener Stimme. »Sie werden beschuldigt, zwei Männer ermordet zu haben, Manitho Luang im Februar dieses Jahres in Bangkok und Dr. Lenny Mong im Mai dieses Jahres in Deutschland. Sie haben das Recht …«

Ihre Gedanken schweifen ab. Sie kann sich nicht erinnern, wie sie in diesen Wagen geraten ist, offenbar ein Gefangenentransporter. Vage sieht sie vor sich, wie sie am Mekong, von zuckendem Blaulicht umzingelt, in eine Ambulanz verfrachtet, an Infusionen angeschlossen wurde. Dann wieder Dunkelheit, und irgendwann kam sie in einem Krankenhaus zu sich, vermutlich in Ubon.

Das Fenster vergittert, eine Polizistin auf dem Stuhl neben der Tür. Eine braunhäutige Puppenfrau in dunkelblauer Uniform, die keine Antwort gab, was auch immer sie zu ihr sagte. Auf Thai oder Englisch, Fragen oder Flüche, sie reagierte nie. Sie war versucht, etwas nach der Uniformierten zu werfen, um herauszufinden, ob sie überhaupt lebte; doch ihre Handgelenke waren ans Bettgestell gekettet. Sie hatten ihr ein graues, sackartiges Gewand angezogen, das ihr bis zu den Knien reichte; ihre alten Sachen –

das Kleid, die Sneakers, der Frog Bag, auch das Tuch mit dem Spiralmuster – waren verschwunden.

Das Eisenbett erinnerte sie an Mikey; sie schloss die Augen und dämmerte wieder weg. Im Halbschlaf sah sie ihn vor sich, so bedrängend nah, sein gelähmter Körper, der Kopf über den Bettrand hängend … Hatte sie das wirklich getan? Ihn vom Dach gestoßen, nach unten gerannt, den Sterbenden in den Armen gewiegt, seinen Leichnam verbrannt? Ja, und es war richtig so.

Dann wieder Dunkelheit, und nun liegt sie hier, auf einer Art Pritsche in der rollenden, scheppernden Zelle. Polizeimajor Wannakit beugt sich auf seinem Sitz so weit nach vorn, dass seine Stirn fast ans Gitter stößt. Er lächelt, wie nur Thais lächeln können, gewinnend und undurchdringlich.

»Ich tausche mich regelmäßig mit meinem deutschen Kollegen aus, Hauptkommissar Liebig vom LKA Potsdam. Sie werden den Namen in den Medien gehört oder gelesen haben.«

Sie schüttelt den Kopf. Um Wannakit zu sehen, muss sie im Liegen den Oberkörper aufrichten, soweit es ihre Fesseln erlauben. Das ist mühsam, aber sie will ihn nicht aus den Augen lassen. Er ist gefährlich, das spürt sie.

»Ich will sitzen.« Sie rasselt mit den Hand- und Fußschellen.

»Oh, das werden Sie.« Wannakit lacht laut und künstlich auf. »Sie werden lange sitzen, Frau Malström, glauben Sie mir. Wie lange, das hängt auch von Ihnen ab. Also helfen Sie mir bitte zu verstehen, wie eine so kultivierte Frau in all das hineingeraten konnte. Eine Frau der Literatur«, fügt er in schwärmerischem Tonfall hinzu, »die bedeutende Autoren betreut hat, wie ich von meinem Kollegen Liebig hörte. Ich selbst bin ein begeisterter Leser, müssen Sie wissen – Shakespeare, Kafka, Dostojewskij …« Er schnalzt mit der Zunge.

Sie lässt den Kopf zurücksinken und stöhnt auf. Es gibt schon lange keine bedeutenden Autoren mehr, denkt sie, die Literaturhölle ist überall.

»Sie hatten einen Roman im Kopf, geben Sie es nur zu«, redet Wannakit weiter. »Aber anstatt ihn aufzuschreiben, wollten Sie ihn *leben*, und so etwas geht selten gut. Eigentlich nie, wenn ich es mir richtig überlege. Oder kennen Sie ein Gegenbeispiel? Denken Sie nur an den greisen Tolstoi, der im Schneegestöber loszog, um …«

»Machen Sie mich von dem verdammten Bett los.« Wieder rasselt sie mit ihren Ketten.

Wannakit mustert sie lächelnd, ohne eine Spur von Amüsement oder Mitgefühl. »Bisher waren Sie die Hauptfigur in Ihrem Roman, Frau Malström. Aber jetzt hat ein neues Kapitel begonnen, und damit rücken andere Figuren ins Zentrum, ob es Ihnen gefällt oder nicht. Zum Beispiel meine Wenigkeit.«

Er lehnt sich zurück und verschränkt die Arme vor der Brust. Seine Uniformmütze liegt neben ihm auf der senffarbenen Sitzbank. Die Straße ist miserabel, die Fenster lassen sich nicht öffnen, und die Klimaanlage ist ein röchelnder Witz.

Der Major hätte sich die strapaziöse Fahrt über Land sparen und die Gefangene einfach nach Bangkok liefern lassen können. Das hätte seiner kontemplativen Natur auch eher entsprochen, doch der Fall fasziniert ihn wie kaum einer zuvor in seiner Laufbahn. Dabei ist er mit fast zwanzig Dienstjahren ein erfahrener Kriminaler. Aber ein Doppelmord wie dieser und eine Mörderin wie Margarete Malström sind ihm noch nicht untergekommen.

»Wir können das hier abkürzen.« Er beugt sich wieder nach vorn. »Je bereitwilliger Sie kooperieren, desto schneller kommen Sie vor Gericht und in eine Haftanstalt mit – sagen wir – annehmbarer Überlebensprognose. Die U-Haft in Bangkok ist die Hölle. Gemeinschaftszellen mit vierfacher Überbelegung, fünfundvierzig Häftlinge im Schnitt. Leider kommt es immer wieder zu Übergriffen. Glauben Sie mir, Frau Malström, das möchten Sie sich nicht antun.«

Malström hebt den Kopf und starrt ihn an. Trotz ihrer verbrannten Haut und der entzündeten Augen kommt sie ihm kalt wie Gestein vor. Das Funkeln ihrer blutunterlaufenen Augen hat etwas fast schon Mineralisches. Ihr Gesicht ist starr, eine Maske aus Entsetzen und Wut.

Wie bei Tai Thong Klom, denkt Wannakit. Beklemmend und faszinierend. Die Dorfpolizisten und Sanitäter vor Ort trauten sich kaum, ihr Fesseln anzulegen und sie auf die Trage zu heben, dabei war sie ohne Bewusstsein.

»Machen Sie sich um mich keine Sorgen«, sagt Malström. Auch ihre Stimme klingt kalt. »Ich werde Ihnen einen weiteren Todesfall schildern, den Sie meinetwegen wieder als Mordfall missverstehen können. Unter einer Bedingung.«

»Und die wäre?«

Noch ein Mord? Wannakit hat Mühe, seinen Enthusiasmus zu verbergen. Eine Serienmörderin, die wie ein rachsüchtiger Geist aussieht, und eines ihrer Opfer ist mit dem Besitzer der Geisterschrein-Manufaktur in Ruaeng verwandt …

Schon im Februar, nach dem »Todessturz im *Dusit Thani*«, war Wannakit hier in der Region, um die Hintergründe der möglichen Bluttat aufzuklären. In Ruaeng, dreißig Kilometer westlich von Ngu Kong Wat, der verbotenen Ruinenstadt, die im Süden und Norden durch unwegsame Wälder und Sümpfe, im Osten und Westen durch hohe Metallzäune von der Außenwelt abgetrennt ist.

Doch wirksamer als durch alle physischen Barrieren wird Ngu Kong Wat durch die Geisterfurcht der Bevölkerung geschützt. Wer ohne kundige Führung einen Fuß in die alte Königsstadt setzt, kommt mit hoher Wahrscheinlichkeit um oder zumindest um seinen Verstand. So lässt sich die Lage ohne Übertreibung zusammenfassen, die Akten der Polizeiwache am Mekong sind nicht zu missverstehen.

Zuletzt traf es, Anfang vergangenen Jahres, einen Jungen namens Khao. Er kletterte mit seinen Freunden über den Zaun, stürzte in eine von Archäologen ausgehobene Grube und verstarb; allerdings nicht an gebrochenem Genick, sondern an plötzlichem Herzstillstand. Die übliche Diagnose nach einem Zusammenstoß mit der »jungen Königin«, einem machtvollen Rachegeist; noch im Tode war Khaos Gesicht von Entsetzen verzerrt.

Wannakits Ermittlungen im Fall Manitho »Miko« Luang endeten allerdings abrupt, als seine Vorgesetzten den möglichen Mord zum Suizid erklärten. Dass sich Luang vor seinem Tod noch mit einer Frau vergnügt habe, sei ja unstrittig; doch ein durchtrainierter Muay-Thai-Sportler lasse sich von einer Frau nicht vom Balkon werfen. Wieso also für eine unsinnige Hypothese den Ruf des *Dusit Thani* gefährden, das von König Bhumibol höchstselbst eingeweiht worden sei? Wannakit wolle dem Selbstmord eines Provinzkrämers doch nicht etwa seinen eigenen Karriereselbstmord hinzufügen?

Nein, das wollte er nicht; der Fall wurde also geschlossen. Doch der Major konnte zumindest verhindern, dass die im Hotel sichergestellten Fingerabdrücke und DNA-Spuren vernichtet wurden. Als die deutschen Kollegen vom LKA Potsdam die an den Grubenlampen aufgefundenen Spuren mit dem Interpol-Datensatz abglichen, erzielten sie einen Treffer. Seitdem ermittelt Wannakit auch im Fall Luang offiziell wieder wegen Mordverdachts.

Malström lässt den Kopf auf die Pritsche zurücksinken. »Sie müssen mir zusagen, dass ich umgehend nach Deutschland ausgeliefert werde.«

»Ich spreche gleich morgen früh mit dem Untersuchungsrichter«, versichert Wannakit. »Aber Sie müssen mir schon mal ein paar Informationen geben, Frau Malström: Wo hat sich dieser dritte Mord – oder Todesfall, wie Sie sagen – denn ereignet?«

»In der Geisterstadt.«

Wannakit versteckt sein Erschrecken hinter verstärktem Lächeln. Die europäische Liebe zur Literatur ist ihm so wenig geheuer wie den meisten Europäern der asiatische Geisterglaube. Trotzdem hat er nicht gelogen, als er seine Begeisterung für große Literaten wie Dostojewskij oder Thomas Mann beteuerte. Doch für ihn sind sie nicht bloß *»kreative Köpfe«*, wie es unlängst in der Literaturbeilage der *Frankfurter Allgemeinen Zeitung* hieß, sondern Nachfahren der Schamanen, die in früheren Zeiten mit ihren Ritualen mächtige Geister beschworen und bannten. Auch wenn sich Jirapong Wannakit der Familientradition beugte und die Polizeilaufbahn einschlug, fasziniert ihn das geheime Wirken der Geister noch immer mindestens so sehr wie die Umtriebe der Kriminellen. Und im Fall Malström scheint beides zu einem perfekten Möbiusband verschlungen zu sein.

»Handeln Sie den Deal aus, dann kriegen Sie alle Informationen.« Sie macht sich nicht die Mühe, noch einmal den Kopf zu heben. »Und glauben Sie nicht, dass Sie mich in Ihrer U-Haft-Hölle weichkochen können. Ich bin in der Hölle zu Hause.«

Häftling B12-66047 wird am frühen Abend zur Gemeinschaftszelle Nr. 3 für weibliche Untersuchungsgefangene im Königlichen Zentralgefängnis in Bangkok gebracht. Die beiden Wärterinnen, genannt »Kugel« und »Stock«, schubsen sie durch den Gang, dessen Seitenwände weitestgehend aus Stahlgittern bestehen. Dahinter kauern oder liegen unzählige Frauen in grauer Häftlingskleidung dicht gedrängt auf dem Betonboden.

Stock lässt ihren Holzknüppel in die linke Hand klatschen, Kugel hat ihre Rechte auf dem Griff der Pistole, die im offenen Gürtelholster steckt. Es ist drückend heiß, alle Gesichter glitzern vor Schweiß. Die Gefangenen schreien und heulen durcheinander. Fliegenschwärme schwirren über den Fäkalrinnen, die jede Zelle mittig zerteilen. Der Gestank nach Kot und Erbrochenem ist überwältigend.

Den elenden Umständen zum Trotz scheinen etliche Frauen zu schlafen. Ihre Gesichter sind voller Fliegen, vielleicht sind sie ohnmächtig oder tot.

Wie Mikey, als er sterbend neben ihr lag und die Fliegen in seinen Wunden schlürften … Sie sieht alles vor sich und fühlt nichts dabei. Nur Zufriedenheit, weil sie das Richtige getan hat. Und ruhige Erwartung.

Stock bleibt abrupt stehen und hält sie an der Schulter fest. Kugel tritt vor, rasselt mit dem Schlüsselbund und schließt Gemeinschaftszelle Nr. 3 auf.

»Der König in seiner Güte«, so wurde es ihr bei der Aufnahme erklärt, stelle ihr eine Pflichtverteidigerin zur Seite. Wie aufs Stichwort erschien eine ältliche Person, während sie noch nackt vor Stock und Kugel stand. Die Wärterinnen durchsuchten ihren frisch gereinigten Körper nach Klappmessern oder was auch immer, und die grauhaarige Juristin stellte sich mit einem langen Namen vor, von dem sie nur drei Silben verstand. »Satyra« oder so ähnlich.

»Sie haben das Recht zu schweigen«, sagte Satyra.

»Das trifft sich gut. Ich werde erst wieder sprechen, wenn mir die Zusicherung des Untersuchungsrichters vorliegt.«

Kugel kickte ihre Füße auseinander, und Stock drückte ihr den Knüppel in den Nacken, damit sie sich weiter vorbeugte, die Hände auf die Oberschenkel gestützt.

»Aber Sie könnten Ihre Lage deutlich verbessern, wenn Sie …«, sagte Satyra.

»Das lassen Sie meine Sorge sein.«

Sie braucht keine Hilfe, von niemandem mehr.

Kugel legt ihr eine Hand zwischen die Schultern und stößt sie in die Zelle hinein. Scheppernd schließt sich hinter ihr die Gittertür.

Sie steht auf dem schmalen Trampelpfad neben der Rinne und sieht sich ruhig um. Der schlauchförmige Raum ist überfüllt wie ein U-Bahn-Waggon zur Rushhour. Dicht an dicht hocken und liegen rund fünfzig Frauen entlang der Seitenwände und der rückseitigen Wand auf dem Boden.

»Ein weißer Geist«, krakeelt jemand und erntet ein paar nervöse Lacher. Die allgemeine Anspannung ist mit Händen zu greifen. Alle in der Zelle – bis auf die Bewusstlosen oder Toten – starren sie an. Die Neue muss sich einen Schlafplatz erkämpfen, und niemand wird ihr freiwillig Platz machen.

Mit einem Blick hat sie die Lage erfasst. Die meisten Häftlinge gehören den ärmsten Bevölkerungsschichten an. Crack-Süchtige, Straßenprostituierte, Taschendiebinnen, Bettlerinnen … Die Gesichter sind von Not und Elend gezeichnet. Aber natürlich gibt es auch hier eine Hackordnung, wie überall.

Der schlauchförmige Raum hat keine Fenster, von einer Klimaanlage oder wenigstens Ventilatoren ganz zu schweigen. Entsprechend sind die schwächsten Häftlinge im hinteren Bereich zusammengepfercht. Die begehrteren Schlafplätze sind im vorderen Drittel der Zelle, denn hier weht vom Gang her zumindest etwas frischere Luft herein.

Also muss sie eine der stärkeren oder angeseheneren Frauen ausschalten, die sich die vorderen Plätze gesichert haben. Sie macht einen Schritt nach links und beugt sich vor. Die Frauen sitzen an der Wand aufgereiht wie ausgemusterte Schaufensterpuppen. Sie packt eine Frau mit Wangentattoo bei den Füßen und zieht sie ruckartig in die Zellenmitte.

Die bullige Endzwanzigerin kippt nach hinten um, rappelt sich schreiend auf, platscht durch die Fäkalrinne und will sich auf die Angreiferin stürzen. Doch die weicht auf dem Pfad neben der Rinne zurück, springt wuchtig ab und der Bulligen mit einem Jumping Side-Kick gegen den Hals. Die Frau wird nach hinten geschleudert, kracht mit dem Rücken gegen das Gitter, rutscht wie ein Sack voll Lumpen daran herunter und bleibt reglos liegen. Nur Sekunden später ist ihr Gesicht mit Fliegen bedeckt.

Ohne sich um irgendwen in der Zelle zu bekümmern, setzt sie sich auf den frei gewordenen Platz, lehnt sich mit dem Rücken an die Wand und zieht die Knie vor ihren Körper. Zerstreut beobachtet sie die Bullige, die irgendwann zu sich kommt, die Fliegen von dem weiß-roten Dämon auf ihrer Wange herunterwischt und sich in den hinteren Bereich der Zelle verzieht. Den Geräuschen nach zu urteilen, wälzt sie eine der Schlafenden – oder Toten – wie eine Teppichrolle auf eine zweite Schläferin – oder Leiche – und legt sich in die frei gewordene Lücke.

Mittlerweile muss es spät in der Nacht sein. Irgendwo in den Tiefen der Haftanstalt schreien Frauen in geträumten oder realen Qualen, Gitter klappern und scheppern, aber zumindest das vielstimmige Schreien ist zu einem Wimmern und Summen verebbt.

Die Augen fallen ihr zu. In ihrem Kopf hört sie noch immer den Mekong rauschen und das Raunen der Menge in ihrem Rücken, die der jungen Königin folgt. Im Wegdämmern denkt sie an Polizeimajor Wannakit und sein schwärmerisches Bekenntnis zur Literatur. »Sie haben Ihren Roman gelebt, anstatt ihn aufzuschreiben«, sie hat seine Stimme noch im Ohr. Absurd, denkt sie, und im Grunde unverschämt, aber er hat ja keine Ahnung, worum es geht.

Sie wird es ihm nicht erklären. Ihm nicht und seinem deutschen Kollegen auch nicht, obwohl sie es kaum erwarten kann, wieder in Deutschland zu sein. Nicht wegen der Haftbedingungen in Thailand, sondern weil sie ihn dort wiedersehen wird. Miko-Lenny-Mikey …

Sie weiß auch schon ziemlich genau, wo das sein wird. Ubon und Berlin liegen weit im Nordosten des Landes, und die größte Stadt in der Mitte ist Bangkok beziehungsweise Frankfurt. Dort hat alles angefangen, und dort wird es weitergehen, sehr bald schon … Mit diesem Gedanken schläft sie ein.

Als sie zu sich kommt, ist es noch dunkel. Sie spürt Hände an ihrem Körper, knabbernde Lippen an ihrem Ohr. Lenny, denkt sie schlaftrunken … Die Hände krabbeln über ihren Bauch, der Mund an ihrer Wange riecht nach kaltem Rauch.

Sie erstarrt. Das kann er nicht sein … Für einen Wimpernschlag ist sie wieder die kleine Grete, die sich schreiend unter ihrem Bett verkriecht. Doch dann ist sie richtig wach und begreift: Eine der Frauen aus der Zelle hat sich an sie herangemacht … eine Diebin, Straßenhure, wahrscheinlich beides … bietet ihre Liebesdienste an und durchsucht sie gleichzeitig nach Beute …

Sie will sie zurückstoßen, da kommt etwas über sie … oder aus ihr heraus … Ein Fauchen tief aus der Kehle, ein Brennen in ihren Augen, grollende Laute rollen aus ihrem Mund, und sie spürt, wie die diebische Liebesdienerin neben ihr erschauert … sich zusammenkrümmt … im Dunkeln wimmernd wegkriecht …

So schnell, wie es begonnen hat, ist es wieder vorbei. Nur im Hals und hinter den Augen spürt sie noch dieses Brennen, aber auch das vergeht. Als der Morgen kommt – mit einem Knall gehen die Deckenlichter an –, hat sie den Zwischenfall vergessen. Irgendwann in den nächsten Stunden wird Wannakit mit dem Untersuchungsrichter sprechen. Vielleicht bekommt sie schon heute ihren Deal …

Herbst in Berlin. Fast vier Monate nach der Verhaftung von Margarete Malström landet Polizeimajor Jirapong Wannakit mit einer Boeing von Thai Airways auf dem Flughafen Tegel.

Es ist sechs Uhr nachmittags und schon wieder dunkel. Wannakit hat schlimme Dinge über das Wetter in Deutschland gehört, aber so unwirtlich hat er es sich doch nicht vorgestellt. Ein steifer Westwind peitscht ihm Nieselregen ins Gesicht, während er im Freien vor der verblüffend schäbigen Ankunftshalle in der Taxischlange steht. Fünf Grad Celsius, falls nicht auch sein Handy noch verrückt spielt. Was ihn allerdings nicht wundern würde, nach all den verrückten Vorkommnissen im Zusammenhang mit dem Fall Malström.

Eigentlich wollte er per Uber-App einen Wagen samt Fahrer buchen, während er vor dem Einreiseschalter anstand, aber private Fahrdienste sind in Deutschland anscheinend nicht zugelassen. Zumindest dann nicht, wenn das mächtige Taxikartell sie als Konkurrenz ansieht. Staunend überflog Wannakit entsprechende Berichte auf seinem Smartphone. Seine Hochachtung für die deutsche Hochkultur bekam einen Dämpfer.

Immerhin versteht er jetzt, wie Sascha Krashkov, eine besonders schillernde Figur in Grete Malströms vielfarbigem Lebensroman, mit seinem Bruder Lev einen florierenden »Limousinenservice« betreiben konnte. Den User-Kommentaren nach zu urteilen, sind Berliner Taxifahrer irgendetwas zwischen *»sehr speziell«* und *»absolut unausstehlich«*.

»Nach Potsdam, Hebbelstraße, bitte«, sagt er, als er endlich, fröstelnd und mit nassen Haaren, auf der Rückbank des zerschrammten Mercedes-Taxis sitzt. Sein Studium der deutschen und englischen Literatur an der Königlichen Universität Bangkok liegt zwar rund zwanzig Jahre zurück, aber er spricht noch immer ein ganz passables Deutsch.

Der Taxifahrer scheint ihn allerdings nicht zu verstehen, und mit der Antwort geht es Wannakit nicht besser. »Wat willste, Meester?« Der kahlköpfige Mann Ende fünfzig sieht ihn im Rückspiegel aus zusammengekniffenen Augen an. »Du nix Deutsch, wa?«

Wannakit probiert es noch einmal. Immerhin hat er *Mario und der Zauberer* im Original gelesen, aber zwischen Thomas Manns kapriziöser Prosa und dem kläffenden Idiom des Fahrers klaffen Abgründe.

Schließlich gibt er sich geschlagen und reicht sein Handy mit den Kontaktdaten von Moritz Liebig nach vorne.

»Saarjen Se ditte doch gleech«, orakelt der Fahrer und fährt ruckartig los.

Wannakit lehnt sich zurück und lässt das Berliner Stadtbild auf sich wirken. Eine Metropole fast ohne Hochhäuser, dafür ganze Straßenzüge mit Graffiti bemalt. Die Gehsteige voller Passanten, viele nachlässig gekleidet, in Jogginghosen und formlosen Parkas, mit denen sich kein Thai auf der Straße blicken lassen würde.

Als sie nach halbstündiger Fahrt Potsdam erreichen, atmet der Major auf, allerdings nur behutsam. In der Taxikabine hängt ein Dunst aus Schweiß und kaltem Rauch, der zu gleichen Teilen von den durchgesessenen Sitzen und dem stiernackigen Fahrer auszugehen scheint.

In den Gemeinschaftszellen in Bangkok ist die Luft zweifellos noch weniger bekömmlich, sagt sich Wannakit, während vor den Seitenfenstern die prachtvolle Kulisse der Potsdamer Altstadt vorbeizieht. Aber Malström hat sich von der »Hölle« der Königlichen Haftanstalt tatsächlich nicht weichkochen lassen. Im Gegenteil, sie hat innerhalb weniger Stunden eine polizeibekannte Totschlägerin mit einem Taekwondo-Kick k. o. getreten und eine kaum weniger berüchtigte Kleinkriminelle namens Mirisom Patya buchstäblich um den Verstand gebracht.

Alle Beteiligten waren erleichtert, als sie achtundvierzig Stunden später nach Deutschland abgeschoben wurde. Nur Wannakit nicht; der Fall verfolgte ihn bis in den Schlaf. Zeitweise telefonierte er täglich mit seinem Kollegen Liebig. Die betont nüchterne Herangehensweise des deutschen Ermittlers stürzte ihn in immer tiefere Zweifel. Letztlich gab jene Mirisom den Ausschlag für seine Entscheidung, so kurz vor Abschluss des Gerichtsverfahrens doch noch nach Berlin zu reisen. Auf eigene Rechnung, mit unbezahltem Urlaub; seine Vorgesetzten haben den Fall Malström längst wieder aus ihrem Gedächtnis getilgt.

Dass der vermeintliche *»Suizid im Luxushotel«* von Mitte Februar tatsächlich der Beginn einer Mordserie war, wurde in thailändischen Medien als Vierzeiler unter »Vermischtes« gemeldet. Die spektakuläre Bluttat in der Ruinenstadt Ngu Kong Wat am Mekong machte zwar erheblich mehr Schlagzeilen; aber da es sich bei der Tatverdächtigen um eine »Farang« handelt und das bis heute nicht identifizierte Opfer gleichfalls aus dem Ausland zu stammen scheint, hielt sich die Aufregung in Grenzen. So verrückt fast alle Thais nach blutrünstigen Mordgeschichten sind, so schnell flaut ihr Interesse ab, wenn sich Farangs gegenseitig massakrieren. Als gehörten Europäer und Amerikaner einer anderen Spezies an, die außerstande ist, nach dem physischen Tod umherzuspuken.

Während sein Taxi über das Kopfsteinpflaster der Potsdamer Hebbelstraße rumpelt, gesteht sich der Polizeimajor ein, dass er bis vor Kurzem noch ähnlich über Farangs gedacht hat. Aber der Fall Malström hat ihn eines Besseren – oder Grässlicheren – belehrt. Nie zuvor hatte er mit einem Kriminalfall zu tun, in dem Geister eine so beunruhigende Rolle spielten. Deshalb ließ er sich auch weder von seiner Familie noch durch den Kollegen Liebig von seinen Reiseplänen abbringen.

Es geht um alles, sagt sich Wannakit. Um die Gesetze der Lebenden und der Toten, die nicht ungestraft verletzt werden können. Zumindest nicht von den Lebenden, denn die Geister sind so viel mächtiger als wir. Schatten der Vergangenheit, die ein geisterhaftes Eigenleben haben, ob wir das wahrhaben wollen oder nicht.

Aber wie soll er das dem deutschen Kriminalkommissar erklären? Bei einem ihrer vielen Videotelefonate erwähnte Liebig mit herablassendem Grinsen, dass Malströms Mutter eine »erfolglose Autorin von Horrorstorys à la Lovecraft« sei. Woraufhin Wannakit so heftig erbleichte, dass sein Lächeln darüber rissig wurde.

»Was hast du denn?«, erkundigte sich Liebig. »Gestern Abend zu viel …?« Er machte eine Handbewegung, als würde er rasch hintereinander drei Schnäpse kippen.

Wannakit schüttelte vorsichtig den Kopf. »Wirklich Lovecraft?«, brachte er hervor.

»Genau der. Als junger Kerl habe ich mal was von dem gelesen. Irgendwas mit Exemplaren einer reptilartigen Spezies, die in der Arktis von Archäologen ausgegraben und aufgetaut werden, woraufhin …«

»*Ant*arktis«, stieß Wannakit zwischen den Zähnen hervor. »*In den Bergen des Wahnsinns.*«

»Meinetwegen. Aber es war einfach schlechtes Zeug«, fuhr Liebig selbstgewiss fort. »Anstatt zu beschreiben, wie die Monster aussahen und was er ihnen an Gräueltaten zutraute, wiederholte er nur immer wieder, dass alles ›*unsagbar grauenvoll*‹ und ›*unbeschreiblich entsetzlich*‹ sei.«

»Ja, aus Vorsicht. Um sie nicht zu beschwören.« Wannakit hielt sich eine Hand vor den Mund und winkte mit der anderen ab. »Machen wir Schluss für heute, ja?«

Bevor Liebig zustimmen konnte, hatte er ihn weggeklickt. Selbst wenn er in besserer Verfassung gewesen wäre, hätte er seinem Kollegen nicht erklären können, warum ihm diese Information so auf den Magen geschlagen war. Liebig war nach eigener Aussage ein »knochentrockener Vernunftmensch«, für den die großen Werke der Weltliteratur genauso wie Geistergeschichten nichts als »unsinnige Luftschlösser« waren. Er könne nicht begreifen, wieso jemand seine Zeit mit der Lektüre von »zusammengesponnenem Blödsinn« vergeude, hatte er schon bei einem ihrer ersten Telefonate erklärt. Mit einem bitteren Unterton, der die Vermutung nahelegte, dass er bei diesem Thema erst kürzlich Schiffbruch erlitten hatte; beruflich oder wohl eher privat.

Sonst würde Liebig bestimmt verstehen, sagt sich Wannakit, warum er die lange Reise auf sich genommen hat, obwohl der Prozess weitgehend gelaufen ist. Am Mittwoch haben die Staatsanwaltschaft und die Verteidigung vor dem Landgericht Potsdam ihre Plädoyers gehalten. Die Verkündung des Urteils ist für den morgigen Freitag um halb eins angesetzt. Wannakit wird übel, wenn er nur daran denkt …

»Fahr lieber ein paar Tage ans Meer«, versuchte Liebig bis zuletzt, ihn von der »sinnlosen Reise« abzuhalten. »Hier kann nichts mehr schiefgehen, Jirapong. Die Malström bekommt lebenslang, jede Wette. Wieso bist du plötzlich so nervös?«

»Ich bin die ganze Zeit schon nervös«, gab er zurück. »Seit ich Malström Ende Juni in Ubon abgeholt habe. Und es geht immer noch weiter. Ich habe dir doch von dieser Mirisom erzählt, die ich in der Psychiatrie aufgesucht habe. Sie sieht …«

»Ich weiß, ich weiß«, fiel ihm Liebig ins Wort. »Sie sieht aus, als wäre sie ›durch eine Horde knurrender Dämonen in den Wahnsinn getrieben worden‹. Du hast mir die Fotos ja geschickt, mitsamt deiner fantasievollen Bildbeschreibung.«

»Stimmt genau«, sagte Wannakit. »Und warum haben sie *alle* den Verstand verloren? Das ist ungeklärt, und das beunruhigt mich sehr.«

»Aber mit unserem Fall hat das nichts zu tun.«

»Glaubst du das wirklich, Moritz? Wovor haben sie alle sich so erschreckt, dass sie verrückt geworden sind?«

»Wir sind Mordermittler, Jirapong, und wir haben die Mörderin. Was willst du mehr?«

»Darüber sprechen wir, wenn ich in Deutschland bin.« Rasch gab er seine Reisedaten durch und beendete das Gespräch.

Wir müssen sie stoppen, bevor noch etwas *Grauenvolles* geschieht, sagt er sich nun, während das Taxi vor einer Stadtvilla mit eindrucksvoll verzierter Jugendstilfassade hält.

Er scheut davor zurück, sich genauer vorzustellen, was dieses *Grauenvolle* sein könnte. *Malström ist besessen,* sagt er sich. Doch die westliche Psychologie kennt keine Besessenheit durch Geister oder Dämonen.

Wie also kann er Moritz Liebig von der Realität einer grässlichen Gefahr überzeugen, die von Malström ausgeht, ob sie hinter Gittern oder auf freiem Fuß ist? Und keineswegs nur von ihr …

»Dreenachtzig-sübenzig.« Der Fahrer tippt auf das winzige Display seines vorsintflutlichen Taxameters.

»Einen Moment, bitte.« Wannakit zieht seine Brieftasche aus dem sandfarbenen, militärisch geschnittenen Mantel – extra für die Reise gekauft –, fischt die Kreditkarte heraus und reicht sie nach vorn.

»Plaste is nüscht. Nur Baret is Wahret.«

»Entschuldigung?« Für einen bangen Moment kommt es Wannakit vor, als wäre er im falschen Land gelandet. In Plastagonien, Barmenien, wo auch immer, jedenfalls nicht im Lande E. T. A. Hoffmanns und Thomas Manns.

Fast erleichtert registriert er die Geste des Fahrers, der Daumen und Zeigefinger mit zirpendem Laut aneinanderreibt.

»Cash? Im Ernst?« Zum Glück hat er noch in Bangkok in der Abflughalle zehntausend Baht in Euro gewechselt. Er fischt einen Hunderter aus der Brieftasche, legt ihn auf die abgewetzte Ablage zwischen den Vordersitzen und öffnet die Tür.

»Bemühen Sie sich bitte nicht«, sagt er in klassischem Deutsch, »ich finde alleine hinaus.«

»Schön, dass wir uns endlich mal persönlich treffen.« Moritz Liebig streckt die Hand aus, Wannakit bricht seinen *Wei* ab und schüttelt die kräftige Rechte des deutschen Kollegen.

»Also, dann komm rein, Jirapong«, sagt Liebig mit hörbarem Bedauern.

Er ist anderthalb Köpfe größer als Wannakit und wirkt durchtrainiert. Das dunkelbraune Haar trägt er an den Seiten raspelkurz, der Fünftagebart weist graue Sprenkel auf. Er hat einen ausgeleierten Jogginganzug an, die Jacke über dem schlabberigen T-Shirt ist bis zum Nabel offen. Wannakit registriert es stumm, genauso wie die spärliche Einrichtung der geräumigen Altbauwohnung in der Beletage, die Liebig offenbar allein bewohnt.

Wannakit folgt ihm in ein saalartiges Zimmer mit Stuckverzierung an der Decke, in dem sich wahllos zusammengewürfelte Möbelstücke à la IKEA verlieren. »Ziehst du gerade ein oder aus?«

Liebig verzieht das Gesicht, als hätte er plötzlich Zahnweh. »Weder noch. Ich habe mich letzten Monat getrennt. Oder, ehrlich gesagt, ich wurde … du weißt schon.« Er winkt mit einer müden Handbewegung ab. »Jetzt habe ich zumindest meine Ruhe. Das heißt … Ach, was soll's. Du störst mich nicht, Jirapong. Wirklich nicht, Platz habe ich ja genug.«

Er setzt sich in einen orangenen Plastiksessel, Wannakit entscheidet sich für ein senffarbenes Exemplar.

»Willst du Kaffee? Wein? Etwas zu essen?« Liebig springt wieder auf. »Ich bin ein miserabler Gastgeber, weißt du?«

»Ich habe im Flugzeug gegessen und getrunken und geschlafen. Bitte setz dich hin, Moritz, und lass uns reden.«

Zögernd nimmt Liebig wieder Platz. »Wie schon gesagt, diese Durchgeknallten links und rechts haben mit unserem Fall nichts zu tun. Linda Vehling, Mirisom Patya et cetera. Juristisch jedenfalls nicht«, schränkt er ein, als Wannakit eine Hand hebt. »Du bist doch um Himmels willen nicht gekommen, um den Prozess im letzten Moment noch platzen zu lassen?« Liebig sieht ihn unter hochgezogenen, struppigen Augenbrauen an. »Sag mir bitte auf der Stelle, dass du nicht deshalb um die halbe Welt gereist bist.«

Wannakit lehnt sich vorsichtig in dem Sesselchen zurück. Er fragt sich, ob Liebig Kinder hat, die zusammen mit der Frau ausgezogen sind. Die zierlichen bunten Plastikmöbel würden jedenfalls besser in ein Kinderzimmer passen als in diesen pompösen

Stucksaal. In seiner Fantasie richtet er ihn à la Thomas Mann ein, als Herrenzimmer mit dunklen Regalen bis zur Decke und schweren, tabakbraunen Ledersitzmöbeln.

»Mach dir keine Sorgen, Moritz«, sagt er sanft. »Deshalb bin ich natürlich nicht hier. Aber ich muss dir etwas zeigen.«

Er fasst sich an die Brust, doch den Mantel mit dem Kuvert darin hat er draußen an der Garderobe gelassen, zusammen mit seinem Koffer. »Warte kurz«, sagt er und ist aus der Diele zurück, den gefütterten Umschlag in der Hand, bevor Liebig auch nur genickt hat.

Der Deutsche wirkt erschöpft, denkt er, kein Wunder nach dem Ermittlungsmarathon in den zurückliegenden Monaten. Und dazu noch der private Kummer. Die Frau, die ihn verlassen hat, war bestimmt eine begeisterte Romanleserin. Und er hat ihr deshalb Vorwürfe gemacht, vielleicht … Oder wirkt Liebig deshalb so fertig, weil auch er spürt, dass bei diesem Fall etwas nicht stimmt?

»Hier sind die Bilder«, sagt Wannakit und setzt sich wieder. Der Fake-Kristalllüster an der Decke scheint weiße Funken zu sprühen. »Womit fangen wir an – mit Khao? Das ist der Junge, der letztes Jahr in Ngu Kong Wat umgekommen ist. Als Dr. Mong dort Ausgräber war.«

»Nein, Jirapong, damit fangen wir nicht an.« Liebig beugt sich vor, stützt die Ellbogen auf die kräftigen Oberschenkel. »Wenn du den Fall unbedingt noch mal durchsprechen willst, dann fangen wir mit den relevanten Fakten an. Und die sehen so aus.«

Er zeigt Wannakit seine Faust und lässt den Daumen hochschnellen. »Punkt eins: Malström hat gestanden, den Unbekannten in der Ruinenstadt vom Dach geworfen zu haben. Allein dafür bekommt sie lebenslang, auch wenn sie diese ganzen Schauergeschichten darum herumgesponnen hat.«

Er fährt zusätzlich den Zeigefinger aus. »Punkt zwei: Malströms Versuch, die beiden anderen Morde einem geheimnisvollen Dritten – alias ›der Schattenmann‹ – in die Schuhe zu schieben, ist vollkommen unglaubwürdig. Weder bei euch im Hotel noch bei uns in der Höhle wurden irgendwelche Hinweise auf einen angeblichen zweiten Täter gefunden. Stattdessen haben wir bei beiden Opfern ein halbmondförmiges Hämatom zwischen den Schulterblättern – passend zu Malströms Schuhgröße –, wie es durch einen linksfüßigen Jumping Side-Kick entsteht. Bekanntermaßen ist das ihre Spezialität, was sie bei euch in der U-Haft ja dankenswerterweise nochmals unter Beweis gestellt hat. Zwei Morde mit persönlichem Fußabdruck der Täterin, was will man mehr? Also wird der Richter auch hier der Anklage folgen und Malström in beiden Fällen schuldig sprechen. Macht drei Morde, alle drei mit dem Merkmal der Heimtücke, der dritte wurde auch noch mit besonderer Grausamkeit ausgeführt.«

Er kratzt sich mit dem Daumen unter der Achsel und fährt gleichzeitig den Mittelfinger aus. »Und Punkt drei: Der Richter wird sie garantiert auch für schuldfähig erklären, obwohl sie diesen ganzen Bullshit von wegen ›Steuerrad-Zeichen‹, ›Durchlass zum Geisterreich‹ und ›Doppelgänger erschaffen‹ aufgefahren hat, um als plemplem durchzukommen.«

»Plemplem?«, wiederholt Wannakit. Die Vokabel ist ihm weder bei Ludwig Tieck noch bei Thomas Mann begegnet.

»Bekloppt, verrückt, psychotisch«, variiert Liebig. »All das ist Malström eben *nicht*. Sie hat nicht im Zustand der Umnachtung gemordet, dafür war ihre Handlungsweise in allen drei Fällen viel zu kalkuliert. Das Tatmuster ist außerdem immer das gleiche. Sie tritt oder stößt ihre Opfer aus großer Höhe mit dem Kopf voran in den Tod. Die Frau ist hochaggressiv, zweifellos eine Psychopathin, aber Tatvorbereitung und -durchführung sprechen eindeutig dafür, dass sie mit eiskaltem Kalkül vorgegangen ist.«

Er starrt auf seine Faust, als wüsste er nicht mehr, warum er drei Finger zum Peace-Zeichen gespreizt hat, und schüttelt die Hand aus. »Sind wir uns bis dahin einig, Jirapong?«

»Im Großen und Ganzen ja.« Wannakit schließt seine imaginäre Einrichtung des Jugendstilzimmers ab. Mit der Chaiselongue vor der Bücherwand und dem am Kopfende platzierten Sessel ähnelt es jetzt eher dem Behandlungszimmer von Dr. Freud.

»Dann lass uns zu dem Unbekannten kommen – Mikey, wie Malström ihn nennt.« Wannakit lächelt seinen Gastgeber an. »Findest du es nicht auch merkwürdig, dass die Identität des dritten Mordopfers nach wie vor im Dunkeln liegt? So als wäre er tatsächlich ein kurz zuvor erschaffener Doppelgänger? Niemand kennt ihn, niemand vermisst ihn – obwohl wir seit Monaten Nachforschungen anstellen.«

Liebig verschränkt die Arme vor der Brust. »Über kurz oder lang wird sich jemand melden. Das steht für mich fest.«

»Vielleicht dieser Jack Harbor, den Malström so anschaulich beschrieben hat? Sie ist wirklich talentiert. Nicht nur im Ermorden von Liebhabern, sondern auch in der Schilderung von Personen, die möglicherweise nur in ihrer Fantasie existieren.«

»Zugegeben, da besteht noch Aufklärungsbedarf. Immerhin haben eure Ermittler Hinweise auf einen Psychopathen gefunden, der möglicherweise seit Jahren in der Region sein Unwesen treibt.«

»Möglicherweise«, stimmt Wannakit zu.

Mindestens vier Fälle aus den letzten acht Monaten wiesen das gleiche oder ein ähnliches Muster wie der Fall »Mikey« auf, legt sich Liebig ins Zeug. Bei allen Opfern handele es sich um männliche Solotouristen in jüngeren bis mittleren Jahren, die angaben, durch einen großgewachsenen US-Amerikaner in eine der Ruinenstädte gelockt oder gegen ihren Willen verbracht worden zu sein. Der Amerikaner, der sich ihnen als »Jack«, »John« beziehungsweise »Rick« vorgestellt habe, sei plötzlich wie vom Erdboden verschluckt gewesen. Kurz darauf seien sie von vermeintlichen »Dämonen«, »Rachegeistern« oder »Schreckgespenstern« durch Tempel- und Palastruinen gejagt worden.

»So steht es in den Akten.« Wannakit lächelt und nickt.

»Zwei Deutsche um die dreißig erlitten psychische Zusammenbrüche«, zählt Liebig weiter auf. »Ein junger Skandinavier hat sich beim Sturz von einem Tempeldach beide Beine gebrochen. Ein japanischer Tourist Ende dreißig leidet seither an Panikattacken und musste in einer psychiatrischen Einrichtung untergebracht werden, nachdem er mehrfach versucht hat, sich das Leben zu nehmen.«

»Das weiß ich doch, Moritz. Ich habe ja selbst versucht, den Japaner zu befragen. Aber er war mit Psychopharmaka vollgepumpt und hat nur vor sich hin gestarrt. Und über Jack, John oder Rick wissen wir nach wie vor so gut wie nichts. Er soll amerikanisches Englisch sprechen, großgewachsen und zwischen vierzig und fünfzig sein; darin stimmen die Geschädigten überein. Ein angeblicher texanischer Akzent wird ihm aber nur durch Malström zugeordnet. Auch die vermeintlichen ›Schaufelhände‹ werden einzig von ihr erwähnt.« Wannakit lächelt undurchdringlich. »Du musst zugeben, dass dieser Jack der reinste Nebelfürst ist.«

»Nichts da.« Liebig stößt einen Knurrlaut aus. »Außerdem hat das alles im Prozess keine große Rolle gespielt, wie du weißt. Malström hat ihr drittes Opfer von jemandem ›übernommen‹, der ihn vorher in den Ruinen herumgejagt und nach allen Regeln des Psychoterrors verängstigt und gequält hat. Als das Opfer in Schockstarre verfallen ist, hat dieser Jemand – Jack Harbor oder wie auch immer – das Interesse verloren. Laut Malström hat er sie in einem Akt grotesker Fürsorglichkeit quasi eingefangen und als Pflegerin des Gelähmten in der Ruinenstadt zurückgelassen, bevor er sich aus dem Staub gemacht hat – mit seinem mutmaßlichen nächsten Opfer, einem jungen Asiaten namens Sirkhit.«

»Und das nimmst du ihr ab?«

Liebig zuckt mit den breiten Schultern. »Einiges hat sie sich zweifellos ausgedacht – zum Beispiel, dass Jack Harbor das Haus in der Ruinenstadt von Santi Luang gemietet hätte. Was der bekanntlich abstreitet – durchaus glaubwürdig, das schreibst du ja selbst in deinem Bericht. Aber die Videos hat Malström auf keinen Fall angefertigt, das weißt du doch alles besser als ich. Schließlich waren es deine Leute, die die gelöschten Dateien auf dem Notebook wiederhergestellt haben. Und diese abartigen Filmfetzchen sind definitiv entstanden, als Malström noch in Deutschland war. Das hat der IT-Forensiker vor Gericht glasklar belegt.«

Wannakit nickt. Auf insgesamt dreieinhalb Filmminuten, die sie einigermaßen rekonstruieren konnten, ist in quälenden Einzelheiten zu sehen, wie das Opfer – »Mikey« – durch die Ruinenstadt flieht. Nackt bis auf ein weißes Gespensterhemd, das zunehmend zu Fetzen zerfällt, während er über Dächer rennt, Treppen hinabstolpert, schließlich durch Katakomben unterhalb der Tempel und Paläste kriecht. Er ruft in texanisch gefärbtem Englisch um Hilfe, fleht um Erbarmen, flucht und betet, schreit und schluchzt; mehrfach schaut er über die Schulter zurück, zu seinem Verfolger, der die Kamera führt und seinerseits unsichtbar bleibt. Mutmaßlich handelt es sich bei diesem Verfolger um »Jack Harbor«, aber die Panik in Mikeys Gesicht ist so maßlos, so jenseits jeder vorstellbaren Dimension des Entsetzens, dass sich Wannakit eine ganz andere Erklärung aufdrängt: Mikey flieht vor einem Geist, dessen Anblick ihn mit unsagbarem Grauen erfüllt.

»Hast du dir das Gesicht des Opfers auf den Filmschnipseln mal genauer angesehen?«, fragt er Liebig.

Der plustert die Backen auf. »Worauf willst du hinaus? Auf die – laut Malström – umwerfende Ähnlichkeit der drei Geschädigten? Damit ist es in Wirklichkeit nicht so weit her. Auch die Fotos, die Staatsanwältin Ehlert bei der Beweisaufnahme vorgelegt hat, belegen natürlich, dass Malström ihre Opfer nach einem klaren Beuteschema ausgewählt hat. Aber von weitergehender Übereinstimmung der äußeren Merkmale – angeblichen ›Doppelgängern‹ und so weiter – kann keine Rede sein.«

»Das ist smart.« Wannakit lächelt in sich hinein. »Von deiner Staatsanwältin, meine ich. Dass sie die Fotos entsprechend ausgewählt hat, beweist aber vor allem eins: Ihr ist bewusst, dass die Ähnlichkeit der drei Opfer tatsächlich ungewöhnlich groß ist.«

»Das ist doch Bullshit, Jirapong.«

»Nein, Moritz, das ist Wissenschaft. Ich habe ein Gutachten in Auftrag gegeben – nicht offiziell, natürlich –, und das Labor hat meinen Eindruck bestätigt: Die genetische Übereinstimmung der drei Opfer ist so hoch, wie es nach der statistischen Wahrscheinlichkeit gerade noch möglich ist, wenn man es nicht mit Blutsverwandten zu tun hat. Hier, sieh es dir an.«

Er öffnet seinen Umschlag und zieht einen doppelt gefalteten Bogen heraus. »Ach so, das ist auf Thai, aber ich übersetze dir die entscheidenden Zeilen.« Er faltet das Blatt auseinander und überfliegt es stirnrunzelnd. »Hier: ›*Wenn man mit drei Würfeln wirft, ist es ohne jede Manipulation möglich, drei Mal hintereinander drei Sechser zu erzielen. Aber die Wahrscheinlichkeit, bei einem Gewitter vom Blitz getroffen zu werden, ist deutlich höher.*‹«

»Das Gewitter ist Mumpitz.« Liebig starrt auf das Blatt in Wannakits Hand, als wollte er es durch Willenskraft zum Verschwinden bringen. »Gaußsche Normalverteilung, nur darum geht es hier. Die drei Sechser liegen im statistischen Spektrum, Punkt.«

»Du glaubst also immer noch, dass dieser Fall allein mit Vernunft und Logik aufzuklären ist?«

»Ja, womit denn sonst, Jirapong!«

Liebig klingt gereizt, und auch in Wannakit steigt Ärger auf. Er schätzt Moritz als Mensch und Kollegen; in den zurückliegenden Monaten haben sie gut zusammengearbeitet, jedenfalls bis zu einer gewissen Grenze.

Er schluckt seinen Ärger herunter. »›*Es glückt dir nicht, es kann dir gar nicht glücken*‹«, zitiert er, »›*sie wirft dich in den Staub!*‹«

»Was ist? Wer wirft mich …?«

»Entschuldige, ein Literaturzitat. Aus den *Nibelungen* von Friedrich Hebbel.«

Liebig starrt ihn verständnislos an.

»Ich dachte, das gefällt dir vielleicht. Wo du doch in der Hebbelstraße wohnst.«

»Es gefällt mir nicht«, stellt Liebig klar.

»Dann wird dir das hier noch weniger gefallen.« Wannakit schüttelt die Fotos aus seinem Umschlag auf den Acryltisch, der zwischen den bunten Sesselchen auf dem Schiffsparkett steht. »Alle diese ›Durchgeknallten links und rechts‹ – so hast du sie doch eben genannt – haben den gleichen Gesichtsausdruck wie Mikey auf dem Video. So maßlos entsetzt, wie Leute aussehen, wenn ein furchtbarer Geist hinter ihnen her ist.«

Er legt die Fotos aus wie Karten beim Tarot. Der Gehenkte, der Tod, der schwarze Mönch …

»Was soll das, Jirapong …«

Aber Wannakit lässt sich nicht mehr unterbrechen. »Jetzt also zu Khao.«

Donnerstagabend. In ihrer cleanen Einzelzelle sitzt Grete am Tisch unter dem schmalen Fenster, das auf den Friedhof *In den Kisseln* hinausgeht. Ein parkartig ausgedehntes Areal mit mächtigen Kiefern und pompösen Mausoleen, auf das sie oft stundenlang hinunterschaut. *Familiengrabstätten,* denkt sie. Und: *Todesillusion.* Sie sagt sich beide Begriffe immer wieder vor – *Todesillusion, Familiengrabstätten, Todesillusion, Familiengrabstätten …* –, bis es nur noch zwei graue Papierfetzen sind, die in ihrem Kopf herumflattern, gegeneinander austauschbar.

Er wird kommen, bald schon. Sie weiß es, sie spürt, wittert, riecht es, wie man aufziehendes Regenwetter riechen kann. Eine frische Feuchte in der Luft, auch wenn die noch vor trockener Hitze flimmert.

Seit Monaten sitzt sie hier ein. JVA Berlin-Spandau, Abteilung Untersuchungshaft. Alle paar Tage wird sie zum Landgericht Potsdam gebracht, im Gefangenentransporter mit Eskorte. Im Verhandlungssaal sitzt sie dann Stunde um Stunde stumm hinter Glas. Der Raum brechend voll, vorne die Medienmeute, dahinter bekannte und unbekannte Gesichter. Manchmal Alex, einmal Henrik, Sascha fast immer, Hannah nimmer.

Grete schweigt, sie hat keinem mehr etwas zu sagen. Bei den Vernehmungen hat sie anfangs mit Zitaten pariert. Keinen literarischen, natürlich, sondern mit Sätzen und Absätzen aus Lennys Fachartikeln oder aus Samuel Eschens *Untertunnelung des Unbewussten.* Doch niemand schien sie zu verstehen, also stellte sie das Sprechen ein.

Sascha reicht jede Woche einen Besuchsantrag ein, und Grete lehnt jedes Mal ab.

Genauso bei Paula, ihrer Ex-Kollegin, was hat sie mit der zu tun. Weniger als nichts.

Von ihrer Anwältin muss sie sich besuchen lassen, auch wenn sie dann wieder nur halbstundenweise schweigt. Die Wärterin bringt sie in den Besuchsraum, sie sitzen sich am Blechtisch auf Blechstühlen gegenüber, die Anwältin gibt Blechernes zum Besten, und Grete sagt: »Satyra, geh weg.«

Die Anwältin, eine orientalische Schönheit namens Zahyra oder so ähnlich, klimpert mit ihren enormen Wimpern. »Aber Sie müssen sich wehren, Frau Malström. Lassen Sie uns noch mal auf Malte Burger zurückkommen. Nach Ihrer Aussage war er der ›Schattenmann‹, der in jener Nacht in der Höhle Dr. Mong ermordet hat.«

Grete sieht an ihr vorbei, durch sie hindurch, über sie hinweg. Satyra macht den perfekt glossierten Mund auf und zu, und Grete bekommt kein Wort von ihrem Redestrom mit. Es gibt viele Möglichkeiten, physisch anwesende Personen auszublenden. Sie kannte schon vorher etliche davon, doch in der U-Haft hat sie noch einige dazugelernt.

Der Schattenmann hat keine Spuren hinterlassen, natürlich nicht. Weder in der Höhle (Malte) noch in Bangkok oder in der Ruinenstadt (Jack). Als Malte von der Polizei vernommen wurde und jeden gegen ihn gerichteten Verdacht entkräftete, hatte er laut Kommissar Liebig »durchaus keine abnorm großen Hände. Die sind für einen Mann seiner Statur sogar ziemlich zierlich«, sprach Kommissar Ziemlich, und Grete sah unter ihm hindurch, bis sie allein im Besuchsraum war.

Ende letzter Woche beantragte Alex Blumfeld, sie besuchen zu dürfen. Zu ihrem eigenen Erstaunen sagte Grete zu.

Gestern Nachmittag saßen sie sich auf den Blechstühlen gegenüber. Ihr Treffen endete turbulent. Doch seitdem weiß Grete, wann sie *ihn* wiedersehen wird.

Morgen schon.

Wannakit schiebt das gestochen scharfe Vierfarbbild auf Liebigs Tischseite hinüber. Es zeigt einen mageren, fast schon knochigen Vierzehnjährigen mit brauner Haut und schwarzen Augen, die unnatürlich weit aufgerissen sind. Auch sein Mund steht weit offen, wie zu einem Schrei, den er nicht mehr ausstoßen wird.

Nicht in diesem Leben, denkt Wannakit. Das Foto wurde in der Leichenhalle in Ubon aufgenommen. Khao nackt und zugenäht auf Edelstahl.

Zusammen mit fünf anderen Jungs aus einem der umliegenden Dörfer kletterte er im Februar letzten Jahres über den Metallzaun in die Ruinenstadt am Mekong. Ihre Väter, die für die Wissenschaftler der Duncker-Stiftung arbeiteten, hatten ihnen schaurige Geschichten erzählt. Von angeblichen Begegnungen mit Geistern und von Gräbern, die sich wie von Zauberhand geöffnet hätten. Das war abschreckend, aber mehr noch unwiderstehlich für die Kids, und so drang die Bande eines Tages, als die Arbeiten ruhten, in die Ruinenstadt ein.

Was dort vorfiel, blieb trotz intensiver Befragungen durch örtliche Polizeikräfte weitgehend unklar. Die Jungs gelangten zu dem Platz, auf den sich die Grabungen konzentrierten. In der Mitte war eine Grube, vier Meter tief, mit Flatterband gesichert. Plötzlich wurde Khao dort »hineingezogen«, »von Knochenhänden«, sagte einer der Jungen aus, »von Geisterarmen« ein anderer, »durch einen Wirbel aus Nebel« ein dritter. Der vierte weinte nur. Starr vor Angst sahen sie zu, wie Khao, ihr Freund, ihr Anführer, der Mutigste von ihnen, an der keineswegs steilen Grubenwand hinunterrollte – schreiend, um Hilfe flehend, nach seiner Mutter, nach den Priestern rufend – und unten noch sekundenlang wie in Krämpfen zuckte, bevor er reglos liegen blieb. Auf dem Rücken, mit verzerrtem Gesicht, Augen und Mund aufgerissen, die Arme wie schützend um den Kopf gelegt. Aber nichts und niemand konnte ihn mehr schützen – seine Freunde sowieso nicht, die rannten Hals über Kopf davon.

»Khao ist buchstäblich vor Angst gestorben. Und so hat er vorher ausgesehen.« Wannakit fischt ein zweites Bild aus seinem Stapel und legt es neben das erste. Auf diesem Bild ist Khao einfach ein unbekümmerter Teenager, der in die Kamera grinst.

»Wie schon gesagt, Jirapong, mit unserem Fall hat das nichts zu tun.«

»Aber die Frage ist doch, warum alle drei Opfer von Malström eine direkte oder indirekte Verbindung mit der Geisterstadt haben.«

Liebig macht den Mund auf, doch Wannakit hebt eine Hand und redet weiter. »Das zweite Opfer, Dr. Lenny Mong, war einer der Archäologen in Ngu Kong Wat. Im Auftrag der Tom-Duncker-Stiftung suchten sie nach Überresten frühgeschichtlicher Tempel. Und wie es der Zufall so will, gehört das Areal Santi Luang, dem Halbbruder von Malströms erstem Opfer. Nachdem sie Mong in der Uckermark getötet hat, fährt sie geradewegs nach Ngu Kong Wat und bringt ihr drittes Opfer um, den Unbekannten alias Mikey. Der auf den Videoschnipseln ganz genauso außer sich vor Panik und Entsetzen ist wie damals Khao.«

Er tippt auf das Foto des toten Jungen, der Liebig mit seinen starren Augen zu hypnotisieren scheint. »Erkläre mir das, Moritz. Was haben die beiden gesehen, das sie um den Verstand gebracht hat?«

»Ganz bestimmt keinen bösen Geist.« Liebig wischt die Fotos mit einer brüsken Bewegung zur Seite. »Nichts gegen deine … eure … also ich sag mal … gegen die asiatische Kultur. Aber du siehst hier mysteriöse Zusammenhänge, die es meiner Ansicht nach nicht gibt. Also noch mal der Reihe nach.«

Er steht auf und geht auf dem knarrenden Parkettboden auf und ab. »Santi Luang hat das Gelände gekauft, weil er die Ruinenstadt zu einer Touristenattraktion à la Angkor Wat aufdonnern wollte. Dafür brauchte er angesehene Wissenschaftler, die ihm bestätigten, dass das Ganze eine archäologische Sensation ist. Er hat es deinen Leuten ja bereitwillig berichtet: Die großen Institute haben abgewunken, also wandte er sich an die Tom-Duncker-Stiftung, und die zeigte sich interessiert.

So kommt die Verbindung zwischen Santi Luang und Dr. Mong zustande, ganz ohne das Eingreifen irgendwelcher Geister. Miko Luang wird Malström von dem Geisterschrein und der Manufaktur seines Halbbruders Santi erzählt haben, und Mong hat ihr vermutlich auch von Ngu Kong Wat erzählt. Irgendwie scheint es sie gereizt zu haben, sich die Gegend mal genauer anzusehen, in der ihr Opfer Nummer eins gelebt und Nummer zwei eine Weile gearbeitet hat. Dass sie gerade dort wieder jemanden gefunden hat – oder geradezu serviert bekommen hat –, der perfekt in ihr Beuteschema passte, kann man meinetwegen einen makabren Zufall nennen. Aber das war es dann auch schon mit den geheimnisvollen Zusammenhängen.« Er bleibt dicht neben Wannakit stehen und schaut aus seinen fast eins neunzig Höhe zu ihm hinab.

Der Major legt den Kopf in den Nacken. »Und Khao?«, beharrt er. »Sein schreckverzerrtes Gesicht – die gleiche Panik wie bei Mikey –, wie erklärst du das?«

Liebig zuckt mit den Schultern. »Aberglaube, was denn sonst? Wenn du nur fest genug daran glaubst, dass du von menschenfressenden Monstern verfolgt wirst, hast du eine gute Chance, an einer Herzattacke zu sterben.«

Wannakit steht gleichfalls auf und rollt mit den Schultern. »Da hast du natürlich recht«, sagt er sanft. »Fragt sich nur, warum Santi Luang, die Stiftung und Dr. Mong ihre Zusammenarbeit nach dem Zwischenfall mit dem Jungen schlagartig beendet haben. Seitdem liegt Ngu Kong Wat im Dornröschenschlaf.« Er lächelt über das schöne Wort. »Das Argument, dass sie keine Arbeiter mehr finden würden, ist nicht gerade überzeugend, weißt du? Aus der Region wird dort niemand mehr arbeiten wollen, aber sie könnten ja studentische Hilfskräfte aus dem Westen anheuern, wie es bei Ausgrabungen an der Tagesordnung ist.«

»Worauf willst du hinaus, Jirapong?« Liebig sieht ihn fast drohend an.

»So wie du mich anschaust, kennst du die Antwort schon«, gibt Wannakit zurück. »Vielleicht ging es von Anfang an darum, das Geheimnis des Steuerrad-Ordens zu ergründen. Und nachdem sie gefunden hatten, was sie suchten – einen Durchgang ins Geisterreich oder was auch immer –, haben sie den Zwischenfall mit dem Jungen als Vorwand genutzt, um das ganze Projekt wieder abzublasen.«

»Einen Durchgang ins Geisterreich … Das meinst du nicht im Ernst!«

»Das war schließlich Mongs Forschungsthema, und die Stiftung hat ihn großzügig finanziert. Was liegt also näher als die Annahme, dass er genau das in Ngu Kong Wat gesucht hat? Und Santi Luang war offenbar mit im Boot. So ein gewiefter Geschäftsmann setzt doch nicht einfach eine Milliarden-Baht-Investition in den Sand, nur weil ihm im ersten Anlauf die Hilfsarbeiter weggerannt sind.«

»Dann wird er eben genauso abergläubisch sein wie diese Dorfbewohner, was weiß ich denn.«

Ja, genau, denkt Wannakit, was weißt du schon, Moritz. Aber das gilt nicht weniger für mich selbst.

Etwas Grauenvolles wird passieren, das spürt er so deutlich wie noch nie. Sie müssen es stoppen, doch er hat keine Ahnung, wie.

»Wie auch immer.« Liebig bemüht sich um einen lockeren Ton. »Lass uns was trinken gehen, okay? Von all den Gräbern und Geistern bekommt man eine ganz trockene Kehle.«

»Gute Idee«, sagt Wannakit. »In Berlin gibt es eine Bar, die ich sowieso aufsuchen wollte. Der *Blaue Kater* – kennst du die zufällig?«

»Der *Blaue Kater?* Im Ernst?«

Wannakit nickt.

»Woher in Gottes Namen kennst du diese Spelunke?«

»Von Henrik Knusum.«

»Und wer ist das wieder?«

»Ein Schrift…«

»O Gott, sag nicht, dass die Bumsbude jetzt bei Schriftstellern als hip gilt.«

»Bumsbude?«

»*Bang-bang.*« Liebig deutet rhythmische Hüftbewegungen an.

»Ich weiß nicht. Malström war wohl einmal mit Knusum dort. Und der Laden hat ihn irgendwie beeindruckt.«

»Wie heißt der? Knusum? Nie gehört. Und du hast mit ihm über Malström gesprochen? Wieso, Jirapong?«

»Er war einer ihrer wichtigsten Klienten, beruflich, aber wohl auch persönlich. Knusum hat die Geschichte seines Lebens aufgeschrieben und ist damit weltberühmt geworden. Auf dreitausend Seiten, schonungslos sich selbst gegenüber und allen Personen, die in seinem Leben eine Rolle gespielt haben. Malström hat ihm vorgeworfen, er hätte mit seinen ›rücksichtslosen Enthüllungen‹ seinen Vater in den Tod getrieben und seine Frau in die Psychiatrie.«

»Und? Hat er?«

»Ihr Vorwurf hat ihn jedenfalls getroffen. ›Was ich gemacht habe, ist schlimm, da hat Grete schon recht‹, hat er am Telefon zu mir gesagt. ›Aber wissen Sie was? Meinem Gefühl nach hat sie etwas sehr viel Schlimmeres gemacht. Sie hat *ihre* Geschichte mit blutigen Fingern in der halben Welt auf die Wände gemalt.‹« Wannakit massiert sich die Schläfen. Plötzlich spürt er den Jetlag. »Angeblich hatte Knusum schon damals, an dem Abend im *Blauen Kater*, das Gefühl, dass es mit Malström kein gutes Ende nehmen würde.«

»Also meinetwegen.« Liebig zuckt mit den Schultern. »Gehen wir im *Blauen Kater* den Gefühlen von Herrn Knausum auf den Grund.«

»Knusum.«

»Auch gut. Aber beschwere dich nicht, wenn du dir einen Tripper einfängst.«

»Tripper?«

»Mann, Jirapong, du kennst deutsche Wörter, die ich kaum kenne, aber was Tripper ist, weißt du nicht? Gonorrhö? Wenn du Eiter pisst? Hallo?«

Falls Liebig gehofft hat, durch den Ortswechsel die Fotos schockstarrer Gesichter loszuwerden, hat er sich getäuscht. Wannakit hat sämtliche Bilder in den Umschlag zurückgeschoben und diesen in der Jacke seines eleganten schwarzen Anzugs verstaut.

»Also Abmarsch«, sagt Liebig unternehmungslustig und geht mit großen Schritten zur Wohnungstür. Die Aussicht, in einer Bumsbude zu versacken, scheint seine Lebensgeister zu beflügeln.

Zuvor zeigte er Wannakit noch das Gästezimmer am Ende des kahlen Flurs, zu dem ein eigenes kleines Bad gehört. Während sich der Polizeimajor Wasser ins Gesicht klatschte und die metallisch schimmernden schwarzen Haare akkurat nach hinten kämmte, machte sich Liebig im Zimmer gegenüber zu schaffen. Im Vorbeigehen hatte Wannakit einen schmalen Futon gesehen, vor einer kahlen Wand, auf der sich die Umrisse eines Doppelbetts als bleiches Negativ abzeichneten.

Die Frau ist ausgezogen, sagt sich Wannakit, und hat das Bett mitgenommen, in dem sie jetzt mit ihrem neuen Liebhaber liegt. Kein Wunder, dass Moritz nicht so gut drauf ist.

Als sie sich vorne in der Eingangsdiele wieder treffen, hat Liebig den Jogginganzug immerhin gegen Jeans und Lederjacke getauscht. »Willst du echt im Anzug losziehen, Jirapong? Damit bist du total overdressed.«

Wannakit lächelt undurchdringlich. In Liebigs grauem Audi quattro wartet er, bis sie auf der Autobahn sind, dann zieht er wieder sein Kuvert heraus.

»Lass stecken«, wehrt Liebig ab, »ich muss mich auf die Straße konzentrieren.«

»Nur ganz kurz.« Wannakit fächert vier Fotos auf wie beim Poker und hält sie Liebig vor die Nase. Mit der anderen Hand schaltet er die Lampen-App an seinem Handy ein und leuchtet die Fotos an. »Linda Vehling und Mirisom Patya. Vorher und nachher. Vorher keine Ähnlichkeit, nachher in panischem Entsetzen vereint.«

»Sehr schön gesagt. Jetzt nimm die Dinger weg.«

Wannakit reiht die vier Bilder auf seinen Oberschenkeln auf. Links Mirisom, rechts Linda. Er leuchtet sie nacheinander an.

Dass Mongs Assistentin denselben Vornamen hat wie Knusums in der Psychiatrie gelandete Gemahlin, hat Malström vielleicht noch einen Extrakick versetzt, geht es ihm durch den Kopf.

»Du meinst also, Linda Vehling hat das Gleiche wie diese Mirisom Patya gesehen«, murmelt Liebig.

»So sieht es für mich aus, Moritz.«

Die Fotos scheinen allmählich doch Wirkung zu zeigen. Wannakit erwägt, seinen Kollegen auch noch mit einem Vorher-nachher-Set von Sven Meier zu konfrontieren – Meier beim Barbecue im Garten des Archäologischen Instituts in Berlin, dann in der Nervenklinik, auf Krücken und mit dem charakteristischen Angstgesicht –, und entscheidet sich dagegen. Moritz kennt die Fakten genauso gut wie er, nur hat er sich bisher nicht erlaubt, diese zutiefst beunruhigende Seite ihres Falls zur Kenntnis zu nehmen. *Die Nachtseite,* wie das bei den deutschen Romantikern hieß …

Auch Meiers psychischer Zusammenbruch hat eine Vorgeschichte, aber anders als Liebig glaubt Wannakit nicht, dass sie das schockbedingte Verstummen des Assistenten erklärt. Der langjährige Mitarbeiter des Archäologischen Instituts hatte schon vorher als kauziger Eigenbrötler gegolten. Jedoch war er bei der Institutsleitung wohlgelitten, da er immer gewissenhaft und loyal gewesen war.

Nachdem er einen Vortrag von Dr. Mong gehört hatte, äußerte Meier, dass ihm »die Augen geöffnet« worden seien. Die »herkömmliche Archäologie« sei »nichts als stumpfsinniges Aufknacken tauber Nüsse«. Er bestand darauf, zu den Ausgrabungen abgeordnet zu werden, die die Duncker-Stiftung unter Dr. Mongs Leitung in der Uckermark durchführte. Da Meier anderenfalls mit Kündigung drohte und die Stiftung tatsächlich um Unterstützung gebeten hatte, gab man seinem Wunsch schließlich nach.

In Moritz Liebigs Augen ist Mr Meiers plötzliche Schwärmerei für Dr. Mongs archäologische Spekulationen bereits ein Symptom seiner psychischen Störung, die sich durch den Sturz in den selbst gegrabenen Schacht dann sprunghaft verschlimmert habe. Wannakit ist anderer Meinung, aber die behält er vorerst noch für sich.

Wenn du ihm zu sehr zusetzt, sagt sich der Major, macht Moritz wieder dicht. Und das darf auf keinen Fall passieren. Also balanciert er die Fotos auf den Bügelfalten seiner maßgeschneiderten Anzughose, während Liebig mit ruckartigen Lenkbewegungen durch den – gemessen an Bangkok – mäßigen und wohlgeordneten Verkehr manövriert.

Der Himmel über der Berliner City hat die Farbe von nassem Beton. So etwa hat sich Wannakit immer einen Himmel vorgestellt, aus dem Schneeflocken fallen. In seiner Fantasie hat er schon als kleiner Junge ganz Thailand meterhoch zuschneien lassen, doch echten Schnee hat er noch nie gesehen.

Was Mirisom Patya – die diebische Prostituierte aus Gemeinschaftszelle Nr. 3 – in jener Nacht gesehen hat, ist auch nicht leicht zuzuordnen. Sie hat sich an Malström herangemacht, und die hat ihr einen Schrecken eingejagt, von dem Mirisom sich auch nach vier Monaten in der Königlichen Gefängnispsychiatrie in Bangkok nicht erholt hat.

Wannakit hat sie mehrfach aufgesucht und dabei auch mit der zuständigen Nervenärztin gesprochen. »Jahrelanges Leben auf der Straße«, zählte die Medizinerin auf, »permanente Misshandlung durch Zuhälter und Freier, wahlloser Betäubungsmittelkonsum, in der Kindheit wohl auch Missbrauch durch Liebhaber der Mutter, wie fast immer bei diesen Mädchen …« Sie gestikulierte mit der Zigarette, die sie in der Hand hielt, ohne sie anzuzünden. »Das ist wie bei einem kranken Baum. Irgendwann genügt ein Windstoß, um ihn umzuhauen. Und dieser Windstoß war bei ihr die durchgeknallte Deutsche.«

Eher wohl ein Orkan, dachte Wannakit, doch er beließ es dabei. Von Mirisom selbst war kein Aufschluss zu erwarten, sie litt seit dem Zwischenfall in der U-Haft an »traumatischer Aphasie und schockbedingter Verwirrung«. Dabei drängte es sie offenbar, sich mitzuteilen; sie rang um Worte, fuchtelte mit den Händen, aber alles, was aus ihrer Kehle drang, war Stöhnen und Gurgeln.

Laut ihren Zellengenossinnen hatte sich Malström auf sie gelegt, sie »Gesicht auf Gesicht angestarrt« und eine Woge von Fauch- und Knurrlauten ausgestoßen, wie keine der Anwesenden sie jemals aus dem Mund eines lebenden Menschen vernommen hatte. Das Ganze habe ein bis zwei Minuten gedauert, dann sei Mirisom »entlang der Pissrinne weggekrochen«, wobei sie vor sich hin gewimmert und gemurmelt habe. »Böser Geist ... mich verflucht ...«, meinten einige Frauen zu verstehen, dann verfiel sie in Schockstarre und blieb bewegungslos liegen.

»Linda Vehling, schlimme Sache, stimmt schon.« Liebig wirft Wannakit einen raschen Blick zu. »Aber das haben wir aus guten Gründen nicht weiterverfolgt. Du kennst ja unseren Bericht, Jirapong. Ich war mit einer Kollegin bei ihr in der Psychiatrie. Nach Einschätzung der Ärzte hatte Frau Vehling ein ›tiefgreifendes Erlebnis, das sie aus der Bahn geworfen hat‹ – insoweit so ähnlich wie bei eurer Mirisom. Aber um zu verstehen, was mit ihr passiert ist, brauche ich nicht an Geister zu glauben. Dafür genügt simple Psychologie.«

Auch Linda Vehling sei schon vorher labil gewesen, führt Liebig in leicht genervtem Tonfall weiter aus; sie habe eine Vorgeschichte mit Psychiatrie-Aufenthalten im Teenageralter und regelmäßig Psychopharmaka genommen. »Orte wie die Duncker-Stiftung mit ihren obskuren Forschungsprojekten und alternativen Realitätsmodellen, meinte der Psychiater, mit dem ich länger geredet habe, ziehen labile Personen wie Linda Vehling magnetisch an. Das hat mir eingeleuchtet; Menschen mit verwirrtem Verstand suchen eine Umgebung auf, in der ihre Verwirrtheit als Normalzustand angesehen wird. Oder sogar als eine Art Erleuchtung.« Er wirft Wannakit erneut einen Blick zu; im

Gesicht wieder dieses schiefe Grinsen, mit dem er damals berichtet hat, dass Malströms Mutter eine »erfolglose Autorin von Horrorstorys à la Lovecraft« sei.

Wannakit lächelt undurchdringlich.

»Offenbar haben sie Vehling bei der Stiftung unter Druck gesetzt, hinter Dr. Mong herzuspionieren«, fährt Liebig fort. »Und als dann auch noch Malström aufgetaucht ist und ihr anscheinend den Job wegnehmen wollte, wurde das schlicht und einfach zu viel Stress für sie. Also sind ihr die Sicherungen durchgeknallt – *peng!* Arschloch!«, ruft er unvermittelt und haut mit der Faust aufs Lenkrad.

Der Audi quattro stößt einen Dreiton aus, der an röhrende Elche erinnert, und macht einen Satz nach vorn. »Aus dem Weg, verflucht noch mal!«, brüllt Liebig und rast bei Dunkelgelb über die Kreuzung.

»Sorry, das musste gerade mal sein.« Er macht ein zerknirschtes Gesicht. »Zurück zu Vehling. Ihr Psychiater meinte, den nächtlichen Zusammenstoß mit Malström vor Dr. Mongs Haustür könne sie auch ›psychotisch halluziniert‹ haben. Möglich ist aber genauso, dass Malström ihr wirklich dort aufgelauert und sie nach allen Regeln des Psychoterrors fertiggemacht hat. Als hochgradige Psychopathin wusste sie, welche Knöpfe sie drücken musste, um einen schizophrenen Schub auszulösen. Jedenfalls hat Vehling durch dieses Erlebnis buchstäblich den Verstand verloren, und ob sie ihn jemals wiedererlangen wird, halten die Ärzte für zweifelhaft. Und ja, meinetwegen – die Parallele zu dem Vorfall bei euch in der U-Haft ist irgendwie beklemmend. Aber sie beweist letztlich nur, dass Malström eine Psychopathin ist und Leute genauso gut umbringen wie in den Wahnsinn treiben kann.«

Aber was ist mit Sven Meier, denkt Wannakit. Oder mit Khao. Oder mit Mikey. Als die drei die Panik kriegten, war Malström nachweislich nicht in der Nähe. Er überlegt, wie er Liebig dazu bringen kann, das *überpersönliche Muster* zur Kenntnis zu nehmen. *Entweder du erklärst auch Dr. Mong und diesen Jack Harbor zu Psychopathen, die die gleichen Trigger-Tricks wie Malström draufhaben bzw. -hatten,* sagt er in Gedanken probeweise zu seinem Kollegen, *oder du ringst dich zu der Erkenntnis durch, dass hier andere Kräfte am Werk sind.* Aber wenn er es so formulieren würde, würde Liebig ihn wohl endgültig auch zu den »Durchgeknallten links und rechts« zählen.

»In den Tagen danach hat Linda Vehling ja noch mehrfach mit ihrem Kollegen Malte Burger telefoniert«, sagt er stattdessen. »Dabei hat sie angedeutet, dass Malström hinter ihr her wäre, und jedes Mal kam sie ihm verängstigter vor. Immerhin hat es ganze drei Tage gedauert, bis sie von Spaziergängern in diesem Waldstück entdeckt wurde. Habt ihr herausgefunden, wo sie in der Zwischenzeit abgeblieben war?«

Liebig schüttelt den Kopf. »Das Waldstück ist auf dem Teufelsberg in Charlottenburg, ganz in der Nähe von Malströms damaliger Wohnung. Wann und wie Vehling dort hingelangt ist, konnten wir nicht aufklären. Auf die Spaziergänger wirkte sie völlig verzweifelt. Sie sei zwischen den Bäumen herumgeirrt, als gäbe es kein Durchkommen für sie. Dabei konnten die Spaziergänger sie vom Weg aus deutlich sehen. Sie hätte nur zwei Schritte machen müssen, um den Wald hinter sich zu lassen.« Wieder schüttelt er den Kopf. »Das ist gruselig, Jirapong, das gebe ich gerne zu. Aber die Ursache ist psychotisches Erleben und kein Dämon, der sie dort irgendwie verzaubert hat.«

»Ein Dämon auf dem Teufelsberg? Auf gar keinen Fall«, sagt Wannakit.

»Wir sind da.« Liebig quetscht seinen Audi in eine Parklücke und schaltet den Motor aus. »Pass auf, jetzt wird es wirklich gespenstisch. Aber anders, als du denkst.«

Der Berliner Stadtteil Wedding war früher für ärmliche Arbeiterwohnblocks und traditionsreiche Verbrecherdynastien bekannt. Heute sind die citynahen Straßenzüge teils gentrifiziert, teils von Migranten aus Schwarzafrika und Arabien bevölkert. Aber noch immer gibt es Überreste des alten Wedding, dieser einzigartigen Mischung aus Proletenmilieu und kleinkrimineller Unterwelt.

»Der *Blaue Kater*«, so schließt Liebig seine kompakte Einführung in lokale Gegebenheiten ab, »liegt da drüben, am anderen Ende der Amüsiermeile.«

Sie stehen vor einer grauen Häuserzeile mit bunten Baldachinen über den Erdgeschossfenstern. Liebig zeigt auf eine trostlose Mietskaserne mit blinkender Neonreklame, die einen fetten blauen Kater in Sprunghaltung darstellt.

»Noch in den Neunzigern haben hier die kleinen Gangster groß gefeiert, wenn sie wieder mal einen Bruch oder einen Bankraub im bürgerlichen Charlottenburg durchgezogen hatten. Dann ging es hier hoch her, mit Schampus für alle und Callgirls für die Chefs.«

»Und heute?«, fragt Wannakit.

»Die alteingesessenen Kleinkriminellen-Clans sind von Russen und Albanern, von Tschetschenen und arabischen Clans gründlich verdrängt worden. Die Bumsbuden hier werden fast nur noch von Sozialrentnern und Dreißig-Euro-Nutten frequentiert, sieh dich doch um, Jirapong. Dazwischen ein paar Hipster, die das Elend hier spannend finden, und der eine oder andere Rucksacktourist aus den umliegenden Hostels. Was Malström hier mit ihrem Knuserich gesucht hat, ist mir ein Rätsel.«

»Knusum«, korrigiert Wannakit mechanisch. *»Red lights for white trash«*, er erinnert sich an die Formel, mit der der Norweger die Zusammenballung billiger Bars charakterisiert hat.

Die anderen Etablissements heißen *Fuchsbau, Dicke Berta* oder *Zum Scharfen Eck*, dazwischen gibt es Wettbüros und eine

Münzwäscherei. Wannakit muss einen Moment überlegen, was das sein soll; mit Geldwäsche hat es nichts zu tun.

Es ist dunkel und so kalt, dass er seinen Mantel enger um sich zieht. Der Bürgersteig voller Passanten, die größtenteils nicht mehr allzu sicher auf den Beinen sind. Auf der schmalen Straße schieben sich die Autos im Schritttempo Stoßstange an Stoßstange vorbei. Alte Männer in billiger Kleidung sitzen auf Plastikstühlen unter den Baldachinen, rauchen Selbstgedrehte, trinken Bier aus Flaschen und starren die Prostituierten an, die halbnackt am Straßenrand posieren. Vor den Mündern schweben Atemwölkchen. Wenn neben einer der Frauen ein Auto hält, kriecht sie durch das Seitenfenster fast hinein.

Wannakit hält sich dicht hinter Liebig, der mit großen Schritten durch das Gedränge pflügt. In den oberen Etagen der Häuser bemerkt er nun rote Lampen in zahlreichen Fenstern, beleuchtete Herzen und schnörkelige Schriftzüge wie *Liebespension* oder *Stundenlust.* Er ist sich nicht mehr ganz so sicher, ob er die Spelunke kennenlernen will, in der Malström und Knusum – nach dessen Erinnerung – »eine Nacht lang gesoffen haben, bis wir kaum noch robben konnten«. Er selbst sei äußerst trinkfest, so der laut Wikipedia hünenhafte Norweger, doch Malström habe ihn regelmäßig unter den Tisch getrunken. »Ich war einmal im Bett mit ihr, eine Katastrophe«, offenbarte er ungefragt. »Wenn Sie meine Bücher kennen, wissen Sie, wovon ich rede.«

Wannakit verstand ihn auch so, vielleicht wegen der hohen Stimme, die zu seiner Zweimeterstatur so wenig passte. Knusum war ihm auf Anhieb unangenehm.

Der *Blaue Kater* ist im Keller, deutet Liebig mit einer schlängelnden Abwärts-Handbewegung an. Hinter ihm stolpert Wannakit die enge, schlecht beleuchtete Wendeltreppe hinab. Mit jeder Stufe wird der Geruch muffiger, das Gewirr aus Gelächter, Gläserklirren und stampfender Musik lauter.

Der Barraum ist eine schummrig beleuchtete Höhle mit roh behauenen Steinwänden, von stickiger Wärme erfüllt. Sie setzen sich an eines der Tischchen, in altertümliche Samtsessel von der Farbe gut durchbluteten Fleischs. Im Hintergrund, in einer Art Nebenhöhle, drehen sich Paare zu der merkwürdigen Musik, die Liebig auf Wannakits Frage hin als »altdeutsche Schlager« gekennzeichnet hat. *»Ja, ja, so blau, blau«*, versteht Wannakit und verliert das Interesse; um die »blaue Blume« der Romantik geht es hier definitiv nicht.

Der Wirt macht dem Namen seines Lokals alle Ehre; er ist offensichtlich sowohl verkatert als auch blau. Mit schweren Schritten schlurft er hinter dem Tresen auf und ab. Ballonartig wogt sein Bauch unter der Lederweste, die ihm zwei Nummern zu klein ist.

Die junge Kellnerin, die nach den Wünschen der neuen Gäste fragt, ist umso hübscher. Sie trägt einen knapp geschnittenen schwarzen Rock und ein noch knapperes weißes Shirt mit der knallroten Aufschrift *»Love«*. Eine Polin, vermutet Wannakit. Zumindest hat er sich Polinnen immer so vorgestellt. Blond, bleich und engelhaft schön.

Ohne zu fragen, bestellt Liebig für sie beide Bier. »In der Flasche«, fügt er hinzu, »wir machen sie selber auf.«

»Wie Tadzio«, schwärmt Wannakit und schaut hinter der Kellnerin her.

»Wie wer?«

»Sorry, schon wieder Literatur. Thomas Mann, *Tod in Venedig.*«

»O Gott, ja, ich erinnere mich.« Liebig rollt mit den Augen und lacht gequält. »Ich hatte mal eine Freundin, Diana, die wollte unbedingt, dass ich anfing, ›gute Romane‹ zu lesen.« Er spricht die Anführungszeichen mit. »Ich habe die Panik gekriegt und versucht, sie auf Short Storys runterzuhandeln. Aber keine Chance, sie hat darauf bestanden, dass ich mir zumindest ›gute

Erzählungen‹ reinziehe. Also vor allem Thomas Mann.« Er wackelt mit dem Kopf. »Furchtbar, wie dieser Aschenbach …«

»Tadzia« taucht lautlos auf und serviert die Getränke. Misstrauisch sieht Liebig zu, wie sie die *Berliner Kindl*-Flaschen öffnet. Als sie einschenken will, entreißt er ihr fast seine Flasche. »Herrje, nicht ins Glas.«

Wannakit lächelt die junge Frau an. »Ich trinke auch aus der Flasche, danke.« Er prostet Liebig zu, beide nehmen einen kräftigen Schluck. »Wieso furchtbar?«, protestiert er dann und wischt sich Schaum vom Mund. »Ich finde es großartig beschrieben, wie Aschenbach mehr und mehr seinem Dämon verfällt.«

»Seinem Dämon …« Liebig trinkt erneut. »Ich bin nicht schwul, weißt du? Warum soll ich hundertfünfzig Seiten lesen, auf denen endlos beschrieben wird, wie ein alter Mann einen Jüngling anschmachtet?« Er winkt in Richtung Tresen und macht das Victory-Zeichen. *Noch zwei,* verstehen Wannakit und der Wirt. »Bist du vielleicht schwul, Jirapong?«

»Das kommt darauf an.« Wannakit lacht. »Wenn ich *Tod in Venedig* lese, bin ich zwischenzeitlich ein zielgehemmter Päderast – so heißt das fachlich –, als ich *Portnoys Beschwerden* gelesen habe, war ich den ganzen Roman lang ein heterosexueller Sexsüchtiger mit Ödipuskomplex. Und bei *Schuld und Sühne* war ich ein Mörder, der von seinem schlechten Gewissen zu Boden gedrückt wurde. Das ist doch das Großartige an großer Literatur, Moritz: Sie erlaubt dir, in andere Leben und Sichtweisen zu schlüpfen, anstatt immer nur du selber zu sein.«

»Tadzia« tauscht Liebigs leere gegen eine neue Flasche. Wannakit schüttelt den Kopf, als sie ihm seine Flasche wegnehmen will. »Ich bin noch nicht so weit«, sagt er und lächelt sie an. Sie stellt seine zweite Flasche auf den Tisch, sieht ihn prüfend an und entschwindet aus dem Lichtkreis der Lampe über ihrem Tisch.

Wannakit schaut ihr hinterher. Auf der Rückseite ihres Shirts steht in blassroten Lettern *Life*. Woran erinnert ihn das? Irgendwo in den Protokollen der Gespräche, die die Gutachterinnen mit Malström geführt haben, taucht das Wort auf. Aber anders geschrieben, jetzt fällt es ihm ein. Von ihrem Vater, den sie nie kennengelernt hat, weiß Malström nur den Vornamen – Leif –, und auch der ist wahrscheinlich falsch …

»Und als du de Sade gelesen hast?«, fragt Moritz mit nervösem Kichern.

Wannakit bleckt die Zähne. »Das ging noch. Frag mich mal nach Sacher-Masoch.«

»O Gott, willst du wirklich bei mir übernachten?«

»Keine Sorge, im Moment lese ich nur das Plädoyer deiner Staatsanwältin. Weißt du, was mir da fehlt? Ohne das Geisterschrein macht das Ganze keinen Sinn.«

»*Den* Geisterschrein«, korrigiert Liebig. »Das Ding ist männlich.«

»Ach so?« Wannakit lacht auf. »Von mir aus, aber *das* stimmt auch. Ohne *das Geisterschreien* – das Geschrei der Geister, in Köpfen und Katakomben – ist der ganze Fall nicht zu verstehen.«

»Wenn du meinst.« Liebig legt den Kopf zurück und füllt den Inhalt seiner Flasche zügig in seine Kehle um.

»Der Unterschied ist gar nicht so groß«, sagt Wannakit. »Zwischen Geisterglaube und Psychologie, meine ich. Du kennst doch bestimmt den berühmten Satz von C. G. Jung: ›*Als die Götter und Geister in die Seelen der Menschen fielen, hörte das Zeitalter der Religion auf und die Ära der Psychologie fing an.*‹ Oder so ähnlich.«

Liebig reagiert nicht. Wannakit brütet vor sich hin. »Verstehst du, Moritz, ob sie da draußen oder in dir drinnen sind, ist nicht der entscheidende Punkt. Sie existieren, sie beeinflussen uns, und manchmal bringen sie uns dazu, Dinge zu tun, die wir von uns aus nie getan hätten.«

Liebig stellt seine Flasche auf den Tisch und rülpst dezent. »Diesen C. G. hat Malström auch ins Feld geführt, solange sie noch geruhte, mit uns zu reden. Er kommt in einem ihrer Zitate aus den wirren Duncker-Büchern vor. Wenn ich mich richtig erinnere, hat er behauptet, das Unterbewusstsein und die Geisterwelt seien ein und dasselbe.«

»Das *Unbewusste.* Aber sonst stimme ich dir zu. Beziehungsweise C. G. Jung. Das war ein weiser Mann, Moritz, der ›Buddha vom Zürichsee‹. Der Gedanke, durch das Unbewusste ins Geisterreich hinabzutauchen, ist nicht halb so verrückt, wie sich das für dich vielleicht anhört. Nur das mit der Verkörperung als sein eigener Doppelgänger würden wohl auch Buddha und C. G. Jung eher schräg finden.«

Aber die wussten ja noch nichts von Quantenphysik, wollte er eigentlich hinzufügen. Plötzlich ist er sich in diesem Punkt nicht mehr so sicher, also lässt er es sein.

Liebig liegt zusammengesunken im Sessel und starrt vor sich hin. Die zwei Biere scheinen ihn weniger entspannt als seinen Trübsinn verstärkt zu haben.

»Wie auch immer«, sagt er. »Zum Glück steht das Urteil praktisch schon fest. Malström bekommt lebenslang mit anschließender Sicherungsverwahrung, da wette ich mit dir um … um …« Er sieht sich suchend um. »Egal. Vor Gericht hat Malström die ganze Zeit den Mund nicht aufbekommen; nur gestern, nach dem Plädoyer von Staatsanwältin Ehlert, hat sie sich plötzlich zu Wort gemeldet.«

»Ach ja?« Schlagartig ist Wannakit wieder von kribbelnder Unruhe erfüllt. Nervös beobachtet er »Tadzia«, die sich über den alten Mann am Nebentisch gebeugt hat, und behält zugleich Liebig im Auge. »Was hat sie denn gesagt?«

»Für den Fall, dass sie verurteilt werden sollte, bittet sie darum, ihre Strafe in Frankfurt verbüßen zu dürfen – ›meine Heimatstadt‹, hat sie betont und den Richter lauernd angesehen.«

»Lauernd?«, wiederholt Wannakit.

»Gespannt, nervös, was weiß ich. Leg doch nicht jedes Wort auf die Goldwaage. Verstehst du nicht, Jirapong? Sie weiß, dass sie den Rest ihres Lebens hinter Gittern verbringen muss. Und wenn sie in Frankfurt einsitzt, kann ihre Familie sie leichter besuchen.«

Wannakit presst die Lippen zusammen. Er hat keine Ahnung, was Malström mit ihrer Bitte bezweckt. Aber um erleichterte Familienbesuche geht es ganz bestimmt nicht. Liebig hat ihm mehrfach berichtet, dass Malström sich weigert, Besucher zu empfangen. Ihre Eltern – eigentlich nur ihr Stiefvater – versuchen es einmal pro Woche, und jedes Mal bekommen sie eine Abfuhr.

Warum also will sie nach Frankfurt verlegt werden? In Wannakits Kopf tönen sämtliche Alarmgongs. Wir müssen sie stoppen, denkt er wieder. Aber wie?

»Und was hat der Richter geantwortet?« Er zwingt sich zu einem beiläufigen Tonfall.

»Dass er ihren Antrag befürwortet.« Liebig sieht sich verdrossen um. »Komm, lass uns verschwinden. Das ist doch ein Dreckloch hier.«

Stumm sehen sie zu, wie sich »Tadzia« am Nebentisch von dem Rentner in beiger Windjacke begrapschen lässt. Mit der linken Hand nimmt sie einen Geldschein von ihm entgegen, mit der rechten räumt sie Glas und Flasche auf ihr Tablett und richtet sich langsam wieder auf.

»Ist die Kleine überhaupt schon volljährig?«

Die Frage trifft Wannakit wie ein Stromstoß. »Genau, Moritz, das ist der Punkt. Los, komm!«

»Was heißt das? Was für ein Punkt denn?«

Wannakit ist schon aufgesprungen. Er packt Liebig beim Unterarm und zerrt ihn aus seinem Sessel. Als die Kellnerin zu ihnen herüberkommt, zieht er einen Fünfzigeuroschein aus der Jackentasche und hält ihn ihr hin.

»Stimmt so, vielen Dank«, sagt er zu »Tadzia«. Und zu Liebig: »*Die junge Königin*. Komm schon, Moritz. Wir müssen sofort nach Frankfurt!«

»Warum das denn? Und was für eine junge Königin, Teufel noch mal?«

Tadzia steht statuengleich neben Wannakit. Sie strahlt ihn an, beglückt durch das Trinkgeld oder weil sie glaubt, dass sie die »junge Königin« sei.

Hoffentlich nicht, denkt Wannakit.

»Das erkläre ich dir unterwegs«, sagt er zu Moritz. »Wir müssen noch mal mit Malströms Eltern sprechen. Vor allem müssen wir diese Psychologin zum Reden bringen.«

»Was für eine Psycho… die mit dem Feuer? Warum das denn, in Gottes Namen? Du bist ja völlig verrückt, Jirapong.«

Liebig schiebt »Tadzia« aus dem Weg und marschiert am Tresen vorbei zum Ausgang. Ihr Abgang gleicht einer Flucht aus dem Feindesland, zumindest Wannakit empfindet es so. Er schenkt dem Mädchen ein letztes Lächeln und beeilt sich, zu Liebig aufzuschließen.

Dicht hintereinander poltern sie die Wendeltreppe hinauf. Auf der Straße teilt Liebig ein Meer aus Sozialrentnern, das sich eben in die Kellerbar ergießen will, und beide erreichen trockenen Fußes das jenseitige Ufer, wo grau und stumm der Audi quattro steht.

»Hör zu, Jirapong«, sagt Liebig. »Wir fahren nirgendwo hin und reden mit niemandem, bis der Richter morgen um halb eins das Urteil verkündet hat. Ist das klar?«

Er liegt wie hingegossen im Beifahrersitz, Wannakit sitzt hinter dem Steuer. Doch Moritz hat den Zündschlüssel in seiner Jacke verstaut und scheint entschlossen, ihn nicht herauszurücken. Zumindest nicht, bevor Wannakit ein Schweigegelübde abgelegt hat.

»Nein, jetzt hörst du mir zu, Moritz. Mir ist eben klar geworden, was dahintersteckt. Welche grauenvolle Macht Malström auf ihrem blutigen Weg vorantreibt. Sie wird nicht aufhören, solange wir diesen Treibsatz nicht entschärft haben.«

»Um Himmels willen, wovon redest du? Sie ist hinter Gittern, Mann. Sie kommt nie wieder frei.«

Wannakit schüttelt den Kopf. »›*Sie geht durch Mauern, als wäre es Luft*‹«, zitiert er aus dem Gedächtnis. »Die Geschichte von der jungen Königin aus der Morgenröte des Khmer-Reichs kennt bei uns jedes Kind. ›*Der mächtigen Rächerin kann sich niemand widersetzen. Wer es versucht, endet zermalmt und im Feuer.*‹«

»Meine Güte, Jirapong. Du willst mir doch bitte nicht erklären, dass der Geist dieser Khmer-Königin in Malström gefahren ist?«

»*Der Geist der jungen Königin.* Du kannst es dir auch als einen speziellen Wahnsinn vorstellen, von dem Mädchen oder junge Frauen unter bestimmten Umständen befallen werden. Aber es ist ein überpersönlicher Wahn, ein Dämon, der aus dem Unbewussten emporgeschossen kommt; aus den tiefsten Tiefen, in denen wir alle miteinander verbunden sind, ob wir es wahrhaben wollen oder nicht. Du kannst es das Geisterreich nennen oder, mit C. G. Jung, das kollektive Unbewusste, wenn dir das lieber ist. Da unten geht jedenfalls auch die junge Königin um, seit Jahrtausenden, neben unzähligen anderen archaischen Mächten. Unter bestimmten Umständen taucht sie empor und bemächtigt sich einer jungen Frau oder eines Mädchens, wie Grete Malström damals eines war.«

»Und dann legt sie Feuer? Willst du darauf hinaus?«

Wannakit nickt. »In der Geschichte von der jungen Königin, wie sie bei uns erzählt wird, fährt der mächtige Geist in sie und verleiht ihr Kraft, um den König vom Dach seines Palastes zu werfen. Zur Strafe wird sie bei lebendigem Leib mit seiner Leiche verbrannt, und seit damals besitzt ihr ruhelos umherspukender Geist zwei tödliche Waffen. Den Stoß in die Tiefe und das Feuer.«

»Ich kann nicht glauben, dass du das alles gerade gesagt hast.« Liebig fährt sich mit der Hand übers Gesicht. Seine Bartstoppeln rascheln. Im Licht der Straßenlaterne sieht er selbst geisterhaft bleich aus.

Es ist vier Uhr früh. Der Himmel über Berlin hat noch immer – oder schon wieder – die Farbe von nassem Beton. Vielleicht schneit es ja heute doch noch, denkt Wannakit.

Er beobachtet die Prostituierten in ihren Miniröcken, die auf dem Gehweg auf und ab stöckeln. Verstohlen reiben sie sich die kalten Hände und zwingen die rot gefrorenen Gesichter zu lüsternen Grimassen, wenn sich ein Interessent nähert. Die Frauen hier draußen haben ihre besten Jahre hinter sich; im Unterschied zu »Tadzia«, denkt Wannakit, oder zu Grete Malström, die vielleicht nie im Leben so etwas wie gute oder gar beste Jahre erlebt hat.

»Das ist doch alles Wahnsinn«, sagt Liebig. »Aber du gibst ja doch keine Ruhe. Also lass uns meinetwegen zu der Psychologin fahren. Johanna Sowieso, ich habe ihre Daten im Smartphone. Die ist längst verrentet und lebt in einer Seniorenwohnanlage an der Ostsee. In der Nähe von Warnemünde, das sind von hier nur zweieinhalb Stunden, wenn du ordentlich aufs Gas trittst.« Er kramt gähnend in seiner Lederjacke. »Ich lege mich solange aufs Ohr. Das Bier hat mich hundemüde gemacht.« Er fischt sein Handy heraus und tippt darauf herum.

»Und warum glaubst du, dass sie diesmal reden will?« Wannakit bemüht sich, Liebigs plötzlichen Sinneswandel zu verstehen. Er hat mit viel mehr Widerstand gerechnet. Vielleicht will Moritz ihn an die Ostsee locken, damit er noch weiter von Frankfurt entfernt ist und auf keinen Fall mit Sascha Krashkov sprechen kann, bevor das Urteil gefällt ist?

»Im Sommer wollte ich von ihr wissen«, sagt Liebig, »was Malström – also die dreizehnjährige Grete – im Zusammenhang mit dem Feuer ausgesagt hat. Da hat sie mich noch abgeblockt:

Datenschutz, Persönlichkeitsrechte und so weiter. Das Mädchen war nicht strafmündig, und die Mutter hat ihre Beschuldigung, dass Grete ihnen die Hütte angezündet hätte, ja zurückgezogen. Aber wie es der Zufall so will, hat die Psychotante mir letzte Woche eine Nachricht geschickt: Sie sei jetzt doch bereit, eine Aussage zu machen. ›*Gretes Blutspur lässt mir keine Ruhe*‹, so hat sie sich ausgedrückt. ›*Kommen Sie jederzeit vorbei, ich bin sowieso immer hier.*‹ Aber ich habe nicht reagiert. Für den Prozess spielt es ja keine Rolle, ob die Kleine damals das Feuer gelegt hat oder nicht.«

»Und trotzdem willst du jetzt hören, was sie zu sagen hat? Warum?«

»Na ja, was weiß ich. Du hast mich mit deiner Verrücktheit angesteckt. Oder ich wollte schon länger mal wieder zur Ostsee, such dir was aus.« Er tippt fahrig auf seinem Smartphone herum und vermeidet es, Wannakit anzusehen. »Also, hier ist sie: Dr. psych. Taubert, Warnemünde, Büchnerstraße 10, Apartment 3.21. Gib mal ins Navi ein.«

»Gib mal den Schlüssel her.«

»Aber keine Büchner-Zitate, verstanden?«

Wannakit stellt den Fahrersitz auf seine Beinlänge ein, justiert den Rückspiegel und fährt los.

Noch bevor sie auf der Autobahn sind, ist Liebig tatsächlich eingeschlafen. Wannakit hat Spaß daran, den PS-starken Wagen durch die Nacht zu katapultieren. Er ist ein guter Fahrer, und auf einer deutschen Autobahn ohne Tempolimit wollte er immer schon mal fahren. Als das »Freie Fahrt«-Schild am Straßenrand auftaucht, gibt er Gas.

In Gedanken geht er noch einmal durch, was sie über Malströms familiären Hintergrund und speziell über das Feuer wissen, das eines Nachts vor fast fünfundzwanzig Jahren Sascha Krashkovs Villa teilweise zerstört hat. Zwei junge Russen, entfernte Verwandte von Krashkov, kamen in den Flammen ums Leben, und Malströms Mutter Hannah erlitt schwere Verletzungen. Um sich zu retten, watete sie förmlich durch die Flammen, die ihre Beine bis zu den Hüften hinauf zerfraßen.

In der Brandnacht war Sascha Krashkov nicht zu Hause. Er hatte seinen jüngeren Bruder Lev in Frankfurt besucht und sich – so seine Aussage am folgenden Tag – »spontan entschlossen«, in Levs Penthouse-Wohnung zu übernachten, nachdem es »etwas später geworden« war und »einige Gläser Wodka« geleert worden seien. Doch das alles war ein Vierteljahrhundert her und spielte bei den Mordermittlungen im Fall Lenny Mong keine Rolle.

Erst nachdem das Tablet mit der Spionage-Software und der Tracker am Geländewagen von Dr. Mong sichergestellt worden waren, nahmen Liebig und seine Kollegen vom LKA Potsdam die Brüder Krashkov genauer unter die Lupe. Der Suzuki Jimny, mit dem Malström zum Tatort gefahren war, war auf einen Deutschrussen namens Maxim Markow zugelassen, wohnhaft in Frankfurt, Gutleutviertel. Die Brüder Krashkov galten als einflussreiche Größen im Dunstkreis der Russen-Mafia im Rhein-Main-Gebiet. Für Liebig lag der Verdacht nahe, dass Sascha Krashkov seiner Stieftochter den Suzuki mitsamt Tracking-Equipment bereitgestellt hatte und Maxim Markow als Strohmann fungierte.

Offiziell hatte Sascha seit fast dreißig Jahren nichts mehr mit dem Geschäft zu tun, das er zusammen mit seinem Bruder aufgebaut hatte – ein undurchsichtiges Geflecht aus Neu- und Gebrauchtwagenhandel, Import-/Export-Unternehmen, Autowerkstätten und *Lev's Limousinenservice,* der »Entscheidern« aus Asien und Osteuropa Luxuslimousinen samt Chauffeur zur Verfügung stellte.

Ende der Achtzigerjahre war Sascha Krashkov wegen gewerbsmäßiger Autoschiebereien ins Visier der Ermittler geraten und nur knapp einer Verurteilung entgangen. Seitdem lebte er offiziell als »Privatier«, doch im Hintergrund führte er bei den Geschäften der weitverzweigten Familie Krashkov weiterhin Regie. Ständig wohnten einige junge Russen in seiner geräumigen Villa in Schwalbach, einem unweit von Frankfurt gelegenen Städtchen im Taunus. Diese »Jungs« waren mehr oder weniger alle mit Sascha und Lev verwandt, Neffen und Großneffen aus Burjatien, einer russischen Republik am Baikalsee.

Liebig unternahm eine Dienstreise nach Hessen und suchte das Ehepaar Krashkov-Malström in der nach dem Brand totalsanierten Siebzigerjahrevilla auf. Das roboterhafte Auftreten der Mutter – *»emotional komplett abgemeldet«*, notierte Liebig – beeindruckte ihn ebenso wie der *»geräuschvolle Charme«* des Stiefvaters. Hannah war gerade zweiundsechzig geworden, überall standen gewaltige Bodenvasen mit roten Rosen herum. Sie sah zehn Jahre älter aus, oder eigentlich alterslos, vermerkte Liebig; Krashkov, drei Jahre älter als seine Frau, kam ihm müde und verbraucht vor, ein versoffener Russe mit Kugelbauch und grauem, ungepflegtem Bart. Aber dem Bann seiner intensiv grünen, asiatisch schmal geschnittenen Augen konnte Liebig sich nur schwer entziehen.

Der Verdacht gegen Malströms Stiefvater ließ sich nicht erhärten; Liebig fand keine Verbindung zwischen Maxim Markow, auf den der Suzuki angemeldet war, und dem Krashkov-Clan. Maxim hatte sich seiner Verhaftung durch Flucht über die Dächer des Gutleutviertels entzogen und war seither nicht aufzufinden. Seine Mutter, eine gebürtige Russin, die ein altertümliches Wolgadeutsch sprach, erzählte den Ermittlern eine anrührende Geschichte: Maxim und die ein Jahr jüngere Grete seien in direkter Nachbarschaft aufgewachsen und kennten einander seit ihrer Kindheit. Schon als Grundschüler sei Maxim hoffnungslos in das Mädchen verliebt gewesen, das ihn meist keines Blickes gewürdigt habe. »Nur manchmal hat sie ihn ins Vertrauen gezogen; dann musste er ihr einen Gefallen tun, und mein Junge überschlug sich jedes Mal, um es ihr recht zu machen.«

Maxims heimliche Verliebtheit wurde von etlichen Personen aus der Nachbarschaft – allesamt Wolgadeutsche – bestätigt, und damit verloren die Ermittler das Interesse an Sascha Krashkov. Allem Anschein nach hatte Malström die nützliche alte Verbindung wiederaufleben lassen, und Maxim, der sich als Kleinkrimineller durchschlug, hatte ihr sein Auto geliehen und das gewünschte Tracking-Equipment beschafft.

Bei seinem Besuch in Schwalbach befragte Liebig das Ehepaar auch zu dem Feuer, das ein Jahr nach ihrer Hochzeit ausgebrochen war. Beide erklärten, das sei so lange her, dass sie sich kaum noch daran erinnern könnten.

Aus der Akte zu dem ein Vierteljahrhundert zurückliegenden Fall ging hervor, dass drei Tage nach dem Brand ein Ukrainer verhaftet worden war, der ein umfassendes Geständnis ablegte. Er sei in das Anwesen eingebrochen, »um schnell mal Cash abzugreifen«; aus Wut, weil er kein Bargeld gefunden habe, habe er dann das Feuer gelegt. Wieder stand der Verdacht im Raum, dass den Ermittlern ein Strohmann präsentiert worden war. Doch der Ukrainer blieb bei seiner Aussage, wurde zu viereinhalb Jahren ohne Bewährung verurteilt, und der Fall wurde geschlossen.

Nur am Rande war in der alten Akte noch vermerkt, dass zunächst die dreizehnjährige Grete in Verdacht geraten war, das Feuer gelegt zu haben. Ihre Mutter hatte behauptet, sie beobachtet zu haben, wie sie mit einem Benzinkanister mitten in der Nacht von den Garagen zum Haus lief. Das Mädchen wurde durch die forensische Psychologin Dr. Taubert befragt, doch als die Mutter ihre Aussage widerrief – die Ärzte attestierten schockbedingte Wahrnehmungsstörungen –, brach man die Befragung der Tochter ab. Gretes bis dahin protokollierte Aussagen und die

Schlussfolgerungen der Psychologin wurden aufgrund gesetzlicher Schutzbestimmungen aus der Akte entfernt. Das Mädchen war ohnehin noch nicht strafmündig gewesen.

Liebig ist kein Vorwurf zu machen, sagt sich Wannakit, während er mit hundertachtzig durch die menschenleeren Weiten der Uckermark rast. Moritz hat sogar versucht, die Psychologin zu befragen, und die war keineswegs verpflichtet, in einer längst verjährten Angelegenheit auszusagen.

Sie hätte einfach erklären können, dass die Unterlagen nicht mehr existierten und sie sich nicht erinnern könne, was Grete ihr damals erzählt habe. Aber so leicht hat es sich Dr. Taubert nicht gemacht.

Ihr Gewissen hat es ihr nicht erlaubt, denkt Wannakit zufrieden.

Das *Gewissen* ist seiner Ansicht nach eine der schönsten Fiktionen überhaupt. Es ist so wenig real – im Labor nachweisbar – wie Geister, wie der Ozean des Unbewussten oder gar dessen Untertunnelung. Aber ohne Gewissensqualen gäbe es keine Literatur, keine Kultur, ja kein Bewusstsein. Alles Jagen, Schlachten und Verrecken würde bewusstlos ablaufen, automatenhaft wie in der Welt der Krokodile. Lauern, schnappen, schlucken, aus, denkt Wannakit, außer man hat ein Gewissen.

Hat Malström ein Gewissen? Hatte sie eines? Ist das die Essenz ihres Wahnsinns: gewissenlos (geworden) zu sein? Wie das »grinsende Krokodil«, das sie in der Höhle gesehen haben will? Die muss übrigens irgendwo hier sein, fällt Wannakit ein, in den unwegsamen Sumpfgebieten unterhalb des Unteruckersees, aber dafür geht er jetzt nicht vom Gas.

Falls es in dem »Kriechgang«, durch den man robben musste, um zur »Kapelle« zu gelangen, tatsächlich früh- oder vorgeschichtliche Ritzzeichnungen von gebückten Priestern und kriechenden Reptilien gab, wurden die durch die kontrollierte Sprengung zerstört.

Die diversen forensischen Psychiater und Psychologinnen, die Malström seither interviewt und begutachtet haben, sind sich nicht einig, ob sie wirklich zeitweise Wahrnehmungsstörungen hatte oder ob sie diese Halluzinationen vorgetäuscht hat, um »als plemplem durchzukommen«. Tatsache ist aber, dass all die Steuerrad-Symbole, Priester mit Kapuze und grinsenden Krokodile, die sie in der Höhlenstruktur und in Ngu Kong Wat gesehen haben will, weder in der Uckermark noch am Mekong *»von Polizisten oder seriösen Wissenschaftlern aufgefunden werden konnten«*.

Umso schlimmer für die Tatsachen, denkt Wannakit. Die Frage ist doch, ob nur dasjenige existiert, was von »Polizisten und seriösen Wissenschaftlern« jederzeit gesehen werden kann. Für Buddha, C. G. Jung und andere Weise aller Epochen und Kulturen ist das sogar die philosophische Frage schlechthin. Vielleicht erschließen die »Zeichen an der Wand«, die man nur im Zustand der Erleuchtung oder – je nachdem – der Verwirrung sieht, tiefere Strukturen dieser Welt, während wir mit dem rationalen Verstand nur die Muster an der Oberfläche entziffern können.

Fahl steigt die Oktobersonne aus der nebelverhangenen Ebene auf. Wannakit kann die Ostsee fast schon riechen. Er freut sich auf ein Frühstück mit Moritz. Der schläft allerdings noch wie ein Toter, mit schlaffen Gesichtszügen und offenem Mund.

»Der Tod ist eine Illusion«, hat Malström bei jeder ihrer Vernehmungen zu Protokoll gegeben. Wer weiß schon, ob das die Aussage einer Verrückten, einer Simulantin oder einer »Erleuchteten« ist?

Ich weiß es nicht, denkt Wannakit. Aber ich weiß, dass Malström vom Geist der jungen Königin besessen ist. Ich weiß es einfach, auch wenn es dafür bisher keine Anhaltspunkte zu geben scheint.

Abgesehen von den grünen Augen und dem Mix aus westlichen und asiatischen Genen. In diesen beiden Merkmalen stimmen Sascha Krashkov und Malströms Opfer überein. Aber reicht das, um ihren Stiefvater als den mythischen König zu identifizieren? Den die junge Königin immer wieder töten muss, weil er sie geschändet und geschwängert hat, obwohl er nicht sie, sondern ihre Mutter liebte? Doch die wies ihn zurück, und das Mädchen liebte ihn zwar, zärtlich und überschwänglich sogar, aber so, wie eine Tochter ihren Vater lieben soll …

War es so?, fragt sich Wannakit, während er den Anweisungen der Navi-Software folgt und vom Gas geht, um die A19 in Rostock-Süd zu verlassen. Es ist kurz nach sechs, bestimmt noch zu früh für einen Besuch in der Seniorenwohnanlage. Auch wenn die Psychologin Liebig aufgefordert hat, sie jederzeit zu besuchen.

Sicher hat sie die Berichte über Malström, ihre Verhaftung und den Prozess in Potsdam verfolgt, sagt sich Wannakit. Und was auch immer Grete ihr damals anvertraut hat, Dr. psych. Taubert muss zu dem Schluss gelangt sein, dass die Polizei es wissen sollte. Auch wenn sie zunächst dachte, dass es die Ermittler nichts angehe und für die Aufklärung der Mordserie keine Rolle spiele.

Was kann ihren Sinneswandel bewirkt haben? Ihr Gewissen, was sonst? Und was können das überhaupt für Informationen über Malström und die so lange zurückliegenden Ereignisse sein?

Für Wannakit ist die Antwort wiederum klar. Es geht um die *junge Königin,* auch wenn Dr. Taubert den Sachverhalt wohl deutlich enger fassen und in psychologischen Begriffen umschreiben wird.

»Als das Mädchen zu mir gebracht wurde, bekam sie kein Wort heraus. Zumindest keinen verständlichen Satz. Sie verschluckte und verhaspelte sich ständig, korrigierte sich und setzte neu an, als würden in ihr mehrere Stimmen – oder *Versionen* – um die Vorherrschaft kämpfen.«

Dr. Johanna Taubert ist eine zierliche ältere Dame, die geistig und körperlich fit wirkt. Ihre grauen Haare sind trotz der frühen Stunde sorgfältig frisiert, das streng geschnittene, blassviolette Kleid unterstreicht ihre herb-elegante Erscheinung.

Sie empfängt die beiden Ermittler im Wohnzimmer ihres großzügig geschnittenen Apartments im dritten Stock. Breite Fenster geben den Blick auf die Ostsee frei, die wie gemalt aussieht, die Wellen hellblau und seltsam starr, als wäre das Meer gefroren.

»Auf den Laien kann das ziemlich unheimlich wirken«, fährt sie mit dünner, aber energischer Stimme fort. »Als wäre sie *besessen* oder so etwas. Im Fachjargon sprechen wir von einer dissoziativen Persönlichkeitsstörung, wie sie nach traumatischen Ereignissen gar nicht so selten auftritt. Meist gibt sich das wieder, häufig ist allerdings therapeutische Unterstützung angezeigt. Stellen Sie sich das wie bei einem Knochenbruch vor. Damit das Bein oder der Arm wirklich wieder heil werden, müssen Sie den Bruch richten und schienen. Sonst bleibt eine Schwachstelle, und bei der geringsten Mehrbelastung bricht die – knöcherne oder psychische – Struktur wieder entzwei. *Kracks!*«

Sie zerbricht einen imaginären Stock auf ihren Knien. Ein bisschen kauzig ist sie schon, denkt Wannakit. Von Liebigs – noch stoppelbärtiger gewordenem – Gesicht kann er ablesen, dass Moritz ihren Ausflug nach Warnemünde bereits bereut.

Dr. Taubert dagegen macht den Eindruck, als hätte sie sich seit Tagen auf diesen Auftritt vorbereitet. Vor ihr auf dem mit Spitzendeckchen verzierten Tisch liegt ein hellgrüner Schnellhefter, auf den sie beim Sprechen ab und zu mit der Fingerspitze tippt. Aber die alten Gesprächsnotizen, die er vermutlich enthält, scheint sie nicht zu benötigen. Sie referiert aus dem Gedächtnis, ohne ins Stocken zu geraten.

»Sie war dreizehn, aber körperlich deutlich weiter entwickelt«, fährt Frau Taubert fort. »Auf den ersten Blick hätte man sie auf fünfzehn, sechzehn geschätzt. Doch mental war sie – traumabedingt – auf das Level eines vielleicht sieben-, achtjährigen Kindes zurückgefallen. In solchen Fällen ist es immer gut, Papier und Malstifte zur Hand zu haben.«

Eine junge Frau in rosa Hosenanzug tritt ein, nachdem sie an die angelehnte Wohnungstür geklopft hat. Das Personal in der Seniorenanlage serviert die Mahlzeiten, hält die Wohnung sauber, übernimmt Botendienste und pflegerische Aufgaben, soweit erforderlich, erläutert Dr. Taubert, während die dunkelhäutige Fachkraft Kaffee einschenkt und kleine Teller mit duftenden Plätzchen auf dem Tisch verteilt.

Die ganze Wohnanlage macht einen komfortablen, ja luxuriösen Eindruck, denkt Wannakit. Aber ein Alterssitz mit Blick auf dieses bleierne Meer wäre nichts für ihn. Obwohl das Apartment gut geheizt ist, überläuft ihn jedes Mal ein Frösteln, wenn er auf die Ostsee hinausschaut.

»Danke, Isabella, jetzt kommen wir alleine klar.« Die Psychologin sieht der jungen Frau versonnen lächelnd hinterher.

Liebig trommelt mit den Fingern auf die Lehnen des hellgrauen Ledersessels, in dem er schon wieder mehr liegt als aufrecht sitzt. Das üppige Frühstück im Hafencafé – Rührei mit Krabben und literweise schwarzer Kaffee – scheint ihn nur kurzzeitig aufgemuntert zu haben.

»Wir sind ein bisschen in Eile, Frau Doktor«, sagt Wannakit. »Um zwölf Uhr dreißig wird das Urteil verkündet, dann müssen wir wieder in Potsdam sein.«

Die ältere Dame strafft sich und reckt das Kinn. »Keine Sorge, ich fasse mich kurz. Das Mädchen stand unter Schock, aber das wäre Ihnen oder mir unter diesen Umständen nicht anders ergangen.«

Kurz und knapp fasst sie die »auslösenden Umstände« zusammen. Gegen ein Uhr dreißig nachts rückten Feuerwehr, Polizei und Notfallambulanz in Schwalbach an, nachdem der Brand von diversen Anwohnern im Umkreis der Villa Krashkov gemeldet worden war. Hannah Malström wohnte im linken Flügel des weitläufigen Hauses, in dem sich auch Gretes Mädchenzimmer befand. Der rechte Flügel enthielt Sascha Krashkovs »Privaträume« und eine Reihe von Gästeapartments, die von wechselnden jungen Männern, meist Russen oder Deutschrussen, belegt waren.

Während Hannah schwer verletzt aus den Flammen geborgen und in der Notfallambulanz erstversorgt wurde, drangen Feuerwehrmänner ins Innere des Hauses vor. Beide Flügel brannten lichterloh; es roch nach Benzin; offenbar war der Brand vorsätzlich gelegt worden. Die Suche nach Überlebenden war entsprechend schwierig. Von Sascha Krashkov und Grete fand sich zunächst keine Spur; stattdessen entdeckten die Löschtrupps in den Gästeapartments zwei stark verkohlte Leichen, anscheinend von jüngeren Männern.

Erst eine Stunde nach Beginn der Löscharbeiten wurde Grete in einer Senke am Rand des Grundstücks gefunden, hinter leeren Ölfässern verborgen, an denen die Polizisten bei der Suchaktion mehrfach achtlos vorübergegangen waren. Kurz zuvor war Sascha Krashkov in der Wohnung seines Bruders im Frankfurter Westend aufgeweckt und über das Geschehen informiert worden. Er war betrunken und kaum imstande, sich zu artikulieren. Eine Polizeistreife brachte ihn ins vierzig Kilometer entfernte Schwalbach, wo er fassungslos vor seinem brennenden Haus stand.

Hannah war mittlerweile in die Unfallklinik gebracht worden, und die Einsatzleiterin versuchte, Krashkov begreiflich zu machen, was seine Frau zuvor noch, bereits in der Notfallambulanz liegend, ausgesagt habe: »Grete hat den Brand gelegt. Ich habe gesehen, wie sie mit einem Benzinkanister von den Garagen ins Haus gekommen ist.« Dann hatte sie das Bewusstsein verloren, und die Ambulanz war mit Blaulicht und Sirene davongefahren, während die Löschtrupps weiter gegen die Feuersbrunst ankämpften.

Grete reagierte auf keine Fragen. Sie war im Nachthemd und hatte offenbar hinter den Ölfässern geschlafen; »in Trance, in … in Absence«, wie ihr Stiefvater betrunken stammelte, »um Gottes willen, meine Kleine hat mit dem Feuer doch nichts zu tun. Sie hat manchmal diese … diese Dunkelheiten, aber dann tut sie doch keiner Fliege was zuleide.«

Er brüllte in sein Handy, telefonierte Verstärkung herbei. Von allen Seiten kamen schwarze Limousinen angebraust, Dutzende kräftig gebauter Männer stiegen aus und machten Anstalten, das Gelände abzuriegeln. Doch die Einsatzleiterin kam ihnen zuvor, sperrte ihrerseits das Areal »wegen Einsturzgefahr« und ließ Grete in Gewahrsam nehmen.

Das Mädchen stand unter Schock, ihr Stiefvater war in hilflosem Zustand, und ihre eigene Mutter hatte Grete beschuldigt, für die Brandkatastrophe verantwortlich zu sein. Dr. Taubert hatte in jener Nacht Bereitschaftsdienst, also wurde Grete Malström zu ihr gebracht. »Finden Sie heraus, was sie damit zu tun hat«, lautete die dienstliche Anweisung.

In ihren Praxisräumen führte die Psychologin Grete in die Ecke mit den Malutensilien. »Zeichne oder male einfach, was dir durch den Kopf geht«, riet sie ihr. »Dann bist du es los und kannst freier atmen.«

Ihre Erfolge als Forensikerin beruhten im Wesentlichen auf »Entdramatisierung«, erklärte sie Wannakit. Sie zeigte Interesse und Mitgefühl, hielt sich aber zurück und überließ Grete die Initiative.

»Mir fielen fast die Augen aus dem Kopf, als sie plötzlich angefangen hat zu malen«, sagt Dr. Taubert. »Einen großen, kräftigen Mann mit grünen Augen – offensichtlich ihr Stiefvater. Er umarmt ein junges Mädchen, das braune Haare und eine schlanke Statur hat. Sie lacht ihn an, aber gleichzeitig hat sie einen angstvollen, gequälten Ausdruck im Gesicht. Kein Wunder, er hat seine Hände um ihr Hinterteil gelegt und drückt sie auf eindeutige Weise gegen seine Genitalien. Aber das Bild war noch nicht fertig«, fährt Dr. Taubert nach einer kurzen Pause fort. »Sie hat mir einen Blick zugeworfen, wie um sich meiner Aufmerksamkeit zu vergewissern. Dann hat sie eine dritte Person auf das Blatt gezeichnet, einige Schritte hinter der gemalten Grete. Eine Frau, schlank, mit Pagenfrisur. Diese dritte Person war offensichtlich ihre Mutter Hannah. Der Stiefvater lächelt sie so liebevoll an, wie Grete selbst ihn anlächelt. Er hat nur Augen für seine Frau, die aber wirkt so düster und abwesend, als würde sie gar nicht mitbekommen, was sich da vor ihr abspielt.«

Ein Schauer schüttelt die ältere Dame sichtlich durch. »Entschuldigung, aber das war wirklich gruselig. Mich überläuft es heute noch, wenn ich daran denke. Grete hat damals – noch in der Nacht und am nächsten Morgen – eine ganze Reihe solcher Bilder gemalt. Eines davon war besonders schockierend. Sie steht vor ihm, mit dem Rücken an ihn gelehnt, und seine riesengroßen Hände liegen auf ihrem gerade erst knospenden Busen und ihrem kleinen, aber unübersehbaren Babybauch.«

»Ihrem *was?*«, sagt Liebig.

Als hätte Wannakit nicht genau das vorhergesagt.

Die junge Königin … Aber was heißt das jetzt für uns?, fragt sich der Major. Was wird, was kann sie tun?

Wannakit ist zu geschockt, um die Konsequenzen zu überschauen. *Etwas Grauenhaftes,* geht es ihm durch den Kopf, und wieder verbietet er sich, darüber nachzudenken, wie dieses Grauenhafte aussehen könnte.

Als sie in den Besuchsraum geführt wurde, saß Alex Blumfeld schon am Blechtisch. Grete hätte am liebsten sofort kehrtgemacht, sie erkannte ihn kaum wieder.

Hatte er nicht immer so ein kratziges Bürstenbärtchen getragen? Das war jetzt wegrasiert. Die Haare trug er länger, vielleicht sah er deshalb älter und grauer aus.

Was habe ich mit dem noch zu schaffen. Nichts mehr, dachte sie, weniger als nichts.

Er stand auf, wollte sie umarmen, die bullige Wärterin hob warnend eine Hand. Grete nannte sie Linda, aus keinem besonderen Grund.

»Keine Berührungen. Abstand halten. Jeder auf seiner Tischseite hinsetzen.«

»Im Ernst?« Er sah sie aus dunklen Knopfaugen aufmerksam an. »Weil sonst *was* passieren kann? Glauben Sie, Malström könnte mich *beißen?* A la Hannibal Lecter?«

Linda bleckte zwei Reihen starker gelber Zähne. »Weil hier sonst sofort Schluss ist.« Sie lehnte sich neben der Tür an die Wand und spielte mit dem Gummiknüppel an ihrem Gürtel.

»Verstanden.« Alex nahm wieder am Blechtisch Platz. »Ich soll dir Grüße von deinen Eltern bestellen. Wie du dir denken kannst, sind sie sehr in Sorge. Geht es dir gut, Grete?«

»Lass das Gequatsche.« Sie lehnte sich auf ihrem Stuhl zurück. »Was willst du? Ich kann mich kaum an dich erinnern, Alex.«

»Das tut weh.«

Er war tatsächlich zusammengezuckt. Aus Verstellung oder in echt?

»Also Folgendes.« Er beugte sich vor, die Unterarme auf der klebrigen Blechplatte verschränkt. »Ich will deine Geschichte aufschreiben. Daran erinnerst du dich doch bestimmt noch, Grete: Meine Spezialität ist *True Crime.* Und als Schriftsteller hast du mich immer geschätzt.«

Sie reagierte nicht.

»Oder war das auch gelogen? Dann sag es mir ins Gesicht. Nur keine falsche Rücksichtnahme, bitte.«

Was wollte er wirklich? Sie sah ihn schweigend an. Letzte Nacht hatte sie im Traum mit Sascha in Hannahs Bibliothek gesessen, die haargenau so aussah wie der Lesesaal in der Duncker-Stiftung. Durch die Tür zu Hannahs Schreibzimmer drang das dumpfe *Klack, Klack* ihrer Computertastatur. »Wenn sie einfach mal *aufhören* würde zu schreiben«, sagte Sascha leise, mit einem beklommenen Blick zu Hannahs Tür, »dann wäre der ganze Albtraum vorbei …« Als Grete erwachte, klopfte ihr Herz heftig, und die düstere Atmosphäre aus dem Traum lag noch drückend auf ihr. Und doch war sie – für vielleicht fünf Sekunden – so glücklich gewesen wie lange nicht mehr. Wie jung Sascha war, dachte sie, nicht viel älter, als ich heute bin …

Alex deutete auf das Fenster – bruchsicheres Drahtglas, zusätzlich vergittert – hinter ihr. »Wusstest du übrigens, dass einer der Serienkiller, über die ich geschrieben habe, auf dem Friedhof da drüben begraben liegt? Erst vor Kurzem hat mir eine Leserin geschrieben: Immer wenn sie über den Friedhof geht, muss sie an die Beerdigungsszene in meinem Buch denken. Sie kennt keinen Schriftsteller, der sich besser in seine Personen hineinversetzen kann als ich.« Aufmerksam sah er sie an. »Das könnte ich auch bei dir, Grete. Lass es uns doch versuchen.«

Sie tippte sich gegen den Kopf. »Da drinnen ist nichts mehr, in das du dich hineinversetzen könntest. Es ist alles da draußen. Da und da.« Sie zeigte nacheinander in die vier Himmelsrichtungen. »Und da und da. Und jetzt verschwinde. Ich kriege Kopfweh von deinem Gequatsche.«

Seine Unterlippe bebte. Er schien wirklich getroffen. »So starr, so starr«, sagte er leise. »Aber das bist nicht du, Grete. Komm zu dir, *küss mich*.«

Sie standen beide gleichzeitig auf. Grete stürmte um den Tisch herum, und bevor Linda reagieren konnte, packte sie Alex im

Nacken, presste seinen Mund auf ihren und küsste ihn wild. Seine Zunge bohrte sich zwischen ihre Lippen. Etwas Glitschiges quoll hinterher, sie schluckte und würgte, aber das Ding klebte ihr am Gaumen.

Dann war die Wärterin da, packte Alex und sie an den Schultern und riss sie auseinander. Alex' Zunge flutschte aus ihrem Mund, im letzten Moment biss Grete zu.

»Was machst du da, Malström?«, schrie Linda.

Blut quoll aus Alex' Mund. Seine Lippen waren rot verschmiert.

Grete würgte und schluckte.

»Wie waw wie waw awwewiwwe!«, winselte Alex.

»Mach das Maul auf, Malström!«, schrie Linda.

Grete spuckte ihr Alex' Zungenspitze ins Gesicht. Das andere, glitschige, längliche Ding – was immer es war, vielleicht Plastik – klebte ihr am Gaumen. Wenn Linda auf die Idee käme, ihren Rachen zu inspizieren, würde sie es finden. Aber die Wärterin war zur Genüge damit beschäftigt, das spitze Fleischstückchen von ihrer fleischigen Wange zu pulen und Alex mit idiotisch vorquellenden Augen auf der Handfläche zu präsentieren.

Während Linda Verstärkung herbeirief, Alex und die Zungenspitze weggebracht wurden, zur Verarztung beziehungsweise Kühlung – »was glauben Sie, was man heutzutage alles wieder annähen kann?«, trompetete der Sanitäter –, würgte sie das schmale, sich glitschig schlängelnde Teil glücklich hinunter.

Sie habe Alex geliebt, erklärte sie Linda mit Tränen in den Augen. Gleichzeitig sei sie so *wütend* auf ihn – wütend auf die ganze Welt – wütend auf alle Männer vor allem, und wütend auf alle Frauen, wenn sie es recht bedenke … »Ich konnte einfach nicht anders: Ich *musste* ihn küssen. Und beißen.«

Zurück in ihrer Zelle, kauerte sie sich vor die Kloschüssel, steckte den linken Zeigefinger in den Rachen und erbrach sich in ihre rechte Hand.

Das sich ringelnde, schimmernde Etwas war ein schmaler Papierstreifen, hauchdünn lackiert. Wie aus einem Glückskeks, doch die Botschaft war glasklar.

»Freitag 13:30 sei bereit«

»Sie war also schwanger?«

Auch Liebig wirkt nun sehr wach, fast schon alarmiert. Mit weit geöffneten Augen starrt er die Psychologin an.

Dr. Taubert hebt die Schultern und schüttelt leicht den Kopf. »Sie hat, wie gesagt, keinen klaren Satz herausbekommen. Die Bilder waren ein vielversprechender Auftakt ihrer Befragung, aber zu mehr ist es dann ja nicht gekommen. Am nächsten Tag hat die Mutter ihre Aussage widerrufen. Tatsächlich könne sie sich nicht erinnern, Grete vor dem Feuer draußen auf dem Hof gesehen zu haben, schon gar nicht mit einem Benzinkanister. Von ihren Ärzten wurde ihr attestiert, dass sie unter schockbedingten Verwirrungszuständen gelitten habe, als sie die Beschuldigung aussprach.« Wieder schüttelt die Psychologin leicht den Kopf. Als sie ihre Kaffeetasse zum Mund führen will, muss sie sie auf den Unterteller zurückstellen; ihre Hand zittert zu sehr.

Plötzlich fällt Wannakit ein, wie er im Gefangenentransporter zu Malström gesagt hat, dass sie nicht länger die Hauptperson im Roman ihres Lebens sei. Er krümmt sich fast bei der Erinnerung, wie er hinzufügte, dass er selbst – »meine Wenigkeit« – jetzt eine der neuen Hauptpersonen sei.

Falls an dieser Aussage jemals mehr als ein Funken Wahrheit war, ist der gerade erloschen, sagt er sich. Nicht mehr lange, dann wird Malström ein weiteres Kapitel »mit blutigen Fingern an die Wände der Welt malen«, wie Knusum gesagt hat. Das Schlusskapitel, er spürt es beängstigend klar, auch wenn er noch immer nicht die blasseste Ahnung hat, wie sie das anstellen wird. Mit wessen Blut sie welche Worte an welche Wände schreiben wird …

»Und die Bilder?«, fragt Liebig. »Herrgott noch mal, wurde dem Sachverhalt denn nicht nachgegangen? Das gibt es doch nicht.«

»Der Sachverhalt hat sich über Nacht in Luft aufgelöst«, sagt die Psychologin. »Grete wurde am frühen Vormittag bei mir abgeholt. Von zwei Männern in weißen Anzügen, wie Pfleger oder Sanitäter sie tragen. Sie sprachen mit russischem Akzent, genauso wie der Arzt, der mir die von Krashkov unterzeichnete Vollmacht zeigte. Er bringe sie direkt in die Privatklinik im Taunus, in der auch ihre Mutter behandelt werde. Ich hatte kein gutes Gefühl dabei, das dürfen Sie mir glauben, aber ich konnte nichts dagegen tun.«

»Und die Bilder?«, wiederholt Liebig fast schreiend. »Wo haben Sie die, verdammt noch mal? In der Mappe da?«

Er beugt sich vor und schnappt sich den Schnellhefter.

»Da waren sie drin, sechs oder sieben Blätter, und dazu noch meine Notizen.« Sie wird immer leiser, die letzten Wörter sind nur noch Gewisper.

Liebig klappt den Pappordner auf, er ist leer. »*Grete M.*« steht vorne auf dem Deckel, in energischer, nach rechts kippender Handschrift.

»Irgendwie muss der Inhalt verlorengegangen sein.« Die ältere Dame wirkt jetzt verlegen. Sie greift sich mit beiden Händen ihre Kaffeetasse und führt sie, noch immer zitternd, zum Mund.

»Was soll das heißen: verlorengegangen?«, fragt Liebig. »Haben Sie die weggeschmissen, oder wie?«

Ihr mit feinen Falten übersätes Gesicht bekommt rosa Flecken. »Junger Mann, Sie haben kein Recht …« Sie unterbricht sich und stellt die Tasse zurück. »Die Sache ist längst verjährt«, setzt sie mit unsicherer Stimme neu an. »Gretes Befragung hat offiziell nie stattgefunden. Natürlich wollte ich damals wegen möglichen Missbrauchs durch den Stiefvater Meldung machen, aber mir wurde – unter vier Augen – dringend davon abgeraten. Die Bilder seien aufgrund der ganzen Umstände juristisch nicht verwertbar. Schon gar nicht, wenn man es mit einem Gegner wie Krashkov zu tun habe. Der Schuss würde nach hinten losgehen und so weiter.«

»Wo sind die Bilder?«, wiederholt Liebig fast flüsternd.

Dr. Taubert zuckt mit den Schultern und hält den Blick gesenkt.

»Also Abmarsch, Jirapong.« Liebig stemmt sich aus dem Sessel. »Hast du eine Idee, was so ein Altersruhesitz kostet? Viel mehr, als eine forensische Psychologin im Ruhestand unter normalen Umständen aufbringen könnte. So viel steht schon mal fest.«

Wannakit nickt. Zu dem Schluss ist er auch schon gelangt. Zuerst dachte er, Krashkovs Jungs wären vielleicht bei der Psychologin eingebrochen, um die Akte verschwinden zu lassen. Aber Krashkov hat ihr die Bilder anscheinend abgekauft. Das war viel effektiver und eleganter; bestimmt war sie ihm auch später noch zu Diensten; eine Win-win-Situation, wie nicht nur Mafiosi sie zu schätzen wissen, in Frankfurt genauso wie in Bangkok. Die Bilder, die die junge Grete unter Schock gemalt hat, liegen wahrscheinlich in Krashkovs Tresor. Ab und zu holt er sie heraus und schaut sie glückselig schnaufend an …

»Und was hat uns das jetzt gebracht?«, fragt Liebig im Lift nach unten. »Außer erhöhtem Blutdruck, meine ich?«

»Wir wissen jetzt, dass sie vom Geist der jungen Königin besessen ist«, gibt Wannakit zurück. »Sie tötet weiter und weiter, und niemand kann sie stoppen.«

»Niemand kann sie stoppen?«

»Die junge Königin. ›*Erst wenn das Herz, von dem sie Besitz ergriffen hat, nicht mehr schlägt, lässt sie von ihm ab.*‹«

Liebig sieht ihn entgeistert an. »Jetzt hör aber mal auf, Jirapong.«

»Genau. Du fährst, und ich schlafe. Vielleicht erscheint sie mir ja im Traum.«

»Im Namen des Volkes ergeht folgendes Urteil: Die Angeklagte wird wegen dreifachen Mordes zu lebenslanger Haft mit anschließender Sicherungsverwahrung verurteilt. Die ausführliche Urteilsbegründung wird am kommenden Montag um acht Uhr in diesem Saal verlesen. Die Sitzung ist beendet.«

Zwölf Uhr vierunddreißig. Der Richter und die Beisitzer nehmen gar nicht erst wieder Platz. Sie sammeln ihre Unterlagen ein und verlassen den Gerichtssaal durch den Ausgang hinter der Richterbank.

Um die Panzerglaskabine der Angeklagten – jetzt der verurteilten Serienmörderin – herum drängen sich Dutzende Medienvertreter. Kameras blitzen, Mikros werden an langen Stangen über die Menge hinweg in Malströms Richtung gereckt. »Erkennen Sie das Urteil an?« – »Werden Sie Berufung einlegen?« – »Können Sie den Beißvorfall vom Mittwoch bestätigen?« – »Ihren Hannibal-Moment, Frau Malström?«

Und so weiter. Sie überschreien einander, fuchteln mit Mikros, balancieren Kameras auf der Schulter, halten ihre Blitze schleudernden Smartphones in die Höhe wie Wunderkerzen bei der Huldigung eines Popstars. *»Dem Todesengel mit Flammenschwert«*, wie die Boulevardpresse schreibt. *»Der Liebenden mit dem eiskalten Herzen.«*

Eine Mörderin, die im Liebeswahn dreimal ihren Liebhaber getötet hat – scheinbar immer denselben –, so etwas hat man noch nicht gesehen. Doch während des gesamten Prozesses saß sie so starr wie ein Eisklotz da. Von überbordenden Emotionen, von Hysterie gar, von *Amour fou* keine Spur. Ungerührt hörte sie sich an, wie die Staatsanwältin Zeugen und Sachverständige aufmarschieren ließ und Stück für Stück *das »Triptychon einer blutigen Obsession«* zusammenfügte, wie der Chefreporter einer Qualitätszeitung dichtete. Nur am vorletzten Prozesstag, als der Richter versprach, sich für ihre Verlegung in die JVA Frankfurt einzusetzen, flog ein Lächeln über ihr Gesicht.

Von ihren Plätzen in der dritten Reihe aus sehen Wannakit und Liebig zu, wie Malström aus der Glaskabine geführt wird. Eingezwängt zwischen zwei Polizeibeamten, verschwindet sie durch die Seitentür.

»Gehen wir«, sagt Wannakit, von jäher Panik aus seinem Sitz hochgejagt. »Wir müssen ihr hinterher.«

»Und wofür soll das gut sein?«

Wannakit zuckt mit den Schultern. Die junge Königin ist ihm nicht im Traum erschienen, kein Wunder, er war zu aufgewühlt, um im Auto zu schlafen. Außerdem hat Liebig einen Fahrstil, der Tote aufwecken würde.

»Ich spüre, dass etwas Grauenvolles …«

»Um Himmels willen, Jirapong, hör auf damit. Was soll schon passieren? Sie wird direkt wieder in die JVA gebracht, in der gepanzerten Wanne mit Eskorte. Da bleibt sie eingebuchtet, bis das Urteil rechtskräftig ist. Dann kann sie ihre Strafe gerne in ›der alten Heimat‹ Frankfurt verbüßen. Ich weine ihr bestimmt keine Träne nach.«

»Ich auch nicht. Aber jetzt komm.«

Der Mercedes-Gefangenentransporter hat im hinteren Bereich nur drei winzige quadratische Gucklöcher auf jeder Seite. Von der Welt draußen sieht die Gefangene bloß vorbeihuschende Schatten, aber viel mehr, denkt Wannakit, hat sie vielleicht sowieso nie wahrgenommen. Nicht mehr, seit der Geist der jungen Königin in sie gefahren ist. Oder, wie es Dr. Taubert ausdrücken würde, seit »ihre Persönlichkeit dissoziiert« wurde und sie selbst nur noch einen kleinen Teil davon bewohnt.

Sie rasen die Autobahn Richtung Berlin entlang, in einem Pulk von SUVs, Ü-Wagen, schweren Motorrädern. »Die Medienmeute«, sagt Moritz mit einem schnellen Blick zu Wannakit, »du glaubst doch nicht etwa, dass sie vor laufenden Kameras ihren nächsten Mord begehen wird?«

Wannakit hebt die Schultern. Zwei Beamte im Transporter, vier weitere in den beiden Streifenwagen, die die Wanne eskortieren. Moritz hat recht, was soll schon passieren, gerade jetzt?

Trotzdem rast Liebig wie der Teufel. Trotzdem wächst in Wannakit das Katastrophengefühl, unaufhaltsam, mit jedem Kilometer, den sie auf der A115 hinter sich bringen. Auf der linken Spur, die drei Polizeifahrzeuge mit Sirene und Blaulicht voran, die Medienmeute röhrend und hupend hinterher. Und mittendrin Moritz, flackerndes Blaulicht auf dem Dach seines Quattro, der sich wie bei einem Straßenrennen zäh nach vorne kämpft. Sowie sich auch nur die kleinste Lücke auftut, zieht Liebig rechts vorbei und zwängt sich wieder in den Pulk.

Sie jagen durch den Grunewald, am Teufelsberg vorbei. Hier hat sie Linda weggesperrt, denkt Wannakit und bekommt eine Gänsehaut. Wieso glaubt Moritz, dass er Malström hinter Gittern halten kann, obwohl sie imstande ist, so etwas nebenher hinzuzaubern? Die Rivalin zu verhexen, auf dem Teufelsberg herumirren zu lassen, für die junge Königin kein Problem …

»Hier Zentrale, A100 ab Spandauer Damm gesperrt«, knarzt es aus dem Funkgerät. »Ihr müsst über die Schlossbrücke und den Tegeler Weg. Am Dreieck Charlottenburg wieder auf die A100.«

»Verstanden und Ende«, gibt der Fahrer des Gefangenentransporters zurück.

»Verdammte Scheiße!« Moritz haut mit der Faust auf den Lenker. »Über die Brücke, echt?«

Er zieht erneut nach rechts, lässt die Dreitonhupe röhren und kämpft sich fast bis zur Spitze vor. Nur zwei schwere Motorräder, wie Tatortreporter der Boulevardmedien sie bevorzugen, trennen sie noch von dem Streifenwagen – ein Opel Astra –, der den Abschluss des kleinen Konvois bildet.

»*Stau*«, melden die elektronischen Anzeigetafeln. »*Unfall – Vollsperrung – Abf. Spandauer Damm nehmen!*«

Der Polizeikonvoi schert scharf nach rechts aus, zwängt sich auf die Standspur und beschleunigt erneut. Nur die beiden Bike-Fahrer und ihr Quattro hängen noch an ihnen dran. Der restliche Medienpulk steckt auf der linken Spur fest, wo der Verkehr zum Erliegen gekommen ist.

»Gut, dass du so einen mörderischen Fahrstil hast«, sagt Wannakit.

Liebig blickt starr geradeaus. Sein Bartschatten ist mittlerweile so dicht, dass er fast schon vollbärtig aussieht. Im Kontrast wirkt seine Haut beinahe wächsern.

Blaulicht und Martinshorn scheuchen die Zivilfahrzeuge auf dem Spandauer Damm zur Seite. An der Kreuzung Otto-Suhr-Allee rast ihr Konvoi über Rot und biegt mit kaum vermindertem Tempo nach Norden ab. Hinter herbstkahlen Bäumen zeichnet sich linker Hand das prächtig restaurierte Schloss Charlottenburg ab. Ein strahlend weißer Palast, wie emporgetaucht aus Vergangenheit oder Traum.

»Das ist ein verdammtes Nadelöhr«, sagt Moritz. »Da vorn die Brücke … Scheiße, was ist *das?*«

Aus einer schmalen Straße, unmittelbar vor der Spree, schießt von rechts ein monströser Truck auf die Fahrbahn. Mit Pkws auf zwei Etagen beladen, vier vorne, vier auf dem Hänger. Alles gebrauchte Mercedes- und BMW-Limousinen, alle schwarz, dazu passend das ukrainische Kennzeichen am Lkw.

Der Truck schlingert über die Straße, direkt vor den hinteren Streifenwagen. Mit pneumatischem Keuchen stößt er in die Toreinfahrt gegenüber, die in den Schlosspark führt. Der Streifenwagen kracht gegen den Hänger und bleibt mit verknautschter Motorhaube und zuckendem Blaulicht liegen.

»Fuck, was geht hier vor?«, schreit Moritz. Er tritt die Bremse durch, reißt den Lenker nach rechts herum. Halb schon auf dem Gehweg bringt er den Quattro zum Stehen.

Die Straße ist komplett blockiert. Der Trucker oben in seiner Kabine sieht kreuzunglücklich aus. Er kurbelt am Steuerrad und rammt eine historische Mauer. Im nächsten Moment klappen hinten am Hänger rasselnd die Rampen herunter. Eins hinter dem anderen, mit den Stoßstangen gegeneinander krachend, rollen die BMWs und Mercedes auf die Straße, verkeilen sich ineinander, türmen sich zu grotesken Schrottskulpturen vor der Brücke auf.

»Das ist kein Unfall«, schreit Moritz. »Die Sperrung, der Scheißlaster, das ist alles geplant!«

»Los, ihnen nach!«, ruft Wannakit.

Beide springen aus dem Quattro. In diesem Augenblick geht das erste Auto aus dem Blechhaufen in Flammen auf. Feuerzungen schießen aus Tanks und Motorhauben, nur Sekunden später steht ein Feuerwall vor der Brücke, beinahe so hoch wie das Charlottenburger Schloss.

Unmöglich, da durchzukommen. Die Flammen fauchen, noch mehr Tanks explodieren. Eines der Motorräder ist verschwunden, registriert Wannakit. Vielleicht noch vor dem Truck durchgeschlüpft, vielleicht unter den brennenden Autos begraben.

Der Fahrer des zweiten Bikes hat den Helm abgestreift und fotografiert, was seine Kamera hergibt. »Das ist doch Wahnsinn!«, ruft er Wannakit und Liebig zu. »Wo die Braut auftaucht, bricht Feuer aus. In der Höhle, am Mekong und jetzt hier.«

Am Palast der Königin, denkt Wannakit.

Der Polizeitransporter ist mitten auf der Brücke zum Stehen gekommen. In sicherem Abstand zur Flammenwand, die Grete nicht sehen muss, um ihre mächtige Präsenz zu spüren.

Wie damals, wispert es in ihr. Den hellen Knall, das Klirren und Scheppern, mit dem Glas in Feuer zerplatzt, hört sie aus jedem Lärm heraus. Trotzdem ist sie beeindruckt, als die Hecktür aufgeht, ein großgewachsener Mann in gelber Bikermontur vor ihr steht, von der Feuergloriole umrahmt. Er winkt ihr, sie soll aussteigen. Als sie ihn bloß anstarrt, beugt er sich vor, ergreift ihre Hand und zieht sie nach draußen.

Durch das Helmvisier ist sein Gesicht nur undeutlich zu sehen. Vermischt mit dem Widerschein der Flammen, der sich im Plexiglas spiegelt. Doch die strahlend grünen Augen, das unruhige Lächeln, den metallischen Schimmer seiner schwarzen Haare nimmt sie trotzdem wahr.

Ihr Herz beginnt zu rasen. *Er ist wirklich zurück ... er holt mich hier ab ... Punkt 13:30, ich bin bereit ...*

Aber etwas stimmt nicht. Wie betäubt sieht sie ihn an. Was geht hier vor?

»Schnell, Grete«, ruft er dumpf durch den Helm, »alles ist organisiert.«

Dazu sein Lächeln, so vertraut, so herbeigesehnt, dass wilde Zärtlichkeit in ihr aufwallt. »Lenny ...«, flüstert sie. »Miko ...«

Er sieht sie verwundert an. »*Mica*«, korrigiert er. »Nenn mich Mica, mit *c*. Und zieh das hier an.«

Ein weit geschnittener Plastikoverall, wie man ihn beim Radfahren als Regenschutz überzieht. Sie schlüpft hinein, er sieht ungeduldig zu, wie sie mit dem Reißverschluss kämpft, das Sträflingsgrau unter Burgunderrot verschwindet.

»Komm jetzt.«

Sie folgt ihm eilends um den Transporter herum. Sein Motorradanzug hat den gleichen Gelbton wie einer der Sessel, die sie nach Floris Abgang angeschafft hat. Ein helles, singendes *i* ...

Das Feuer hinter ihr macht sie noch konfuser, als sie sowieso schon ist. *Nenn mich einfach Mica, mit c …* Er ist zurück, aber etwas stimmt nicht …

Die Türen zur Fahrkabine des Transporters stehen offen; von den beiden Beamten, die sie im Gericht abgeholt haben, ist nichts zu sehen. Auch der Streifenwagen, der vorausgefahren ist, steht verlassen am Straßenrand.

Am anderen Ende der Brücke versperren zwei Mannschaftswagen der Polizei die Straße. Doch Mica scheint sich deswegen nicht zu sorgen. Er reicht ihr einen Helm, hilft ihr, ihn aufzuziehen und festzuzurren.

»Los jetzt, steig auf!«

Sein Bike steht mitten auf der Brücke, eine knallgrüne Kawasaki. Grün wie der zweite Sessel, den sie in München zurückgelassen hat. Ein dunkles, intensives *e* …

Sie steigt hinter ihm auf, legt die Arme um seine Mitte. Er startet den Motor, hebt eine Hand und fährt los. Im selben Moment setzt einer der Mannschaftswagen ein Stück zurück, gerade genug, dass sie durch die Lücke preschen können.

»Wohin fahren wir?«, ruft Grete, an seinen Rücken gedrückt.

Mica antwortet nicht, vielleicht hat er sie nicht gehört. Er fährt schnell, aber nicht so, dass es nach wilder Flucht aussieht. Er hat alles vorbereitet, denkt sie, aber wie hat er das gemacht? Die Mannschaftswagen gehörten zu ihm, der Lkw mit den explodierenden Autos, alles. Die Polizisten vorne im Transporter und in dem vorderen Streifenwagen muss er bestochen haben, aber wie? Alles war auf die Sekunde genau abgestimmt, also muss er Informationen von einem Insider bekommen haben.

Wie kann das nur sein? Mica? Wer bist du jetzt, in deinem neuen Leben?

Sascha hätte so etwas hinbekommen, geht es ihr durch den Kopf, während sie auf der Kaiserin-Augusta-Allee Richtung Osten fahren. Aber Sascha hat ein Leben lang an seinem Netz geknüpft, wie eine der haarigen Riesenspinnen aus der Abseite. Und ich habe ein Leben lang versucht, mich aus dem Netz zu befreien …

Sie erschauert. *Sascha* … Kann er es sein?

Blödsinn, Grete. Sascha ist ein alter Mann, und Mica hat schmale Hüften und einen straffen, flachen Bauch. Sie spürt die Muskeln unter ihren Händen, durch das dicke Leder hindurch.

Mica. Als der Blick seiner Augen sie traf, wurde alles, was in ihr so lange starr und kalt gewesen war, warm und weich.

Das Herz pocht ihr wieder in der Brust, wie ein junges Vögelchen mit seinem winzigen Schnabel pickt. So freudig und neugierig, so unschuldig und erregt. Und das Herz hat immer recht. Aber was will sein Pochen ihr sagen?

Er muss es sein …

Er kann es nicht sein …

Die ganze Stadt ist erfüllt von Sirenengeheul, doch durch allen Lärm hindurch meint Grete noch immer das Fauchen der Flammen zu hören. Und das helle Knallen, mit dem die Scheiben in den Flammen zerspringen. Und dann der langgezogene Schrei, wie von einer Katze, aber einer Katze aus Hannahs Horrorgeschichten: *Mioowee!*

Sie rasen die Hardenbergstraße entlang, auf den Bahnhof Zoo zu. Als Grete neu in Berlin war, glaubte sie, die Straße wäre nach Novalis benannt, bürgerlich von Hardenberg, der »romantischste aller romantischen Dichter« laut Hannah. Grete bekam einen Wutanfall, als sie mit Friedrich Rauch durch Berlin lief und der Sachbuchautor nebenher erwähnte, mit dem Straßennamen sei »ein preußischer Sozialreformer« geehrt worden.

Dann am Zoo vorbei und mit Karacho rechter Hand in die Tiefgarage unter dem *Waldorf Astoria*. »Festhalten«, sagt Mica mit einem schnellen Schulterblick. Er zieht das Ticket, die Schranke geht hoch, und sie rasen auf der Abwärtsspirale bis ganz nach unten. An einem Schild »*Staff only!*« vorbei, auf ein Rolltor zu, das Mica mit einer Fernsteuerung aufbeamt.

»Kopf runter!«, ruft er, und hinter ihnen geht das Rolltor rasselnd wieder zu.

Den Helm in die Armbeuge gehängt, kommt er im Dunkeln auf sie zu. Wie der Ritter, der den eigenen Kopf unter dem Arm trägt, denkt Grete. Als kleines Mädchen hat sie sich fast zu Tode gegruselt, wenn Hannah ihr die Geschichte vorgelesen hat. Aber sie wollte sie immer wieder hören.

Mica schaltet das Deckenlicht ein. Grete starrt ihn an. Er steht einen Schritt vor ihr, und sie glaubt zu träumen. Einen Albtraum, unsagbar grauenvoll.

Er ist es … nicht … oder doch? … Lenny? … Sascha?

»Mica?«, bringt sie hervor. »Wer …«

»Später, Grete, wir haben keine Zeit. Hör mir jetzt zu.«

Er hat grüne Augen und die schwarzen, wie metallisch glänzenden Haare von Lenny … oder von Miko, Mikey … Aber er ist größer, viel kräftiger, und wenn sie sich seine Haare etwas länger denkt, sieht er wie Sascha vor fünfundzwanzig Jahren aus.

Wie damals … wie kann das nur sein?

»Sascha?«

»Herrgott, Grete, hör mir zu. Sonst geht das hier schief, verstehst du? Dann bist du für immer im Knast.«

Er kommt noch näher, hebt eine gelb behandschuhte Hand, lässt sie wie kraftlos wieder fallen.

»Also ganz kurz, unser Schlachtplan.« Er spricht leise und hastig. Trotzdem kommt ihr sein Sound bekannt vor. Nicht von Lenny oder Miko …

»Hier im Hotel ist eine Luxus-Brautmodenschau, oben auf dem Dach. Wir beide sind das Top-Modelpaar, verstehst du,

Grete? Du und ich? Wir springen quasi für sie ein, alles ist arrangiert. So kommen wir hier unauffällig weg. Gerade weil alle uns dabei zusehen, wie wir oben in den Heli steigen und fünfzig Kameras uns dabei filmen. Genial, oder? Also los, da drüben ist unser Zeug. Wir müssen uns komplett umziehen, auch die Unterwäsche kommt beim Shooting ins Bild.«

Mica legt seinen Helm auf einen Tisch, Grete tut es ihm gleich. Er streift die Biker-Handschuhe ab und nimmt ihre Hand. Er zieht sie zu dem Regal im Hintergrund, an dem in Plastik eingepackte Kleidungsstücke hängen. Ein schwarzer Anzug, ein Brautkleid.

Sie starrt auf die große, kräftige Hand, die ihre Rechte festhält. Die drahtigen Haare auf dem Handrücken, wie bei Sascha. Aber bei Miko, bei Lenny, Mikey doch nicht, die waren am ganzen Körper kaum behaart …

»Hier, dein Brautkleid. Jetzt mach schon, Grete, zieh dich um.«

Er schält sich aus dem Biker-Anzug, aus den Stiefeln, streift sich schon das Shirt über den Kopf, während Grete noch wie versteinert dasteht.

Sascha … Er ist es, aber wie kann das sein? Dass Lenny zurückgekommen ist, aber im Körper von Sascha, wie er *damals* aussah? Mit Anfang vierzig, schlank und stark …

»Worauf wartest du, Grete?«

Er knöpft seine Jeans auf, streift sie herunter. Wie bei einer missglückten Spiegelpantomime macht sie ihm mit fliegenden Fingern alles nach. Zieht den Overall aus, die Sneakers, den grauen Baumwollanzug, den sie in der U-Haft bekommen hat, weil sie keine eigene Kleidung mehr besitzt.

Mica steigt aus seinen Boxershorts und steht nackt vor ihr. Sie streift ihre Wäsche ab, blitzschnell und doch wie in Trance. Er will sich abwenden, die Sachen fürs Shooting aus dem Regal nehmen, da greift sie nach ihm und zieht ihn zu sich heran.

»Herrgott, Grete, was machst du da? Lass das, wir haben keine Zeit. Und wir sind doch praktisch Verwandte«, fügt er mit schiefem Grinsen hinzu.

Als ob ihn das je gehindert hätte …

Sie starrt ihn an, sein breites Gesicht, die grünen Augen, die zurückgegelten Haare, und plötzlich, mit einem Schlag, versteht sie alles. Sie stößt ihn zurück, so heftig, dass er gegen das Regal taumelt.

»Lass mich raten … Du bist sein Neffe, Mica?«

Bevor er sich wieder ganz umgewendet hat, ist sie abgesprungen und trifft ihn mit einem Jumping Side-Kick am Oberarm. Er verliert das Gleichgewicht und kracht so heftig ins Regal, dass die Kleiderbügel mit Anzug und Brautkleid zu Boden fallen.

»Verdammt, Grete, lass das sein.« Er verzieht das Gesicht und reibt sich den Oberarm.

»Dann rede.«

»Um drei Ecken verwandt, ja, du kennst das doch. Wie wir alle. Er hat mich nach Deutschland geholt, aus Uro, du weißt schon – das Dorf in Burjatien, wo wir alle herkommen. Eigentlich heiße ich Mischa, aber er nennt mich Mica. ›Du siehst aus wie ich‹, hat er gesagt, ›das ist gut, ich hole dich zu mir.‹«

»Wann war das?«

Er schaut gehetzt auf seine Armbanduhr. »Um Himmels willen, wir müssen uns beeilen. In zehn Minuten fängt das Shooting auf der Dachterrasse an.«

»Von mir aus«, sagt Grete, »aber du musst reden.«

Hastig ziehen sie die Hochzeitssachen über. Weißes Hemd, schwarzer Anzug für ihn, Brautkleid mit Schleppe und durchbrochenem Schleier für sie.

»Wann war das?«, wiederholt Grete.

»Vorletztes Jahr, auf einer Familienfeier in Uro.« Mica knöpft sein Hemd zu. »Sascha war traurig, weil du nicht mitkommen wolltest.« Er fährt in seine Hose, stopft das Hemd in den Bund.

»Und dann hat er mich zur Seite genommen. ›Hör zu, Junge, du kriegst die Chance deines Lebens. Du kannst mein Nachfolger werden, wenn du alles machst, was ich dir sage.‹«

Er bindet sich die Krawatte um, mit geschickten Bewegungen, ohne in den Spiegel zu schauen, der neben dem Regal an der Wand hängt.

»Sein Nachfolger?«, wiederholt Grete.

Wie Tom Duncker … Was hat das zu bedeuten? Was geht hier vor? Ist *er* in Micas Körper? Waren alle immer nur *er? Er, Sascha?*

Blödsinn, Grete, das kann nicht sein. Es darf nicht, es kann nicht, auf keinen Fall.

Was hat sie mit Sascha noch zu schaffen? Hat sie ihn nicht lange schon hinter sich gelassen? Ist das, was damals war, nicht lange schon vorbei?

Damals … alle ihre Schmerzen, ihr Kummer damals und all das Blut?

»Na ja, in allem eben«, sagt Mica. »Er wird alt, meinte er, aber durch mich würde er wieder jung. Du weißt ja, wie er redet. Es ergibt scheinbar keinen Sinn, aber irgendwie dann doch.«

Er tritt hinter sie, hakt die Schließen an ihrem Kleid zu.

»Die Schuhe noch, Grete. Hier, ich helfe dir.« Er kniet sich vor ihr auf den Betonboden. Legt den Kopf in den Nacken und lächelt zu ihr hinauf. »Darf ich um deine Hand bitten, Prinzessin?«

Sie kämpft gegen den Drang an, ihm ins Gesicht zu springen. Ihn zu Boden zu treten, auf ihm herumzutrampeln, den sie geliebt hat, verehrt hat, angebetet hat mit allem, was an Liebe in ihr war.

Aber er hat recht, einmal noch recht, sie müssen sich beeilen.

Sie schlüpft in die silbernen Brautschuhe, rafft ihre Schleppe zusammen und folgt ihm zum Aufzug weiter hinten im Labyrinth der Lagerräume.

Um kurz vor zwei geht das Brautpaar strahlend, mit verliebten Blicken, Arm in Arm auf den Helikopter zu. Der Wind pfeift über die Dachterrasse des *Waldorf Astoria,* doch die Gäste des exklusiven Events sind in ausgelassener Stimmung; kein Wunder bei einem Ticketpreis von 1234 Euro.

Eng gedrängt stehen sie auf beiden Seiten des Catwalks, der durch einen scharlachroten Teppich markiert ist. Um den Helikopter herum sind die Kameraleute und Fotografen aufgereiht und filmen jede Bewegung des Bräutigams, dessen verspiegelte Sonnenbrille im Scheinwerferlicht geheimnisvoll funkelt, und der Braut, deren Gesicht unter dem durchbrochenen Schleier nur zu erahnen ist. Zwei Brautjungfern – Mädchen von zwölf, dreizehn Jahren – tragen ihre Schleppe, und als das Brautpaar beim Hubschrauber angekommen ist, dreht sich die Braut um und wirft den Hochzeitsstrauß in die jubelnde Menge.

Ob sie zu heftig ausgeholt oder ein Windstoß den Rosenstrauß erfasst hat, wird wohl nicht mehr zu ermitteln sein, zumal Liebig und Wannakit noch an der Schlossbrücke feststecken. Das rote Gebinde jedenfalls trudelt über alle Köpfe hinweg, über die Brüstung hinaus und segelt aus über hundert Metern Höhe zur Straße hinunter. Das Publikum stöhnt auf wie aus einem Mund, ein Seufzer kollektiven Kummers und doch auch Entzückens über den kleinen Vorfall, von dem man noch lange erzählen wird.

Das Brautpaar klettert in den Helikopter – die Braut mit kunstvoll um ihre Mitte geschlungener Schleppe – und nimmt auf den beiden Vordersitzen Platz. Mica – Mischa oder wie auch immer – schnallt sich auf dem Pilotensitz an, sie schließen die Türen, während sich der Rotor über der fragil wirkenden Kabine schon tosend im Kreis dreht. Mica zieht den Steuerknüppel hoch, sie heben ab und fliegen im Blitzlichtgewitter Richtung Norden über die Dächer der City West.

»Wohin fliegen wir?« Sie nimmt den Schleier ab und wirft ihn achtlos hinter sich.

Der Lärm in der Kabine ist ohrenbetäubend.

Mica sieht sie kurz an und deutet auf die Ohrschützer, die er beim Start übergestreift hat. »Später, Grete!«

»Nein, jetzt!« Sie beugt sich zu ihm hinüber, reißt ihm die Spange vom Kopf und die Spiegelbrille von der Nase. »Wohin bringst du mich?«

»Flughafen Tegel«, schreit er zurück. »Der Learjet ist startbereit, im Bereich für Privatflieger. Wir landen direkt daneben und steigen um, ohne von irgendwem kontrolliert zu werden.«

»Wohin, verflucht noch mal?«

Er beugt sich zu ihr herüber. »Nach Uro«, schreit er. »Ich dachte, das wäre klar? Sascha ist schon an Bord, Hannah auch. Euer Stammhaus ist tipptopp saniert, der reinste Palast.« Er grinst sie an, seine Smaragdaugen strahlen. »Du wirst dich wohlfühlen, Grete.«

Sie starrt ihn an. Zorn brodelt in ihr hoch, eine Säule roter Glut.

»Dreh um, sofort.«

Er sitzt wieder aufrecht, zuckt die Schultern. »Später!«

Links voraus kommt der Flughafen ins Blickfeld. Rechter Hand zieht sich die Autobahn Richtung Hamburg dahin.

Das läuft falsch hier, völlig falsch.

»Dreh um«, schreit Grete. »Du bringst mich jetzt nach Frankfurt, hörst du?«

Er lächelt, zuckt mit den Schultern.

Sie rückt näher an ihn heran. »Du sollst umdrehen. Ich will nach Frankfurt, nicht in euer russisches Urloch.« Sie brüllt es ihm ins Ohr, klickt dabei seinen Gurt auf, reißt die Schnalle heraus und stößt sie ihm wuchtig in den Unterleib.

»Spinnst du?« Er krümmt sich, reißt am Steuerknüppel, der Helikopter zuckt wie in Krämpfen. »Hör auf damit!«

Aber sie hört nicht auf, im Gegenteil. Das hier ist eine Falle. Sie soll verschleppt werden, aber das macht sie nicht mit. Kurz hat sie sich beirren lassen, doch jetzt weiß sie wieder, wo sie hinmuss. Wo sie *ihn* wiederfinden wird, Lenny in seiner neuen Verkörperung …

Er wird ihr in Frankfurt begegnen, sie weiß es doch schon seit Ubon. Erst Bangkok in der Mitte des Landes, dann Berlin und Ubon, jeweils im Nordosten, jetzt wieder die Mitte, also Frankfurt …

»Du sollst umdrehen!« Sie stemmt sich mit dem Rücken gegen ihre Tür und tritt mit beiden Füßen auf ihn ein. Das Brautkleid ist ihr im Weg, die verfluchte Schleppe, sie reißt sie mit einem Ruck herunter und wirft sie Mica über den Kopf.

»Verdammt, du bringst uns beide um!« Er klammert sich an den Steuerknüppel, kämpft mit der Schleppe, und der Eurocopter tanzt durch die Luft über der Startbahn für Privat- und Businessjets.

Grete greift über Mica hinweg und klinkt seine Tür auf. Schnell rutscht sie zurück, drückt den Rücken an ihre Tür und tritt Mica mit aller Kraft gegen den Kopf.

Er knallt mit der Schläfe gegen den Kabinenrahmen, sie tritt weiter und weiter, kickt und schreit, bis er sich nicht mehr aufbäumt, nicht mehr gegen die Schleppe kämpft, sein Körper alle Spannung verliert und in sich zusammensackt.

Sie sind fünfzehn Meter über dem kleinen Jet, der mit heulenden Turbinen am Anfang der Startbahn wartet. Grete drückt beide Füße in Micas Seite und stößt ihn durch die auffliegende Tür. Mit dem Kopf voran trudelt er abwärts und kracht auf die Tragfläche des Learjets. Der Flieger erzittert unter dem Aufprall. Micas Kopf ist zerplatzt, mit der Wange liegt er in sein Blut gebettet, das heile Auge starrt zu Grete herauf.

Aber nur für kurz. Die Schleppe hat sich im Fallen von ihm gelöst und segelt hinter ihm her. Sacht legt sie sich auf ihn wie ein Leichentuch. Durchbrochenes Weiß, blutgetränkt.

Auf der Gangway taucht Sascha auf, alt und grau. Mühsam legt er den Kopf zurück und starrt zu ihr herauf.

»Gretchen, wo bleibst du?«, formen seine Lippen, zu verstehen ist nichts im Tosen der Rotoren und des Bluts in Gretes Ohren, als sie den Steuerknüppel ruckartig herunterzieht und der Helikopter abstürzt und alles in einem Feuerball explodiert.

Das Dröhnen der Detonation ist bis zur sieben Kilometer entfernten Schlossbrücke zu hören. Eine Feuersäule schießt zum Himmel empor, und als Wannakit hinüberschaut, nimmt sie für einen Augenblick – kürzer als ein Wimpernschlag – die Umrisse der jungen Königin an.

»Ist das bestätigt?«, schreit der Reporter im Biker-Anzug in sein Headset. »Super, dann haben wir unsere Headline: ›*Irre Flucht im Heli – Killerbraut kracht auf Eltern-Jet: Alle tot!*‹«

Die Flammenwand vor der Schlossbrücke ist gelöscht, aber bis die Überreste der explodierten Autos und der in die Schlossmauer gerammte Truck beseitigt worden sind, werden noch Stunden vergehen. Eine winzige Zeitspanne, denkt der Polizeimajor, gemessen an der Ewigkeit.

Die junge Königin wird niemals Frieden finden, weil ihr Unrecht widerfahren ist und sie für ihre gerechte Gegenwehr sterben musste. Aber bei Malström war es genau andersherum. Wannakit greift sich an den Kopf. Warum erkennt er das erst jetzt? Sie musste vollenden, was sie damals – in der Brandnacht in Schwalbach – nicht zu Ende bringen konnte. Jetzt hat zumindest sie ihren Frieden gefunden.

Wie zum Beweis fängt es doch noch an zu schneien. Wannakit legt den Kopf in den Nacken und bietet sein Gesicht dem feuerfarbenen Himmel dar. Schwer und kalt fallen die Flocken auf seine Wangen hinab. So sieht der Himmel also aus, wenn es schneit, denkt er und lächelt über sich selbst.

Der Schnee ist der poetische Tod, denkt der Major. Alles deckt er zu mit einem geisterhaft weißen Leichentuch. Die weinenden und die lachenden Gesichter. Die vor Angst und die vor Zorn verzerrten Gesichter. Den alten König und die alte Königin. Die junge Braut und den Bräutigam. Die Wunden, das Leiden, die Trauer, das Grauen, alles, alles deckt er zu.

Bald wirst auch du, liebe Leserin, lieber Leser, die du mit Grete gebangt und gelitten hast, deinen Frieden finden. Unsterblich ist nur diese Geschichte, die mit blutigen Fingern geschrieben wurde und noch erzählt werden wird, wenn längst alles zerfallen ist. Zu Ruinen, durch die bloß noch Geister streifen, die im Dunkeln schreien: *Wuuawee!*

SCHLUSS UND DANK

Im Frühjahr 2015 fuhr ich mehrere Wochen lang durch den Isan. Die weitläufige Region im Nordosten Thailands ist großenteils dünn besiedelt, wenig erschlossen und bitterarm. Die Einheimischen sprechen oftmals nur einen Khmer-Dialekt, der auch Thais meist vor Rätsel stellt. Mein landeskundiger Begleiter, obwohl im Hauptberuf Kommunikationsoffizier der Königlich-Thailändischen Streitkräfte, hatte nicht selten Mühe, sich verständlich zu machen, wenn wir wieder einmal bei brütender Hitze stoppten, um im Schatten kauernde Dorfbewohner nach dem Weg zu fragen.

Glücklicherweise sprach unser Fahrer die regionale Khmer-Variante. Anhand der spärlichen Straßenschilder hätten wir etliche der abgelegenen Ruinenstädte, um derentwillen ich angereist war, wohl nie gefunden. Auch in Landkarten, gedruckten oder digitalen, waren die Palast- und Tempelstädte der alten Khmer-Kultur nur unzulänglich verzeichnet. Wozu auch, konnte man sich fragen, in dem riesigen Gebiet waren kaum Touristen unterwegs.

In einigen der eindrucksvollen Ruinenstädte war ich halbe Tage lang praktisch allein. So konnte ich die Atmosphäre in den uralten Gemäuern viel intensiver auf mich wirken lassen als – einige Jahre zuvor – im Nachbarland Kambodscha, wo man sich mit Unmengen an Touristen und Souvenirverkäufern in den Tempeln und Höfen des weltberühmten Angkor Wat drängt. Die Einsamkeit, die Grete in der fiktiven Ruinenstadt Ngu Kong Wat erlebt, ist im Isan real erfahrbar.

Die Kehrseite solcher Exklusivität war das Aufsehen, das ich bei Rast- und Übernachtungsstopps als alleinreisender Farang erregte. Anscheinend ging nahezu jede ledige Frau zwischen fünfundzwanzig und fünfundvierzig davon aus, dass der vermeintliche Sugardaddy auf Brautschau sei. Meine Beteuerung, dass ich glücklich verheiratet und nur an den Ruinenstädten interessiert sei, wurde als Vorgeplänkel beiseitegewischt. Und die Statistik spricht zweifellos für diese Sichtweise: Mehr oder weniger alle deutschen Männer im Isan sind entweder mit einer Landestochter verheiratet oder mit dem Ziel der Vermählung dort unterwegs.

Stellvertretend für eine Vielzahl bizarrer Begegnungen sei die junge Frau erwähnt, die mich – mit ihrer vielleicht zwölfjährigen Tochter als Dolmetscherin – in ein Gespräch verwickelte. Kaum waren die ersten Höflichkeitsfloskeln ausgetauscht, rückte die Mutter näher heran und schob mir ein Stück Zuckerbrot in den Mund. Es schmeckte süß, doch zu noch süßeren Überrumpelungen kam es nicht. Ich trat den Rückzug an, abgeschirmt durch meinen Begleiter, der die Szene, wie alle ähnlichen vorher und nachher, mit nur halb ironischer Bitterkeit kommentierte: »Wie sie dich anschmachten – und ich bin für sie wie Luft!«

»Jirapong, du weißt, dass das nicht stimmt«, gab ich zurück. »Du bist zehn Jahre jünger und viel stattlicher als ich. Sie schmachten nicht mich, sondern den vermuteten Inhalt meines Geldbeutels an. Wenn sie nicht so arm wären, hätten sie keinen Blick für mich.«

»Aber sie sind so wunderschön, eine wie die andere«, sagte er mit einem Seufzer. Damit hatte er zweifellos recht. Dass Dr. Mong den dortigen »Menschenschlag« als kümmerlich und »puppenhaft« beschreibt, ist nur eine von etlichen Vernebelungen, mit denen er bei Grete und seinen studentischen Fans durchgekommen ist. Aber bei Ihnen nicht, liebe Leserinnen und Leser, da bin ich mir sicher.

Als kleinen Ausgleich für die Kränkung seines männlichen Selbstwertgefühls versprach ich Jirapong, dass der thailändische

Offizier in meinem Roman (von dem ich ihm kurz erzählt hatte) nach seinem Bild geformt sein werde. Das gefiel ihm und erschreckte ihn. »Bitte nicht mit meinem wirklichen Namen«, sagte er, »ich bin schließlich verheiratet und bei der Armee – und das soll auch beides so bleiben.«

»Mach dir keine Sorgen, Jirapong«, beruhigte ich ihn.

Mein besonderer Dank gilt Carolin Graehl und Regine Weisbrod für spannende Gespräche und ihr wie immer engagiertes Lektorat; meinem Literaturagenten Roman Hocke und meiner PR-Agentin Dr. Silke Hallmann, die sich energisch dafür eingesetzt haben, dem *Geisterschrein* Flügel zu verleihen; Verlegerin Doris Janhsen und Programmleiterin Natalja Schmidt, Marketingchefin Katharina Ilgen und Presse-Teamleiterin Patricia Keßler für ihre professionelle und unkonventionelle Unterstützung; und nicht zuletzt Lieutenant Jirapong (Name und Dienstgrad geändert), ohne den ich im Isan verloren gegangen wäre.

Ganz besonders danke ich meiner Frau Anne und meinem Sohn Simon für ihre auch diesmal so hilfreiche und ermutigende Begleitung bei der Entstehung dieses Buchs – und zum guten Schluss Ihnen, liebe Leserinnen und Leser, für aufmerksame, stets auf Ambivalenzen und doppelte Böden gefasste Lektüre.

Berlin, im Sommer 2022
Andreas Gößling